体育舞蹈运动教程

Dance Sport

李小芬　主编

北京体育大学出版社

策划编辑　佟　晖
责任编辑　佟　晖
责任校对　未　茗
版式设计　佟　晖　李　鹤

图书在版编目（CIP）数据

体育舞蹈运动教程 / 李小芬主编. -- 北京：北京体育大学出版社, 2015.11（2022.8重印）
ISBN 978-7-5644-2114-4

Ⅰ.①体… Ⅱ.①李… Ⅲ.①体育舞蹈－教材 Ⅳ.①G831.3

中国版本图书馆CIP数据核字(2015)第279635号

体育舞蹈运动教程　　李小芬　主编

出版发行：北京体育大学出版社
地　　址：北京市海淀区农大南路1号院2号楼2层办公B-212
邮　　编：100084
网　　址：http：//cbs.bsu.edu.cn
发 行 部：010-62989320
邮 购 部：北京体育大学出版社读者服务部 010-62989432
印　　刷：北京瑞禾彩色印刷有限公司
开　　本：787mm×1092mm　1/16
成品尺寸：185mm×260mm
印　　张：22.5
字　　数：576千字
版　　次：2016年1月第1版
印　　次：2022年8月第6次印刷
定　　价：80.00元

序

人才培养是高等学校的根本任务，对处于学校工作中心地位的教学工作来说，其质量建设是高等学校的永恒主题。作为传授知识、掌握技能、提高素质的载体，教材在人才培养过程中起着非常重要的作用，是高等学校提高教学质量，促进内涵发展的有力抓手。

一本好的教材，不仅要充分体现教材应有的基础性、示范性和权威性，还要正确把握教学内容和课程体系的改革和创新方向，充分反映学科的教育思想观念、人才培养模式以及教学科研的最新成果，集中展现教材体系的创新，教材内容的更新和教学方法、手段的革新，善于处理好理论与实践、继承与创新、广度与深度、知识与技能、利学与利教的关系，成为开拓学生视野、引导学生探索、鼓励学生奋进的学业与人生兼备的“工具书”。

从中央体育学院到北京体育学院再到北京体育大学，这 60 年的办学历程，是继承发展的 60 年，是改革创新的 60 年，也是教材建设硕果累累的 60 年。学校不断探索教材建设的内在规律，引领高等体育教育教材建设的创新之路，发展了具有自身特色的教材体系，形成了特色鲜明的三个发展阶段。第一阶段是在20世纪 50 年代至 60 年代，我校教师在苏联专家的指导下，制订和编写了各专业的教育计划、大纲和主要教材。这批教师在主持和参与 1961 年国家体委组织的体育院校 18 门课程教材编著工作中发挥了重要作用；而这批教材也成为我国独立编写的、对苏联教材模式有所突破的第一批体育院校教材。第二阶段是20世纪 70 年代末至 90 年代，我校教师在大量承担第二次重编体育院校教材牵头组织工作的同时，针对学校“三结合”的办学目标和人才培养模式，开始了多学科、多专业的自编教材建设。第三阶段是进入 21 世纪以后，特别是国家体育总局于 2002 年下拨教材建设专款 480 万元之后，我校教材建设在数量和质量上都取得了重大突破。至 2010 年共立项建设了涵盖我校各专业课程的 187 项教材，其中有 4 项教材获得国家级优秀（精品）教材称号，14 项教材获得北京市精品教材称号。可以说上述三个阶段的发展，使我校教材建设水平达到了一个空前的高度，为高等体育人才的培养发挥了重要的作用。

为全面提高高等体育教育质量，深化高等体育教育教学改革，继续加强体育学精品教材建设，2012 年初，在北京体育大学教学指导与教材建设委员会的具体指导下，我们启动了高等教育体育学精品教材建设工程。学校遴选教育部新颁布的体育学类所属的体育教育、运动训练、社会体育指导与管理、武术与民族传统体育、休闲体育、运动康复、运动人体科学 7 个本科专业的部分基础课程和主干课程开展精品教材建设。我们整合了全校的优质资源，组织专家、教授全程参与教材的规划、编写、初审、终审等过程。按照精品教材的要求，以优秀的教学团队编写优质的教材，出精品、出人才为建设思路，编委会优选学术水平与教学水平兼备、具有创新精神的专家、教授担任教材主编，组织优秀教学团队成员参与教材编写；精确定位教材适用对象，准确把握专业知识结构、能力结构和综合素质要求，深刻领会课程内涵，简洁洗练地表达知识点、能力点和素质点；融入最新的教改成果和科研成果，吸收国外优秀教材的先进理念和成果，创新利于学生自学和教师讲授的教材体例；学校还投入专项资金，对教材进行一体规划、一体设计、一体编审，并采用多色印刷技术增加教材的可读性；为全力保证教材编写质量，北京体育大学出版社资深编辑深度介入教材编写的所有环节。当这批教材展现在读者面前时，我们充满了期待。

岁月如流，薪火相传。60 年的教材建设成绩斐然，推动着体育学教材建设步入新的起点、站在新的高度。展望未来，一批批体育学精品教材将随世界一流体育大学的建设进程应运而生，不仅在学校内涵式发展的改革进程中发挥重要作用，而且在全国高等体育院校人才培养中做出积极贡献，在高等教育教材建设中留下浓墨重彩的一笔。

北京体育大学校长 杨桦

校教学指导与教材建设委员会主任

2013 年 9 月

北京体育大学高等教育体育学精品教材编委会

教材编写组

组　长：李小芬

副组长：沈　宏　陈　贝

编写组成员：

陈　贝　伏宇军　和志伟　李春雷

李小芬　梁瑜洁　刘　畅　黎　璐

吕梓民　沈　宏　王　瑞　王力强

许寿生　张清澍　赵　耀

前言

1924年，体育舞蹈运动从社交娱乐特性十足的舞蹈逐步被规范为竞技特点突出的国际标准舞蹈，随之而来的是各类世界舞蹈组织的层出不穷，比赛人群逐级扩大，国际影响力也逐年递增。在2015年的德国公开赛上，体育舞蹈设有41个组别的赛事，参赛国家和地区达到89个，运动员人数超过4500对次，而中国体育舞蹈联合会举办的体育舞蹈锦标赛规模也不亚于世界级比赛。在广大青少年业余爱好的体育项目中，体育舞蹈考牌考级人数已经超过任何其他体育项目。从体育舞蹈运动被国际奥运会承认以来，就一直有着竞技性与艺术性、传承性与开创性之争，世界两大公认组织也一直致力于朝着各自既定的方向努力。世界舞蹈协会认同舞蹈标准化与艺术化，世界体育舞蹈联合会认同变通性与竞技化，双方观点都有大量的理论与实践支撑，都具备学术化发展趋势。北京体育大学正是在顺应体育舞蹈发展的大趋势下，组织相关专家整理资料，编写了本教材。本教材适合体育院校体育艺术表演专业和体育教育专业的专项学生作为体育舞蹈专项理论与实践学习使用，同时对各类体育舞蹈爱好者有重要参考价值。

本教材精选体育舞蹈最前沿的理论知识，从其历史发展、专业术语、技术体系、科学知识、舞蹈创编、竞赛组织以及体能训练等方面，为学习者构建了一个完整的框架。在专业术语方面，主要针对通用技术原理进行两个舞系的梳理；在技术体系方面，采用纵横结合的教学方法，重点对技术内容进行整理，并结合能力培养，形成纵横结合的教学路线；在原有教材的基础上增加了体育舞蹈运动的解剖学、生理学以及力学等方面的科学知识，以便体育舞蹈专项学生应用科学的知识和严谨的态度来学习技能；同时，对体育舞蹈的创编采用了教学、队列舞、表演秀的分类方式，令实践应用的针对性更强。

本教材由北京体育大学李小芬副教授任编写组长，北京体育大学沈宏、陈贝两位老师担任副组长，全书由李小芬统稿定稿。参编人员均为国内长期从事体育舞蹈教学、训练、科研、竞赛组织和裁判等工作的高校教师。编写分工如下：

第一章，李小芬；第二章，李小芬、伏宇军；第三章，沈宏、梁瑜洁、黎璐、和志伟；第四章，陈贝、赵耀、王瑞、刘畅；第五章，李小芬、王力强、吕梓民；第六章，许寿生、李小芬；第七章，张清澍、李小芬；第八章，李小芬、李春雷。

教材中的第三、四、八章视频和图片拍摄于北京体育大学的训练馆。示范人员为北京体育大学体育舞蹈教师黎璐、郭青、赵耀、陈贝和硕士研究生以及本科生宋郅锴、王一雪、郑道然、杨孜博、王梓伊、杨佳岚；由北京体育大学出版社组织拍摄；在校稿和录像以及照片整理中，得到研究生梁曦文、苏梦、苏士珊、吴奇芳、郝曼丽的帮助，在此一并表示感谢。

《体育舞蹈运动教程》编写组

2015年9月

目录 CONTENTS

第四章　拉丁舞的技术动作组合

第五章　体育舞蹈创编

第六章　体育舞蹈的生物科学基础

第七章　体育舞蹈体能训练

第八章　体育舞蹈裁判与竞赛组织

第一章
体育舞蹈发展概述

本章提要

体育舞蹈是一项包括标准舞与拉丁舞两大舞系的体育运动项目，它经历了民间舞、规范标准舞到竞技舞蹈运动三个阶段。本章重点阐述了体育舞蹈的起源、发展过程，体育舞蹈国际组织及相关机构，体育舞蹈进入我国的历程以及相关组织与机构的成立与主要功能；介绍国际与国内的重大体育舞蹈赛事；分析体育舞蹈技术变迁的主要特征；总结体育舞蹈的发展趋势。

关键词

体育舞蹈起源　世界体育舞蹈联合会（WDSF）　世界舞蹈理事会（WDC）　WDSF世界大奖赛　黑池舞蹈节　体育舞蹈技术变迁　体育舞蹈发展趋势

第一节 世界体育舞蹈简况

体育舞蹈项目自从20世纪20年代由自发无序的民间生存状态转入到规范化和职业化并行的过程，不到百年时间，引发了全球体育舞蹈热潮和体育舞蹈竞技化的高潮。其中国际组织的形成、规范标准的建立、体育舞蹈竞技赛事的国际化、体育舞蹈职业化等因素促进了体育舞蹈不断向前发展。

一、体育舞蹈的起源与发展

每个人都生而具有随乐而舞的能力。因此，舞蹈如同人的其他本能一样，是一种天赋。随着人类文明的发展，舞蹈和一切艺术形式一样，经历过早期的宗教功用、祭祀礼仪功用，发展到当前的教育与休闲娱乐功能。舞蹈的运动特性，是因为其具有与任何体育项目一样的健身和竞赛功效；而舞蹈的艺术特质，是来自舞蹈起源以及其本身所具有的审美情趣。体育舞蹈正是在运动性和艺术性的双重探索过程中而得以传承和发扬的一个项目。体育舞蹈是一种以双人配合的规范化的舞蹈为载体的身体运动项目，是参与者为了提高身心健康，获取社交能力以及在各种级别赛事中取得优异竞赛成绩的一项身体活动。

传统的舞蹈逐渐演变成具有竞技性的运动，都有着与时代发展不可分割的关系，尤其是像大家熟知的华尔兹、狐步等舞厅舞的发展。在过去的百年里，一些其他舞蹈风格的介入以及周围环境的变化，如时尚、战争、外来文化、流行音乐、旅行的普及、社会大事件、电影电视音乐的流行等各项历史事件的影响，所有这些事件都在影响着舞蹈的变化。对于舞蹈是如何在不同时代、不同文化背景中得以发展的，必须持有一种严谨的学术态度。

体育舞蹈的起源同其他舞蹈一样，它的发展过程经历了原始舞蹈—公众舞—民间舞—宫廷舞—舞会舞—新旧国际标准交际舞等发展阶段。体育舞蹈其实是对国际标准交际舞的一个更为动感和体育化的称呼，体育舞蹈的前身就近来说是舞厅舞，也称社交舞、交谊舞。

有关舞厅舞最早的权威记载是1588年出版的《ORCHESOGRAPHIE》。书中记载道：最早的舞厅舞，其实是源于意大利的一种由五步组成的小步舞，这种舞蹈于1650年被引进法国巴黎，王公大臣在公开场合跳起了这种来自民间的舞蹈，并很快使之成为一种流行。据说，这种舞蹈一直占据舞厅的重要位置，直到18世纪末期。1768年巴黎开办了第一家交际舞厅，由此社交舞开始流行于欧美各国，成为一种普遍的社交方式。

19世纪初期在英国，舞厅舞得到了进一步的发展，除了其不胜枚举的各种舞会与各类舞蹈比赛促进了舞厅舞的发展，最为关键的是有一群非常具有创造力和学术研究能力的教师致力于把舞厅舞向标准化、规范化引导；其次，就是国际化组织与机构的成立成为舞厅舞传播于世界的畅通渠道。这也是国际标准舞走向国际社会的一个开端。此时，整理一些约定俗成的技术和时下流行的舞步是编辑当时国际标准舞教材的主要方法。1924年，英国皇家舞蹈教师协会成立了舞厅舞分会，并由伦敦的五位顶级的舞厅舞教师成立了第一届委员会。五位教师在广泛研究传统宫廷舞、交谊舞及拉美国家的各式土风舞的基础上，对其进行了规范和美化加工，于1925年正式颁布了华尔兹、探戈、狐步、快步四种舞的步伐，总称标准舞。（翻译界早些年定义为标准舞，其实是对当时英国教师的一个关于舞蹈的时间概念的界定，严格来讲，标准舞厅舞才是它的正确翻译）。1927年，英国职业舞者维克多希尔韦斯特，给出了这种在地板上完成舞厅舞的技术和风格的准确定义与模型。1929年，英国教师给予大多数最为流行的舞厅舞以“英式风格”的定义。由于其不可取代的地位，此英式风格风靡全球并产生了很深远的影响。时至今日，英式技术、英式管理都成为体育舞蹈发展的重要基础。

国际标准舞的诞生，改变了舞厅舞的自娱性质，引起了社会各阶层的极大兴趣。它的典雅风格和优美舞姿征服了世界舞坛，掀起了近一个世纪的世界国标舞热潮。随着国际标准舞蹈赛事首先在西欧推广，继而又推广到世界各国和地区，受到了许多国家的欢迎和喜爱。而拉丁舞传入欧洲的年代稍晚一些，据确切的推算，桑巴舞在1913年引进被叫作麦克斯舞（MaXixe），在1923年又改称桑巴舞；西班牙斗牛舞于1916年引进；伦巴舞则于1931年进入，称为方块伦巴舞，1948年又改称古巴伦巴舞；牛仔舞于1943年传入；恰恰舞是在1954年进入欧洲。从第二次世界大战后，英国皇家舞蹈教师协会又开始整理了拉丁舞蹈，并将它纳入国际标准舞范畴。1960年，拉丁舞正式列入世界锦标赛比赛项目。1964年，国际标准舞又增加新的表演和比赛项目——队列舞（也称团体舞）。

国际标准舞的比赛起始于英国，1929年成立的“舞会舞蹈委员会”制定了比赛规则，每年举行全英锦标赛和国际锦标赛等比赛。但是，当时的世界比赛大都是私人组织的，参加的国家很少，优秀选手不一定都能参加，因而“世界冠军”并不能代表真正的世界水平。1947年在柏林举行了首届世界交际舞锦标赛。

“二次大战”后的50年代至60年代，“新潮舞”摇滚（Rock and Roll）迪斯科（Disco）风靡一时，其影响曾波及国际标准舞的发展。70年代起，世界思潮回转趋向稳定和平衡，反映在艺术上又开始崇尚高雅文明和经典艺术。在这样的环境中，文明典雅和严格规范的国际标准舞获得了广泛的发展。它不仅成为人们建立友谊、陶冶情操、锻炼身体的极好形式，同时，它的娱乐性和竞技性，使得许多国家从奥运战略角度出发，将其纳入竞技运动项目范畴，并成立相应的竞技性舞蹈组织。世界舞蹈理事会和国际体育舞蹈联合会等国际相关组织联合起来，为了使这种竞技性舞蹈进入奥运会，并成为正式的竞技项目而做出巨大努力。1997年，国际奥委会决定给予竞技性舞蹈（体育舞蹈）以承认资格。至此，带有竞技性特征的体育舞蹈进入了奥运大家庭。

二、体育舞蹈国际组织机构及相关机构

（一）世界体育舞蹈联合会（WDSF）

世界体育舞蹈联合会（World Dance Sport Federation，WDSF），其前身是世界国际业余舞蹈总会（ICAD），于1935年成立于布拉格，至1990年正式更名为国际体育舞蹈联合会（International Dance Sport Federation），注册地为瑞士洛桑；1997年被国际奥林匹克委员会认可为体育运动项目，并成为国际运动联合会的正式成员、国际奥林匹克委员会会员；2010年在该组织内成立职业体育舞蹈分会，至此改变了该组织只负责业余体育舞蹈竞赛的性质，从而拥有了自己协会的职业运动员以及职业比赛。2011年该协会更名为世界体育舞蹈联合会，截至2014年，该协会拥有92个会员团体。世界体育舞蹈联合会设立管理委员会并分设专门委员会，规定各专门委员会的职责。目前专门委员会有运动员委员会、成员团体委员会、技术委员会、法律委员会、医务委员会、兴奋剂检测委员会、市场委员会、欧洲事务委员会、网络委员会、财务委员会10个分部。下设非洲、美洲、亚洲、欧洲和大洋洲5个地区联合会。

世界体育舞蹈联合会是负责管理业余和职业体育舞蹈竞技者和竞技活动的国际性组织，促进竞技体育舞蹈的国际化，为其成员的国际比赛制定标准化的规则，对其成员提供咨询和帮助并在国际上树立其体育形象。世界体育舞蹈联合会是被国际奥林匹克委员会承认的国际性的体育联合组织，其目标之一就是使体育舞蹈继续成长壮大，并最终成为一项世界性的体育活动。该组织的义务和职责是代表包括运动员、裁判、官员、教练员以及管理人员在内的整个体育舞蹈界。

（二）世界舞蹈理事会（WDC）

世界舞蹈理事会（World Dance Council，WDC），其前身是以英国为首的职业舞协“国际标准舞竞技协会”（International Council of Ballroom Dancing，ICBD）。在理查德森（Philip. Richardson）的极力鼓动下，22名来自12个国家的职业舞蹈者于1950年9月22日在苏格兰爱丁堡创建了国标标准舞竞技协会。这是第一个国际职业舞蹈组织。最初它的成员国包括9个欧洲国家和3个其他地区的国家，而今已经成为职业舞蹈及舞蹈运动的世界顶尖权威组织。

1994年该协会更名为世界舞蹈与体育舞蹈理事会（World Dance and Dance Sport Council，WDDSC），该组织包括两个分支机构：一个是体育舞蹈委员会（Dance Sport Committee），其职能是商议有关比赛规则、裁判挑选以及理事会的各类锦标赛资格授权，含标准舞、拉丁舞、十项舞、艺术表演舞和南美表演舞等各项事务。体育舞蹈委员会可以就体育舞蹈事项做出决定。另一个是社交舞委员会（Social Dance Committee），社交舞委员会的职能是商议所有有关舞蹈学校、社交舞及社交舞者的事项。2006年该组织正式更名为世界舞蹈理事会（World Dance Council，WDC）。截至2013年，该组织拥有69个成员国（团体）。

世界舞蹈理事会的目标是激励并促进会员国的舞蹈发展，理事会的政策要求任一国家的会员都应当在与世界舞蹈理事会相似的民主原则下运作，每个国家只允许有一个会员。中国的相关舞蹈组织一直致力于成为该会的会员，2007年5月31日，在英国黑池世界舞蹈年会上，由中国体育舞蹈联合会与中国国际标准舞总会共同联合，以“中国舞蹈理事会”（CDC）的名义，被世界舞蹈理事会接受为正式会员。这成为中国体育舞蹈界和中国国际标准舞界的一件大事，也是每一位舞者的共同心愿。2014年，世界舞蹈理事会副会长鲁迪、秘书长汉纳斯代表世界舞蹈理事会督促中国成立了国家舞蹈理事会（NDC），以“远东舞协”领军人张相国担任主席，至此，中国正式成为世界舞蹈理事会会员国。

（三）英国皇家舞蹈教师协会（ISTD）

英国皇家舞蹈教师协会（Imperial Society of Teachers of Dancing，ISTD）是世界著名的舞蹈考试组织，成立于1904年。现在是一家注册的教育团体，并且是唯一一家真正覆盖全球，涵盖所有舞蹈考试的组织。协会的主要目标是“给公众各种形式的舞蹈艺术教育”。为完成这个目标，英国皇家舞蹈教师协会主要致力于以下四个方面的工作：（1）推广舞蹈知识；（2）保持和提高教学标准；（3）通过考试，使拥有英国皇家舞蹈教师协会特别技能的舞蹈教师达到合格标准。这些特别技能由遍布世界的各个舞蹈学校中的10,000名协会会员教授。（4）通过颁布教材，为舞者提供技术以训练其提高舞蹈职业技能。目前，该组织在全球70多个国家拥有超过7,500名会员。提供各种会员类别以满足从初级教师到资深教师会员等各种会员的需求。

在舞厅舞方面，由20世纪初期知名的Josephine Bradley女士和美国年轻人G.K. Anderson结成了舞伴关系，创造了舞厅舞的英式风格。至今，英国皇家舞蹈教师协会一直以这种风格著称于世。后来当时其他著名人物如Phyllis Haylor等人将其不断发展，并在Humphries女士的领导下，他们联合设定技术动作，制定考试标准。在以Alex Moore为首的委员会的指导下，编写了标准舞教科书（Technique of Ballroom Dancing），于是英国皇家舞蹈教师协会的标准舞分部诞生了。英国皇家舞蹈教师协会由此建立了自己在这项职业方面的领先位置，并且保持至今。英国皇家舞蹈教师协会拥有对教师资格的权威认证，全世界每年约有250,000人参加考试，英国皇家舞蹈教师协会为教师们提供等级考试及金银铜牌的考试，以鉴定他们对体育舞蹈的掌握程度。

从普通的社交舞者、狂热的业余舞蹈爱好者到职业舞者，每个人都可以通过专业人士的权威标准衡量了解他们各自的进步程度。为了刺激舞者更大的进取心，英国皇家舞蹈教师协会还定期举办各种金银铜牌套路竞赛。英国皇家舞蹈教师协会目前更加清醒地意识到舞蹈将在未来社会结构中扮演重要角色，为了不断激发幼儿对于舞蹈的兴趣，过去英国皇家舞蹈教师协会已经为低至五岁的儿童设立了奖项，将来这类措施还会依时代的发展不断完善。

（四）国际舞蹈教师协会（IDTA）

国际舞蹈教师协会（International Dance Teachers' Association，IDTA）是由一系列的组织合并得来，是一个组织和引导舞蹈教师的协会，也是世界上第一个对舞蹈教师资格考试十分严格的协会。它的历史可以追溯到1903年，当时是由一群舞蹈教师成立的，是最早的舞蹈协会，名为“索尔福特”舞蹈教师协会。不过最后由于时代的变迁，于1938年“索尔福特”改名为——英国帝国舞蹈教师协会，在全世界共有6000名会员，分别具有从事舞厅舞与剧院舞的各种舞蹈形式的教学资格。国际舞蹈教师协会是一家具有政府认证资格的质量控制联合会实体，主要是提供广泛的考试认证服务。中国的舞蹈爱好者们在接受到体育舞蹈培训时，几乎都会同时听到国际舞蹈教师协会和英国皇家舞蹈教师协会这两个组织有关规定步伐的差异。

该组织出版了大量的教材与指南来介绍其管辖下的各类舞蹈。教材的作者都是该领域的领头人，如标准舞方面的领头人盖伊·哈瓦德（Guy Howard），拉丁舞方面的领头人沃特·赖尔德（Walter Laird），这两位大师的技术著作已经被大部分的体育舞蹈爱好者或者联合会接受为考试的基本技术教材。

该组织还举办暑期培训班和研讨会，这些服务收取一定的费用。联合会在布莱顿的总部还提供联络及咨询服务，地方性的服务由当地组织开展。总会下属的各区域组织召开常规会议与专题研讨会。在大不列颠，舞厅舞区域组织共有七个，这些区域组织每年共召开约50次会议，全部向会员开放。会议上，领域内的著名专家会提供讲座及主持研讨。

三、国际重大体育舞蹈赛事

（一）黑池舞蹈节

众多国际标准舞赛事中，人们久为关注的赛事便是英国黑池舞蹈节。一年一度的英国黑池舞蹈节又被誉为“国标舞的奥运会”，是各国国标舞选手心中的圣殿，更是展现各国国标舞发展水平的重要舞台。舞蹈节于每年5月在英国北部小镇黑池举行，其中除了为期7天的国际标准舞锦标赛以外，还包括了大师班教程、世界性国际标准舞会议、舞蹈服装以及舞蹈用品汇展等等。以“英国”冠名但却是面向全世界的公开锦标赛头衔（The British Open Championship），更被誉为是世界国标舞领域最高荣誉，其威望甚至超过以“世界”冠名的锦标赛，成为国际标准舞高手们争相追求的目标。首届黑池舞蹈节于1920年在冬季花园宏伟的皇家舞厅举行，当时英式标准舞与拉丁舞还没有成型，这次舞蹈节上主要是华尔兹、两步舞和狐步的比赛。1931年英国黑池开始引进英式职业和业余的舞蹈锦标赛。1937年英国黑池开始应用顺位法记分，顺位法一直延续至今，并通用于全世界。1939年“二战”爆发后，黑池舞蹈节暂停，直到1946年才开始恢复。自1950年开始，大量的外国选手开始加入黑池舞蹈节的比赛，从而使英国黑池舞蹈节逐渐增添了国际化的特色。至2014年，英国黑池舞蹈节共举办了89届。来自不同国家的参赛人员多达2000对次。在黑池舞蹈节中，除了扣人心弦的四大重要组别（职业标准、职业拉丁、业余标准和业余拉丁）的激烈角逐之外，四国邀请赛可谓是极其吸引人的眼球，主办方会邀请四个国家，每个国家选出两对最优秀的标准选手和两对最优秀的拉丁选手上台表演，最终决出最优秀的国家。英国的黑池已经成了国标舞和体育舞蹈的圣地。黑池舞蹈节上诞生出来一批批冠军，如连续8年标准舞冠军的马克斯夫妇，拉丁舞王东尼本和其搭档甘娜，后期的拉丁舞冠军布兰·沃森和其搭档卡门，标准舞新科冠军米尔科和阿莱西亚等。这些冠军在各自时期都是引领世界舞蹈技术潮流的领军人物，也为其各自进入黑池这块领地的职业裁判和教师生涯打下了良好的基础。

（二）世界体育舞蹈大奖赛

世界体育舞蹈大奖赛是世界体育舞蹈联合会2003年首创的第一个设有奖金的系列比赛，是世界体育舞蹈联合会向世界各地推广和介绍体育舞蹈的一项重要赛事。大奖赛每年在不同的国家或地区设置10站分站赛（标准舞和拉丁舞各5站），并在年终举行总决赛，评出年度标准舞和拉丁舞的总冠军。选手必须至少参加3站比赛才能有资格参加总决赛，5站全部积分在前12名的选手将参加最后的年度总决赛，而这12名选手的所有参赛费用将由世界体育舞蹈联合会支付，并且优胜者将会获得一定的奖金，因此会吸引众多的高手参加。世界体育舞蹈大奖赛可以说是体育舞蹈大赛中水平最高、最精彩的比赛。承办城市每年都要进行申办。此后，大奖赛的形式开始在世界范围内流行起来。目前，该系列赛事已经成为欧洲各大体育频道的直播体育节目之一，每一站的决赛均有一个小时的电视直播。这种电视直播的形式，促进了体育舞蹈大规模的传播和推广，能够与更多强大的媒体建立合作伙伴关系，与世界各东道主国家电视广播公司建立在线平台。

大奖赛的设置为体育舞蹈高水平竞技选手搭建了一个高水准的赛事平台，一年一度的总冠军头衔总吸引着无数舞林高手过招，一决高低。世界体育舞蹈联合会致力于打造的大奖赛其实是体育舞蹈职业化的一个非常重要的平台。近几年，分站赛多次设在中国，使得中国选手得到了很多的锻炼。每年冠军的技术风格都会成为本协会技术发展的风向标。

（三）德意志公开赛

每年的8月份，由世界体育舞蹈联合会和世界舞蹈理事会联手打造的大型国际性赛事——德意志公开赛（German Open Championships）都在斯图加特举办，世界各国的舞蹈精英都赶赴这里，参加这一全球性的舞蹈盛会。

1987年第1届德意志公开赛于9月在曼海姆的“罗森葛登”会场举办了为其3天的比赛。1988年第2届德意志公开赛提前到6月中旬举行。俄罗斯首次派出了一个小型代表团参加。2004年德意志公开赛主办地移至斯图加特，并且因比赛人数增多而持续了5天的时间。到2006年为止已有36个比赛组别，比赛阵容更加国际化；2007年，参赛的人数有史以来突破5,000大关。2008年，德意志公开赛继续延续了作为世界上最大的体育舞蹈节的声誉，来自各个大洲46个国家的2,200多名运动员，参赛人次达5,000次。

2011年，德意志公开赛迎来25周年生日，并于贝多芬大厅进行庆祝演出。

2014年，在第28届德意志公开赛上，由26个世界体育舞蹈联合会的成员国成立了欧洲舞蹈协会（Dance Sport Europe），大大推动了体育舞蹈赛事在欧洲的组织和举办。

（四）UK公开赛

全英舞蹈公开赛（The United Kingdom Open Dance Championships），简称UK赛，是国际体育舞蹈的重要赛事之一。它于每年1月23日至25日在英国伦敦南面的小镇——伯恩茅斯国际中心举行。伯恩茅斯是一个非常美丽的海边小镇，每年都会吸引成千上万的游客来此观光。所以选手在比赛的同时，还可以欣赏到非常有代表性的英国风光。赛事主要的组别有标准舞职业组、标准舞业余组、拉丁舞职业组、拉丁舞业余组、标准舞职业新星组、拉丁舞职业新星组、标准舞业余新星组、拉丁舞业余新星组等。我国的王永刚先生于2008年1月份首次担任UK大赛评审。

（五）其他赛事

世界体育舞蹈联合会一直致力于将体育舞蹈的赛事与各体育组织接轨，也正因为其享有最好的室内运动之美誉，体育舞蹈赛事已经频频出现在各种具有影响力的国际综合类体育赛事中：

1997年，体育舞蹈成为芬兰拉赫蒂世界运动会比赛项目；

1998年，体育舞蹈成为曼谷亚运会表演项目；

2000年，体育舞蹈在悉尼奥运会闭幕式上进行表演；

2001年，体育舞蹈为日本秋田世界运动会比赛项目；

2005年，体育舞蹈为中国澳门东亚运动会、曼谷第一届亚洲室内运动会正式项目；

2007年，体育舞蹈为中国澳门第二届亚洲室内运动会正式项目；

2009年，体育舞蹈为中国香港东亚运动会及中国台湾高雄世界运动会正式项目；

2010年，广州亚运会上，体育舞蹈被首次列为正式比赛项目。

久负体育舞蹈盛名的英国、丹麦、挪威、德国和澳大利亚的选手近10年来在国际大赛中连连夺冠，同时亚洲范围内的一些国家和地区，如日本、新加坡、中国的台湾和香港，随着20世纪70年代经济的崛起，其国标舞水平也获得了迅速的发展。在1985年至1986年的国际比赛中，日本选手进入了世界前6名。近年来，独联体和东欧的一些国家急起直追，积极发展体育舞蹈，并取得了良好的成绩。

大量的体育舞蹈赛事涌现出一批又一批的冠军，这些优秀的运动员如同明星一样，在全世界范围内展现和分享其高超的舞蹈技艺，赢得了荣誉。随着赛事的国际化特点越来越明显，英国选手仅在早期的竞技赛场占有一定优势，后起之秀如澳大利亚、挪威、丹麦、意大利、德国等选手逐渐成了竞技舞场上的赢家。发展到现在，俄罗斯逐渐成为夺牌大户，中国和日本等亚洲选手也开始成为体育舞蹈赛场上不可小觑的一支生力军。这也说明了体育舞蹈的竞技水平开始在世界各国普遍提高。

第二节 中国体育舞蹈简况

一、中国体育舞蹈的起源与发展

20 世纪 30 年代，国外的交谊舞传入了我国。先后在上海、天津、广州等大城市流行。它由于没有得到更高的竞技和艺术发展，所以逐渐成为一种自娱性较强的普通交谊舞。而竞技性体育舞蹈则是在20世纪80年代开始在中国推行。经过二十多年的发展，从体育舞蹈竞技水平、社会普及程度、组织完善等方面来看，我国体育舞蹈已迈入了历史新台阶，成为国际上不可忽视一支力量。

1986年之前，出现在中国大陆的是广为流传的交谊舞，当时仅在广东省有香港人在跳极为罕见的体育舞蹈，当时被人们称为国标舞。1986年10月，日本有关组织通过中国对外友好协会联系到中国舞协，开始了中国对体育舞蹈的正式引进。日本业余舞蹈竞技协会会长山口繁雄对中国12对标准舞学生和12对拉丁舞学生进行辅导，这些学生都是专业舞蹈演员出身，舞蹈素质极高，但毫无国标舞的风格；后又请来职业教师进行组合的教学，十个舞种的比赛组合仅用了32课时，所有的学生仅是模仿性地把所有组合学了下来。1987年的4月，举办了首届“中国杯”国标舞比赛，同年的5月，举办了首届“中日友好杯”比赛，随后经过了在全国二十几期的培训班，体育舞蹈开始在我国得到了普及与发展。1993 年底，我国举办了 “ 中国上海、北京世界杯体育舞蹈锦标赛 ” ，这是我国首次获得世界舞蹈与体育舞蹈理事会和国际体育舞蹈联合会认可的世界性公开赛。从1998年开始，国标舞被列入中国文化部“荷花奖”的评奖单项，国标舞事业从此又开辟了一个崭新的篇章；从2006年开始，国标舞又被列入中国文化部“桃李杯”的评奖单项。

在中国体育舞蹈联合会和中国国际标准舞总会的积极工作下，英、日等国以及我国台湾、香港地区的专家教师传授体育舞蹈技艺，并考核国家级、省级教师和裁判，有力地推动了体育舞蹈的开展。1995 年下半年，在上海组织了 “英国皇家舞蹈教师协会”教师级考核，有30多人通过了考核，成为英国皇家舞蹈教师协会首批中国会员；1996年4月在北京组织了“国际舞蹈教师协会”考核。有16人通过评审级考核，34人通过教师级考核，成为该会会员。

体育舞蹈的蓬勃发展，又催生了相应组织的诞生。1989年，中国舞蹈家协会正式成立了“中国国际标准舞总会”，90年代后更名为“中国国际标准舞学会”。

1991年5月，“中国体育舞蹈协会”宣布成立，是我国最早成立的体育舞蹈类国家一级社团组织。在国家体委的直接领导下，每年举行一届“全国体育舞蹈锦标赛”。到2014年共举办了24届全国体育舞蹈锦标赛。在1998年举办了首届青少年体育舞蹈锦标赛。2002年，经国家体育总局和文化部同意，中国体育舞蹈协会与文化部所属中国业余舞蹈竞技协会联合，组成中国体育舞蹈联合会。1996年5月中国首次派出考察团参加世界著名的英国黑池第七十七届舞蹈节；1996年6月应邀参加“日本第十七届国际标准舞锦标赛”和“1996世界舞蹈节——泛太平洋国际标准舞锦标赛”并取得了优异成绩。在第十三届曼谷亚运会体育舞蹈表演赛中，我国选手沈毅、黄文娟获职业组标准舞银牌，马骏、黄蕊获职业组拉丁舞铜牌。

中国体育舞蹈联合会成为国际体育舞蹈联合会正式会员以后，已于2002年11月在上海正式举办了亚洲体育舞蹈锦标赛；2003年10月在中国无锡举办了亚太体育舞蹈锦标赛；2004年11月在中国上海举办了国际体育舞蹈联合会世界青年标准舞锦标赛及中国上海体育舞蹈公开赛；2005年3月在上海举办了国际体育舞蹈联合会世界拉丁舞大奖赛首站赛暨第二届中国上海体育舞蹈公开赛；2006年12月在上海卢湾继续举办世界体育舞蹈联合会世界大奖赛拉丁舞、标准舞总决赛。

此外，中国体育舞蹈联合会还在2004年6月18日至19日，在四川绵阳举办世界舞蹈与体育舞蹈理事会体系的2004中国绵阳国际职业体育舞蹈公开赛；2006年11月举办亚太职业体育舞蹈锦标赛。2012年以来，中国体育舞蹈联合会相继承办了世界体育舞蹈联合会大奖赛的分站赛、总决赛和职业组总决赛以及世界表演舞的总决赛，每年的顶级国际赛事平均达到3场次以上，主要由上海、北京、南京、成都、武汉承办。

目前，中国已有近3,000万体育舞蹈爱好者，其中青少年占了很大比重。每年一届的青少年体育舞蹈锦标赛参赛人数往往多达3,000余人。

体育舞蹈在中国发展近30年后开始绽放出它独有的魅力与风采，在2005年举行的中国澳门东亚运动会和曼谷亚洲室内运动会上，中国体育舞蹈代表队共斩获10金、10银、4铜，受到中国代表团的表彰。在2010年亚运会获得十枚金牌的好成绩。

近几年来，我国体育舞蹈水平在一些国际赛事上显露锋芒。2004年英国黑池赛上，栾江、张茹获得职业新星组拉丁舞冠军；2005年张劲、罗文清再次获得英国黑池赛上职业新星组拉丁舞冠军；同年，杨超、谭轶凌获得21岁组标准舞冠军；周吉天、孙雅洁获得德国体育舞蹈公开赛职业新星组冠军；沈宏、梁瑜洁获得第一届亚洲室内运动会标准舞狐步舞银牌。2006年中国获得英国黑池队列舞拉丁冠军；2006年陆宁、魏巍获得英国黑池业余新星组拉丁舞冠军；杨超、谭轶凌获得英国黑池业余新星组标准舞冠军；沈宏、梁瑜洁获得亚太体育舞蹈锦标赛标准舞冠军；2007年赵亮、张丁芳获得英国黑池职业新星组拉丁舞冠军；沈宏、梁瑜洁获得亚洲体育舞蹈锦标赛标准组冠军；2009年陆宁、张丁芳获得英国International 锦标赛职业新星组拉丁舞冠军；2010年何艟、单菁获得英国黑池21岁以下标准舞组冠军；2010年亚运会上，沈宏、梁瑜洁获得标准舞探戈冠军，摘得中国亚运历史第1,000金，国际体育舞蹈联合会亚洲体育舞蹈锦标赛标准舞冠军，2011年夺得德国体育舞蹈公开赛职业新星组冠军；2012年王为、陈金在黑池业余新星组拉丁舞获得第五名，邱禹铭、魏丽颖获得德国体育舞蹈公开赛标准舞业余新星组冠军；2013年侯寅山、田甜获得澳大利亚体育舞蹈锦标赛职业拉丁亚军；2014年获得世界体育舞蹈联合会职业大满贯比赛决赛第四名；同年侯垚、庄婷获得奥地利世界拉丁舞公开赛冠军和世界体育舞蹈联合会世界拉丁舞锦标赛公开组比赛第六名；赵鹏、汪淇进入世界体育舞蹈大奖赛半决赛。

为了更好地促进体育舞蹈在我国规范、健康、持续发展，中国体育舞蹈联合会又制定了一系列的政策，如有关的体育舞蹈技术等级制度，体育舞蹈教师和裁判等级制度。目前，我国体育舞蹈技术等级共分为五个等级，分别是铜、银、金、金星一级、金星二级；体育舞蹈教师与裁判分为国家级、国家一级、国家二级、国家三级，其中国家级中又分为国家A级、B级、C级。所有技术等级均需要通过体育舞蹈联合会指派考官逐级考核，通过后才给予资格认证。

2006年，国家劳动部和国家体育总局社会体育指导中心共同推广体育舞蹈社会体育指导员职业等级认证工程，并于2006年底考核并通过了我国第一批体育舞蹈社会体育指导员的考评员。

二、中国体育舞蹈组织机构

（一）中国体育舞蹈联合会（CDSF）

中国体育舞蹈联合会
www.cdsf.org.cn

随着国际标准舞更名为“DANCE SPORT”，体育舞蹈力争作为一个体育项目进入奥运组织。1991年5月，“中国体育舞蹈协会”宣布成立；2002年，中国体育舞蹈协会与文化部所属中国业余竞技舞蹈协会联合，组成中国体育舞蹈联合会（Chinese Dance Sport Federation，CDSF）。

中国体育舞蹈联合会的宗旨是，组织和团结全国体育舞蹈工作者和爱好者，调动一切积极因素，在遵守宪法、法律、法规和国家政策，遵守社会道德风尚的基础上，为实施全民健身计划，普及中国体育舞蹈，提高运动技术水平，促进社会物质文明建设和精神文明建设，扩大国际体育交流，增进世界人民友谊服务。

联合会下设：竞赛委员会，职业委员会，运动员委员会，教育委员会，青少年委员会，交谊舞和社会舞蹈委员会，产业开发委员会，宣传推广委员会，纪律检查委员会，考级考牌委员会。

（二）中国国际标准舞总会（CBDF）

国际标准舞的蓬勃发展，又催生了相应组织的诞生。1989年，中国舞蹈家协会正式成立了“中国国际标准舞总会”（Chinese Ballroom Dance Federation），20世纪90年代后期，由于文化部也成立了“中国国际标准舞协会”，因此，中国国际标准舞总会更名为“中国国际标准舞学会”。2003年10月20日，中国国际标准舞学会和中国国际标准舞协会两个组织合并，总称为“中国国际标准舞总会”。

三、中国体育舞蹈重大赛事

（一）全国体育舞蹈锦标赛

全国体育舞蹈锦标赛是中国体育舞蹈最高级别赛事。1991年，首届中国体育舞蹈锦标赛在北京举行，在国家体委的直接领导下，每年举办一届“全国体育舞蹈锦标赛”，到2014年共举办了24届全国体育舞蹈锦标赛。

从历届比赛来看，20世纪90年代前期，获得中国体育舞蹈锦标赛最高组别冠军的是标准舞冠军李兆林、李小媛，拉丁舞冠军尹卫东、龙卫敏。从1997年后开始马骏、黄蕊连续获得7届拉丁舞最高组别冠军，沈谊、黄文娟连续获得7届标准舞最高组别的冠军。之后张劲、罗文清一直占据中国体育舞蹈锦标赛拉丁舞最高组别的冠军。而标准舞的最高组别冠军则一直由齐志峰和其不同的舞伴所获得。2010年，齐志峰宣布退役后，中国标准舞进入群雄逐鹿状态，周吉天组合连夺系列赛冠军，沈宏组合勇夺德国公开赛职业新星冠军，王静组合在国际上的成绩为所有中国选手之冠，邢进组合及刚从A组转职业组的新选手也有相当强的实力。

从2002年后，全国体育舞蹈锦标赛的规模日益扩大，每届比赛人数均超过3,000人，到2014年，全国有180多支代表队参加，参赛人数更是突破了7,000人次，并有中央五台录播，现场乐队演奏。呈现出体育舞蹈比赛规模越来越大，传播越来越广，竞技水平越来越高，参与的人群越来越多，专业院校人数与日俱增的可喜现状，这种情形说明了体育舞蹈在我国已经有了很好的群众根基和专业构建，极好地诠释和体现了大众健身与竞技体育的特质。

1998年8月，在湖北省武汉市举办了首届“娃哈哈杯”青少年体育舞蹈锦标赛，并一直延续至今。从以前的业余少儿为赛事主体过渡到现在以专业院校少儿参赛和业余少儿参赛平分秋色的局面。参赛选手多达5,000人次以上，设立的组别也越来越多，从2014年开始，为了鼓励青少年标准舞和拉丁舞均衡发展，在青少年组别的比赛专门设立了4项全能，6项全能，10项全能等组别的比赛。

（二）中国体育舞蹈大奖赛

2008年，中国体育舞蹈联合会大奖赛第一站——常熟站的比赛是大奖赛赛制在中国的首次使用。

中国体育舞蹈联合会大奖赛引进了国际上最为先进的赛制，科学地吸收了国际大奖赛赛制的优点并予以改良，尤其是复活赛环节。复活赛是大奖赛最独特的一个标志性环节，按照世界体育舞蹈联合会的赛程，24名复赛选手将直接淘汰半数选手进入半决赛，在人数较少的12进6的环节才启用复活赛。而中国体育舞蹈联合会则将复活赛提前到了半决赛之前，改为24进18，再由18位选手直接晋级8位，其余4个名额在剩下的10名选手中复活产生，给选手多一轮次的展示机会。

大奖赛对年轻选手来说具有非常大的吸引力，除比赛奖金外，大奖赛还在年终提供年度排名，可以让年轻选手明确自己在中国体育舞蹈这个群体中的位置。

对于中国的优秀选手来说，大奖赛同样有着激励的作用。近年来，中国选手进步的速度非常快，大赛公开组别的竞赛方式为选手提供了一个更为公平、公开的竞争平台。而优秀选手也必须不断地在这种竞争环境中了解自己目前的竞技状态，激发前进的动力。

中国体育舞蹈联合会体育舞蹈大奖赛的产生是为了创造一个优秀的团体，把中国更多更好的选手集中在一起，通过精英赛制的竞赛形式，加强对这个团队的宣传，增加舞者的曝光率，打造出行业乃至社会的明星，从而推动整个项目的发展。中国体育舞蹈联合会大奖赛打破了组别的限制，用更加开放的方式来进行角逐。可以说，大奖赛的冠军象征了中国体育舞蹈的最高水平。

（三）全国国际标准舞锦标赛

随着国际标准舞在我国的推广和普及，中国舞协于1986年5月举办了首届“中国杯”国际标准舞比赛，比赛地点在北京交谊舞学校，参赛舞者约200对，主要来自北京和广州。此后，相关协会的正式成立，更加有序地推动了赛事的发展，从最初每届参赛200对次到2000年后每届赛事多达2000对次，赛事的规模日益扩大，赛事的组织也日益国际化，到2014年共举办28届，是国内历史最悠久的国标舞品牌赛事。

在每年一届的赛事中，诞生了不少国际标准舞明星，如多次获得全国国际标准舞锦标赛职业A组标准舞冠军的李兆林、李小媛、温亮富、孙荣；职业A组拉丁舞冠军的尹卫东、龙卫敏、梁思源、胡节娜等，这些冠军选手现今已经成为我国国际标准舞知名的教师。

1993年4月，在北京工人体育馆举办了第七届“中鑫杯”全国国际标准舞（体育舞蹈）锦标赛。这是两个组织相互支持和协助，在一起举办的一届成功赛事。少年拉丁舞从此后开始正式列入全国锦标赛的比赛项目。

1997年，在广州举办了首届全国青少年国际标准舞锦标赛，比赛内容为少年拉丁舞，400多对小舞者参加了比赛。1999年全国青少年比赛正式增设了少儿标准舞的比赛项目。

（四）其他赛事

中国体育舞蹈联合会成为世界体育舞蹈联合会的正式会员，逐步建立了自己的比赛体系，其中一部分是我国赛事，一部分是承办国际赛事。如：2002年11月在上海正式举办了亚洲体育舞蹈锦标赛；2003年10月18日至19日在中国无锡举办了亚洲及太平洋地区体育舞蹈锦标赛；2004年以后，中国体育舞蹈联合会与上海卢湾区人民政府达成合作协议，每年举办一届国际赛事，定名为上海公开赛，并每届申办一个重要赛事作为公开赛的重要组成部分；2004年成功举办中国绵阳国际职业体育舞蹈公开赛；2004年11月在中国上海举办了世界体育舞蹈联合会世界青年标准舞锦标赛；2005年3月在上海举办了世界体育舞蹈联合会世界拉丁舞大奖赛首站赛暨第二届中国上海体育舞蹈公开赛；2006年12月2日至3日，中国体育舞蹈联合会在上海卢湾举办了2006 世界体育舞蹈联合会世界大奖赛总决赛；2006年11月18日至19日在四川绵阳举办亚太职业体育舞蹈锦标赛；2007年7月在上海举办了标准舞世界杯赛；2008年7月在上海举办了拉丁舞世界杯赛；2009年和2010年又连续两年在上海举办了世界体育舞蹈联合会大奖赛总决赛。

2009年7月，经世界舞蹈理事会授权，世界舞蹈理事会国际标准舞世界杯公开赛在深圳精彩上演，吸引了海内外2,000多名高水准的选手来深圳竞逐世界舞王、舞后的桂冠。

中国深圳标准舞拉丁舞世界公开赛是由世界舞蹈理事会授权中国地区举办最高级别赛事。自2009年起将连续十年在中国举办，2009年至2018年每年举行一届，是除世界三大国标舞赛事以外最具分量的国际赛事，也是深圳近年来最具影响力的大型国际舞蹈赛事之一。大赛明星阵容之强、选手水平之高、参赛国家之多，为亚洲地区所罕见。能如此集中地看到活跃在当今舞坛的国际、国内舞林高手出现在同一赛场上确实难得，精彩的竞技场面和翩跹的舞姿以及激烈的角逐令人眼界大开。这样超大型的比赛，只有国标舞较发达的国家如美国、英国、意大利等国举办过。迄今为止，这也是中国举办的最高水平的、规模空前的国标舞蹈盛会。

第三节　体育舞蹈技术变迁的阶段划分

体育舞蹈发展阶段划分主要是从三个方面进行。一是从舞蹈技术层面和风格体现上来划分，探讨不同历史时期技术发展的一些主要变革；二是以竞赛规则和服装的变化为标志，来进行一些影响体育舞蹈技术发展的重要因素的探讨；三是以不同时间段参与的主流人群的特点来探讨体育舞蹈发展进程的社会因素。

一、启蒙时期（中世纪至20世纪20年代）

体育舞蹈应该是历史进程中一个连绵不断进化的事物。其最初的启蒙阶段应该是历时最为长久的过程。追本溯源，该阶段是从民间交谊舞的雏形到宫廷舞的社交活动与教育活动。其技术特点沙龙化特征明显，握持相对宽松与随意，舞步简单，风格随意，无严格技术要求，易于与时下流行的文化元素相结合。已初步呈现男女双人配合形式，常用舞步型，特有舞种风格的趋同性等特征，为下一阶段技术的规范统一提供了非常广泛的挑选素材。

该阶段以舞厅以及社交场合为体育舞蹈发展的最重要阵地，由于竞技化特征还不是十分明显，服装服饰以追求华丽、舒适为主。主要是为了满足大众的自娱自乐的社交心理需求。

该时期的代表国家以英国、法国等欧洲国家为主，以贵族文化为代表的舞会以及后来人们欢庆大事和休闲的社交场合为主要活动场所。该时期的技术描述还停留在“社交”上。人们还没有主动意识去研究和开发技术。该阶段人人皆舞，并没有特意设置竞赛规则和组织成型的赛事。

二、规范化职业化时期（20世纪20年代至80年代初）

“一战”胜利以后，人们对舞厅舞的狂热持续了相当长的一段时间，继而成为像每日喝咖啡一样的生活常规部分。该阶段在英国本土，各种舞蹈社团、职业化的舞蹈公司也纷纷设立。由于外来文化的冲击与杂糅，随着ragtime、jazz 等音乐类型从拉丁美洲的传入，以领先略成规模的英式舞蹈的种类和风格也得到了丰富，这些流行风格和新奇舞步的传入，使舞蹈教师的工作受到极大冲击，逐渐使得各流派教师意识到需要有统一的标准来推广舞步，消除人们对舞蹈的负面理解。该阶段的社交舞蹈技术得到空前发展，尤其在规范统一舞步方面，舞蹈技术朝新的方向发展，为了与过去的舞蹈以示区别，舞蹈主流社会定义当时的舞蹈为“MORDERN”和“STANDARD”，并且逐一形成了标准舞和拉丁舞两大舞系和十个舞种的规范动作，逐渐形成了英式技术风格的雏形。舞厅舞的规范化、标准化一方面规范了混乱的教学氛围，另一方面为舞厅舞的职业化发展奠定了基础。因而，英式标准舞厅舞在国际上的地位得到确立，英国温文儒雅的皇室风格成为国际标准舞的正统风格，并且在之后的各类比赛中，英国选手的成绩也都名列前茅。

其次，该阶段的舞者具有普遍的特征：大多数是业余训练出身，身兼他职，身怀各类绝技特长，如当时的舞坛名人Victor Silvester，播音主持、教育家、传媒家等身份使得这样一个人物能在历史特定时期推动标准舞的教育化、职业化进程。标准舞职业化的另一个重要推动因素是舞蹈竞赛的开展。很多参赛选手都是持业余舞者的身份逐步进入舞蹈赛事的最高领奖台上，专业化训练时间较晚，成才时间也较短，但是顶尖水平的舞者有实力维持多年的好名次。直到19世纪60年代至80年代，由于有了规范的技术标准和较完备的组织机构，国际标准舞发展迅速，不仅风靡欧洲、美洲，也开始在亚洲流行开来。该阶段逐渐有了业余和职业的区分。竞赛规则日益成熟，体现在评判标准的应用、顺位法的引进等。而评判标准的确定，在舞步和动作的规范性上有一定的体现，因而早期的规范和初级入门教育得到了重视，风格上继续传承之前的英式舞蹈风格。

此过程中参赛场地不再局限于狭窄拥挤的舞厅，而是宽敞的专用比赛场地。此时标准舞的服装大多以雍容华贵的鸵鸟毛等装饰来体现富贵优雅，而后期进入到体育舞蹈竞技大家庭的拉丁舞着装以追求性感的拉美风范为主，呈现出拉丁舞纯热带的质朴热诚的风格。

该阶段逐渐涌现的体育舞蹈强国主要是西欧国家，如英国、德国、丹麦等。

三、竞技体育化时期（20世纪90年代至今）

1990年，世界国际业余舞蹈总会正式更名为国际体育舞蹈联合会，将标准舞和拉丁舞引领向体育竞技化的道路，并赋予其“体育舞蹈”的新内涵。在跻身奥运正式比赛项目的进程中，体育舞蹈从技术变革和竞赛规则的修订等各方面去努力迎合奥运竞赛项目标准。

该阶段在技术风格上，以标准舞而言，在1990年前，舞蹈技术以英国风格为唯一选择，1993年第一对意大利舞者Augusto Schiavo & Caterina Arzenton得到英国黑池大不列颠杯职业组标准舞第六名后，舞蹈技术的风格有了第二选择。意大利风格，在保有英式风格优点的基础上，融入意大利罗马大军的横扫千军的气势，改良了英式的温吞儒雅的风格。意大利式舞蹈风格首推探戈舞与快四步舞这两项舞蹈。在探戈舞方面除了基础理论外，他们在探戈中加上复杂性、韵律节奏的变化，同时舍弃了全蹲式站姿，而是采用腿部自然轻松弯曲的方式，加大下盘移动，于是有了举世闻名的意大利式探戈。对于女舞者的转变，改变了英式女舞者优雅的上半身舞蹈方式，而加大女舞者在颈椎、胸椎、腰椎三大主区域的柔软度应用。其次，异军突起的俄罗斯、德国等越来越引人注目的技术与风格不得不引起以标准规范自居的英式风格派人士的注目。一直以来，流派之争也成为竞技技术发展中最值得探讨和研究的现象。在2005年意大利舞者Mirko Gozzoli & Alessia Betti获得英国黑池大不列颠杯职业组标准舞冠军，并连续获得2006年至2009年黑池冠军。甚至在2008年英国大英国协杯业余组标准舞决赛的六对舞者中，有三对是来自意大利，其他三对是德国、丹麦、俄罗斯的选手。就拉丁舞而言，该时期的技术风格更多地追求速度、力量和动作变化。

体育舞蹈的发展已经成功地跨越了标准化、规范化的进程，大踏步地迈进了体育竞技殿堂。完整科学的训练体系，专业化的学科建设，参与人群的训练早期化，专业化现象日益明显。新的执裁评分体系更加明确体育舞蹈朝体育难美项群的标准靠近的进程，首先是2013年版的评分规则就是以花样滑冰的评分体系为模板仿照而制定。其次从比赛的形式来讲，体育舞蹈采用单独展示和群舞相结合的方式，从而更加利于体育舞蹈选手在极大的空间范围内展示自己技艺和艺术特性。在半个多世纪的漫长演变过程中，体育舞蹈从一种自娱自乐的社交舞蹈，发展成为拥有高度艺术性和竞技性的表演和比赛项目，成为健与美结合的典范。其服装特点相应地转变为优雅与时尚并存，并从材料和设计上突破旧有观念，追求表现运动员身形美、动作美、变化快等特点，评判标准采用顺位法与评分法相结合的方式，即保留体育舞蹈的广泛参与度，又追求赛事质量的高精尖，使得艺术性和竞技性相得益彰。

第四节　体育舞蹈发展趋势

一、体育舞蹈国际化趋势越来越明显

经过近一个世纪的发展，体育舞蹈由最初的英国伦敦走向了整个欧洲，随之在世界范围内推广开来。参与体育舞蹈的人群已经遍及各个大洲和各个国家；体育舞蹈赛事的选手们呈现出国际化趋势；体育舞蹈技术的变化也表现出突破英式风格的审美价值观，意大利、德国、俄罗斯等新派技术以压倒性优势在赛场上引起重视；中国、日本、韩国等亚洲选手在重大的国际赛事中也逐步取得优异成绩；体育舞蹈赛事的主办地的国际化等。种种迹象表明，体育舞蹈正走向国际，也受到国际化影响。

二、与其他舞蹈类的融合特征日趋显著

体育舞蹈就像其他任何舞蹈一样，通过很多年积累有序地发展，而且也受到其他舞蹈形式和潮流的影响。例如，探戈舞就是一个典型。在最近几年的探戈舞竞技中，我们很明显地发现了英式探戈已经融合了阿根廷探戈的浓郁风格特性和编舞形式；快步舞结合很多芭蕾舞的身体姿态和跳跃类动作；维也纳华尔兹舞的舞步不在局限于限定的几个动作，有了更多的造型和旋转类动作；狐步舞的身体动律逐步有了拉丁舞步中的滚转类技术细节。

在当今的竞技拉丁舞中，我们也能明显地感受到来自爵士、现代舞的舞蹈特性，传统的拉丁舞在保留各自舞蹈特性的基础上，与其他舞种有了一定程度上的结合。例如：斗牛舞很多动作都来源于弗拉明哥舞的手臂线条和身体造型，甚至包括了一些脚下的踢踏动作。恰恰

舞中的很多手臂动作和双人配合动作来源于萨尔萨舞；牛仔舞很多的脚下的变化来源于摇摆舞；标准舞和拉丁舞之间的互通有无的技术环节和舞步都标示着体育舞蹈内容的丰富性不仅内在发展，而且外向联合。

不可忽视的就是表演舞作为一个新事物的出现，其更加灵活地借用广泛的舞种元素、艺术元素丰富了体育舞蹈内容，并且源源不断地提供了创作作品的素材，使得体育舞蹈呈现在观众面前的艺术感染力更加富有层次感。体育舞蹈以其极大的包容性宣告自己是可以破除人们对体育舞蹈局限在程式化、规范化等旧的认识，在固本培源的基础上，其创新程度使得舞者必须更多吸收其他舞种的营养，来丰富自己的表演，提升竞技实力。

三、体育舞蹈的体育竞技平台将会越来越大

随着体育舞蹈作为一个运动项目的推广，越来越多的国际综合类体育赛事对体育舞蹈的竞技化趋势起到了推波助澜的作用。目前，除了世界舞蹈理事会和世界体育舞蹈联合会两大组织的常规赛事以外，体育舞蹈作为一个竞技运动项目频繁出现在很多洲的运动会上，以及一些大型综合运动会上，其受观众欢迎程度得到主办方和相关运动组织的关注。体育舞蹈的运动特性毋容置疑地得到了验证。而世界体育舞蹈联合会也一直努力从比赛形式、执裁办法、兴奋剂控制等方面极力靠近奥运会竞赛项目的要求，通过多年坚持不懈的努力，体育舞蹈的竞技特性在不丢失体育舞蹈项目本源的基础上，很好地结合了体育难美项群的特点，修订的执裁办法、评分体系、竞赛形式等都处于实验阶段，也得到了奥委会相关部门的认可。由此看来，体育舞蹈的更大的竞技舞台就是奥运会，现在世界体育舞蹈联合会在其未来的展望工作中，推进体育舞蹈成为奥运会比赛项目成为重中之重。

四、体育舞蹈的市场前景更加广阔

随着世界经济水平的提高、人们休闲时间的增多、休闲价值观的改变，人们越来越多地倾向于体验消费，体验经济将成为21世纪的主流。而体育舞蹈是人们参与其中、切身体验的一种最好的运动形式，因而受到全世界人们的喜爱。不容置疑，体育舞蹈已成为一项最好的室内运动。目前，体育舞蹈产业链中的培训业、教育业、服装业、赛事、舞会休闲与消费等都存在着增长空间很大的市场。演出市场也成为一个新的增长点，国际上曾经有过国标舞巨作《燃烧的地板》；国内北京舞蹈学院的国标舞剧《红舞裙》《长恨歌》等都取得了很好的票房收入。目前，成功的运作表演市场的就是日本的超级巨星表演，每年的票房价值以及之后音像制品的收入都是一笔可观的数目。随着欧洲体育频道的深度介入，国内央视频道、教育频道等的介入，体育舞蹈赛事与媒体形成了一个良性互动，进一步促进体育舞蹈产业化的发展。体育舞蹈竞技化、职业化的发展也为市场需求提供了大量人才储备。

五、竞技难度与舞蹈艺术表现力将会更加完美地结合

1. 高水平的运动员需要发展快速力量、超强的柔韧去提高自己的比赛竞争力。现代的编舞者都偏向于应用一些要求很好的柔韧性与控制力以及平衡感的芭蕾线条来提升舞蹈的艺术特性。

2. 近几年来，一些优秀运动员都会选择一些当代舞作为他们的表演内容，观众和选手们都乐于接受。体育舞蹈以一种开放的心态、学习的精神和创新的品质接纳吸收其他舞种，为体育舞蹈的发展，增添了新的艺术源泉。

3. 在拉丁舞中，要求脚步动作的力感越来越强，追求一种强有力的拔地而起的力度，同时又对身体中段动作的韧度提出了更高的应用要求；动作速度加快，动作之间的连接变得越来越复杂多样，技术难度逐步递增。

4. 标准舞在快速变化的动作中，强调的是移动的速度、幅度、双人握持容量的增大、舞蹈空间调动、反应时的增快，这些都对体能提出了极大的要求。

4. 越来越强调舞蹈表现力与音乐的融合，强调多样化节奏在编舞中的应用。

5. 随着比赛音乐时长延长、比赛形式的改变、更多的独舞要求等，发展竞技难度的同时，需要每个选手具备自己独特的“绝活儿”和特征，才有可能征服裁判，做到以“难”和“美”取胜。

六、学术化、科学化发展趋势

体育舞蹈从民间步入宫廷，从区域性的自发组织步入强大的国际组织，其发展是由一批批职业化的舞者和教师在持续推进。随着竞技性和艺术特性的发展，体育舞蹈不再局限在规范和约束上，更多地引进了科学化的训练手段，严谨的科学理论体系来支撑整个项目的发展。如应用人体解剖学、运动力学、运动生理、音乐等来修订合理的技术体系；应用运动训练学的方法手段来解决体育舞蹈训练层面的问题，包括技术训练、体能训练等。国内外都有相关的组织在进行体育舞蹈的训练、竞赛、技术教学等研究，也有相关高等院校的专业建设促使体育舞蹈科学化发展。更多的体育舞蹈专门化青少年教育与训练，使得体育舞蹈项目在训练开发早期化、训练专门化的基础上，为高水平的竞技运动员提供更加合理的训练保障体系。相关的国际技术体系以教材和科研成果形式出现，体育科学为体育舞蹈技术的发展、执裁科学化、反兴奋剂问题等做了一个很好的科技支撑。

思考题

1.简述中外体育舞蹈发展历程。

2.简述中外各大体育舞蹈协会的发展概况。

3.体育舞蹈发展的不同阶段中，体育舞蹈技术产生了怎样的改变？

4.思考英式风格和意式风格的技术差异。

5.简述体育舞蹈的发展趋势。

推荐读物与网站

[1]国家体育总局职业技能鉴定指导中心.体育舞蹈[M]. 北京：高等教育出版社，2012.

[2]李春文.体育舞蹈教程[M]. 辽宁：辽宁人民出版社，2000.

[3] www.worlddancesport.org

[4] http://baike.baidu.com/view/4278442.htm?fr=aladdin

[5] http://www.istd.org.uk/flash_content/index.htm http：//baike.baidu.com/view/14120125.htm

[6] http://www.internationaldanceteachers.com

[7] http://www.zhwdw.com/xiehui/7/1/107175.shtml

参考文献

[1]罗君帆.国际标准舞理论、实践、技巧修订拉丁美洲舞系[M].广州：岭南美术出版社，2010.

[2]吕德·韦尔梅.拉丁舞[M].德国：卡斯特尔·费尔拉格出版公司.

[3]乌维·沃尔克·卡尔斯特.国际标准舞系列教材（4）德国舞蹈教师联合会（ADTV）为舞蹈教师提供的进修课程[M].北京：北京舞蹈学院.

[4]魏森伯格.国际标准舞系列教材（5）如何成为服务行业中的成功者[M].北京：北京舞蹈学院.

[5]Abra，A.J.On With the Dance：Nation，Culture，and Popular Dancing in Britain [D].PhD. University of Michigan，2009.

第二章
体育舞蹈基本常识

本章提要

本章主要介绍了体育舞蹈的定义与特点、体育舞蹈的分类与各舞种的风格、体育舞蹈的专业术语、体育舞蹈的场地与设施以及体育舞蹈的服装规定这五大方面。详细阐述了标准舞与拉丁舞两大舞系的概念与四大特点；总结了十支舞的节奏与特点；列出了体育舞蹈的基本术语与动作名称术语的中英文对照；介绍了教学与比赛场地设施的要求以及平时训练与比赛时的服装规定。

关键词

体育舞蹈的定义　体育舞蹈的特点　华尔兹（Waltz）　探戈（Tango）　狐步舞（Slow Foxtrot）　快步舞（Quick Step）　维也纳华尔兹（Viennese Waltz）　桑巴（Samba）　恰恰恰（Cha—Cha—Cha）　伦巴（Rumba）　斗牛舞（Paso Doble）　牛仔舞（Jive）　体育舞蹈的术语　体育舞蹈的场地与设施　体育舞蹈的服装

第一节　体育舞蹈的定义与特点

从体育舞蹈的起源和狭义的体育舞蹈概念来看，仅包括竞技舞厅舞的范畴。当体育舞蹈作为一项运动项目的集成来讲，随着社会发展的变化和舞蹈竞技的需求，它已经包含了越来越多的身体舞蹈项目。目前，在国际体育舞蹈组织的赛事中，竞赛的舞种主要包括体育舞蹈、摇滚舞、阿根廷探戈舞、撒萨舞、街舞、排舞等内容。这些项目教学训练的内容体系和参赛的具体形式都有着各自不同的体系。而本教材主要针对的是体育舞蹈的技术、教学、训练、竞赛组织等内容进行介绍。

体育舞蹈是一种由男女双人配合，在界定的音乐和节奏范围内，正确展示和运用身体技术与技巧，包括身体姿势的控制能力，动作力量的表现能力，地板空间的应用能力等能突显舞蹈质感的动作，并结合艺术表现力来完成的具有规范性和程序性的运动项目。

对体育舞蹈进行剖析，不难发现其具备以下特性：体育舞蹈的根本属性是竞技性，它的本体是舞蹈，体育舞蹈是运用具有舞蹈语言功能的舞蹈组合在表现不同民族、不同地域、不同风格的舞蹈竞技。具备舞蹈语言功能的舞蹈组合在体育舞蹈中体现为：能传情达意的拉丁舞舞蹈组合；具有某种抽象美感的标准舞舞蹈组合；表现某种技巧的舞蹈组合。因而欣赏体育舞蹈既要符合舞蹈艺术规律，又要遵循竞技体育的竞赛原则，要从运动技术技巧和艺术表现两方面进行鉴赏。

在体育舞蹈的发展史上，体育舞蹈一直保持其观赏性、娱乐性和竞技特性共同发展，才得以让体育舞蹈像常青树一样保持活力。

体育舞蹈是由属于文艺范畴的舞蹈演变而来的体育项目，它兼有艺术和体育的双重特点，是以竞赛为目的，具有自娱性和表演观赏性的竞技舞蹈。它具有以下四个特点：

（一）严格的规范性

体育舞蹈正是由于其规范、完整的技术体系，才得以在全球推广，正如古典舞和西方芭蕾舞一样，它是经过数百年历史的锤炼，几代人的加工而成的。体育舞蹈的规范性表现在技术的规范要求上。通过对WDSF最新教材的分析，最新的标准舞技术要求增加到11个方面，每个动作都可从：步序、足位、方位、转度、足法、音乐时值、舞伴位置、身体拧转、升降、倾斜、延伸去规范；而拉丁舞则从：步序、足位、使用动作、转度、足法、音乐时值、方位、舞伴位置、引导握持形状、髋部路线、臀部肌肉运动、身体中段横移、身体中段挤压、身体拧转14个方面加以规范。技术层面的规范统一，即为体育舞蹈的特性进行了科学化的严谨描述，同时也为体育舞蹈作为一项竞技体育项目提供了可进行评判的一个先决条件。其次，对于音乐的规范要求，从音乐的风格特点、音乐的速率、音乐的节奏类型、音乐的时长等都有了严格的规定。

（二）高雅的艺术性

体育舞蹈是一项融技术与艺术于一体的表现难美的运动项目。究其起源，体育舞蹈运动来源于高贵的宫廷，以及随后的雅气的舞厅，要求参与者具有良好的修养、得体的礼仪、优美的动作等，举手投足之间无不显示其是社交场合极具吸引力的表现。体育舞蹈的独特审美特性是所有运动参与者所着迷的最重要因素，也是体育舞蹈观众所需求体验的视觉吸引力所在。随着体育舞蹈运动的发展，追求艺术性、竞技性、技巧性不仅仅是运动员获取运动成绩的必要途径，也是保持体育舞蹈起源的最本质的风格和艺术要求。这恰恰是任何体育项目持久发展所拥有的真理：艺术化。无疑体育舞蹈就属于这一类的体育项目，正是基于体育舞蹈的艺术性，才使得体育舞蹈作为一项竞技体育项目是如此的夺人眼球。

因而所有舞蹈竞技者都需要竭尽全力表现舞蹈技艺，尤其是冠军更应该在高水平的审美者的眼光中去综合表达出高超的艺术性和竞技性。

从体育舞蹈的竞赛新设项目来看，其新增设的体育舞蹈表演舞竞赛正向人们昭显了其独特的艺术魅力。近几年表演舞的大量优秀作品，在规定的体育舞蹈技术和特性的前提下，被认为是一种“真正的艺术”。

（三）体育竞技和健身性

体育竞技性体现在体育舞蹈竞赛中，运动员必须在一轮又一轮的比赛中，每次舞蹈展示持续90秒到120秒的多样化的风格表演。例如：一个进入决赛的选手，要通过五次，每次5支舞蹈的竞赛，而对于十项舞者来说，至少四次，每次10曲舞蹈的竞赛。获取优异成绩、争夺冠军成为体育舞蹈运动员们的最高目标与荣誉。一对优秀的选手在力量、平衡、柔韧、协调等身体能力的展示方面都达到极致，以追求身体素质在舞蹈状态中的极限展示。

另一方面，体育舞蹈的健身性表现在其锻炼价值上，从20世纪60年代至今，许多科研人员对体育舞蹈的生理和心理作用做过研究，通过对人体能量代谢、能量消耗和心率变化的测定，显示出：华尔兹和探戈的能量代谢为7. 57，高于网球7. 30，与羽毛球8. 0相近。可见，体育舞蹈引起人的生理变化是明显的，它是陶冶情操、锻炼体魄的一种极好形式。

（四）交往的娱乐性

体育舞蹈起源于社交场所，其本质就是以交往为目的的一个娱乐载体。体育舞蹈强调的是娱乐性和健身性，强调身心的和谐发展。体育舞蹈是人们交流思想、抒发情感、消除隔阂、相互沟通的最好形式之一。

最典型的特点：体育舞蹈是基于性别平等的男女双方合作项目，以“对”为单位，遵循同样的技术原理，讲究双人之间的协同配合，表达一致的舞蹈情绪，作为相互配合的单个成员，都基于其自身舞蹈技术和动作的独立基础上，寻求对方的配合，以展示各自的风格以及表现出魅力，合作与交往是这个运动项目不变的主题。人们的自我封闭意识在体育舞蹈锻炼中得到彻底的解脱，舞蹈中的融洽、和谐、高雅的气氛能增进人与人之间的友谊，丰富了社会文化生活。各种舞会、聚会上的舞蹈使男女两性间正常的近距离接触和交流合情合理化。

第二节　体育舞蹈分类与各舞种的风格

随着体育舞蹈标准化进程与竞技发展的同步推进，从最初对体育舞蹈分类的无序状态，先后有过按照地域划分，按照舞蹈形式划分，按照舞蹈形成的先后顺序划分等标准。纵览历史，体育舞蹈的分类已经综合了上述的几个标准而形成现在的约定俗成的两大舞系：标准舞和拉丁舞。

一、标准舞

从英文的命名“standard ballroom dance”来看，标准舞是指用一定的标准来规范的舞厅舞。从20世纪20年代以来，被逐渐纳入到标准舞这个系列的舞蹈一共有5个：华尔兹、探戈、快步、狐步、维也纳华尔兹。与拉丁舞系最大的区别：其着装正式华丽，握持单一严谨，舞步起伏（跳跃）流动。

（一）华尔兹（Waltz）

华尔兹舞是现代舞中历史较为悠久的舞种，也是生命力最强的舞蹈。“华尔兹”一词最初来自古德文Walzel，意思是“滚动”“旋转”或“滑动”。3／4拍子的圆舞早在12世纪的德国巴伐利亚和奥地利维也纳地区的农民中流行，17世纪进入维也纳宫廷，18世纪被誉为“欧洲宫廷舞之王”。19世纪初传入美国波士顿，20世纪重返欧洲，并以新的“慢华尔兹”的形式席卷欧洲大陆。

华尔兹的风格特点是音乐袅娜、舞态雍容、步法婉转、曼妙大方。华尔兹音乐为3／4拍，节奏中等，每分钟27～30小节。

（二）探戈（Tango）

探戈舞起源于非洲中西部的民间舞蹈探戈诺舞。16世纪末至17世纪初，随着贩卖黑奴进入美洲，融合了拉美民间舞蹈风格，形成了舞姿优雅洒脱的墨西哥探戈和舞姿挺拔、舞步豪放健美的阿根廷探戈。随后传入欧洲，融汇了欧洲民间舞蹈，尤其是受西班牙民间舞蹈的影响，在原有豪放洒脱的基础上，渗入了幽雅含蓄的情趣，形成了西班牙探戈、意大利探戈和英国皇家式探戈。

探戈舞是最早被英国皇家舞蹈教师协会肯定，并加以规范的四个标准舞之一。它综合了世界各种探戈舞的精华，以其刚劲挺拔、潇洒豪放的风格和独有的魅力征服了舞坛。人称19世纪是华尔兹的时代，20世纪是探戈的时代。

探戈舞舞步顿挫有力、潇洒豪放；身体无起伏、无升降；表情严肃，有左顾右盼的头部闪动动作。探戈舞音乐为2／4节拍，每分钟33小节。

特点是音乐华丽、舞态刚劲、步法顿挫磊落。

（三）狐步舞（Slow Foxtrot）

狐步舞起源于美国黑人舞蹈。1914年夏，美国演员哈利·福克斯模仿马在慢步行走时的动作，并设计了一种舞蹈形式，迅速在全美风行。人们因此称狐步为福克斯。现在国际上跳的狐步舞是英国的约瑟芬·宾莉改编的。

狐步舞的风格特点除具有华尔兹的典雅大方、舒展流畅和轻盈飘逸之外，更具有狐步舞独有的平稳大方、悠闲自在、从容恬适的韵味。

狐步舞的舞步轻柔、圆滑、流畅，方位多变且不并步。在动作衔接中呈现出降中有升、升中有降的线行流动状。

狐步舞音乐4／4拍，速度中庸，每分钟30小节，其特点是音乐恬愉、舞态潇洒、步法行云流水。

（四）快步舞（Quick Step）

快步舞从美国民间舞“P、E、E、P BODY”改编而成，早期快步舞吸收了快狐步动作，后又引入芭蕾的小跳动作，使动作更显轻快灵巧。现在大家跳的是英国式的快步舞。

快步舞的风格特点是轻快活泼，富于激情。舞步洒脱自由，饱含动力感和表现力。

快步舞音乐4／4拍，每分钟50小节，基本节奏是慢慢快快（SSQQ），慢快快慢（SQQS）。

（五）维也纳华尔兹（Viennese Waltz）

维也纳华尔兹起源于奥地利北部山区农民舞，是历史最悠久的舞蹈。维也纳华尔兹舞的风格特点是动作舒展大方、连绵起伏、节奏清晰、旋律活泼、动作优美、舞步轻快流畅、旋转性强。

音乐使维也纳华尔兹更为完美，莫扎特、肖邦、柴可夫斯基、施特劳斯等音乐大师都创作了不朽的华尔兹舞曲，尤其是施特劳斯，他使华尔兹成为“舞蹈之王”。

维也纳华尔兹舞的音乐是3／4拍，每分钟60小节。在比赛中常放在第5个舞种进行，要求选手有充沛的体力才能从容地完成。

二、拉丁舞

“二战”胜利后的英国土地上，舞厅舞的盛行不仅仅传承了英国本土的皇家风范，也有很多是因为人口流动而带来的异域文化的融合，很多拉丁音乐和舞步成为时下流行的舞厅舞的重要内容，一部分有着敏锐洞见力的教师在标准舞的范式下，又开始逐步整理拉丁舞，形成了拉丁舞的五个风格迥异的舞蹈：桑巴、恰恰、伦巴、牛仔、斗牛。与标准舞最显著的区分：着装性感优雅，双人配合形式多变，多应用身体髋部多维度绕动动作。

（一）桑巴（Samba）

桑巴舞是从巴西农村的摇摆桑巴舞传入城市演变而来的，后在里约热内卢狂欢节上公开表演后，以它微妙的节奏和强烈的感情倾倒了巴西人，逐步形成为巴西的民族舞，是巴西音乐和舞蹈的灵魂。20世纪20年代至30年代桑巴舞传入欧美。桑巴舞的风格特点是动作粗犷，起伏强烈，舞步奔放、敏捷，富有强烈的感染力。由于它在移动时沿舞程线绕场进行，因此它是拉丁舞中行进性的舞蹈。桑巴舞音乐2／4拍，每分钟50～52小节。

（二）恰恰恰（Cha－Cha－Cha）

恰恰舞由非洲传入拉美后，在古巴获得很大发展，它是模仿企鹅姿态创编的舞蹈。在动作编排上一反男子领舞的习惯，男女动作不求统一整齐，且多半是男子随后。恰恰舞的音乐曲调欢快有趣，4／4拍，每分钟30～31小节。是由4拍跳5步的舞步构成，其中，第四拍跳两步，即为“恰恰”。恰恰舞由于名称鲜明，节奏欢快易记，加之邦伐斯鼓和沙锤的咚咚沙沙声与动作相吻合，舞蹈又有诙谐、花俏的风格，所以备受欢迎，是拉丁舞中最流行的舞蹈。

（三）伦巴（Rumba）

现代伦巴舞是由古巴舞蹈吸收16世纪非洲黑人舞蹈和西班牙“波莱罗”舞蹈逐渐完善。舞蹈动作曾受雄鸡走路启发。20世纪20年代至50年代又受美国爵士乐和舞蹈的影响。20世纪30年代初，皮埃尔夫妇在英国表演和推广了古巴的伦巴舞，受到极大欢迎并风行欧洲。

伦巴舞的音乐缠绵、浪漫，舞蹈风格柔媚、抒情，是表现爱情的舞蹈，具有舒展优美、婀娜多姿的风格，其中，尤为凸显了女性婀娜多姿的美态。伦巴舞在拉丁舞中历史悠久，成熟的舞蹈和它那异国情调的独特风格，被誉为“拉丁舞之魂”。伦巴舞音乐4／4拍。4拍走3步，每分钟27小节。

（四）斗牛舞（Paso Doble）

斗牛舞起源于法国，是模仿西班牙斗牛士动作，由西班牙风格的进行曲伴舞的一种拉丁舞。在舞蹈中，男士象征斗牛士，女士象征斗牛士手中的斗篷，因此舞蹈应表现出男子强壮英武和豪迈昂扬的气概。根据该舞的名称，又有两步行进舞的意思。斗牛舞音乐2/4拍，每分钟60小节。音乐结构固定不变，共分三段，每段音乐之间有明显的停顿。竞技舞蹈中，常使用的是前两段音乐，但于2015年竞技赛场上将会使用三段音乐。

斗牛舞音乐雄壮，舞态威猛，步法悍厉奋张。

（五）牛仔舞（Jive）

牛仔舞原是美国西部，20世纪20年代至30年代盛行的牛仔舞蹈，舞步带有踢踏动作。节奏快速兴奋，动作粗犷，带有举持舞伴和甩动的技巧，是表现牧人强健体魄和自由奔放情绪的舞蹈，具有独特的魅力。后经规范进入社交界和表演舞范畴。“二次大战”期间传入英国，获得迅速推广。牛仔舞音乐4/4拍，每分钟44小节，舞曲欢快，有跃动感，舞步丰富多变，其强烈的扭摆和连续快速的旋转，常使人眼花缭乱，亢奋热烈。

第三节 体育舞蹈专业术语

体育舞蹈基本术语是用来表述体育舞蹈理论、动作名称、动作以及技术过程的专门用语。

由于体育舞蹈是一种舶来文化，其舞种丰富，起源不同。在传播过程中，势必受到各国语言文化的影响。目前，全世界通用的术语主要还是英文术语。规范的英文术语主要是来自英国皇家舞蹈教师协会的专业教材，但也有少部分由拉丁文或法文构成的专业语汇。

虽然，体育舞蹈是20世纪80年代后期才开始传入我国大陆，但是，有关的中文专业术语已经在我国的台湾的体育舞蹈界中广为流传。随着体育舞蹈在我国内陆的发展，中文的专业术语也越来越规范，而且在比赛与教学中被广泛地使用。统一、规范并正确地应用体育舞蹈专业术语，有利于体育舞蹈的教学与交流，促进本项目的发展与完善，同时，掌握英文术语也是与国际接轨的必要条件。

迄今为止，我们现在使用的汉语术语主要是译用英语术语，常见的体育舞蹈中文术语是由已有的英文术语根据意译和音译而来。例如：跑步（Running）、右旋转（Natural Spin Turn）就属于意译；恰恰恰（Cha-Cha-Cha）、鲁道夫划圈（Rudolph Round）就属于音译。虽然各国语言文化有所差异，但术语的表达应该力求一致性。尤其在含有关键技术要领的术语翻译上，要求做到准确表达。

一、体育舞蹈基本术语

（一）舞程向

在一个舞池中，为避免互相碰撞而严格规定舞者必须按逆时针方向行进，这个行进方向叫舞程向。

（二）舞程线（Line of Dancing简称 L．O．D．）和方向术语

跳舞者必须沿逆时针方向，围绕舞池中央行进的路线叫舞程线。通常由两条长线和两条短线构成。沿舞程线产生的八个常用的方位如图2-3-1所示。

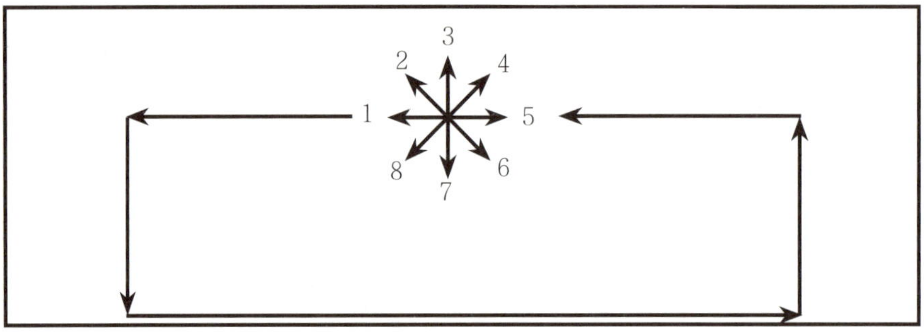

图2-3-1　舞程线及方位图

1面对舞程线。2面对斜墙壁。3面对墙壁。4背对斜中央。

5背对舞程线。6逆对斜墙壁。7面对中央。8逆对斜中央。

只要是沿着逆时针方向行进，任何一点都有这八个方位

（三）转度的术语

旋转时以每转360° 为一周；旋转45° 角为1/8周；旋转90° 角为1／4周；旋转135° 角为3／8周；旋转180° 角为1／2周；旋转225° 角为 5／8周；旋转270° 角为 3／4周；旋转315° 角为7／8周。在记录旋转动作时，应先标明旋转的方向，即左转或右转，再标明角度。例如：左转1/8。（图2-3-2）

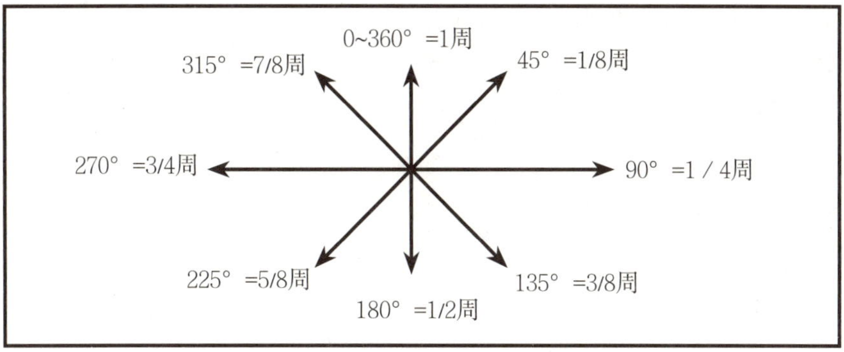

图2-3-2　转度圆周切分法换算图

（四）运动方向术语

指身体各部位运动的方向。在体育舞蹈中一般习惯性地表述为脚的运动方向。在一些造型动作中，才会出现对躯干部位或头、手臂运动方向的表述。

1. 常见的脚的运动方向术语（图2-3-3）

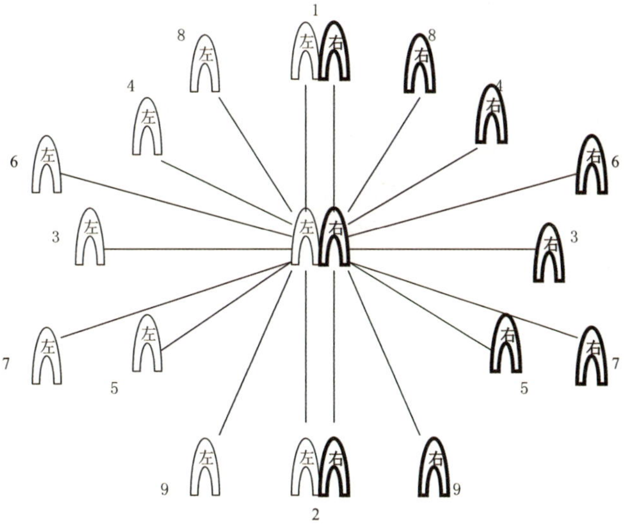

图2-3-3　脚的位置示意图

（1）向前：做动作时胸部所对的方向。

（2）后退：做动作时背部所对的方向。

（3）向侧：做动作时肩侧所对的方向。

（4）斜前：前与侧两个基本方向之间的45°的方向。

（5）斜后：后与侧两个基本方向之间的45°的方向。

（6）向侧稍前：在斜前与侧向两个方向之间。

（7）向侧稍后：在斜后与侧向两个方向之间。

（8）向前稍侧：在斜前与前两个方向之间。

（9）向后稍侧：在斜后与后两个方向之间。

2. 常见的转动方向术语

（1）顺时针：转动过程与时针方向相同。

（2）逆时针：转动过程与时针方向相反。

3. 常见的手臂和腿的动作术语

（1）向内：指肢体由两侧向身体正中线的运动。

（2）向外：指肢体由身体正中线向两侧的运动。

（3）同向：指不同肢体向同一方向的运动。

（4）异向：指上、下肢体向相反方向的运动。

（五）体育舞蹈的动作相互关系术语

1. 同时：不同部位的动作要在同一时间内完成。
2. 依次：肢体或不同个体相继做同样性质的动作。
3. 结束于：动作结束的状态。

（六）体育舞蹈的动作形式术语与音乐术语

动作形式术语一般用于描述动作形式或性质。以下是一些日常用语：

1. 基本舞步：构成一种特定舞蹈的基础舞步。
2. 组合：两个或两个以上的舞步的结合。
3. 套路：由若干个组合串编成一套的完整的舞步。
4. 节奏：指以一定规律反复出现、赋予音乐以性格的具有特色的节拍。
5. 音乐速度：即每一分钟内所演奏的小节总数。

（七）动作中连接过程术语

在描述一个连续动作过程时，用于表达动作的相互关系及先后顺序的术语。

1. 由：指动作开始的方位。
2. 经：指动作过程中经过的位置。
3. 成：指动作结束时的身体姿势。
4. 至：指动作必须到达的某一指定位置。
5. 接：强调两个单独动作之间连续完成。

二、体育舞蹈动作名称术语

（一）基本身体位置术语

泛指舞者跳舞时两人相对的位置和姿态。主要包括以下几种基本位置：

1. 闭式位（Closed Position）：是指男女面对面，且女士略靠男士右侧，男士右手放在女士背后左肩胛下半部，左手与女士右手扶握的身体位置。

2. 分式位（Open Position）：泛指男女面对面，分开约一臂的距离的身体位置。

3. 侧行位（Promenade Position）：指男士的右侧与女士的左侧靠近或紧密接触，而身体的另一侧向外展开形成“V”字形的站立或行进的身体位置。

4. 反侧行（Counter Promenade Position）：指男士的身体左侧与女士的身体右侧靠近或靠紧，身体的另一侧略向外展开成倒“V”形的站立或行进的身体位置。

5. 并退位（Fallaway）：是指男士的身体右侧与女士的身体左侧靠近或靠紧，两人的外侧脚后退的身体位置。

6. 反并退位（Counter Fallaway）：指男士的身体左侧与女士的身体右侧靠近或靠紧，两人的外侧脚后退的身体位置。

7. 外侧位（Outside Partner）：是指在标准舞中，男女舞伴的一方向另一方的右外侧（常见）或左外侧（较少见）前进所形成的身体位置。

8. 并肩位（Shoulder to Shoulder）：指拉丁舞中，男女面对同一方向肩臂相并的身体位置。以男士为基准，男士左肩与女士右肩相并叫“左并肩位”；男士右肩与女士左肩相并叫“右并肩位”。

9. 影子位（Shadow）：男女舞伴面向同一方向重叠而立，形影相随的身体位置。以女士居前较常见。

10. 扇形位（Fan）：指女士在男士的左侧相隔一个半手臂的距离，女方的身体与男方的身体呈扇形排列并转向男士，女方左脚在后，重心坐落在左脚上，男方右脚向侧并稍微向前，重心落在右脚。

11. 斜角位（Angle Position）：指女士一侧胯的位置接触男士腹股沟位置，两人的身体角度打开大约1／8周或1／4周。

（二）常用的技术术语

标准舞常用术语

1.反身动作（Contrary Body Movement， 简称 C. B. M. ）：一侧脚前进或后退时，异侧肩和胯后让或前送，使身体与舞步形成反向配合的身体动作。

2.反身动作位置（Contrary Body Movement Position，简称 C. B. M. P）：在身体不转动

情况下，一脚在身前或身后形成交叉，以保证两人身体维持相靠姿态的身体位置叫反身动作位置。常用于外侧舞伴姿态、侧行位置姿态的舞步中。

3.升降（Rise and Fall）：指在跳舞时身体的上升与下降。升降动作是在膝、踝、趾关节的屈和伸动作的转换中完成的。

4.摆荡（Swing）：是指舞者在身体上升做斜向或横向移动时，像钟摆似的把身体摆动起来。

5.倾斜动作（Sway）：指在跳一些舞步时，身体的倾斜。从形体上讲，是指肩的平衡线向左向右的倾斜，它与地面的水平线呈三角斜线。

6.刷步（Brush）：当动力脚从一个开位向另一个开位移动时，必须先与主力脚靠拢，而重心不变的舞步。

7.滑步（Slip）：指在第二步双脚并拢的三步组成的舞步。

8.脚跟转（Heelturn）：向后迈出的脚的脚跟转。在动作过程中并上的脚必须与主力脚平行，旋转结束时身体重心移动至并上的那只脚。

9.追步（Chasse）：是指在标准舞或拉丁舞中，一拍跳二步的舞步。

10.脚跟轴转：不变重心的单一脚跟旋转。

11.踌躇步：前进暂时受阻的舞步型或舞步型部分，重心停留于一脚超过一拍。

12.逗留步：身体运动或旋转受阻时的部分舞步型，双脚几乎静止不动。

13.开式转：第三步不是并靠而是超越第二步的旋转。

14.轴转：一脚脚掌的旋转，另一脚处于或前或后的反身动作位置。

15.锁步：两脚前后交叉的舞步。

16.平衡：舞蹈中身体重心的准确分配。

17.步位：是指一个舞步结束时，双脚之互动关系。譬如：（1）拉步：右脚开始往后移，然后左脚旋转，因此在这个步子结束时，步位将显示为右脚小步向侧。（2）在华尔兹右转舞步之第二步时，也就是当男士左脚向侧时，步伐须先往前移动。

18.预备外侧舞伴位：是指舞步比一般前进步步伐稍微向侧以预留出空间让舞伴进入外侧。譬如：男士在狐步舞中羽步的第二个步，以及跑步结束的最后一步。

19.方位：方位是指在一个舞步结束时，双脚在舞池中所面对、背对、或指示的方向，方位必须指舞步运行方向。

拉丁舞常用术语

1.回旋转动作（众所周知如扭臀动作）：是指重心完全在一只脚上的转动。回旋转允许快速的方向转换并能创造出有趣的编排。

2. 螺旋转动作：是前进走步转的特例，因为它的转度比通常的3／8有所增加，并形成踝关节交叉（以螺旋的造型）。这个动作来自伦巴里也叫“螺旋”的某个步型。螺旋转动作和螺旋步型不要混淆。

3. 延迟动作：即先出脚但无重心，随后进行重心转移的动作。

4. 拉丁交叉：是所有拉丁舞里都会使用到的双腿和骨盆的位置，两腿内收，一脚交叉在另一脚前或者后，而骨盆置于中间。

5. 三步转：这是以三步为一组，完成一整圈转的动作。

6. 连续旋转：这是由一系列1／2转连成的转动，身体重量从一只脚转移到另一只脚，同时保持脚、腿及骨盆在一条垂线上。

7. 前脚重心位置：即身体重心处于“中心平衡位置”及动力脚之间的位置。

8. 梅林格动作：是在牛仔舞／桑巴舞／恰恰舞里使用的特殊动作，可以向前、向后及向侧。

9. 刷步：身体重心保持在一只脚上，另一只脚合并过来并始终保持无重心地接触地板，然后再离开主力脚的动作。

10. 滑步：是指一只脚至少带部分重心在地上移动一小段距离（约10厘米）的动作。

（三）体育舞蹈常用名词、动作术语中英文对照表

为了推广体育舞蹈，促进体育舞蹈规范发展，体育舞蹈的国际组织相继组织一批教师对体育舞蹈的各舞种的技术、动作名称进行过多次的修订，才形成今天我们国内引用的这一套专业术语。但在实践应用中，我们应该本着发展的眼光去看待术语。英国皇家舞蹈教师协会和国际舞蹈教师协会在对动作的等级规定上和动作的命名上略有区别，但并不妨碍各组织间的技术交流。

以下是在国际舞蹈教师协会的英文动作术语的基础上，进行的中文名称的翻译和修订。

体育舞蹈常用名词，如表2-3-1至表2-3-2。体育舞蹈各舞种动作术语，如表2-3-3至表2-3-12。

表2-3-1　舞种及主要国际舞蹈组织

序号	英文名称	中文译名和意译	备注
1	Dancing	舞蹈，跳舞	
2	Ballroom Dancing	舞厅舞	
3	Social Dancing	社交舞	区别于竞技的体育舞蹈或国际标准舞
4	Modern	标准的，现代的	最早的标准舞由此音译而来
5	Standard Dancing	标准舞	
6	International Style of Ballroom Dancing	国际标准交际舞	
7	Competition Dancing	竞赛舞，竞技舞	
8	Formation Dancing	队列舞，集体舞	
9	Sports Dance	体育舞蹈	
10	Waltz	华尔兹舞	

续表

序号	英文名称	中文译名和意译	备注
11	Tango	探戈舞	
12	Slow Foxtrot	慢狐步舞	
13	Quick Step	快步舞	
14	Viennese Waltz	维也纳华尔兹	
15	Latin American Dancing	拉丁美洲舞，拉丁舞	
16	Rumba	伦巴	
17	Samba	桑巴	
18	Cha-Cha-Cha	恰恰恰	
19	Paso Doble（西），Paso Doublé（法）	西班牙斗牛舞	
20	Jive	牛仔舞	
21	Blackpool Dance Festival	黑池舞蹈节	
22	Imperial Society of Teachers of Dancing	英国皇家舞蹈教师协会，简称ISTD	
23	International Dance Teachers' Association	国际舞蹈教师协会，简称IDTA	
24	World Dance Coucil	世界舞蹈理事会，简称WDC	
25	World Dance Sport Federation	世界体育舞蹈联合会，简称WDSF	
26	Asia Dance Sport Federation	亚洲体育舞蹈联合会，简称ADSF	
27	Chinese Dance Sport Federation	中国体育舞蹈联合会，简称CDSF	

表2-3-2 一般术语

序号	英文名称	中文译名和意译	备注
1	Party	舞会	
2	Partner	舞伴	
3	Competition	竞赛，比赛	
4	Champion	冠军	
5	Heat	组	
6	Round	轮	
7	Group	群赛	表示所有人同场竞技
8	Solo	单独秀	表示踩点或一对一
9	Final	决赛	
10	Semi-final	半决赛	
11	Quarter-final	1/4决赛	
12	Selected	入选	
13	Form	表格	

续表

序号	英文名称	中文译名和意译	备注
14	Bronze	铜牌级	舞种动作技术等级，此为最初级
15	Silver	银牌级	舞种动作技术等级，高于铜牌级
16	Gold	金牌级	舞种动作技术等级，高于银牌级
17	Medal	奖牌	
18	Championship	锦标赛，冠军赛	
19	Amalgamation	组合	
20	Music	音乐	
21	Tempo	速度	
22	Rhythm	节奏	
23	Figure	舞步	记录符号Fig
24	Variation	变化步法，花步	
25	Alignment	方位	简写Align
26	Amount of Turn	转度	
27	Precede	在……之前	
28	Judge	裁判	
29	Adjudicator	裁判	
30	Associate	准会员	ISTD、IDTA的会员业务等级
31	Amateur	业余的	
32	Member	会员	ISTD 、IDTA的会员业务等级
33	Fellow	高级会员	ISTD、IDTA的会员业务等级
34	Position	位置，舞伴相关位置	记录符号为Pos
35	Posture，Poise	舞姿，姿势	
36	Hold，Holding	握抱，握持	
37	Lead，Leading	引导，领导	
38	Follow，Following	跟随	
39	Step	步子，舞步	
40	Closed	闭式，关闭	
41	Open	开式，开放的	
42	Crossed	交叉的	
43	Facing Position	舞伴面对位	
44	Outside Partner	外侧舞姿，右外侧位	记录符号为O. P
45	Partner Outside	舞伴进外侧	
46	Wall	墙壁	记录符号为W
47	Centre	中央	记录符号为C
48	Diagonal（ly）	斜向的	简写Diag

续表

序号	英文名称	中文译名和意译	备注
49	Side	边，旁，侧	
50	Left	左	记录符号为L
51	Right	右	记录符号为R
52	Forward	向前的	记录符号为Fwd
53	Backward	向后的	记录符号为Bwd
54	Outside	外侧，边外的	记录符号为O/S
55	Inside	内侧，边内的	
56	In Line	对直线	
57	Partner in Line	正对舞伴	
58	To	衔接，向…	
59	With	带，带有	
60	Weight	重量，重心	记录符号为Wt
61	Without Weight	无重心，无重量	记录符号为 W / Owt
62	Weight Change	重心转移	
63	Diagonally Wall	斜向墙	记录符号为DW
64	Diagonally Centre	斜向中央	记录符号为DC
65	Syncopation，Syncopated	切分，切分的	
66	Progressive	行进的	记录符号为Prog
67	Foot	脚，足	记录符号为F
68	Foot Change	换脚动作	
69	Toe	脚趾，脚尖	记录符号为T
70	Ball of Foot	脚掌	记录符号为B
71	Hell	脚跟	记录符号为H
72	Inside Edge	内缘	记录符号为IE
73	Ankle	脚踝	
74	Leg	腿	
75	Knee	膝	
76	Hip	臀，胯	
77	Waist	腰	
78	Breast	胸	
79	Shoulder	肩	
80	Shoulder Leading	肩引导	
81	Arm	臂	
82	Elbow	肘	
83	Hand	手	
84	Finger	手指	
85	Head	头	
86	Face	面，脸	
87	Technique	技术，技巧	

续表

序号	英文名称	中文译名和意译	备注
88	Step in Timing	脚步的时间值	
89	Body Sway	身体倾斜	简称B. S
90	Swing	摆荡	
91	Rise and Fall	升降动作	
92	Lower	降低	
93	Balance	平衡	
94	Slow	慢的	记录符号为S
95	Quick	快的	记录符号为Q
96	Double	双的，加倍的	
97	Repeat	重复，反复	
98	Natural	自然的，右的，向右的	记录符号为Nat
99	Relax	放松，松弛	
100	Reverse	反转的，左的，向左的	记录符号为Rev
101	Bounce Action	反弹动作，弹跳	
102	Re-dance	复活赛	

表2-3-3　华尔兹舞动作名称术语

序号	英文名称	中文译名	动作等级
1	CLOSED CHANGE ON RIGHT FOOT	右脚并换步	铜牌级
2	CLOSED CHANGE ON LEFT FOOT	左脚并换步	铜牌级
3	NATURAL TURN	右转步	铜牌级
4	REVERSE TURN	左转步	铜牌级
5	PROGRESSIVE CHASSE TO RIGHT	向右直行追步	铜牌级
6	WHISK	拂步	铜牌级
7	BACK WHISK	后退拂步	铜牌级
8	OUTSIDE CHANGE	外侧换向步	铜牌级
9	BASIC WEAVE	基本迂回步	铜牌级
10	CHASSE FROM P.P	由侧行至追步	铜牌级
11	BACKWARD LOCK	后退锁步	铜牌级
12	OPEN NATURAL TURN	分式右转步	铜牌级
13	HESITATION CHANGE	踌躇换步	银牌级
14	NATURAL SPIN TURN	右旋转步	银牌级
15	DOUBLE REVERSE TURN	双左旋转步	银牌级
16	TELEMARK	滑雪形转步	银牌级
17	TELEMARK TO P.P	滑雪形转步至侧行	银牌级
18	WEAVE FROM P.P	由侧行至迂回步	银牌级
19	IMPETUS	激转步	银牌级

续表

序号	英文名称	中文译名	动作等级
20	IMPETUS TO P.P	激转步至侧行	银牌级
21	ORAG HESITATION	踌躇拉步	银牌级
22	OUTSIDE SPIN	外侧旋转步	银牌级
23	NATURAL TURNING LOCK	右转锁步	银牌级
24	REVERSE TURNING LOCK	左转锁步	银牌级
25	WING	翼步	银牌级
26	WING FROM P.P	由侧行至翼步	金牌级
27	CROSS HESITATIONG FROM P.P	由侧行至交叉踌躇步	金牌级
28	REVERSE PIVOT	左轴转步	金牌级
29	FALLAWAY NATURAL TURN	并退右转步	金牌级
30	RUNNING WEAVE FROM P.P	由侧行至跑步迂回步	金牌级
31	TUNNING SPIN TURN	跑步旋转步	金牌级
32	OVERTURNED TUNNING SPIN TURN	过度跑步旋转步	金牌级
33	RUNNING CROSS CHASSE	跑步交叉追步	金牌级
34	FALLAWAY REVERSE AND SLIP PIVOT	并退左滑轴转步	金牌级
35	LEFT WHISK	左拂步	金牌级
36	CONTRA CHECK	反向抑制步	金牌级
37	HOVER CORTE	盘旋截步	金牌级

表2-3-4　探戈舞动作名称术语

序号	英文名称	中文译名和意译	动作等级
1	TAP-ALTERNATIVE ENTRIES TO PP	踏步－进入侧行位的备选步法	铜牌级
2	PROGRESSIVE SIDE STEP	直行侧步	铜牌级
3	BRUSH TAP	刷踏步	铜牌级
4	PROGRESSIVE LINK	直行连接步	铜牌级
5	CLOSED PROMENADE	并式侧行步	铜牌级
6	OPEN PROMENADE	分式侧行步	铜牌级
7	BACK CORTE	后退截步	铜牌级
8	BASIC REVERSE TURN	基本左转步	铜牌级
9	OPEN REVERSE TURN	分式左转步	铜牌级
10	ROCK ON LEFT FOOT	左脚摇滚步	铜牌级
11	ROCK ON RIGHT FOOT	右脚摇滚步	铜牌级
12	NATURAL ROCK TURN	右摇滚转步	铜牌级
13	NATURAL TWIST TURN FROM PP	侧行位的右扭转步	铜牌级
14	NATURAL TURN FROM PP	侧行位的右转步	铜牌级
15	PROMENADE LINKTURNED TO R	向右转的侧行连接步	银牌级
16	PROMENADE LINK TURNED TO L	向左转的侧行连接步	银牌级

续表

序号	英文名称	中文译名和意译	动作等级
17	BACK OPEN PROMENADE	后退分式侧行步	银牌级
18	FALLAWAY IN PROMENADE	并退侧行步	银牌级
19	WHISK	拂步	银牌级
20	BACK WHISK	后退拂步	银牌级
21	PROOGRESSIVE SIDE STEP REVERSE TURN	直行侧步左转步	银牌级
22	FOUR STEP	四快步	银牌级
23	FALLAWAY FOUR STEP	并退四快步	银牌级
24	OUTSIDE SWIVEL METHOD 1（AFTER OPEN FINISH AND TURNING TO R）	外侧回旋步法 1（在分式结束和向右转之后）	银牌级
25	OUTSIDE SWIVEL METHOD 2（AFTER OPEN FINISH AND TURNING TO L）	外侧回旋步法 2（在分式结束和向左转之后）	银牌级
26	OUTSIDE SWIVEL METHOD 3（REVERSE OUTSIDE SWIVEL）	外侧回旋步法 3（左外侧回旋步）	银牌级
27	FOUR STEP CHANGE	四快换步	金牌级
28	FIVE STEP	五快步	金牌级
29	MINI FIVE STEP	缩小五快步	金牌级
30	QUICK REVERSE TURN	快左转步	金牌级
31	FALLAWAY REVERSE AND SLIP PIVOT	并退左转和滑轴转步	金牌级
32	TELEMARK TO PP	滑雪形转步至侧行位	金牌级
33	OPEN NATURAL TURN	分式右转步	金牌级
34	OUTSIDE SPIN	外侧旋转步	金牌级
35	NATURAL TWIST TURN	右扭转步	金牌级
36	CHASE	追步	金牌级
37	CHASE ALTERNATIVE ENDINGS	追步的备选结尾步法	金牌级
38	OVERSWAY	过度倾斜步	金牌级
39	DROP OVERSWAY	坠落式过度倾斜步	金牌级
40	OVERSWAY ALTERNATIVE ENDINGS	过度倾斜步的备选结尾步法	金牌级
41	CONTRA CHECK	反向抑制步	金牌级
42	REVERSE PIVOT	左轴转步	金牌级

表2-3-5 狐步舞动作名称术语

序号	英文名称	中文译名和意译	动作等级
1	FEATHER STEP	羽步	铜牌级
2	THREE STEP	三直步	铜牌级
3	FEATHER FINISH	羽步完成步	铜牌级
4	FEATHER ENDING	羽步结束步	铜牌级
5	HOVER FEATHER	盘旋羽步	铜牌级
6	NATURAL TURN	右转步	铜牌级
7	REVERSE TURN	左转步	铜牌级
8	BASIC WEAVE	基本迂回步	铜牌级

续表

序号	英文名称	中文译名和意译	动作等级
9	NATURAL WEAVE	右转迂回步	铜牌级
10	CHANGE OF DIRECTION	换向步	铜牌级
11	HEEL PULL FINISH	跟拖结束步	铜牌级
12	WHISK	拂步	铜牌级
13	BACK WHISK	后退拂步	铜牌级
14	OPEN NATURAL TURN	分式右旋转	铜牌级
15	DOUBLE REVERSE SPIN	双左旋转	银牌级
16	TELEMARK	滑雪形转步	银牌级
17	TELEMARK TO PP	滑雪形转步至侧行位	银牌级
18	HOVER TELEMARK	盘旋滑雪形转步	银牌级
19	HOVER TELEMARK TO PP	盘旋滑雪形转步至侧行位	银牌级
20	NATURAL TELEMARK	右滑雪形转步	银牌级
21	NATURAL HOVER TELEMARK	右盘旋滑雪形转步	银牌级
22	IMPETUS	激转步	银牌级
23	IMPETUS TO PP	激转步至侧行位	银牌级
24	WEAVE FROM PP	由侧行位至迂回步	银牌级
25	HOVER CROSS	盘旋交叉步	银牌级
26	TOP SPIN	陀螺转	银牌级
27	OUTSIDE SWIVEL	外侧回旋步	银牌级
28	OUTSIDE SPIN	外侧旋转步	银牌级
29	REVERSE WAVE	左转波纹步	银牌级
30	NATURAL TWIST TURN	右拧转步	金牌级
31	NATURAL TWIST TURN WITH NATURAL WEAVE	右拧转步接右转迂回步	金牌级
32	NATURAL TWIST TURN WITH IMPETUS AND FEATHER FINISH	右扭转步接激转步羽步完成	金牌级
33	NATURAL TWIST TURN WITH IMPETUS TO P.P	右扭转步接激转步至侧行位	金牌级
34	NATURAL ZIG ZAG FROM PP	由侧行位至右曲折步	金牌级
35	CURVED THREE STEP	卷曲三直步	金牌级
36	CURVED FEATHER	卷曲羽步	金牌级
37	CURVED FEATHER FROM PP	由侧行位至卷曲羽步	金牌级
38	BACK FEATHER	后退羽步	金牌级
39	FALLAWAY REVERSE AND SLIP PIVOT	并退左转步接滑轴转步	金牌级
40	BOUNCE FALLAWAY WITH WEAVE ENDING	弹动并退步接迂回步结束	金牌级
41	RUNNING WEAVE FROM PP	由侧行位至跑步迂回步	金牌级
42	OPEN REVERSE TURN	分式左转步	金牌级
43	EXTENDED REVERSE WEAVE	延长左转波纹步	金牌级
44	RECERSE PIVOT	左轴转步	金牌级

表2-3-6 快步舞动作名称术语

序号	英文名称	中文译名和意译	动作等级
1	BASIC MOVENMENT–QUARTER TURN AND PROGRESSIVE CHASSE	基本移动-四分之一转和直行追步	铜牌级
2	NATURAL TURN	右转	铜牌级
3	REVERSE TURN	左转	铜牌级
4	PROOGRESSIVE STEP NATURAL TURN	直行追步向右	铜牌级
5	PROOGRESSIVE STEP REVERSE TURN	直行追步向左	铜牌级
6	CROSS CHASSE	交叉追步	铜牌级
7	QUARTER TURN TO RIGHT	四分之一转向右	铜牌级
8	QUARTER TURN TO LEFT	四分之一转向左	铜牌级
9	OUTSIDE CHANGE	外侧换步	铜牌级
10	NATURAL PIVOT	右轴转	铜牌级
11	RUNNING FINISHED	跑步结束	铜牌级
12	BACK LOCK	后退锁步	铜牌级
13	FORWARD LOCK	前进锁步	铜牌级
14	OPEN TATURAL TURN	分式右转	铜牌级
15	NATURAL SPIN TURN	右旋转	银牌级
16	HESITATION	踌躇换步	银牌级
17	DOUBLE REVERSE TURN	双左旋转	银牌级
18	IMPETUS	激转步	银牌级
19	IMPETUS TO PP	激转步接侧行位	银牌级
20	TELEMARK	滑雪形转步	银牌级
21	TELEMARK TO PP	滑雪形转步接侧行位	银牌级
22	WHISK	拂步	银牌级
23	BACK WHISK	后退拂步	银牌级
24	OPEN REVERSE TURN	分式左转	银牌级
25	TIPPLE CHASSE TO RIGHT (IN CORNER)	晃追步向右-在角落	银牌级
26	TIPPLE CHASSE TO RIGHT (ALONG LOD)	晃追步向右-沿着舞程线	银牌级
27	TIPPLE CHASSE TO LEFT	晃追步向左	银牌级
28	FOUR STEP	四快步	银牌级
29	ZIG ZAG	曲折步	银牌级
30	V.6	V–6步	银牌级
31	OUTSIDE SPIN	外侧旋转	银牌级
32	REVERSE PIVOT	左轴转	金牌级
33	NATURAL LOCK TURN	右转锁步	金牌级
34	ORAG HESITATION	踌躇拉步	金牌级
35	CROSS SWIVEL	交叉回旋步	金牌级
36	FISH TIAL	鱼尾步	金牌级

续表

序号	英文名称	中文译名和意译	动作等级
37	RUNNING NATURAL TURN	跑步右转	金牌级
38	RUNNING CROSS CHASSE	跑步交叉追步	金牌级
39	SIX STEP	六快步	金牌级
40	TIPSY TO RIGHT	蹒跚追步向右	金牌级
41	TIPSY TO LEFT	蹒跚追步向左	金牌级
42	RUMBA CROSS	伦巴交叉步	金牌级
43	HOVER CORTE	盘旋截步	金牌级

表2-3-7　维也纳华尔兹专用术语

序号	英文名称	中文译名和意译	动作等级
1	NATURAL TURN	右转	铜牌级
2	REVERSE TURN	左转	铜牌级
3	RF FORWARD CHANGE STEP NATURAL TO REVERSE	右脚前进换步右至左	铜牌级
4	LF FORWARD CHANGE STEP REVERSE TO NATURAL	左脚前脚换步左至右	铜牌级
5	LF BACKWARD CHANGE STEP NATURAL TO REVERSE	左脚后退换步右至左	铜牌级
6	RF BACKWARD CHANGE STEP REVERSE TO NATURAL	右脚后退换步左至右	铜牌级
7	CHASSE CHANGE STEP	追逐换步	铜牌级
8	CONTINUOUS SPIN	连续旋转步	银牌级
9	REVERSE PIVOT	左轴转步	银牌级
10	HESITATIONG CHANGE	踌躇换步	银牌级
11	DRAG HESITATIONG	踌躇拉步	银牌级
12	NATURAL SPIN TURN	右旋转步	银牌级
13	TELEMARK	滑雪形转步	银牌级
14	NATURAL SPIN TURN REVERSE PIVOT	右旋转左轴转步	银牌级
15	CHECKED NATURAL TURN	抑制右转步	银牌级
16	NATURAL BACK CHECK	右后退抑制步	银牌级
17	CHECKED REVERSE TURN	抑制左转步	银牌级
18	REVERSE BACK CHECK	左后退抑制步	银牌级
19	CONTRA CHECK	反向抑制步	金牌级
20	LEFT WHISK	左拂步	金牌级
21	RUNNING WEAVE	跑步迂回步	金牌级
22	NATURAL FLECKERL	右团团转步	金牌级
23	REVERSE FLECKERL	左团团转步	金牌级

续表

序号	英文名称	中文译名和意译	动作等级
24	CHECK FROM REVERSE TO NATURAL FLECHKERL	左团团转至右团团转的连接抑制步	金牌级
25	OVERTURNED NATURAL SPIN TURN	转过度转步	金牌级
26	THROWAWAY OVERSWAY	抛掷步倾斜	金牌级
27	THROWAWAY OVERSWAY TAKEN AFTER 1-3 OF REVERSE TURN	抛掷步倾斜在左转步1-3后	金牌级
28	HOVER REVERSE TURN	盘旋左转步	金牌级
29	RUNNING FEATHER	跑步羽步	金牌级
30	RUNNING FEATHER OPENING TO PROMENADE POSITION	跑步羽步打开至侧行位	金牌级
31	DOUBLE REVERSE SPIN OVERSPIN	双左旋转过度转步	金牌级
32	REVERSE IMPETUS INTO RIGHT LUNGE	左激转进入右箭步	金牌级
33	RUDOLPH FALLAWAY	鲁道夫并退步	金牌级
34	RONDE TWIST TURN	划圆扭转步	金牌级
35	DOUBLE LEG RONDE	双腿划圆步	金牌级
36	SWIVEL TO PROMENADE PIVOT	回旋步至侧行轴转步	金牌级
37	SWIVEL TO PROMENADE LINK	回旋步至侧行连接步	金牌级

表2-3-8　伦巴舞动作名称术语

序号	英文名称	中文译名和意译	动作等级
1	CLOSE BASIC MOVEMENT	闭式基本步	铜牌级
2	OPEN BASIC MOVEMENT	分式基本步	铜牌级
3	NEW YORK TO RIGHT	向右的纽约步	铜牌级
4	NEW YORK TO LEFT	向左的纽约步	铜牌级
5	HAND TO HAND TO RIGHT	手对手向右	铜牌级
6	HAND TO HAND TO LEFT	手对手向左	铜牌级
7	SPOT TURN TO RIGHT	原地右转步	铜牌级
8	SPOT TURN TO LEFT	原地左转步	铜牌级
9	UNDERARM TURN TURNING RIGHT	臂下右转	铜牌级
10	UNDERARM TURN TURNING LEFT	臂下左转	铜牌级
11	SIDE WALKS AND CUCARACHAS	侧向库卡洛恰走步	铜牌级
12	FAN	扇形	铜牌级
13	OPEN HIP TWIST	分式扭臀部	铜牌级
14	OPEN HIP TWIST FINISHED TO SIDE	分式扭臀部结束于侧向位置	铜牌级
15	HOCKEY STICK	曲棍形转步	铜牌级
16	HOCKEY STICK FINISHED TO SIDE	曲棍形转步结束于侧向位置	铜牌级
17	OPENING OUT	分展步	铜牌级
18	SHOULDER TO SHOULDER	肩对肩	铜牌级

续表

序号	英文名称	中文译名和意译	动作等级
19	ALTERNATIVE BASIC MOVEMENT	特殊基本动作	银牌级
20	CLOSE HIP TWIST	闭式扭臀	银牌级
21	CLOSE HIP TWIST FINISHED TO SIDE	闭式扭臀结束于侧向位置	银牌级
22	ALEMANA	手中转步	银牌级
23	ALEMANA FINISHED TO SIDE	手中转步结束于侧向位置	银牌级
24	PROGRESSIVE FORWARD WALKS	行进式前进走步	银牌级
25	PROGRESSIVE FORWARD WALKS TO FAN	行进式前进走步至扇形	银牌级
26	AIDA	阿依达	银牌级
27	CONTINUOUS HIP TWIST	连续式扭臀转步	银牌级
28	CUBAN ROCKS	古巴摇滚	银牌级
29	FENCING TO SPIN	击剑步至旋转	银牌级
30	CONTINUOUS CIRCULAR HIP TWIST	连续式环绕扭臀转步	金牌级
31	SYNCOPATED OPEN HIP TWIST	切分式扭臀转步	金牌级
32	NATURAL TOP	右陀螺转步	金牌级
33	REVERSE TOP	左陀螺转步	金牌级
34	CURL	卷曲转步	金牌级
35	CURL FINISHED TO SIDE	卷曲转步结束于侧向位置	金牌级
36	SPIRAL	螺旋转步	金牌级
37	SPIRAL FINISHED TO SIDE	螺旋转步结束于侧向位置	金牌级
38	SPIRAL TO FAN	螺旋转步至扇形	金牌级
39	THREE ALEMANAS	手中三转步	金牌级
40	SLIDING DOORS	滑门步	金牌级
41	ADVANCED SLIDING DOORS	前进式滑门步	金牌级
42	THREE THREES	三三步	金牌级
43	THREE THREES TO FAN	三三步至扇形	金牌级
44	ROPE SPINNING	卷绳旋转步	金牌级
45	SWIVELS	回旋转步	金牌级
46	OVERTURNED BASIC	翻转基本步	金牌级

表2-3-9　恰恰舞动作名称术语

序号	英文名称	中文译名和意译	动作等级
1	TIME STEP	时间步	铜牌级
2	CLOSE BASIC MOVEMENT	闭式基本动作	铜牌级
3	OPEN BASIC MOVEMENT	开式基本动作	铜牌级
4	NEW YORK TO RIGHT	向右的纽约步	铜牌级
5	NEW YORK TO LEFT	向左的纽约步	铜牌级
6	HAND TO HAND TO RIGHT	向右的手对手	铜牌级

续表

序号	英文名称	中文译名和意译	动作等级
7	HAND TO HAND TO LEFT	向左的手对手	铜牌级
8	SPOT TURN TO RIGHT	向右的定点转	铜牌级
9	SPOT TURN TO LEFT	向左的定点转	铜牌级
10	UNDERARM TURN TURNING RIGHT	臂下右转	铜牌级
11	UNDERARM TURN TURNING LEFT	臂下左转	铜牌级
12	THREE CHA CHA CHAS TO RIGHT	向右的三个恰恰恰	铜牌级
13	THREE CHA CHA CHAS TO LEFT	向左的三个恰恰恰	铜牌级
14	SHOULDER TO SHOULDER	肩对肩	铜牌级
15	AIDA	阿依达	铜牌级
16	FAN	扇形步	铜牌级
17	OPEN HIP TWIST	开式扭臀步	铜牌级
18	OPEN HIP TWIST TO CHASSE	开式扭臀至追步	铜牌级
19	CLOSE HIP TWIST	闭式扭臀步	铜牌级
20	CLOSE HIP TO CHASSE	闭式扭臀至追步	铜牌级
21	HOCKEY STICK	曲棍步	铜牌级
22	HOCKEY STICK TO CHASSE	曲棍步至追步	铜牌级
23	ALEMANA	手中转步	银牌级
24	ALEMANA FROM OPEN OPPOSING POSITION	手中转步由开式相对位置	银牌级
25	NATURAL TOP	右陀螺转步	银牌级
26	CROSS BASIC	交叉基本步	银牌级
27	CROSS BASIC WITH TURN	交叉基本转步	银牌级
28	CROSS BASIC TO OPEN OPPOSING POSITION	交叉基本步至开式相对位置	银牌级
29	METHODS OF CHANGING FEET SIMPLE FOOT CHANGE METHOD 1-CHASSE TO R SIDE LINK METHOD 2-LOCK TO R SIDE LINK METHOD 3-LINK TO OPEN OPP POS	换脚步的不同方法 简单换脚步的方法 方法1-追步至右侧连接的方法 方法2-右锁步至旁连步 方法3-连步至开式相对位置	银牌级
30	SPLIT CUBAN BREAK TO RIGHT	向右的分裂式古巴破碎步	银牌级
31	SPLIT CUBAN BREAK TO LEFT	向左的分裂式古巴破碎步	银牌级
32	CUBAN BREAKS TO RIGHT	向右的分裂式古巴步	银牌级
33	CUBAN BREAKS TO LEFT	向左的分裂式古巴步	银牌级
34	CUBAN BREAK AMALGAMATIONGS	古巴断步组合	银牌级
35	CLOSE HIP TWIST SPIRAL	闭式扭臀螺旋转	金牌级
36	OPEN HIP TWIST SPIRAL	开式扭臀螺旋转	金牌级
37	TURKISH TOWEL	土耳其浴巾步	金牌级
38	SWEETHEART	甜心步	金牌级
39	FOLLOW MY LEADER	跟我来	金牌级
40	SYNCOPATED OPEN HIP TWIST	切分开式扭臀步	金牌级

续表

序号	英文名称	中文译名和意译	动作等级
41	CURL	卷曲步	金牌级
42	ROPE SPINNING	套索步	金牌级
43	OVERTURNED LOCK ENDING	过度转锁步结束	金牌级
44	CONTINUOUS OVERTURNED LOCK	连续过度转	金牌级
45	SWIVEL FROM OVERTURNED LOCK	回旋转由过度转锁步	金牌级
46	SWIVEL HIP TWIST	旋转扭臀步	金牌级
47	SWIVELS	回旋转	金牌级
48	WALKS AND WHISKS	走步和交叉步	金牌级
49	ADVANCED METHODS OF CHANGING FEET METHOD 4-LINK TO FAN L ANGLE METHOD 5-SYNCOPATED R SIDE LINK	换脚步的高级方法 方法4-连步至扇形左角位 方法5-右侧连步	金牌级

表2-3-10　桑巴舞动作名称术语

序号	英文名称	中文译名和意译	动作等级
1	NATURAL BASIC MOVEMENT	右转基本步	铜牌级
2	RECERSE BASIC MOVEMENT	左转基本步	铜牌级
3	PROGRESSIVE BASIC MOVEMENT	行进基本步	铜牌级
4	SIDE BASIC MOVEMENT TO LEFT	侧行基本步向左	铜牌级
5	SIDE BASIC MOVEMENT TO RIGHT	侧行基本步向右	铜牌级
6	OUTSIDE BASIC	外侧基本步	铜牌级
7	SAMBA WHISK TO LEFT	桑巴拂步向左	铜牌级
8	SAMBA WHISK TO RIGHT	桑巴拂步向右	铜牌级
9	STATIONARY SAMBA WALKS	原地桑巴走步	铜牌级
10	PROMENADE SAMBA WALKS	侧行桑巴走步	铜牌级
11	SIDE SAMBA WALK	侧向桑巴走步	铜牌级
12	REVERSE TURN	左转	铜牌级
13	PROMENADE TO COUNTER PROMENADE BOTAFOGOS	侧行与相对侧行博塔弗戈斯	铜牌级
14	SIDE SAMBA CHASSE	侧行桑巴追步	铜牌级
15	TRAVELLING BOTAFOGO FORWARD	游走博塔弗戈斯前进步	铜牌级
16	TRAVELLING BOTAFOGO BACKWARD TO PP	游走博塔弗戈斯后退步至侧行位	铜牌级
17	CRISS CROSS BOTAFOGO	十字交叉博塔弗戈斯	铜牌级
18	CRISS CROSS VOLTA TO RIGHT	十字交叉沃尔塔向右	铜牌级
19	CRISS CROSS VOLTA TO LEFT	十字交叉沃尔塔向左	铜牌级
20	TRAVELLING VOLTA TO RIGHT	游走沃尔塔向右	铜牌级
21	TRAVELLING VOLTA TO LEFT	游走沃尔塔向左	铜牌级
22	UNDERARM TURNING RIGHT	臂下右转	铜牌级
23	UNDERARM TURNING LEFT	臂下左转	铜牌级

续表

序号	英文名称	中文译名和意译	动作等级
24	MAYPOLE LADY TURNING RIGHT	女式五月柱右转	银牌级
25	MAYPOLE LADY TURNING LEFT	女式五月柱左转	银牌级
26	CRUZADOS WALKS	库萨多斯走步	银牌级
27	CRUZADOS LOCKS	库萨多斯锁步	银牌级
28	DROPPED VOLTA	下降沃尔塔	银牌级
29	CIRCULAR VOLTA TURNING RIGHT	环绕沃尔塔右转	银牌级
30	CIRCULAR VOLTA TURNING LEFT	环绕沃尔塔左转	银牌级
31	SAME FOOT BOTAFOGO	同脚博达弗戈	银牌级
32	SAMBA LOCKS LADY ON LEFT SIDE	女士在左侧桑巴锁步	银牌级
33	SAMBA LOCKS LADY ON RIGHT SIDE	女士在右侧桑巴锁步	银牌级
34	METHODS OF CHANGING FEET	换足方法	银牌级
35	NATURAL ROLL	右滚转步	金牌级
36	REVERSE ROLL	左滚转步	金牌级
37	CLOSE ROCKS	闭式摇滚步	金牌级
38	OPEN ROCKS	分式摇滚步	金牌级
39	BACKWARD ROCKS	后退摇滚步	金牌级
40	PLAIT	卷褶步	金牌级
41	CORTA JACA	切割步	金牌级
42	SAME POSITIONG CORTA JACA	同位切割步	金牌级
43	DOUBLE SPIRAL TURN FOR LADY	女士双螺旋转	金牌级
44	PROMENADE TO COUNTER PROMENADE RUNS	侧行与相对侧行跑	金牌级
45	DRAG	拖步	金牌级
46	ROLLING OFF THE ARM	卷臂转步	金牌级
47	CARIOCA RUNS	克里欧卡舞步	金牌级
48	ARGENTINE CROSSES	阿根廷交叉步	金牌级

表2-3-11　牛仔舞动作名称术语

序号	英文名称	中文译名和意译	动作等级
1	BASIC IN PLACE	原地基本步	铜牌级
2	BASIC IN FALLAWAY	并退基本步	铜牌级
3	CHANGE OF PLACE FROM RIGHT TO LEFT	右至左换向步	铜牌级
4	CHANGE OF PLACE FROM LFET TO RIGHT	左至右换向步	铜牌级
5	AMERICAN SPIN	美式旋转步	铜牌级
6	CHANGE OF PLACE BEHIND THE BACK	背后换手步	铜牌级
7	LINK	连结步	铜牌级

续表

序号	英文名称	中文译名和意译	动作等级
8	WHIP	绕转步	铜牌级
9	PROMENADE WALKS-SLOW	侧行走步（慢）	铜牌级
10	PROMENADE WALKS-QUICK	侧行走步（快）	铜牌级
11	FALLAWAY THROWAWAY	并退抛扔步	银牌级
12	CHANGE OF PLAE FROM RIGHT TO LEFT WITH DOUBLE SPIN	双旋转的右至左换向步	银牌级
13	OVERTURNED CHANGE OF PLACE FROM LEFT TO RIGHT	过度转的左至右换向步	银牌级
14	DOUBLE CROSS WHIP	双交叉绕转步	银牌级
15	THROWAWAY WHIP	抛扔绕转步	银牌级
16	REVERSE WHIP	左绕转步	银牌级
17	CURLY WHIP	卷曲绕转步	银牌级
18	OVERTURNED FALLAWAY THROWAWAY	过度转的并退抛扔步	银牌级
19	STOP AND GO	停走步	银牌级
20	HIP BUMP	撞臀步	银牌级
21	WINDMILL	风车转步	银牌级
22	MOOCH	闲逛（溜达）	银牌级
23	SPANISH ARMS	西班牙臂转步	金牌级
24	CHICKEN WALKS	鸡仔步	金牌级
25	ROLLING OFF THE ARM	卷臂转步	金牌级
26	SIMPLE SPIN	单一旋转步	金牌级
27	ROCK TO SIMPLE SPIN	摇摆至单一旋转步	金牌级
28	FUCKS INTO BREAK	轻弹进入破碎步	金牌级
29	TOE HEEL SWIVELS	脚尖脚跟回旋转步	金牌级
30	SUGAR PUSH	糖果推步	金牌级
31	MIAMI SPECIAL	迈阿密转步	金牌级
32	SHOULDER SPIN	转肩步	金牌级
33	CHUGGING	吱嘎转步	金牌级
34	CATAPULT	弹弓步	金牌级

表2-3-12　斗牛舞动作名称术语

序号	英文名称	中文译名和意译	动作等级
1	BASIC MOVEMENT	基本移动步	铜牌级
2	SUR PLACE	原地踏步	铜牌级
3	CHASSE TO RIGHT	向右的追步	铜牌级
4	DRAG	拖步	铜牌级
5	CHASSE TO LEFT	向左的追步	铜牌级

续表

序号	英文名称	中文译名和意译	动作等级
6	ATTACK	攻击步	铜牌级
7	HUIT	八步	铜牌级
8	SEPARATION	分离步	铜牌级
9	NATURAL TWIST TURN	右拧转步	铜牌级
10	PROMENADE	侧行步	铜牌级
11	CLOSED PROMENADE	闭式侧行步	铜牌级
12	PROMENADE LINK	侧行连步	铜牌级
13	SIXTEEN	十六步	铜牌级
14	PROMENADE TO COUNTER PROMENADE	侧行至反侧行步	银牌级
15	GRAND CIRCLE	大圆圈步	银牌级
16	BANDERILLAS	短扎枪步	银牌级
17	FALLAWAY REVERSE	并退左转步	银牌级
18	FALLAWAY WHISK	并退叉形步	银牌级
19	SPANISH LINES	西班牙舞姿步	银牌级
20	LA PASSE	斗篷步	银牌级
21	SYNCHOPATED SEPARATION	切分分离步	银牌级
22	FLAMENCO TAPS	佛朗明戈点踏步	银牌级
23	TWISTS	拧转步	金牌级
24	CHASSE CAPE	斗篷追步	金牌级
25	TRAVELLING SPINS FROM PROMENADE POSITION	在侧行位置下的流动旋转步	金牌级
26	TRAVELLING SPINS FROM COUNTER PROMENADE POSITION	在反侧行位置下的流动旋转步	金牌级
27	SYNCHOPATED COUP DE PIQUE	切分突击步	金牌级
28	SEPARATION WITH LADY’S CAPING WALKS	推离步接女士斗篷绕转步	金牌级
29	FAROL	法若尔步	金牌级
30	FREGOUNA	弗戈列娜步	金牌级
31	METHODS OF CHANGING FEET	换脚方法	金牌级

第四节　体育舞蹈场地与设施

一、教学与训练场地与设施

体育舞蹈的教学场地对比其他体育项目来说，规格、要求不是很高。只要符合以下几项基本条件即可。

（一）室内

体育舞蹈是一项标准的室内体育运动项目。在我国，以健身、娱乐、社交为目的的体育舞蹈活动，常在室外举行，比如：公园、街心花园、广场等地。而正规的体育舞蹈教学与训练活动一般是在室内进行。由于体育舞蹈项目是一个流动性的舞蹈运动，因而场地面积不能太狭窄，尤其是标准舞的训练，最好不要是少于250平方米的教室场地。

（二）木板地面或适合舞蹈的光滑、平整的地面

最理想的地面以纯木质地板为最佳，复合地板次之。地板要求哑光，并且平整，无明显裂缝或拼缝。另外，平整的大理石地面或是水泥地面也能勉强为之，但与比赛场地特性差距较大，赛前需要较长时间适应。

（三）音乐播放器材

可根据自身条件选配音乐播放器材，现在的体育舞蹈伴奏音乐多以CD音乐光盘为主，因此，播放器材应以便携式或台式CD机、音源播放器（MP3等数码设备）与音箱等形式为好。只要音量能够覆盖整个练习场地即可。

（四）大的落地镜

对于技术复杂、动作繁多的体育舞蹈项目来讲，练习时能够有一面大的镜子是非常必要的。它对练习者正确掌握动作技术、及时纠正错误动作、尽快地建立良好的动力定型起到很大的作用。

（五）其他辅助条件

比如：明亮的灯光照明；良好的通风；适宜的温度调节装置；换衣间；饮水机等等。

二、比赛场地与设施

具备功能齐全、观众席为4,000人以上的体育馆。

（一）场地要求

1. 比赛场地要求是一个长方形的坚实平面，无障碍物，不准画有杂线。

2. 场地尺寸：长26米，宽16米。场地的丈量是从界线的内沿量起。

3. 场地周边沿界线设置广告牌，高度60厘米为宜，不得超过70厘米。可摆放鲜花。根据组委会要求的位置上留出运动员上下场口和主持人台。

4. 在比赛场地的一侧搭建颁奖台和背景板。颁奖台要求高50～120厘米，平面长为16米以上，宽为5～6米。支撑材质必须使用钢铁支架，保证绝对的安全。并需要铺统一颜色的地毯，要求平整，接缝处必须要用线或胶条处理。

主舞台需要正面、左右两边安放不少于2米宽的台阶。

5. 背景板要求与颁奖台同样长度，高度不得少于7米，须有专门的天幕灯照明。主舞台需要有背景灯和面光灯。

6. 在指定地方摆放2排30个座位的裁判员席。桌子有桌布。要求每个裁判均有专属座位，并贴上不干胶制作的英文字母（直径9厘米）。要摆放裁判长桌签。

7. 摆放裁判员11个椅子候场区。椅子靠背上贴上数字1、2……11。

8. 在指定地方摆放计分组桌椅，桌子需要不少于3张，椅子6把。单有两张桌子用于PDA（电子打分器）充电使用。

9. 场馆需要落实安排一间有大桌子的裁判员休息室；安排一间颁奖室作为颁奖处；安排男女更衣室各一大间；安排检录处和成绩公告栏等；媒体记者休息室等；所有确定后要制作醒目特色的标识牌。

10. 按照总冠名赞助商的要求在指定地方布置新闻采访区。

11. 在颁奖台一侧，准备奖牌展示台。2～3张桌子，上面铺台布。

12. 制作统一功能区标识，并有指示方向的箭头。需要制作标牌的地方有：报到处、检录处、成绩公布栏、男女更衣室、裁判员休息室、颁奖处、计分处、贵宾室、上下场口、新闻采访处、厕所等。

13. 在体育馆比赛场外设置颁奖处，要求制作不小于12平方米（4米长×3米高）的喷涂背景板，要有面光灯照明。

14. 场地内要准备4名工作人员和干净的拖布，用于在比赛期间的快速清理场地。

15. 裁判员和竞赛工作人员的饮水。裁判员休息室要摆放水果、咖啡、小吃等。

16. 确定体育馆的开门时间表，必须提前2个小时做好供电、供水、冷暖设备、卫生等各项准备。

17. 场地内需要设置记者席和拍摄区，用明显标牌标明。有条件的，为相关媒体提供一个能上网工作的房间或在场地安装专用网线。

18. 全国一级和省级二级以上赛事均需要为各报名参赛队领队及省市级体育舞蹈协会主管领导提供专门的坐席位。

19. 根据中国体育舞蹈联合会最新竞赛要求，需要承办方在检录大厅设立副颁奖处，背景板不少于高3米×宽4～5米，配音箱和志愿者。

（二）场地灯光音响要求

1. 比赛场内灯光标准：必须照度达到1500克勒斯（高清电视转播要求），以满足比赛和高清电视直播用光。要准备相应数量的面光灯（筒灯）、电脑灯、聚光灯、柔光灯、激光灯等效果灯光。

2. 灯架技术要求：应在场地四周吊挂照明灯，保证照明要均匀，光度要充足。如果场馆承重不允许，则在比赛场地四个角采用搭建灯架。吊挂灯光的高度应垂直地面7～10米。

3. 在四周吊挂的舞台灯和电脑灯，在长度上每边不少于40只，宽度上每边不少于30只。并要有专门的面光灯，在开幕式、颁奖、表演等使用。

4. 在体育馆观众席的四个角安装4只追光灯，2500瓦以上/只，配合场地灯光使用。

5. 灯光使用要求：上午、下午和晚场都要使用比赛灯光，体育馆的白色照明不能用于比赛，不得成为比赛主要灯光。

6. 比赛用音响技术要求：场地四个角要设置面对比赛场内和观众席4组主音箱，场地四周每条边必须要安放有4个返送音箱（场内共需10～12个）。有条件的场馆在检录大厅安放一个音箱，用于检录。

7. 无线麦克4个。

8. 主席台立式麦克2个。

9. 准备CD机1台（备用1台）、电脑1台，要保证质量完好。

10. 准备国歌光盘、国旗。

11. LED大屏幕。承办方需安装不小于30平方米的LED电子显示屏，用于竞赛需要。

第五节　体育舞蹈服装规定

一、对参赛服装的要求

国内外的体育舞蹈比赛对于参赛选手的比赛服装有严格的规定和要求。比赛中，裁判长有权取消不符合着装规定的选手的参赛资格。

在国际比赛中，将少年儿童选手分为少儿组（9~11岁或9岁以下）、少年一组（12~13岁）、少年二组（14~15岁）3个年龄组别；将青年、成人、壮年分在同一赛段，并分别制定了不同规格的服装要求。

自2000年以来，我国的体育舞蹈比赛对少年儿童只设立了一个规格段——14岁及其以下组；青年、成人和壮年分在一个规格段；对老年组（长青组、寿星组）设立一个规格段。每个规格段都有相应的服装要求。

随着我国青少年体育舞蹈水平的提高，参与国际比赛的机会越来越多。自2010年起，我国开始全面执行世界体育舞蹈联合会比赛着装规定，这标志着我国体育舞蹈项目与国际规则的全面接轨，并将推动该项目向成熟化、规范化迈进。

二、对平时训练服装的要求

在日常训练中，训练服装上衣不能太长或太宽松，选择的上衣应当使手臂能够自由平举，不会约束到手臂的活动。男士下装着标准裤、拉丁裤，女士着标准裙、标准裤、拉丁裙。女士初学者的标准裙应稍微短些，等技术熟练后，方可选择裙摆较长的标准裙。在地板地、大理石地面上训练时，鞋子应配备专业的拉丁舞鞋、标准舞鞋；在水泥地或者室外场地训练时，要着舒适的运动鞋，以防受伤。

女孩大多穿样式简单的短裙，也可以穿练习裤，腰上系裙子（跳牛仔时除外，可能踩到裤腿而摔倒）。男孩也更简单，穿T恤，标准裤、拉丁裤即可。不过尽量选择吸汗有弹性的布料，选择专业服装样式，这样的服装既耐穿吸汗，也不容易变形。穿裙子的女孩要选择深色或裙子自带的底裤。

附录　WDSF服装规定

（Appendix WDSF Dress Regulations）

该着装规定适用于所有以WDSF冠名的赛事，并根据WDSF年度大会的决定，形成了所有WDSF成员国的全国竞赛规则的一部分，但WDSF成员国在其自己的非WDSF冠名的国内赛事额外增加的服装限制除外。WDSF主席团有权执行通用的或特殊的着装限制，对于特殊赛事有权进行服装限制修订或允许豁免关于服装的某些限制。

（一）通则

1. 服装必须能与每个舞系（拉丁舞和标准舞）的风格特性相符合。（形态区域）
2. 服装必须遮盖舞者身体的私密部位（包括私密区域）。
3. 服装和化妆必须考虑舞者的年龄和舞蹈水平。
4. 不允许佩戴具有宗教性标志和装饰性的珠宝。（不包括个性化的珠宝）
5. 如果装饰或珠宝物件对舞者和其他选手构成危险，裁判长有权要求参赛者去掉珠宝物件或更换服装。
6. 允许舞者身着较低组别服装要求的服装。

（二）附加说明

任何违背服装在面料、颜色、款式规定的和其他使用自主独创发明的行为，即使并没有违反服装规定的文字措辞，只要裁判长裁定其违反了规则就可被视为服装违规。

（三）处罚

如果舞者着装与服装规定不一致，将会得到警告。对反复出现违反服装规定的选手，主席团有权施加额外的处罚，包括禁赛。

（四）图表中术语的定义

1. 不限：表明在该项目上没有任何限制。

2. IA–身体私密区域：该区域必须被不透明面料或透明面料结合不透明材料来遮盖。如果使用肉色面料，必须附加装饰物覆盖。

3. 对于女性：不允许穿平角短裤，不允许穿肉色长裤，胸部必须完全覆盖，胸衣的两个罩杯间距不得大于5厘米。

4. SA–形态区域：必须被覆盖的最小区域，本区域可以使用任何颜色包括透明的面料。

5. 基本面料：能鲜明产生形状的服装面料。带有闪光效果的面料：包括金属的、闪光的和带亮片的。不带闪光效果的面料：一般性质的基础面料。

6. 装饰：任何能被固定在基本面料、头发和皮肤上的饰品。有闪光效果的装饰：如水钻、亮钻、亮片、珠宝、珍珠等可发光和闪光的物品。没有闪光效果的装饰：如羽毛、花卉、发卡、条纹、蕾丝花边、色带等。还有一些装饰品如：领带夹、栓钮、袖扣、皮带扣等服装必需品则不属于装饰品。

7. HL–臀线：内裤顶端的最低程度。水平直线以看不见两个臀部肌肉之间的顶端（包括臀沟线）为准。

8. PL–裤线：内裤底端的最高程度。后视：应该全部遮盖臀部。前观：必须遮盖大腿与身体的弯曲处（腹股沟）。内裤顶线到底线的长度：从体侧看必须超过5厘米。

9. 男士服装最高开口点（TOP）–点：可以将顶部和衬衫打开，且开口必须在皮带扣或裤子顶线的正中间。

10. 肤色：相当于舞者的皮肤颜色（包括染色后的即时肤色）。

11. 长袖：长至手腕，不允许卷起衣袖。

12. 化妆：包括脸部化妆、人工棕油染的肤色、假指甲、假睫毛。

13. 装饰珠宝：指被设计成与服装为一体的物品。

（五）各组细节

<table>
<tr><td colspan="5">1.比赛服装要求</td></tr>
<tr><td rowspan="2">Partner
Disc.</td><td colspan="2">男孩</td><td colspan="2">女孩</td></tr>
<tr><td>标准舞</td><td>拉丁舞</td><td>标准舞</td><td>拉丁舞</td></tr>
<tr><td>少儿组（11岁及其以下的年龄段，即CDSF组别设项中的少儿A、B等各组）</td><td colspan="2">白色长袖衬衫
仅允许黑色裤子
仅允许黑色领带或领结

领口和细节参见附件1</td><td>白色短衫
紧身衣或T恤衫
仅允许黑色裙子

简单款式，单一颜色的连裤群装
</td><td>单一颜色，紧身上衣和同颜色的相连接的裙子
</td></tr>
<tr><td></td><td></td><td></td><td colspan="2">领口和细节参见附件2</td></tr>
<tr><td>少年Ⅰ组（为12~13岁年龄段，即CDSF组别设项中的少年B组）</td><td>白色长袖衬衫
仅允许黑色马甲
仅允许黑色裤子
仅允许黑色或者深蓝色领带
</td><td>仅允许白色或黑色长袖衬衫（上衣）
仅允许黑色马甲
仅允许黑色裤子
</td><td rowspan="2">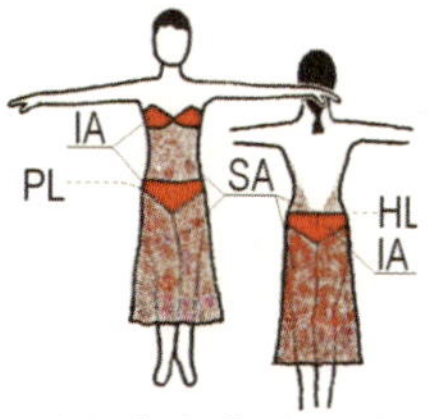

不允许分体的服装</td><td rowspan="2">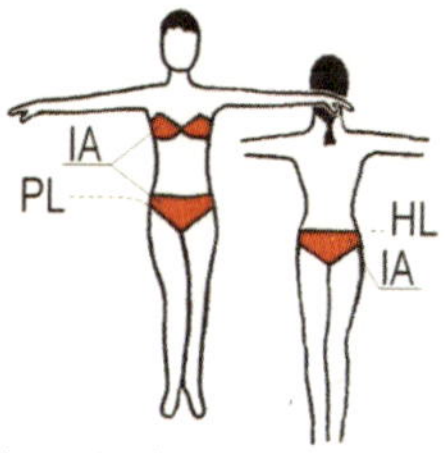

胸衣和裤子不能仅是比基尼装</td></tr>
<tr><td>少年Ⅱ组（14~15岁组别，即CDSF组别设项中的少年A组）、青年组（16岁以上组别服装细则如表）</td><td>黑色或深蓝色外衣
黑色或深蓝色裤子
白色衬衫
黑色或深蓝色领结或者黑色燕尾服
黑色领结
黑色燕尾服
黑色或深蓝色裤子，黑色或深蓝色燕尾服，白色腰封，白色燕尾衬衫，白色领结
</td><td>上衣衬衫
裤子
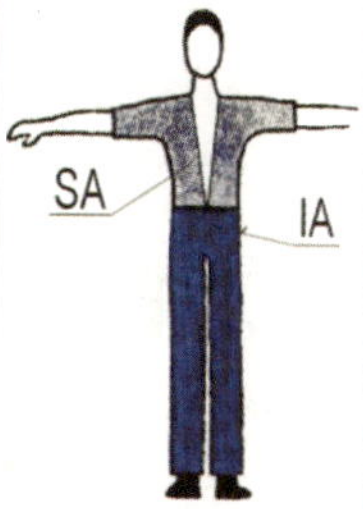
</td></tr>
</table>

<table>
<tr><th colspan="5">2.装饰，灯光效果</th></tr>
<tr><td rowspan="2">Partner
Disc.</td><td colspan="2">男</td><td colspan="2">女</td></tr>
<tr><td>标准舞</td><td>拉丁舞</td><td>标准舞</td><td>拉丁舞</td></tr>
<tr><td>少儿组</td><td rowspan="2" colspan="2">不允许任何装饰和任何带有灯光效果的基础材料</td><td colspan="2">不允许任何装饰和任何带有灯光效果的基础材料</td></tr>
<tr><td>少年I组</td><td colspan="2">不允许带有灯光效果的装饰和任何带有灯光效果的基础材料</td></tr>
<tr><td>少年II组 -壮年组</td><td colspan="4">不限</td></tr>
</table>

<table>
<tr><th colspan="5">3. 鞋子，袜子和紧身裤袜</th></tr>
<tr><td rowspan="2">Partner
Disc.</td><td colspan="2">男</td><td colspan="2">女</td></tr>
<tr><td>标准舞</td><td>拉丁舞</td><td>标准舞</td><td>拉丁舞</td></tr>
<tr><td>少儿组</td><td colspan="2">鞋跟：最高2.5厘米
必须穿黑色袜子</td><td colspan="2">鞋跟：必须有套，鞋跟高度不超过3.5厘米
允许穿短袜
仅允许穿肉色袜子，不许穿网袜</td></tr>
<tr><td>少年I组</td><td rowspan="2" colspan="2">鞋子：不限</td><td colspan="2">鞋跟：不得超过5厘米
允许穿短袜
不允许穿网袜</td></tr>
<tr><td>少年II组 -壮年组</td><td colspan="2">不限</td></tr>
</table>

<table>
<tr><th colspan="5">4. 发型</th></tr>
<tr><td rowspan="2">Partner
Disc.</td><td colspan="2">男</td><td colspan="2">女</td></tr>
<tr><td>标准舞</td><td>拉丁舞</td><td>标准舞</td><td>拉丁舞</td></tr>
<tr><td>少儿组</td><td rowspan="3" colspan="2">如果头发太长，必须束成马尾</td><td colspan="2">不允许头上有装饰和带彩色发喷</td></tr>
<tr><td>少年I组</td><td colspan="2">不允许带有灯光效果的装饰和彩色发喷
允许使用没有灯光效果的装饰</td></tr>
<tr><td>少年II组 -壮年组</td><td colspan="2">不限</td></tr>
</table>

<table>
<tr><th colspan="5">5. 化妆</th></tr>
<tr><td rowspan="2">Partner
Disc.</td><td colspan="2">男</td><td colspan="2">女</td></tr>
<tr><td>标准舞</td><td>拉丁舞</td><td>标准舞</td><td>拉丁舞</td></tr>
<tr><td>少儿组、少年I组</td><td colspan="4">不允许化妆</td></tr>
<tr><td>少年II组 -壮年组</td><td colspan="4">不限</td></tr>
</table>

<table>
<tr><th colspan="5">6. 装饰珠宝（不是个性化珠宝）</th></tr>
<tr><td rowspan="2">Partner
Disc.</td><td colspan="2">男</td><td colspan="2">女</td></tr>
<tr><td>标准舞</td><td>拉丁舞</td><td>标准舞</td><td>拉丁舞</td></tr>
<tr><td>少儿组</td><td colspan="4">不允许装饰性珠宝</td></tr>
<tr><td>少年I组</td><td colspan="4">不允许带有灯光效果的装饰性珠宝
允许不带灯光效果的珠宝</td></tr>
<tr><td>少年II组 -壮年组</td><td colspan="4">不限</td></tr>
</table>

附件1　儿童男生服装

上衣仅允许穿简单款式的白色长袖衬衫，不允许使用有光泽或装饰性面料，首选纯棉质地和混合棉质地的面料。不允许带翻领，不允许将袖子卷起，衬衫必须塞入裤子内。

附件2　儿童女生服装

1. 领口款式

仅允许切领，其他款式均不许可。

2. 衣袖款式

允许经过剪裁的衣袖，其他不允许。

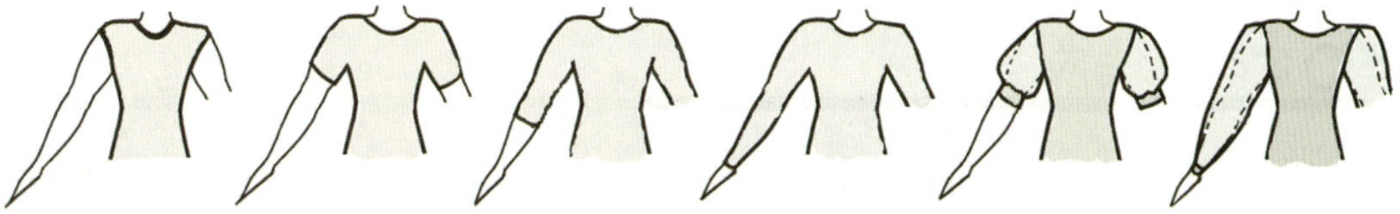

3. 裙子

简单或者有褶皱的款式，仅允许最少一个、最多三个半圆的裙边，允许内衬一个简单的圆形衬裙，衬裙的尺寸不得大于舞裙。裙子或衬裙的褶边装饰不允许使用骨线、软骨线或者钓鱼线。裙子的长度最短不得短于膝盖以上10厘米，最长不得长于膝盖以下。 允许有切口裁剪，其他类型不允许。

4. 举例

思考题

1. 体育舞蹈的定义是什么？
2. 体育舞蹈具有哪些特点？
3. 体育舞蹈常用的身体位置有哪些？
4. 体育舞蹈各舞种的风格特点是什么？
5. 体育舞蹈各舞种的音乐节奏有哪些类型？

推荐读物与网站

1.国家体育总局职业技能鉴定指导中心组编.体育舞蹈[M].北京：高等教育出版社，2012.
2.国家体育总局职业鉴定指导中心网站：http：// www.sportosta.gov.cn/index.ycs
3.中国体育舞蹈联合会官方网站：http：//www.cdsf.org.cn

参考文献

[1]罗君帆.国际标准舞理论、实践、技巧修订拉丁美洲舞系[M].广州：岭南美术出版社，2010.

[2]ADTV德国舞蹈教师联合会.国际标准舞系列教材（2）摩登舞运动原理与技术描述[M].北京：北京舞蹈学院.

[3]Howard. G.Technique of Ballroom Dancing[M].England：KenadS design&print，2007.

[4]Laird. W.The Laird Technique of Latin Dancing[M].England：KenadS design&print，2006.

第三章 标准舞的技术动作组合

本章提要

本章主要结合教学训练实践，运用纵横教学法的理念总结了在教学实践中的实用技术内容体系，并以难度递增的形式进行了梳理，主要内容包括标准舞的元素基本动作训练、能力训练组合、建议竞技组合的动作、要领及教学步骤，通过学习使学生对标准舞身体动作练习内容有一个较为全面的认识，同时掌握全面的标准舞技术以及不同难度的组合内容。

关键词

标准舞的通用技术　元素动作　基本动作　能力训练组合　竞技组合

第一节　标准舞通用技术

一、标准舞技术概况

（一）标准舞的身体形态与技术要领

1. 站立基本姿势

男士		女士	
正面	侧面	正面	侧面

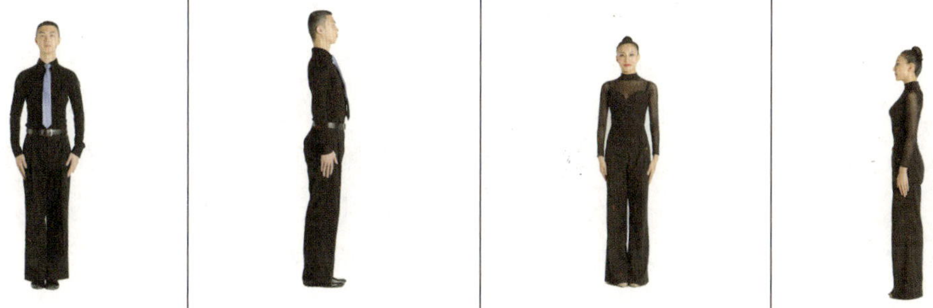

图3-1-1　站立基本姿势

站立的基本要领是身体必须保持垂直。

在基本站立时，身体重心保持在一条腿上（单腿重心），这条腿我们称之为支撑腿。动作腿在无重心状态下与支撑腿并拢。如从侧视，身体的垂直线通过头部（耳）、肩部、胯部、膝盖和脚掌中央。

女士的垂直线落地点比男士稍后，在脚弓位。

在探戈舞时，男士的垂直线落地点稍后，在脚跟和脚弓之间，膝关节稍微弯曲。女士的垂直线落地点稍前，在前脚掌。

2. 手臂位置（练习架型）

男士手臂位置	女士手臂位置

图3-1-2　手臂位置

手臂通过肩部向侧前方延伸，使肘关节与身体两侧始终保持最大的距离（最大的稳定）。肘部弯曲，小臂向前延伸。肘部的高度略低于肩部，但两肘的高度保持水平状态。

3. 运动过程中身体形态的变化要领描述

在舞蹈运行过程中，头部、肩部和胯部的垂直要保持。在做造型时，身体上述各部位按要求有所变动，但要围绕身体主轴来进行。

在舞蹈过程中，可根据动作的需要，做身体向两侧的倾斜，脊柱可以有两侧适度的弯曲，肩部和胯部可以有稍稍倾斜。女士可通过身体内力将脊柱上半部分（以胸部为主）向后上方延伸，以加强标准舞的美感。在舞蹈造型时，延伸度可加强。

4. 转动和拧动

通过支撑腿和胯部的运动，使身体进入旋转状态是运动原理基本要求的规律。

舞者的上身和胯部要同时进行旋转运动。在两舞者共舞时，旋转动作要分为外圈旋转动作和内圈旋转动作。在外圈做旋转运动的舞者要求将旋转分配在双脚（按脚步、脚法不同）和身体上；而在做内圈旋转运动的舞者要将旋转度分配在身体上。

拧动指的是以脊柱为中轴，胯部和肩部的相对运动。一般在标准舞中，身体的拧动只是在侧行位置和并退位置时才出现。

5. 反身动作

反身动作是一种身体相对于移动脚产生反向运动、以便引导旋转的身体技术。也就是说不论是前进或后退，身体异侧向移动脚同方向移动。

6. 倾斜

倾斜是指身体的倾斜（侧屈），可以被定义为是在朝向或离向动作腿做出的动作。它可以用作不同的目的，包括：保持平衡，启动，加速或者提升舞步的美感。

与移动本身反方向的倾斜（离向移动腿）是用于减速和改善平衡，而与移动本身同方向的倾斜（朝向移动腿）则是为了提升加速的速率，从而会呈现出更快的速度。倾斜的幅度取决于舞步的类型和需要展现的视觉效果。

更具体地说，有三种不同类型的倾斜：

（1）技术倾斜

这是倾斜的基础形式，涉及整个身体（从脚到头）。通常这个动作可以被理解为是在胯部的。

（2）释放倾斜（或者断位倾斜）

这种倾斜只涉及身体的上部，胯部的位置不变。

它是由压缩（释放）一侧，并随之拉长另一侧形成的，从而制造出一个更显著的倾斜，也就产生更完美的视觉效果。

（3）修饰倾斜

这种非常略微的倾斜主要是由肩部和肩胛部产生的。

肩部水平线的变化不需要很大地改变头部的中立位置。同时，一侧身体压缩，随后另一侧身体拉长。

一些倾斜应用的例子：

· 技术倾斜应用在每个基础舞步，呈现小幅度倾斜，通常与另外两种倾斜类型中的一种一起使用。

· 释放倾斜用在探戈中的坠式强度倾斜步的第四步。

· 修饰倾斜用在狐步中的羽步的第二步和第三步。

当图表中没有标注任何一种倾斜，术语“直立”会被用到。“直立”的意思是：没有倾斜或者还原到中立位置。

7. 延伸

延伸是一种女士最常用到的身体动作，将身体正面的大幅度拉伸一直延伸到背部。

切记任何的延伸应该始于身体上部（头、颈和胸），身体下部跟随（腹部和腰部）。

延伸的程度取决于舞者可运用的时间以及保持个人平衡和舞伴位。

8. 内力

身体内力在运动中的保持是舞蹈状态保持的基本条件。在运动过程中，内力的强弱可按舞蹈、音乐、节奏和速度的要求变化。但是在保持内力的同时要注意肌肉的松弛，不能出现肌肉的过度紧张和僵硬。

（二）标准舞的足部动作与技术要领

标准舞的基本运动方式可分为上升、下降、前进、后退、侧行和旋转。在此基本运动方式上脚踝与膝盖的升降。在运动过程中要注意，每一个运动都是通过支撑脚和动作脚之间的身体重心转移和转动来共同完成的。

上升和下降的外部表现特征是身体重心与中心点的上下位置变化。上升和下降的方式按照舞种的不同而有变化。在探戈舞中没有上升和下降技术。

1. 下降

下降是指支撑足脚跟落地延续屈膝动作便于下一步行进的动作过程。即使是通过下降产生的前进与后退，在下降前，身体是处于上升的位置。支撑脚脚跟先与地面接触，同时动作脚开始向运动方向运动，支撑脚膝关节开始弯曲，带动身体继续下降，同时动作脚继续按动作要领进行或前、或后、或侧的运动。

2. 上升

上升是指脚跟抬离地面，膝关节由曲到直和身体中轴靠舞者内力向上的延升过程。

上升可以分为慢上升和快上升。慢上升可用于华尔兹，而快上升多用于狐步和快步舞。

在有的上升时，并没有脚踝的上升，而仅是身体的中轴（脊柱）靠舞者内力的延伸运动。如维也纳华尔兹中的左右旋转：在第五步时，身体和脚是处于升的状态，但在第六步时，脚是处于“平”的状态，而身体的升并没有结束。

（1）快上升

快上升指的是当第一步结束时，脚与身体已经到达上升的最高点，下一步将保持已经达到的上升高度。例如：狐步中的“三直步”的第二步和第三步；狐步中的“羽步”第一步和第二步；狐步中的“左转”第一步和第二步，华尔兹中的“右旋转”的第五步和第六步；快步中的“右转”的第一步和第二步。

（2）慢上升

慢上升指的是上升运动过程中分配在两个舞步以上。在上升运动结束后，可分成两种不同的脚位：

双脚关闭位——当双脚并拢时，身体靠内力继续上升。例如：华尔兹中的“右转”的第一步至第三步；华尔兹中的“左转”的第一步至第三步。

双脚分式位——身体中轴上升，但脚不升。例如：华尔兹中“外侧换向步”的第一步至第三步；狐步中的“盘旋电纹步”的第一步至第三步。

（3）不同类型上升的应用

类型一：第一步结尾时开始上升，第二步和第三步继续上升，第三步结尾时下降。此类型用于第三步并步并改变重心时以及交叉踌躇步的男步。

类型二：第一步结尾时开始上升，第二步继续上升，第三步保持上升，然后结尾时下降。这是当双脚在第三步分开而结束时。例如：外侧换步，翼步的女步等。此类型上升也适用于拂步或后退拂步。

类型三：第一步结尾时上升，第二步和第三步继续上升，第四步保持上升，然后结尾时下降。此类型适用于由四步组成的舞步。例如：侧行追步、旋转锁步等。

类型四：第一步结尾时稍微上升但足不升，第二步继续上升，第三步保持上升，结尾时下降。此类型适用于女士跟转的上升。

（4）膝脚踝弹动

在膝关节保持松弛的状态下，用脚踝的弹力进行起伏较小的升降，并通过脚踝的弹力对身体重心的起伏进行控制。这种技术多用于快步、华尔兹和狐步的“并退步”。

（5）足不升

一般用于后退转或后退行进中，指在支撑脚后退时，脚跟不离地，但身体脊柱靠内力继续向上延伸。当一个后退步接另一个足不升的后退步时，支撑足的脚尖必须离地，所以第二步的用力点着眼于前脚的脚跟。当重量分散到前脚脚跟和后脚脚掌时，继续应用身体内力向上延伸身体，身体保持支撑状态。例如：狐步中女士的盘旋羽步、羽步。

3. 前进步

一个前进步可分为起始位，运动开始，前半部运动继续，运动中，后半部运动继续和运动结束这6个单元，以下做分解。

起始位：参见站立基本要领。

运动开始：支撑脚将身体重心和垂直线移动至脚尖；同时，支撑脚脚踝产生动力，推动身体前进。

前半部运动继续：动作腿向前移动，脚跟着地（个别舞步例外），膝关节保持松弛，支撑脚脚跟离开地面，脚踝的推动力推动身体重心继续向前移动。支撑脚的膝关节开始延伸运动。

运动中：在这一阶段中，双腿膝盖延伸但不僵直。身体重心此时处于两腿之间。

后半部运动继续：身体垂直重心保持持续向前运动，逐渐移动至动作腿，动作脚脚掌开始逐渐着地（个别舞步例外）。支撑腿膝关节在身体后侧保持松弛。

运动结束：身体重心安全移至动作脚（新支撑腿），新动作腿在无重心状态下与前腿并拢。

4. 后退步

后退步同前进步一样，分为起始位、运动开始、运动前半部继续、运动中、运动后半部继续和运动结束六个步骤。

起始位：参见站立基本要领。

运动开始：重心移动至支撑脚脚跟，支撑脚脚跟产生推力。

前半部运动继续：动作脚开始通过支撑脚脚跟推力向后移动，移动中脚掌与地面保持接触。动作脚膝关节开始延伸，动作脚脚尖与动作腿、肩成一直线。同时身体重心继续向后移动，支撑脚脚掌开始离开地面。

运动中：动作脚前脚掌踩地，与地面产生压力。双腿膝关节延伸。身体重心处于后脚脚掌与前脚脚跟之间。

后半部运动继续：身体重心移至动作脚，重心转换。前支撑脚脚跟开始向后拖动，膝关节松弛。

运动结束：身体重心完全移至动作脚，重心转换，形成新的支撑脚，脚跟可以和地面接触。同时前支撑脚后退并拢。

5. 闭式转

在闭式转时，转动脚步是由前进步接后退步或后退步接前进步组合。通过身体重心的转动呈直线或弧线的前进或后退运动。在运动过程中，脚掌内侧是受力点。

6. 连续旋转

男士进行右轴转，女士做轴转动作，紧接着男士做轴转动作，女士做右轴转，并且脚跟不接触地板，这就意味着两人在跳两个动作组合在一起的高级舞步，称为“连续旋转”。

在这个连续动作中，总是包含轴转动作的上升，以便有利于转动的连续性，脚部动作为：

- 男士：脚跟脚掌（轴转动作），脚掌脚跟脚掌（轴转）
- 女士：脚跟脚掌（轴转动作），脚掌（轴转）

7. 跟转

跟转是一个静态向左或向右的转动：第一步出脚后，脚跟着地，第二步无重心转移向第一步关闭，在第一步的脚跟上完成跟转后，再转移身体重心。跟转的正常时值分为：3／4关闭、1／4打开。通过动力脚施加给地面压力来控制时值的应用。到达中心平衡位置后，后脚脚跟降低，新的动力腿向新的主力腿移动。同时，新的主力腿膝关节弯曲。因为在标准舞中动力的产生，第一步不能直接到向后或向前的位置，而是略微向侧（后/前）。第二步，为使舞伴向前移动，将开始向前和向侧结束。

8. 轴转

轴转是旋转类动作中特别的一类，为了将其正确地定义，首先必须区分两种类型：右轴转（向右）；左轴转（向左）。

右轴转的技术特点如下：

（1）转动发生在出步脚上；

（2）最大转度为1／2转；

（3）当一方舞伴（通常是男士）做轴转时，另一方配合做轴转动作；

（4）做轴转之前有一个强烈的驱动动作，并结合使用“向后略微向侧”的足位，该足位的运用不仅更有利于保持舞伴间的双人连接，同时也能更好的连接之前的动作（如：右旋转的1～4步）；

（5）轴转中，“转”是一个发生在前导步上一个正确的“启动动作”的结果，但后续过程，该”转”还需接一个轻盈的旋转，才算完成整个轴转；

（6）在做轴转时，保持闭式位置。每当舞伴位置因轴转而产生变化的，这就被定义为回旋转；

（7）在转动时，因为强大动力的产生，舞者应避免腿的“螺旋效应”；应注意从转动开始直到转动结束，保持脚的同一位置。这个位置涉及双脚平行，但从没有交叉（如在反身动作位置中）。这一技术准则的应用是更有利于保持舞伴间的双人连接（即舞伴间中段的联系）；

（8）基本上来说，在轴转过程中，为保持良好的平衡和身体重量的轻松分配，应避免倾斜；但尽管如此，在一些比较高级的跳法中，可以考虑使用向左的修饰性的倾斜。

（9）足法是脚掌—脚跟—脚掌，通常分配如下：

①足法“脚掌”——用于轴转的开始阶段，驱动动作通常适用于这一步；

②足法“脚跟”——用于转动的结尾，从脚掌到脚跟产生的滚动动作。在此期间，脚会彻底改变在地板上的方向（从背向到面向）。脚跟应以极大的控制力放置于地板上，并给予持续的运动，随后必须离开地面以创造一直以来称之为“亲吻地板”的效果；

③足法“脚掌”——用于后续步的开始，在平衡中心位置的执行过程中，这一脚部动作应用有利于方向的改变（从向后到向前，轴转本身的运动特征）。

左轴转在很大程度上与右轴转相同，但也有差异，如下：

· 舞伴双方同时做轴转；

· 左轴转没有前驱动动作，但足位仍是“向后略微向侧”，以便更好地保持舞伴间的双人连接和连接前引导动作以完成左轴转；

· 同样为保持良好的平衡和身体重量的更易分配应避免倾斜。但与右轴转相反，即使在高级的跳法中，也要避免倾斜（然而，并不排除有着高水平能力的舞者会用修饰性的倾斜，并保持持续性和身体平衡来完成左轴转）。

9. 轴转动作

轴转动作是一种特别的转动形式，通常跟右轴转一起使用。也就是，当一个舞伴在右轴转的时候，另一个必须做轴转动作。轴转动作的一般特点如下：

（1）转动主要是在出步脚上，但是为了有利于双人的双人连接和后续转动的连续性（通常是一个完整的快速旋转），转动的最后部分向脚内缘进展；

（2）最大转度不超过1/2；

（3）轴转动作以强力的驱动动作为前导，足位是“前进且稍向侧”；

（4）轴转动作的转动是经过前一步形成的正确 “开始”动作的结果，随后是整个舞步进行到的轻盈状态下的略微旋转；

（5）一直保持闭式位置；

（6）舞者必须避免腿部的“螺旋形效应”（见“轴转”部分），摆荡自由腿（左腿）进入下一个位置；

（7）基本的轴转动作不涉及倾斜；

（8）脚部动作是“脚跟脚掌”，通常如下分布：

①足法“脚跟”——通常在舞步的开始使用，在引带动作中常用在第一步。

②足法“脚掌”——用在实际转动中，通过从脚跟到脚掌的滚动动作形成，而且在这个阶段相对于地板的脚部的方向会发生改变（从面向到背向）。在转动的结尾处，重心应在脚掌内缘，虽然这个脚部动作没有在图表中注明。

10. 跟拖

足跟拉回是跟转的一种特殊类型。这一动作的使用是为了减缓身体速度，从而使之改变运动方向，男女舞伴在第一、二步之间转3／8周。

11. 并步

并步是经常出现在一些典型华尔兹舞步结尾处的动作。这个动作的功能主要在于把重心从一只脚换到另一只脚。通过内收双腿和随后的双脚合并来完成。

除在探戈中双脚是半合并的，而在所有其他的舞蹈中双脚的合并必须是双脚的脚尖相互接触。这是一个对动作完成质量进行技术评估的基础要素。

12. 交叉

交叉是动作脚通过内收动作移向主力脚的动作，形成一个动作脚穿过主力脚准线的双脚位置。

区分两种不同的交叉很重要：

·交叉：双脚紧紧地交叉在一起，并且都在舞者双方的身体下方；

·穿过：双脚形成交叉的效果，但不互相接触；驱动动作中需要做大幅度转换时会用到（例如：从侧行追并步时的第一步）。

这种情况下：当做大幅度转换时（例如：侧行追步的第一步，舞步需要有驱动动作）。

13. 扭转

扭转是一种特定的静态转动，双脚交叉然后再解开交叉。解开交叉的动作通常由男士完成，并配合着向右转动，方法如下：

·右脚交叉于左脚后，足法为“脚掌”；

·在交叉位置中，重心保持在双脚之间，但趋向于前脚脚跟；

·转动是在前脚脚跟和后脚脚掌之间产生；

·在转动中，前脚脚尖应保持跟地板的接触；

·后脚脚跟有控制地下降至地板，在转动结束时完全到达地板；

·在转动结束时，双脚几乎合并且平行，重心保持于右脚；

·在转动结束时，可以用上升（脚，膝和身体）过渡到下一个舞步；

·通常在转动中保持身体的垂直线条，但是高级的舞者可以使用修饰性倾斜；

女士通常围绕男士完成一系列的3个连续舞步，男士必须特别注意女士的时值，以便于他的转动能够配合女士的舞步。

14. 刷步

刷步：身体重心保持在一只脚上，另一只脚合并过来并始终保持无重心地接触地板，然后再离开主力脚。

通常刷步的时间值要被分成3／4关闭脚，1／4打开脚。这个时值是由移动脚保持少量对地板的压力来完成。

15. 追步

追步是在所有标准舞种都用到的一个三步的组合舞步，但是只能在华尔兹和快步舞的基本教程里找到。这个连续的步子是一个特征性动作，以下几个重要的技术元素体现了追步的特点：

通常在追步前导步是带有驱动动作的步子；除了探戈（追步没有被列在基本舞步中），追步在每个舞蹈中，都会用到逐步上升，在前一个驱动动作的结尾时开始上升并继续上升，直到追步的倒数第二步（脚合并）；在追步的最后一步，继续保持前一步的上升高度。

16. 脚尖轴转

脚尖轴转像所有的轴转一样，是在脚部完成的动作，最大转度1／2周。

这种轴转只用在没有行进的舞步或部分舞步中；此外，在这类动作中总是用脚尖完成转动（因此也被称为“脚尖轴转”）。

完成脚尖轴转的经典方法是：在达到中心平衡位置后（通常存在于侧向运动中），动作脚的还原是跟主力脚的转动同时进行的。动作脚可以被带向主力脚，直到两个脚尖完全接触。

脚尖轴转的典型例子是双左旋转步，男士在第二步和第三步之间完成的一个转动，就被定义为“脚尖轴转”。

（三）标准舞的双人身体配合技术

1. 基本架型

正面	反面	左侧	右侧

图3-1-3　基本架型

两舞者面对面站立，女士在男士的右前侧。当双脚并拢时，女士右脚尖直对男士双脚之间。一般来说，两舞者的右肋骨下到右膝关节上部有接触。当然，此接触点不是固定不变的，按两舞者身高不同而言。

男士的右手放在女士左肩胛骨下侧，手指并拢，并延伸，平放，手腕与小臂成一条直线。女士将左臂放在男士右臂上，手处于男士右上臂下侧。

男士的左手与女士的右手相握，拇指相互交叉，其余4个手指轻轻握在女士的手背上。双手相握的高度保持在两舞者的眼角处（如两舞者身高比例比较悬殊，相握手的高度以身高较矮小者为准）。两舞者目光可通过对方的左肩即可。

但是探戈有以下的例外：

站立位置的不同：女士站立位置在男士的右侧，但是位置更靠右，几乎是女士的右脚尖直对男士的右脚尖。

脚位不同：右脚始终在左脚的后侧，右脚尖平齐左足中心处。

架型不同：女士左手处于男士左臂下侧；女士左手虎口与男士身体有接触；女士右手腕不弯曲，手指尖与下臂成直线。

探戈舞的双人基本握持时，男士的重心在脚跟与足弓之间，膝盖稍微弯曲。女士的重心在前脚掌。

2. 引带

通过男士的重心移动，并通过与女士的接触点同时将运动信息传给女士。但男士要注意，在引带的过程中，男士不能干扰女士的运动过程，不能造成人为的推拉来干扰女士的重心位置。

女士要注意，当她收到男士的运动信号时，要以最快的速度做出反应，主动地按要领，以自身动力完成运动过程。引带是一种运动信息在两舞者之间的传导和交流。女士虽是被引带者、信息接受者，但她的舞蹈不是被动的，而是相对主动的。

（1）反身动作位置

常用于双人引带关系中的一个身体位置的描述。

反身动作位置是对两只脚的足位关系的标示。当前进或者后退时，一只脚是否跟另一只脚在同一条线上或者一只脚越过另一只脚的基准线。

反身动作位置通常用在外侧舞伴位置中，舞伴双方用这个位置来保持舞伴之间的双人连接和避免姿势变形；而且经常用在从侧行位置中退出时男士右脚前进和女士左脚前进。

术语“反身动作位置”得名于：在这个位置上，舞者的身体看起来稍拧转，不是由当前的足位形成的，而是来自前一个转动动作。

（2）侧引带

当同侧的肩部与前进或后退的脚步朝舞步的同一方向运动时，被称为“侧引带”。这类动作通常用在从闭式向外侧舞伴转换的舞步中（例如：狐步中的羽步）。

通常应用这个动作的最通用方法如下（做前进运动时）：

① 在还原位置中（通常存在于驱动动作之后），朝向主力脚做发力转动；

② 随后身体向前失去平衡，同时动作腿为了跟失去平衡的身体同步而向前摆荡；

③ 在运动的结尾处，达到中心平衡位置，同侧肩部和当前出步的脚步（例如，在左脚的舞步时用左肩）会比正常状态稍向前。

3. 中段位置（中段连接）

女士的中段（髋部–腹部）跟男士的中段接触。如同上述“姿势”中的部分描述，男士和女士的接触要非常轻但是很精准。9种不同中段姿势中手的握持不变，如下：

9种中段位置（或者9种舞伴位置）

<table>
<tr><td colspan="2">1. 闭式位置（右对右）

这是一个基础位置，通常被用在舞蹈的开始。 在闭式位置中，女士中段的右侧接触男士中段的右侧，男士和女士的左侧不接触，肩和胯保持平行。
由于这是最重要的一种位置，会在“姿势”章节详细描述。</td><td></td></tr>
<tr><td>1a. 外侧舞伴位置

这个位置跟闭式位置非常相似，并且在向前运动的舞伴需要用右脚走向外侧时会被用到。如果舞步在高点，它跟闭式位置的区别就非常小：都是做一个略微的向右旋转以便在肩部和胯部之间制造出接近 1/8的转动，使得前进舞伴的脚和膝可以运动到舞伴外侧。

如果舞步在低位，胯部会同时略微向侧移动直到前进舞伴的右腿进入后退舞伴的右腿旁侧。此时，只有右侧肋部保持接触。</td><td></td><td></td></tr>
</table>

<table>
<tr><td rowspan="2">2. 侧行位置

这个位置的接触点是男士的右侧和女士的左侧，制造出一个“V”形。 当双方都需要朝同一方向向前运动（向着“V”形的开口）时会用到这个位置。

为了更详细地说明这个位置，可以考虑以下的例子：从闭式位置开始，略微转动双方的身体（男士向左，女士向右），即可形成侧行位置。两人的身体做“类似铰链”动作的转动，而不是靠滑行动作来呈现出“V”形。</td><td>华尔兹</td><td>探戈</td></tr>
<tr><td></td><td></td></tr>
</table>

3. 并退位置

这个位置的接触点是男士的右侧和女士的左侧，制造出一个“V”形。当双方都需要朝同一方向向后运动（向着“V”形的关闭处）时会用到这个位置。

需要注意的是，并退位置跟侧行位置非常相似。

4. 反向侧行位置

这个位置的接触点是男士的左侧和女士的右侧，制造出一个“V”形。当双方都需要朝同一方向向前运动（向着“V”形的开口）时会用到这个位置。

注意：这个位置在功能上跟侧行位置相似。

5. 反向并退位置

这个位置的接触点是男士的左侧和女士的右侧，制造出一个“V”形。当双方都需要朝同一方向向后运动（向着“V”形的关闭处）时会用到这个位置。

注意：这个位置在功能上跟并退位置相似。

侧行位置和并退位置（正向和反向）的注意事项：所形成的“V”形角度从肩部到脚部不是始终如一的。在所有的“V”形位置中，男士和女士脚部的角度近似90°（1／4周转），两人胯部的角度近似45°（1/8周转），而肩部一直保持尽可能的平行（最多1／16周转）。

因此，两人的身体要略微扭转（男士向右，女士向左）。这个扭转使两人在保持胳膊平行的同时腿部和脚部可以向前和向后运动。

6. 翼步位置（左对左） 在翼步位置中，女士中段的左侧接触男士中段的左侧。跟闭式握持完全相反，两人相对侧的身体接触，而且肩部和胯部平行。 这个位置用于前进舞伴需要用左脚行进到舞伴外侧时。这个步法可以用在任意高度的位置，但是当在低位时，前进舞伴的胯位会同时略微向侧移动直到其左腿进入后退舞伴右腿外侧。此时，只有左侧肋部保持接触。 最有效的呈现翼步位置的方法如下：女士滑向男士的左侧时，男士中段的左侧与女士中段的右侧始终保持连接。 注意：这个位置不应该与被称为“翼步”的舞步混淆。“翼步”可以是教材中的一种舞步也可以是一个中段位置。		

7. 右斜角位置 在这个位置中，女士的左胯接触男士右腹股沟，胯部的开度约向右转开1／8周到1／4周的角度。 像在翼步位置中一样，右角度位置要求女士在滑动时身体与男士身体保持关系。 如同在侧行位置和并退位置中一样，肩部转动少于胯部，保持尽可能的平行，胯部向右转开的幅度是1／16周到1／4周。	

8. 左斜角位置 跟右斜角位置正好相反，女士右胯内缘接触男士左侧腹股沟。 这个位置的形成是通过女士身体相对于男士身体做“类似铰链”运动，而不是通过滑动运动。 如同在侧行位置和并退位置中一样，肩部转动少于胯部，保持尽可能的平行，胯部向左转开幅度是1／16周到1／4周。	

4. 标准舞的双人造型技术

序号	动作英文名称	动作中文名称	动作图示
1	OVERSWAY	过度倾斜	
动作说明	这是一个身体重心处于低位的造型动作，男士先松和弯曲左膝后，第一步后退右脚，第二步身体重心侧向推至左脚，然后上半身向右倾斜并延展，动作要领： 男：重心在左脚，掌平，重心偏前，膝关节弯曲； 女：重心在右脚，掌平，重心偏前，膝关节弯曲； 男：右脚侧点地，腿直，无重心，但脚尖要有侧向地面稍用力的延伸感； 女：左脚侧点地，腿直，无重心，但脚尖要有侧向地面稍用力的延伸感； 男：上身在跨的带动下稍向左转，逐渐向右倾斜； 女：上身在跨的带动下稍向左转，逐渐向左倾斜； 男：面朝舞伴，略保持头左侧向转； 女：头向左转，保持右边脸对男士。		
2	THROWAWAY OVERSWAY	抛掷步倾斜	
动作说明	这是一个身体重心处于低位的造型动作，男士先后退右脚，左脚向侧后身体继续移动和转动后逐渐进入抛掷过度倾斜造型，女士一般先从左脚前进，右脚向侧后随着男士身体引带，女士身体左转1／2周，再继续延伸形成抛掷倾斜造型。其具体的动作要领： 男：重心在左脚，掌平，重心偏脚掌，膝盖弯曲； 女：重心在右脚，掌平，膝盖弯曲； 男：侧后点地，腿直，无重心，但脚尖要有侧向地面稍用力的延伸感，脚面略外开； 女：向后延伸点地，腿直，无重心，但左脚尖要有向地面稍用力的延伸感，大腿跟略外转； 男：上身在胯的带动下稍向左转，并做向右的倾斜； 女：上身在胯的带动下向左转，并逐渐向左转体直至超过3/8，身体向左倾斜； 男：面朝舞伴，略保持头左侧向转； 女：头向左转并随着造型加大，向后上延伸，保持右边脸对男士； 男：由于男士身体向右倾斜，与女士相握的左手要高于或平齐额头的高度； 男：男士左腿与女士右腿相靠，形成微弱的支撑。		

续表

<table>
<tr><td>3</td><td>INVERTED THROWAWAY OVERSWAY</td><td>反向抛掷步倾斜</td><td></td></tr>
<tr><td>动作说明</td><td colspan="3">这是一个身体重心处于低位的造型动作，从同脚位开始，男士移重心至左脚，女士重心移至左脚，同时做回旋转，形成类似于抛掷倾斜的造型。具体动作要领：
男：重心在左脚，掌平，重心偏前，膝盖弯曲；
女：重心在左脚，掌平，重心偏前，膝盖弯曲；
男：右脚侧点地，腿直，无重心，但脚尖要有侧向地面稍用力的延伸感；
女：右脚后点地，腿直，无重心，但脚尖要有侧向地面稍用力的延伸感；
男：上身在胯的带动下稍向左转，逐渐向右倾斜；
女：上身在胯的带动下向左转1/2，向左倾斜并延伸；
男：面朝舞伴，头略左侧；
女：头向左转，保持右边脸对男士。</td></tr>
<tr><td rowspan="2">4</td><td rowspan="2">HINGE</td><td>铰链步（收脚）</td><td></td></tr>
<tr><td>铰链步（不收脚）</td><td></td></tr>
</table>

续表

动作说明	由男士先下降重心，右脚后退，左脚低位向旁，身体左转引带形成造型。女士在男士的引导下，屈膝降重心后左脚前进，右脚向旁，身体被引导左转形成造型。其具体的动作要领： 男：重心在左脚，掌平，重心偏前，屈膝； 女：重心在左脚，掌平，重心偏前，屈膝； 男：右脚向斜后方点地，腿直延伸，无重心； 女：右脚抬起，不置重心，也可伸直点地； 男：上身在胯的带动下稍向左转1／8，略向右的倾斜； 女：上身在胯的带动下向左转超过1／4，身体略向左倾斜； 男：面朝舞伴，略保持头左侧向转； 女：头向左转并随着造型加大，向后上延伸，保持右边脸对男士； 男：由于男士身体向右倾斜，整体框架随动，造成左手要高于或平齐男士额头的高度，并身体左边有整体向后牵引的感觉； 女：从腹股沟及大腿跟处应该要斜向上推，给足男士充分的推力才有可能使自己上身线条延展起来。		
5	RIGHT HINGE	右铰链步（收脚）	
		右铰链步（不收脚）	
动作说明	同铰链步，只是方向相反		
6	TILT OVERSWAY	高位倾斜	

续表

动作说明	这是一个身体重心处于高位的造型动作，男士先降膝后退右脚并逐渐快速升起，左脚向侧后身体重心高位移动至左脚，同时继续向左转动身体中轴后，引带女士进入高位倾斜的造型，女士一般在反身动作位置下先从左脚降膝前进并逐渐快速升起，右脚向侧后随着男士身体引带，女士身体左转1/2周，同时左脚自然收回，上抬大腿，形成高位抛式造型。其具体的动作要领： 男：重心在左脚，掌平，重心偏前，直膝； 女：重心在右脚，掌平，也可抬脚跟，稍直膝； 男：侧后点地，腿直，无重心，但脚尖要有侧向地面稍用力的延伸感，脚面略外开； 女：抬腿，屈膝，绷脚背，脚尖向地面；大腿高度超过90°，小腿稍内收； 男：上身在胯的带动下稍向左转1／8，略向右的倾斜； 女：上身在胯的带动下向左转，并逐渐向左转体直至超过3／8，身体略向左倾斜； 男：面朝舞伴，略保持头左侧向转； 女：头向左转并随着造型加大，向后上延伸，保持右边脸对男士； 男：由于男士身体向右倾斜，与女士相握的左手要高于或平齐男士额头的高度； 女：从腹股沟及大腿跟处应该要斜向左和上推，才有可能使上身线条延展起来。		
7	RIGHT LUNGE	右剑步	
动作说明	由男士左膝先下降重心，右脚向侧移动，然后推移重心至右脚，形成右脚的向侧的弓步。身体稍左转，以便形成一个稍微扩大的上身造型。女士在男士的引导下，屈膝降重心后左脚向侧，形成左脚向侧的弓步，身体被引导稍微左转，尽可能使上身线条外展延伸。其具体的动作要领： 男：重心在右脚，掌平，重心偏前，屈膝； 女：重心在左脚，掌平，重心偏前，屈膝； 男：左脚向侧点地，腿直延伸，无重心，但有直线延伸向地的感觉； 女：右脚向侧稍前点地，不置重心，但有直线延伸向地的感觉； 男：上身在胯的带动下稍向左转，略向右的倾斜； 女：上身在胯的带动下向左转，身体略向左倾斜； 男：面朝舞伴，略保持头垂直在主力腿上； 女：头向左转并随着造型加大，向后上延伸，保持右边脸对男士； 男：低位造型的状态下，双人手的位置保持与肩同高或略高的位置，男士身体左侧应该有整体向右推移的感觉； 女：从腹股沟及大腿跟处应该要斜向右上推，胯位略向右转来产生推力，使自己上身线条延展起来。		
8	LEFT LUNGE	左剑步	

续表

动作说明	同右剑步，只是方向相反		
9	SAME FOOT LUNGE	同脚剑步	
动作说明	这是一个身体重心处于低位的造型动作，男士先松和弯曲左膝后，第一步前进右脚并向右转3/8，第二步左脚并向右脚，身体重心侧向推至左脚，右转1/4，右脚向旁，重心移至右脚，上半身可向左倾斜也可随后向右倾斜并延展，动作要领： 男：重心在右脚，掌平，重心偏前，膝盖弯曲； 女：重心在右脚，掌平，重心偏前，膝盖弯曲； 男：左脚侧点地，腿直，无重心，但脚尖要有侧向地面稍用力的延伸感； 女：左脚前点地，腿直，无重心，但脚尖要有向地面稍用力的延伸感； 男：胯稍向右转，推向女士； 女：胯稍向左转，朝向男士上半身向右打开； 男：面朝舞伴，略保持头左侧向转； 女：头可向左或向右转。 注：也有一些跳法从横向并步接至同脚剑位。		
10	OPPOSITION POINT TO LEFT FROM PROMENADE POSITION	侧行接相反左向点地	
动作说明	这是一个身体重心处于低位的造型动作，一般由侧行位开始，男士前进右脚后，左脚侧向点地，随之弯曲右膝下降身体，女士前进左脚，并右脚换重心，随后左脚侧向点地。动作要领： 男：重心在右脚，掌平，重心偏前，膝关节弯曲； 女：重心在右脚，掌平，重心偏前，膝关节弯曲； 男：左脚侧点地，腿直，无重心，但脚尖要有侧向地面稍用力的延伸感； 女：左脚侧点地，腿直，无重心，但脚尖要有侧向地面稍用力的延伸感； 男：上半身逐渐向右倾斜； 女：上半身逐渐向左倾斜； 男：面朝舞伴，略保持头左侧向转； 女：头向左转，保持右边脸对男士。		

续表

11	EROS LINE	爱丽丝造型	
动作说明	由男士把重心从左脚逐渐推向右脚的同时，身体稍右转，带动女士重心到达左脚后，要给女士适当引导，摆动右腿，然后屈腿成鹤立式舞姿。女士身体被引导稍微右转，尽可能使上身线条外展延伸。其具体的动作要领： 男：重心在右脚，掌平，重心偏前，直膝； 女：重心在左脚，立脚掌，重心偏前，直膝或微屈膝； 男：左脚向侧点地，腿直延伸，虽无重心，但略有支撑力，腿直线延伸向地的感觉； 女：右脚后摆水平屈膝，大腿外开，尽量抬高膝关节； 男：上身在胯的带动下稍向右转1／8，略向左的倾斜；（也可以做向左倾斜的变化） 女：上身在胯的带动下向右转，可以接近1／4周，身体略向左倾斜； 男：头部可以正常向前，也可以面朝舞伴； 女：头向左转并随着造型加大，向后上延伸，保持右边脸对男士； 男：高位造型的状态下，双人手的位置略高于女士肩的位置，男士身体左侧应该有整体向右推移的感觉； 男女：两人尽可能保持上身的框架外开，而中段接位紧凑，从外表上看，应该是上开下紧的锥形状态。		
12	Arabesque	阿拉贝斯造型	
动作说明	由男士把身体重心推向右脚，身体略右转，由男士右侧身体线条推向女士。女士身体重心置于右脚，同时身体右侧线条推向男士，左腿向后抬起，成阿拉贝斯舞姿。其具体动作要领是： 男：重心在右脚，掌平，重心立于脚掌中心，直膝； 女：重心立于右脚，立脚掌，重心偏前，直膝； 男：左脚侧点地，向后延伸，无重心； 女：左脚向后抬胯屈膝，绷脚尖； 男：头部正面向前，有向左后方延伸感觉； 女：头部向右打开，有向右后方延伸感觉； 男女：尽量保持两人上身框架饱满状态，有相互保持抗力的感觉。		

续表

<table>
<tr><td>13</td><td>CHAIR FROM
PROMENADE POSITION</td><td>椅子位</td><td></td></tr>
<tr><td>动作说明</td><td colspan="3">这是一个身体重心处于低位的造型动作，男女士从侧行位开始，先向前迈内侧腿，然后屈膝，形成椅子形状。具体动作要领：
男：重心在右脚，掌平，重心偏前，膝盖弯曲；
女：重心在左脚，掌平，重心偏前，膝盖弯曲；
男：左脚弯曲在身体后方，后点地，无重心；
女：右脚弯曲在身体后方，后点地，无重心；
男：胯略微右转朝向女士；上半身逐渐向右倾斜；
女：胯略微左转朝向男士；上半身逐渐向左倾斜；
男：面朝前方，略保持头左侧向转；
女：面朝前方，保持左边脸对男士。</td></tr>
<tr><td>14</td><td>WHIPLASH FROM
PROMENADE POSITION</td><td>侧行接挥鞭步</td><td></td></tr>
<tr><td>动作说明</td><td colspan="3">这是一个身体重心处于低位的造型动作，男女士上面椅子位开始，在第二步做身体快速转动和男士腿的快速侧点地和女士动作腿的快速向左无重心画圆运动，从而形成侧行鞭甩的形状。具体动作要领：
男：重心在右脚，掌平，重心偏前，膝关节弯曲；
女：重心在左脚，掌平，重心偏前，膝关节弯曲；
男：左脚直，侧向点地，无重心；
女：右脚直，侧向点地，无重心；
男：胯快速左转，朝向女士；上半身向右倾斜并延伸；
女：胯快速左转，朝向男士；上半身向右倾斜；
男：面朝女士，保持头左侧向转；
女：面朝肩侧，保持左边脸对男士。</td></tr>
<tr><td>15</td><td>DEVELOPE TO
LEG HOOK FROM
OVERSWAY SHAPE</td><td>过度倾斜接踢脚</td><td></td></tr>
</table>

续表

动作说明	这是一个身体重心处于低位的造型动作，男女士在过度倾斜的基础上，女士左腿高踢。具体动作要领： 男：重心在左脚，掌平，重心偏前，膝盖弯曲； 女：重心在右脚，掌平，重心偏前，膝盖弯曲； 男：右脚直，侧向点地，无重心； 女：左脚向前踢； 男：胯左转，朝向女士；上半身向右倾斜并延伸； 女：胯左转，身体斜角朝向男士；上半身向右倾斜； 男：面朝女士，头略左转； 女：面朝前方，头左转。		
16	X LINE	X造型	
动作说明	这是一个身体重心处于低位的造型动作，男女士上面椅子位开始，在第二步做身外侧腿的相互侧向延伸点地，从而形成X造型，并保持上半身处于侧行位置。具体动作要领： 男：重心在右脚，掌平，重心偏前，膝关节弯曲； 女：重心在左脚，掌平，重心偏前，膝关节弯曲； 男：左脚直，侧向点地，无重心； 女：右脚直，侧向点地，无重心； 男：胯快速外开，略左转； 女：胯快速外开，略右转； 男：面朝前方，头略左转； 女：面朝前方，头略右转。		
17	Contra Check	反抑制步	
动作说明	由男士先下降重心，左脚前进，压力后屈膝，引导女士右脚做后退的抑制，从而产生反抑制步的造型动作。女士一般在反身动作位置中先从左脚降膝，后退右脚，并产生重心移动的制动来达到该造型的效果。其具体的动作要领： 男：左脚交叉在右脚前，全脚着地，膝略直或略曲； 女：右脚交叉在左脚后，脚跟离地，屈膝； 男：上身在胯的带动下稍向左转不超过1／8，略向右的倾斜； 女：上身在胯的带动下向左转不超过1／8，身体略向左倾斜； 男：面朝舞伴，略保持头左侧向转； 女：头向左转并随着造型加大，向后上延伸，保持右边脸对男士； 男：由于男士身体向右倾斜，整体框架随动，造成左手要高于或平齐男士额头的高度，并身体左边有整体向后牵引的感觉； 女：从腹股沟及大腿跟处应该要斜向上推，给足男士充分的推力才有可能使自己上身线条延展起来。		

第二节　华尔兹舞技术动作与组合

一、元素与基本动作训练

（一）升降训练

1. 双脚升降练习

序号	动作名称	动作分解	时值
双脚重心，脚掌平伏准备			
1	下降Down	重心下降，膝盖微屈	123
2	持续下降Continue Down	继续下降，膝盖深屈	223
3	上升Rising	重心上升至膝盖微屈	323
4	脚踝上升Ankle Rising	脚踝上升	423

训练目的：此练习着重训练舞者的脚踝力量与升降动作中由脚尖至髋关节的链式运动过程。
注意事项：双腿保持脚掌重心，升起时膝关节保持至稍直状态。

2. 单脚升降练习

序号	动作名称	动作分解	时值
单脚前脚掌重心准备			
1	下降Down	左侧主力腿重心下降，右脚尖向前擦地	123
2	上升Rising	左侧主力腿重心上升，右脚尖擦地收回	223
3	下降Down	左侧主力腿重心下降，右脚尖向旁擦地	323
4	上升Rising	左侧主力腿重心上升，右脚尖擦地收回	423
5	下降Down	左侧主力腿重心下降，右脚尖向后擦地	523
6	上升Rising	左侧主力腿重心上升，右脚尖擦地收回	623
7	下降Down	左侧主力腿重心下降，右脚尖向旁擦地	723
8	上升Rising	左侧主力腿重心上升，右脚尖擦地收回	823
反面动作一致，动作循环			

训练目的：此练习着重训练舞者的主力脚的升降能力与动作脚的出脚规范性。
注意事项：动作脚尽可能久地保持脚尖触地。

（二）重心

原地重心滚动练习

序号	动作名称	动作分解	时值
双脚重心，脚掌平伏准备			
1	脚掌滚动The Foot-Rolling	重心滚动至前脚掌	123
2	上升Rising	双脚重心上升，立踝	223
3	下降Down	双脚重心下降，落跟	323
4	脚掌滚动The Foot-Rolling	重心移至后跟，脚尖略微抬起	423
动作循环			

训练目的：此练习着重训练舞者的重心与脚法滚动的相互配合，了解脚法滚动的动作原理。
注意事项：注意脚掌从脚跟至脚尖要做依次前后滚动，保持动作连续性。

（三）拧动

身体拧动练习

序号	动作名称	动作分解	时值
双脚重心，脚掌平伏准备			
1	身体拧动下降 Body Rotation and Down	身体拧动向右，重心下降，手臂自然摆荡	123
2	上升 Rising	身体继续拧动，重心上升，手臂延伸	223
3	身体拧动下降 Body Rotation and Down	身体拧动向左，重心下降，手臂自然摆荡	323
4	上升 Rising	身体继续拧动，重心上升，手臂延伸	423
动作循环			

训练目的：此练习着重训练舞者肩轴与胯轴的相互拧动。
注意事项：在保持身体主轴垂直的状态下完成拧动。

（四）倾斜

身体倾斜练习

序号	动作名称	动作分解	时值
双脚开立，与肩同宽			
1	向右倾斜 Sway to Right	双脚重心下降，身体向右倾斜	123
2	继续向右倾斜 Continue Sway to Right	重心向左脚转换并上升，身体继续向右倾斜延伸	223
3	向左倾斜 Sway to Left	重心回至双脚并下降，身体向左倾斜	323
4	继续向左倾斜 Continue Sway to Left	重心向右脚转换并上升，身体继续向左倾斜延伸	423
动作循环			

训练目的：此练习着重训练舞者身体躯干的左右倾斜技术。
注意事项：保持框架，重心转换要清晰。

（五）摆荡

身体拧动与倾斜综合练习

序号	动作名称	动作分解	时值
双脚开立，与肩同宽			
1	身体向右拧动与倾斜 Rotation and Sway to Right	双脚重心下降，身体向右拧动并向右倾斜	123
2	动作继续 Continue	重心上升，身体继续延伸	223
3	身体向左拧动与倾斜 Rotation and Sway to Left	双脚重心下降，身体向左拧动并向左倾斜	323
4	动作继续 Continue	重心上升，身体继续延伸	423
动作循环			

训练目的：此训练着重训练舞者同时运用身体的拧动与倾斜技术。
注意事项：保持身体主轴垂直，运用内力延伸身体。

（六）移动

1. 前后移动练习

序号	动作名称	动作分解	时值
双脚重心，脚掌平伏准备			
1	下降Down	重心下降	123
2	前进Forward Walk	左脚前进	223
3	下降Down	重心下降	323
4	后退Backward Walk	右脚后退	423
5	下降Down	重心下降	523
6	前进Forward Walk	右脚前进	623
7	下降Down	重心下降	723
8	后退Backward Walk	左脚后退	823
动作循环			

训练目的：此练习着重训练舞者前后移动中足法的准确运用。
注意事项：注意在移动中，脚掌从脚跟至脚尖要做依次前后滚动，保持动作连续性。

2. 左右移动练习

序号	动作名称	动作分解	时值
双脚重心，并足起跟准备			
1	下降Down	重心下降，右脚向旁擦地	123
2	向旁移动Side Step	右脚向右移动	223
3	下降Down	重心下降，左脚向旁擦地	323
4	向旁移动Side Step	左脚向左移动	423
动作循环			

训练目的：此练习着重训练舞者左右移动时脚法出步的规范性、重心控制以及重心转换的能力。
注意事项：动作脚收回时，保持动作脚与地板的适度压力，双侧大腿内侧肌发力。

3. 方形步・左脚并换步练习

序号	动作名称	动作分解	时值
双脚重心，脚掌平伏准备			
1	前进 Forward Walk	左脚前进	123
2	左脚并换步 Left Foot Closed Change	右脚向旁，接左脚并换步	223
3	后退 Backward Walk	右脚后退	323
4	右脚并换步 Right Foot Closed Change	左脚向旁，接右脚并换步	423
动作循环			

训练目的：此练习着重训练舞者前后移动与左右移动的复合技术。
注意事项：保持动作脚与地板的适度压力，并换步结束时运用身体倾斜技术。

4. 方形步・右脚并换步练习

序号	动作名称	动作分解	时值
双脚重心，脚掌平伏准备			
1	前进 Forward Walk	右脚前进	123
2	右脚并换步 Right Foot Closed Change	左脚向旁，接右脚并换步	223
3	后退 Backward Walk	左脚后退	323
4	左脚并换步 Left Foot Closed Change	右脚向旁，接左脚并换步	423
动作循环			

训练目的：此练习着重训练舞者前后移动与左右移动的复合技术。
注意事项：保持动作脚与地板的适度压力，并换步结束时运用身体倾斜技术。

（七）旋转

1. 轴转动作与轴转练习

序号	动作名称	动作分解	时值
双脚重心，脚掌平伏准备			
1	上升并前进 Rising and Forward Walk	重心上升，左脚前进	123
2	轴转动作Pivot Action	向左轴转动作	223
3	上升Rising	重心上升	323
4	轴转Pivot	向左轴转	423
5	停顿调整Break	保持脚掌重心，动力脚收回	123
6	前进Forward Walk	右脚前进	223
7	轴转动作Pivot Action	向右轴转动作	323
8	上升Rising	重心上升	423
9	轴转Pivot	向右轴转	123
动作循环			

训练目的：此练习针对脚尖轴转技术。
注意事项：注意轴转在脚掌上完成，并且避免大腿产生螺旋效应。

2. 跟转练习

序号	动作名称	动作分解	时值
双脚重心，脚掌平伏准备			
1	向左跟转 Heel Turn to Left	右脚后退，向左跟转	123
		右脚前进	223
2	向右跟转 Heel Turn to Right	左脚后退，向右跟转	323
		左脚前进	423
动作循环			

训练目的：此练习着重训练舞者并跟的规范性以及做跟转时对重心的控制。
注意事项：注意后退的第一步稍向旁，跟转后注意脚掌滚动技术原则。

二、能力训练组合

在华尔兹舞教学当中，对于不同的技术与能力应该有针对性的专门训练，本教材设计了适合华尔兹舞所强调的主要技术特征与风格特点的小组合，以便学生能在大量的反复与集中训练下达到质的改变。在能力训练组合中，要注意目标明确，并始终强调动作的关键技术，保持身体的垂直重心、双人的动态平衡以及移动的流畅性。在一些综合训练当中，主要解决舞者的复合技术运用能力以及快速变换的灵活性与稳定性，使舞者的双人配合达到高度的一致性与紧凑性。

（一）移动与旋转能力训练

1. 换向摆荡练习

序号	动作英文名称	动作中文名称	时值
双人练习，闭式位准备			
1	Swing to Right	换向摆荡至右	123
2	Swing to Left	换向摆荡至左	223
3	Swing to Right	换向摆荡至右	323
4	Swing to Left	换向摆荡至左	423
动作循环			

2. 前后回旋练习

序号	动作英文名称	动作中文名称	时值
双人练习，闭式位准备			
1	Backward Swivel to Right	后退向右回旋	123
2	Backward Swivel to Left	后退向左回旋	223
3	Backward Swivel to Right	后退向右回旋	323
4	Backward Swivel to Left	后退向左回旋	423
5	Forward Swivel to Right	前进右侧回旋	123
6	Forward Swivel to Left	前进左侧回旋	223
7	Forward Swivel to Right	前进右侧回旋	323
8	Forward Swivel to Left	前进左侧回旋	423
动作循环			

3. 双左旋转接连续轴转练习

序号	动作英文名称	动作中文名称	时值
双人练习，闭式位准备			
1	Double Reverse Spin	双左旋转	1&2&
2	Pivots	连续轴转	3&
3	Break	停顿调整	223
动作循环			

4. 双左旋转接切分翼步练习

序号	动作英文名称	动作中文名称	时值
双人练习，闭式位准备			
1	Double Natural Spin with Pivot	双右旋转接轴转	1&2&3&
2	Syncopated Wing	切分翼步	223
3	Break	停顿调整	323
动作循环			

5. 双右旋转接连续轴转练习

序号	动作英文名称	动作中文名称	时值
双人练习，闭式位准备			
1	Double Natural Spin	双右旋转	1&2&
2	Pivots	连续轴转	3&
3	Break	停顿调整	223
动作循环			

6. 双左旋转接双右旋转综合练习

序号	动作英文名称	动作中文名称	时值
双人练习，闭式位准备			
1	Double Reverse Spin with Pivots	双左旋转接连续轴转	1&2&3&
2	Syncopated Wing	切分翼步	223
3	Break	停顿调整	323
4	Double Natural Spin with Pivots	双右旋转接连续轴转	4&2&3&
5	Syncopated Wing to Right	向右切分翼步	523
6	Break	停顿调整	623
动作循环			

7. 向右转系列初级练习

序号	动作英文名称	动作中文名称	时值
双人练习，闭式位准备			
1	Natural Turn	右转	123 223
2	Open Natural Turn	分式右转	323
3	Whisk	拂步	423
动作循环			

注意事项：在分式右转第一步时，双人要加大转度，男士朝舞程线方向前进（这是个非常规连接）。

8. 向右转系列中级练习

序号	动作英文名称	动作中文名称	时值
双人练习，闭式位准备			
1	Overturned Natural Spin Turn	加强右旋转	123 223
2	Turning Lock to Right with Pivot	向右锁转接轴转	3&23
3	Double Natural Turn	双右旋转	423
4	Rumba Cross	伦巴交叉	5&23
5	Checked Natural Turn	右转抑制步	623
动作循环			

9. 向右转系列高级练习

序号	动作英文名称	动作中文名称	时值
双人练习，闭式位准备			
1	Fallaway Whisk	并退拂步	1&23
2	Natural Pivots	连续右轴转	2&23
3	Double Natural Turn	双右旋转	3&2&3&
4	Syncopated Wing	切分翼步	423&
5	Leg Hook	勾脚转	523
6	Standing Turn	站立转	623
动作循环			

10. 向左转系列初级练习

序号	动作英文名称	动作中文名称	时值
双人练习，闭式位准备			
1	Reverse Turn	左转	123 223
2	Chasse to Right	向右追步	32&3
3	Change Direction	换向步	423
4	Wing	翼步	523
5	Telemark	电纹转	623
6	Syncopated Change Direction	切分换向步	7&23 823
动作循环			

11. 向左转系列中级练习

序号	动作英文名称	动作中文名称	时值
双人练习，闭式位准备			
1	Fallaway with Reverse Slip Pivot	并退步接左滑轴转	1&23
2	Telespin	电疾转	2&23
3	Telespin	电疾转	3&23
4	Ronde to PP	朗德步至侧行位	423
5	Big Top	大陀螺转	523
6	Contra Check with Pivot	反抑制步接轴转	623
7	Break	停顿调整	723 823
动作循环			

12. 向左转系列高级练习

序号	动作英文名称	动作中文名称	时值
双人练习，闭式位准备			
1	Teleswivel	电回旋	1&2&3
2	Tumble Turn	大翻转	22&3
3	Syncopated Wing	切分翼步	323
4	Leg Hook	勾脚转	423
5	Standing Turn to Left	向左站立转	523 623
6	Break	停顿调整	723 823
动作循环			

（二）身体换位能力训练

身位组合

序号	动作英文名称	动作中文名称	时值
双人练习，闭式位准备			
1	Natural Spin Turn to PP	右旋转至侧行位	123 223
2	Wing	翼步	323
3	Telespin	电疾转	42&3
4	Hover Corte	盘旋截步	523 623
5	Ronde	朗德步	723
6	Outside Change Direction	外侧换向	823
动作循环			

三、建议竞技组合

（一）初级组合

序号	动作英文名称	动作中文名称	时值
闭式位准备			
1	Natural Spin Turn	右旋转	123 223
2	Reverse Turn 456	左转456	323
3	Reverse Turn	左转	423 523
4	Whisk to PP	拂步至侧行	623 723
5	Progressive Chasse from PP	侧行追步	82&3
8小节			
6	Overturned Natural Spin	加强右旋转	123 223
7	Turning Lock to Right	向右锁转	3&23
8	Wing	翼步	423
9	Chasse to Right	向右追步	523
10	Outside Change	外侧换向	623
11	Hover Corte	盘旋截步	723 823
8小节			
12	Syncopated Side Cross	切分旁交叉步	1&23
13	Fallaway with Reverse Pivot	并退步接左轴转	2&23
14	Bounce Fallaway	弹动并退步	3&23
15	Syncopated Tumble Turn	切分大翻转	4&2&3
16	Syncopated Back Checks	切分后退抑制步	52&3
17	Throwaway	抛掷步倾斜	623
18	Hover to Swivels for Lady	盘旋至女士回旋	72&3
19	Hover to PP	盘旋至侧行	823

续表

8小节			
20	Hover Cross to PP	盘旋交叉至侧行	1&23 223
21	Side Cross with Weave Ending	旁交叉至迂回结束	32&3&423
22	Side Cross to Right Lunge	旁交叉至右剑步	52&3 623
23	Wing to Right Ending in Outside Partner	右翼步结束在外侧舞伴位	723
24	Telemark	电纹转	823
8小节			
结束			

（二）中级组合

序号	动作英文名称	动作中文名称	时值
闭式位准备			
1	Overturned Natural Spin Turn	加强右旋转	123 223
2	Syncopated Back Lock to Outside Partner	切分后退锁步结束于外侧舞伴位	3&23
3	Reverse Turn	左转	423 523
4	Reverse Impetus Turn	左推转	623
5	Back Whisk	后退拂步	723
6	Chasse from PP	侧行追步	82&3
8小节			
7	Nature Spin（in Corner）	右旋转（在角落）	123 223
8	Turning Lock to Right Ending in PP	向右锁转结束于侧行位	3&23
9	Quick Open Reverse Turn with Pivot	快分式左转接轴转	4&2&3
10	Open Telemark	分式电纹转	523
11	Lock in PP	侧行锁步	62&3
12	Hover Corte	盘旋截步	723 823
8小节			
13	Syncopated Outside Change to Side Cross	切分外侧换向接旁交叉步	1&23
14	Open Reverse Turn with Weave Ending	分式左转接迂回结束	2&2&3
15	Ronde to Lock	朗德步接锁步	323
16	Develope from Oversway	过度倾斜接踢脚步	42
17	Natural Pivot	右轴转	3&
18	Natural Telemark	右电纹转	523
19	Running Feather with Pivot	跑步羽步接轴转	6&23
20	Rolling Lunge to Side Cross	滚转剑步至旁交叉	723 823
8小节			

续表

21	Chasse to Right	向右追步	12&3
22	Checked Weave with Toe Pivot	迂回抑制步接脚尖轴转	223
23	Running Feather	跑步羽步	3&23
24	Natural Pivots	连续右轴转	4&23
25	Ronde with Twist Turn	朗德步接扭转步	523&
26	Right Lunge	右剑步	623 723
27	Ronde Ending in CP	朗德步结束于闭式	823
8小节			
结束			

（三）中高级组合

序号	动作英文名称	动作中文名称	时值
闭式位准备			
1	Curve Feather	卷曲羽步	123
2	Curved Three Step	卷曲三直步	223
3	Syncopated Side Cross Ending In PP	切分旁交叉结束至侧行位	32&3
4	Big Top	大陀螺转	423
5	Open Reverse Turn to Side Check	分式左转接旁抑制步	52&3
6	Open Natural Telemark	分式右电纹转	623
7	Whiplash with Outside Swivel for Lady	挥鞭步接女士外侧回旋	723&
8	Develope in Chair Position Ending in Oversway	椅子位踢脚步结束在过度倾斜	823
8小节			
9	Develope from Oversway Ending in Right Angle	过度倾斜踢脚步结束在右斜角位	123
10	Syncopated Wing	切分翼步	2&23
11	Syncopated Curved Feather	切分卷曲羽步	3&23
12	Outside Spin Ending in Swivel	外侧旋转结束在回旋	423
13	Big Top	大陀螺转	523
14	Contra Check with Pivot to Right Lunge	反抑制步接轴转至右剑步	623 723
15	Fallaway with Reverse Slip Pivot	并退步接左滑轴转	823
8小节			
16	Teleswivel	电回旋	1&2&3
17	Syncopated Wing	切分翼步	2&23
18	Back Check with Natural Open Telemark	后退抑制步接右分式电纹转	3&23
19	Open Natural Turn	分式右转	423

续表

20	Outside Spin with Syncopated Natural Spin	外侧旋转接切分右旋转	52&3
21	Turning Lock to Weave Ending	锁转步接迂回步结束	6&2&3
22	Ronde with Pivot	朗德步接轴转	723
23	Telemark	电纹转	823
8小节			
结束			

（四）高级组合

序号	动作英文名称	动作中文名称	时值
闭式位准备			
1	Running Natural Spin Turn	跑步右旋转	123 2&23
3	Rolling Chasse to Right	向右滚追步	32&3
4	Rumba Cross	伦巴交叉步	4&2&3
5	Ronde to Twist Turn	朗德步至扭转步	523&
6	Standing Turn to Right Ending in PP	向右站立转结束至侧行	623 723 823
8小节			
7	Open Natural Turn	分式右转	123
8	Syncopated Curved Feather	切分卷曲羽步	22&3
9	Outside Change with Pivot	外侧换向接轴转	323
10	Checked Weave to Open Toe Pivot	抑制步迂回接分式脚尖轴转	4&23
11	Rudolph Fallaway to Left Pivot	鲁道夫并退转接左轴转	523
12	Chasse to Right	向右追步	62&3
13	Back Check with Pivot	后退抑制步接轴转	723
14	Running Feather with Left Pivot Ending in Oversway	跑步羽步接左轴转结束于过度倾斜	8&2&3&
8小节			
15	Right Lunge	右剑步	123
16	Right Hinge to Weave Ending in Side Cross	右铰链步接迂回结束于旁交叉	&223 3&23
17	Teleswivel	电回旋	4&2&3
18	Leg Hook	勾脚转	523
19	Standing Turn to Hover Ending	站立转至盘旋结束	&623 723 823
8小节			
20	Outside Swivel（for Lady）with Reverse Pivot	女士外侧回旋接左轴转	123
21	Back Check with Natural Pivot Ending in PP	后退抑制步接右轴转结束至侧行位	2&23
22	Running Feather in PP Ending in Oversaway	侧行跑步羽步结束至过度倾斜	3&23 423

续表

23	Ronde to Reverse Pivot	朗德步接左轴转	523
24	Double Telespin to Cross Hesitation	双电疾转接交叉踌躇	623 7&2&3
25	Natural Telemark	右电纹转	8&23
8小节			
结束			

第三节　探戈舞技术动作与组合

一、元素与基本动作训练

（一）常步练习

1. 前进常步练习

序号	动作名称	动作分解	节奏	时值
右脚重心，并足准备				
1	前进常步Forward Walk	左脚前进常步	S	12
2	前进常步Forward Walk	右脚前进常步	S	34
3	前进常步Forward Walk	左脚前进常步	S	56
4	前进常步Forward Walk	右脚前进常步	S	78
动作循环				

训练目的：此练习是探戈舞中运步的基本元素之一，着重训练舞者在前进移动中重心快速到位的能力，以及在移动中的反身动作位置与侧引导。

注意事项：保持低重心行进，左脚前进时用反身动作，右脚前进时用侧引导。

2. 后退常步练习

序号	动作名称	动作分解	节奏	时值
左脚重心，并足准备				
1	后退常步Backward Walk	右脚后退常步	S	12
2	后退常步Backward Walk	左脚后退常步	S	34
3	后退常步Backward Walk	右脚后退常步	S	56
4	后退常步Backward Walk	左脚后退常步	S	78
动作循环				

训练目的：此练习是探戈舞中运步的基本元素之一，着重训练舞者在后退移动中重心快速到位的能力，以及在移动中的反身动作位置与侧引导。

注意事项：保持低重心行进，左脚后退时用侧引导，右脚后退时用反身动作。

（二）身体拧动练习

序号	动作名称	动作分解	节奏	时值
双脚开立，与肩同宽				
1	身体拧动Body Rotation	身体拧动向右	S	12
2	身体拧动Body Rotation	身体拧动向左	S	34
3	身体拧动Body Rotation	身体拧动向右	S	56
4	身体拧动Body Rotation	身体拧动向左	S	78
5	身体拧动Body Rotation	身体拧动向右	Q	1
6	身体拧动Body Rotation	身体拧动向左	Q	2
7	身体拧动Body Rotation	身体拧动向右	Q	3
8	身体拧动Body Rotation	身体拧动向左	Q	4
9	停顿调整Break	身位保持	SS	5678
动作循环				

训练目的：此练习着重训练舞者在探戈舞中肩轴与胯轴的拧动技术。
注意事项：保持胯关节相对稳定，躯干上半部分主动发力。

（三）转头练习

序号	动作名称	动作分解	节奏	时值
双脚开立，与肩同宽				
1	转头运动 Head Movement	转头向左	S	12
2	转头运动 Head Movement	转头向右	S	34
3	转头运动 Head Movement	转头向左	S	56
4	转头运动 Head Movement	转头向右	S	78
5	转头运动 Head Movement	转头向左	Q	2
6	转头运动 Head Movement	头回至前方	Q	2
7	转头运动 Head Movement	转头向右	Q	3
8	转头运动 Head Movement	头回至前方	Q	4
9	转头运动 Head Movement	转头向左	Q	5
10	转头运动 Head Movement	头回至前方	Q	6
11	转头运动 Head Movement	转头向右	Q	7
12	转头运动 Head Movement	头回至前方	Q	8
动作循环				

训练目的：此练习着重训练舞者转头的力度与速度。
注意事项：头部到位要干净利落。

（四）行进连接步

序号	动作名称	动作分解	节奏	时值
探戈基本站姿准备				
1	行进连接步Progressive Link	男士：左脚在反身动作位置下前进，胯右转 女士：右脚在反身动作位置下后退，右脚掌向右扭转，头部右转	QQ	12
2	停顿Pause	停顿	S	34
3	行进连接步Progressive Link	步骤同1	QQ	56
4	停顿Pause	停顿	S	78
5	行进连接步Progressive Link	步骤同1	QQ	12
6	行进连接步Progressive Link	步骤同1	QQ	34
7	停顿调整Break	停顿调整	SS	5678
动作循环				

训练目的：此练习着重训练在行进连接步中，头部、上身动作与胯关节的相互配合以及重心的转换。
注意事项：上半身在拧动时，肩轴与胯轴保持相互拧动，尤其注意女士后退时的足法（女士足外沿—脚掌—足内沿）。

二、能力训练组合

在探戈舞当今的技术发展中，有很多动作与摆荡性舞蹈雷同，但是为了保持探戈舞的特性，需要针对同类型动作进行特性上的针对性训练，尤其注意绝大部分动作不允许升降与摆荡。本教材设计了适合探戈舞中所强调的主要技术特征与风格特点的小组合，以便学生能在大量的反复与集中训练下达到质的改变。在能力训练组合中，要注意探戈舞的明显的切分音乐特征以及探戈舞的突然运动的发力特点。在一些综合训练当中，主要解决探戈舞的复合技术运用能力以及快速变换的灵活性与稳定性，使探戈舞的身体中段更加紧凑，保持头部运动的快速有力。

（一）移动与旋转能力训练

1. 朗德步接拧转练习

序号	动作英文名称	动作中文名称	节奏	时值
双人练习，闭式位准备				
1	Ronde	朗德步	S	12
2	Twist Turn to Right	向右扭转	&QQ	&34
3	Natural Check	向右抑制步	S	56
4	Back Swivel with Leg Hook（for Lady）	女士后退回旋勾脚	&S	&78
5	Swivel（for Lady）to Samefoot Lunge	女士回旋至同脚剑步	&S	&22
6	Telemark to Hover Corte	电纹转接盘旋截步	QQ S	34 56
7	Break	停顿调整	S	78
动作循环				

2. 并退拂步练习

序号	动作英文名称	动作中文名称	节奏	时值
双人练习，侧行位准备				
1	Forward Walk in PP	侧行前进	S	12
2	Fallaway Whisk	并退拂步	QQ QQ	34 56
3	Natural Pivots to PP	连续右轴转至侧行	QQ&	78&
动作循环				

3. 电疾转综合练习

序号	动作英文名称	动作中文名称	节奏	时值
双人练习，闭式位准备				
1	Open Reverse Turn	分式左转	QQS	1234
2	Telespin	电疾转	&SQQ	&5678
3	Telespin	电疾转	&SQQ	&2234
4	Left Whisk	左叉形步	&S	&56
5	Twist Turn to CP	扭转至闭式	&S	&78
动作循环				

注：连续两个电疾转可加快速度。

4. 右轴转练习

序号	动作英文名称	动作中文名称	节奏	时值
双人练习，闭式位准备				
1	Natural Pivot Action	右轴转动作	S&	12&
2	Natural Pivot	右轴转	S&	34&
3	Natural Pivot Action	右轴转动作	S&	56&
4	Natural Pivot	右轴转	S&	78&
动作循环				

5. 左轴转练习

序号	动作英文名称	动作中文名称	节奏	时值
双人练习，闭式位准备				
1	Reverse Pivot Action	左轴转动作	S&	12&
2	Reverse Pivot	左轴转	S&	34&
3	Reverse Pivot Action	左轴转动作	S&	56&
4	Reverse Pivot	左轴转	S&	78&
动作循环				

6. 维也纳左转练习

序号	动作英文名称	动作中文名称	节奏	时值
双人练习，闭式位准备				
1	Viennese Reverse Turn	维也纳左转	QQ&QQ&	12&34&
2	Viennese Reverse Turn	维也纳左转	QQ&QQ&	56&78&
动作循环				

7. 维也纳左转123接轴转练习

序号	动作英文名称	动作中文名称	节奏	时值
双人练习，闭式位准备				
1	Viennese Reverse Turn123	维也纳左转123	QQ&	12&
2	Pivot	轴转	S	34
3	Viennese Reverse Turn123	维也纳左转123	QQ&	56&
4	Pivot	轴转	S	78
动作循环				

8. 连续追逐步练习

序号	动作英文名称	动作中文名称	节奏	时值
双人练习，闭式位准备				
1	Chase	追逐步	&QQS	&1234
2	Chase	追逐步	&QQS	&5678
动作循环				

9. 双左旋转与双右旋转练习

序号	动作英文名称	动作中文名称	节奏	时值
双人练习，闭式位准备				
1	Double Reverse Spin with Pivot	双左旋转接轴转	S&QQ S	12&34 56
2	Break	停顿调整	S	78
3	Double Natural Spin with Pivot	双右旋转接轴转	S&QQ S	22&34 56
4	Break	停顿调整	S	78
动作循环				

10. 回旋练习1

序号	动作英文名称	动作中文名称	节奏	时值
双人练习，同脚位准备				
1	Forward Swivel（for Lady）to Left	女士前进向左回旋	&S	&12
2	Swivel（for Lady）to Right to Samefoot Lunge	女士向右回旋至同脚剑步	&S	&34
3	Forward Swivel（for Lady）to Left	女士前进向左回旋	&S	&56
4	Swivel（for Lady）to Right to Samefoot Lunge	女士向右回旋至同脚剑步	&S	&78
5	Whiplash	挥鞭步	&S	&12
6	Swivel（for Lady）to Right to Samefoot Lunge	女士向右回旋至同脚剑步	&S	&34
7	Whiplash	挥鞭步	&S	&56
8	Swivel（for Lady）to Right to Samefoot Lunge	女士向右回旋至同脚剑步	&S	&78
动作循环				

11. 回旋练习2

序号	动作英文名称	动作中文名称	节奏	时值
双人练习，侧行位准备				
1	Whiplash（for Lady）	女士挥鞭步	S&QQ	12&34
2	Forward Swivel（for Lady）in outside Partner	女士前进回旋在外侧舞伴位	&S	&56
3	Link	连接步	&QQ	&78
动作循环				

（二）头部与身体配合训练

1. 抑制步综合练习

序号	动作英文名称	动作中文名称	节奏	时值
双人练习，闭式位准备				
1	Contra Check	反抑制步	S	12
2	Side Check	向旁抑制步	&S	&34
3	Back Check	后退抑制步	S	56
4	Side Check	向旁抑制步	&S	&78
动作循环				

注：头部的运动要与身体的突然停顿形成协调配合。

2. 剑步中头部练习

序号	动作英文名称	动作中文名称	节奏	时值
双人练习，闭式位准备				
1	Right Lunge	右剑步	&S	&12
2	Side Check	向旁抑制步	&S	&34
3	Right Lunge	右剑步（女士两次转头）	&S	&56
4	Side Check	向旁抑制步	&S	&78
5	Right Lunge to Side Check	右剑步至向旁抑制步	&QQ	&12
6	Right Lunge to Side Check	右剑步至向旁抑制步	&QQ	&34
7	Right Lunge	右剑步（女士三次转头）	&S	&56
8	Side Check	向旁抑制步（女士三次转头）	&S	&78
动作循环				

（三）综合训练

1. 初级练习

序号	动作英文名称	动作中文名称	节奏	时值
双人练习，闭式位准备				
1	Open Reverse Turn Ending in Outside Partner	分式左转结束于外侧舞伴位	QQS QQS	1234 5678
2	Forward Swivel（for Lady）to Right	女士前进向右回旋	&S	&12
3	Promenade Link 23	侧行连接步23	&S	&34
4	Progressive Link	行进连接步	QQ	56
5	From PP to CP（in Place）	原地侧行换至闭式	&S	&78
动作循环				

2. 中级练习

序号	动作英文名称	动作中文名称	节奏	时值
双人练习，闭式位准备				
1	Fallaway with Reverse Slip Pivot	并退步接左滑轴转	QQQQ	1234
2	Viennese Reverse Turn	维也纳左转	QQ&QQ&	56&78&
3	Spanish Drag	西班牙拖步	S	22
4	Close Step	并脚	S	34
5	Spanish Drag	西班牙拖步（女士两次转头）	QQ	56
6	Back to CP	回至闭式	&S	&78
动作循环				

3. 高级练习

序号	动作英文名称	动作中文名称	节奏	时值
双人练习，闭式位准备				
1	Teleswivel to Change Direction	电回旋至换向步	QQS&S&	1234& 56&
2	Twist Turn to Samefoot Lunge	扭转至同脚剑步	QQ S	78 12
3	Reverse Pivots to Contra Check	连续左轴转至反抑制步	&QQ S	&34 56
4	Back to CP	回至闭式位	&S	&78
动作循环				

三、建议竞技组合

（一）初高级组合

序号	动作英文名称	动作中文名称	节奏	时值
闭式位准备				
1	Two Walks	两常步	SS	1234
2	Open Reverse Turn	分式左转	QQS QQS	5678 2234
3	Two Walks to Progressive Link	两常步接行进连接步	SSQQ	5678 32
4	Fallaway	并退步	SQQ SQQ	34 5678 42
5	Fallaway Whisk	并退拂步	SQQQQ	34 5678
8小节				
6	Promenade Link 23	侧行连接步23	&S	&12
7	Reverse Pivots	连续左轴转	QQ	34
8	Viennese Reverse Turn123	维也纳左转123	QQ&	56&
9	Chase	追逐步	QQQQ	78 22
10	Chasse to Right Ending in Fan	向右追步结束于扇形位	Q&Q S	3&4 56
11	Promenade Link 23	侧行连接步23	&S	&78
12	Natural Promenade Turn	侧行右转步	SQQS	3234 56
13	Rock on Left Foot	左脚摇步	QQ	78
14	Back Checks to Twist Turn456	后退抑制步至扭转步456	S&S SS	42&34 56 78
8小节				
15	Side Cross from PP	旁交叉从侧行位	SQQ&	1234&
16	Fallaway with Reverse Pivot	并退接左轴转步	QQQQ	5678
17	Viennese Reverse Turn123 with Reverse Pivot	维也纳左转123接左轴转	QQ&QQ	22&34
18	Double Reverse Spin	双左旋转	S&	56&
19	Change Direction	换向步	QQ	78
20	Contra Check to PP	反抑制步至侧行	SQQ	3234
21	Tap in PP	侧行点踏步	S&	56&
22	Fallaway Whisk Ending in Closed Feet	并退拂步结束于并脚位	QQQQS	78 4234

续表

23	Spanish Drag to PP	西班牙拖步至侧行位	QQS	5678
8小节				
24	Progressive Chasse from PP into Samefoot Lunge	侧行追步至同脚剑步	SQQ&S	1234 &56
25	Reverse Pivots	连续左轴转	QQ	78
26	Viennese Reverse Turn with Back Check into PP	维也纳左转接后退抑制步至侧行位	QQ&S&	22&34&
27	Lock in Promenade Position	侧行锁步	QQ&	56&
28	Step Hop to Left Lunge	踏步跳至左剑步	QQQQ	78 32
29	Close feet and Point	并步点步	S&	34&
30	Back Whisk to Twist Turn	后退拂步接扭转步	QQQQ	5678
31	Back Whisk to Promenade Link	后退拂步接侧行连接步	QQS	4234
32	Back Whisk to Promenade Link23	后退拂步接侧行连接步23	QQS	5678
8小节				
结束				

（二）中级组合

序号	动作英文名称	动作中文名称	节奏	时值
侧行位准备				
1	Fallaway Whisk	并退拂步	SQQ QQ	1234 56
2	Natural Pivots Ending in PP	连续右轴转结束至侧行	QQ	78
3	Big Top to Back Check with Natural Pivot Ending	大陀螺转步至后退抑制步结束至右轴转	S&QQ QQ	22&34 56
4	Chase	追逐步	QQ QQ	78 32
5	Outside Spin	外侧旋转	QQ	34
6	Back Whisk to Back Swivel Ending in Cross Leg	后退拂步至后退回旋结束于双腿交叉	QQS	5678
7	Chase	追逐步	QQ	42
8	Double Side Cross	双旁交叉步	Q&Q	3&4
9	Side Check with Reverse Pivot to Samefoot Lunge	向旁抑制步接左轴转至同脚剑步	S&QQ	56&78
8小节				
10	Teleswivel to Change Direction	电回旋步至左换向步	QQQQ&QQS	1234&5678
11	Back Checks to Throwaway Ending Right Angle Position	连续后退抑制步至过度倾斜结束在右斜角位	SQQSS	2234 5678
12	Swivels（for Lady）Ending in PP	女士回旋结束至侧行位	SS	3234
13	Kick Foot in PP with Change Foot	侧行踢脚步接换脚步	Q&Q	5&6

续表

14	Back Whisk with Leg Hook to PP	后退拂步至后勾脚至侧行	Q&Q S&QQ	7&8 42&34
15	Back Whisk to Right Lunge Rolling to PP	后退拂步至右剑步滚转至侧行	QQS	5678
8小节				
16	Progressive Chasse from PP into Side Step	侧行追步至旁步	SQQ&S	1234 &56
17	Twist Turn 3-6 Ending in Eros Line	扭转步3-6结束在爱丽丝造型	QQSS	78 2234
18	Outside Lunge	外侧剑步	&S	&56
19	Outside Spin to Back Whisk	外侧旋转至并退拂步	QQ QQ	78 32
20	Zig Zag（for Lady）in Wing Position Ending in CP	翼步位置中女士之字步至闭式位	QQ QQQQ	34 5678
21	Traveling Check with Pivots	游走抑制步接连续轴转	QQQ&Q	423&4
22	Chair Position to Backward Swivel（for Lady）	椅子位至女士后退回旋	QQS	5678
8小节				
23	Circle Walk（for Man）	男士绕圈转	SS SS	1234 5678
24	Fun in and out in PP	侧行开合步	QQQQ Q&Q&S	2234 5&6&78
25	Double Twist Turn into Right Angle Position	双扭转至右斜角位	SQQ Q&QQ&Q QQ&S	3234 5&67&8 42&34
26	Swivel（for Lady）to Samefoot Lunge	女士回旋至同脚剑步	SS	5678
8小节				
27	Change Direction to PP	换向步至侧行位	SS	1234
28	Double Chase to Samefoot Lunge	双追逐步至同脚剑步	SQQ QQQQ QQQ&Q	5678 2234 567&8
29	Telespin with Reverse Pivots	电疾转接连续左轴转	QQQQ	3234
30	Bounce Fallaway to Samefoot Lunge	弹动并退位至同脚剑步	QQQQQQS	5678 4234
31	Leg Hook（for Man）/Zig Zag（for Lady）Ending in Chair Position	男士勾脚步/女士之字步结束在椅子位	Q&QQ&Q	5&67&8
8小节				
32	Progressive Chasse from PP to Link	侧行追步接连接步	Q&QQQ	1&234
33	Spanish Drag to Link	西班牙拖步接连接步	S&S	56&78
34	Natural Promenade Turn with Chasse to Right	侧行右转接向右追步	SQQ Q&Q	2234 5&6
35	Fallaway Whisk with Natural Pivots	并退拂步接连续右轴转	QQ QQ	78 32
36	Back Whisk to Promenade Link23	后退拂步至侧行连接步23	S &S	34 &56
37	Fallaway to Back Checks Ending in PP	并退步至后退抑制步结束至侧行	QQ QQS &QQS	78 4234 &5678
8小节				
结束				

（三）高级组合

序号	动作英文名称	动作中文名称	节奏	时值
闭式位准备				
1	Fallaway Whisk	并退拂步	SQQQQ	1234 56
2	Chasse to Left Ending in Samefoot Lunge	向左追步结束至同脚剑步	QQ&S	78&22
3	Five Step	五快步	S QQS	34 5678
4	Step and Point in PP	点踏步	SQQ QQ	3234 56
5	Attitude	阿提秋造型	S	78
6	Open Natural Telemark Ending in PP	分式右电纹转结束至侧行	QQQQ	4234
7	Big Top	大陀螺转步	SQQ	5678
8小节				
8	Double Reverse Spin with Pivot	双左旋转接轴转	QQQQ	1234
9	Left Whisk	左拂步	QQ	56
10	Twist Turn（for Man）to PP/Outside Swivel（for Lady）to PP	男士扭转至侧行/女士外侧回旋至侧行	QQ	78
11	Forward and Backward Walk in Outside Partner（for Man）	男士前进后退走步在外侧舞伴位	SS	2234
12	Chase with Open Natural Telemark Ending	追逐步接分式右电纹转结束	QQQQ	5678
13	Chasse with Spanish Drag to Reverse Pivot	追逐步接西班牙拖步至左轴转	QQ&QQ	32&34
14	Viennese Reverse Turn	维也纳左转	QQ&QQ&	56&78&
15	Fallaway with Reverse Slip Pivot	并退步接左滑轴转	QQ&QQ	42&34
16	Double Reverse Spin with Pivots	双左旋转接连续轴转	QQQQ	5678
8小节				
17	Contra Check	反抑制步	S	12
18	Natural Pivot	右轴转	QQ	34
19	Ronde to Twist Turn Ending in PP	朗德步至扭转结束在侧行位	S&QQ	56&78
20	Leg Hook in PP to Link	侧行位勾脚步至连接步	S&QQ	22&34
21	Jumping with Cross Leg in PP	侧行交叉腿跳	QQ	56
22	Develope in Chair Position（for Lady）	女士椅子位踢脚步	&S	&78
23	Spanish Drag	西班牙拖步	S	32
24	Twist Turn to Spanish Drag	扭转至西班牙拖步	QQS	34 56
25	Twist Turn to Right Lunge	扭转至右剑步	QQ S	78 42
26	Stop Lock to Lock Action	锁停步	Q&Q QQ	3&4 56
27	Syncopated Change Direction	切分换向步	Q&Q	7&8
8小节				
28	Telespin1-4（Kick for Lady）	电疾转1-4（女士踢脚）	S&S	1234
29	Reverse Check to Natural Check（Kicks for Lady）	左转抑制步至右转抑制步（女士踢脚）	&S&S	&56&78
30	Teleswivel to Change Direction	电回旋步至换向步	QQ&QQ SS	22&34 5678
31	Outside Spin to PP	外侧旋转至侧行位	SS	3234
32	Body Rotation with Head Turn（for Lady）Curved Feather Ending	身体拧动加女士转头进入卷曲羽步结束	S&QQ	5678

续表

33	Backward Walk in Outside Partner to Viennese Reverse Turn4–6	后退常步在外侧舞伴位接维也纳左转4–6	SQQ&	4234&
34	Quick Open Reverse Turn to Weave Ending 56	快分式左转至迂回结束56	QQ&QQ	56&78
8小节				
35	Forward Walk in Outside Partner to Natural Twist Turn	前进常步在外侧舞伴位接右扭转	QQ&QQ	12&34
36	Left Lunge	左剑步	S	56
37	Back Check with Natural Pivot	后退抑制步接右轴转	QQ	78
38	Double Natural Spin with Pivot to Samefoot Lunge Ending in Forward Swivel (for Lady)	双右旋转接轴转至同脚剑步结束于女士前进回旋	QQ&QQ&SS	22&34&5678
39	Rudolph Fallaway with Reverse Slip Pivot	鲁道夫并退步至左滑轴转	SQQ	3234
40	Viennese Reverse Turn to Back Check Ending in PP	维也纳左转至后退抑制步结束至侧行位	QQ&QQ	56&78
41	Twist Turn with Four Step Change to Right	扭转至向右四步换向	QQQ&Q QQQQ	423&4 5678
8小节				
结束				

第四节　快步舞技术动作与组合

一、元素与基本动作训练

（一）跳步

1. 双脚跳步练习

序号	动作英文名称	动作中文名称	节奏	时值
双脚重心，并足准备				
1	Jump	双脚跳步	S	12
2	Jump	双脚跳步	S	34
3	Jump	双脚跳步	S	56
4	Jump	双脚跳步	S	78
动作循环				

训练目的：快步舞中基本跳步的元素之一，该练习着重训练舞者双脚的弹动，锻炼舞者双脚的踝部弹动能力。
注意事项：注意膝关节的缓冲。

2. 单脚跳步练习

序号	动作英文名称	动作中文名称	节奏	时值
双脚重心，并足准备				
1	Jumps by Left Foot	左脚单脚跳	SS SS	1234 5678
2	Jumps by Right Foot	右脚单脚跳	SS SS	2234 5678
动作循环				

训练目的：快步舞中基本跳步的元素之一，该练习着重训练舞者单脚的弹动，锻炼舞者单脚的踝部弹动能力。
注意事项：注意膝关节的缓冲。

（二）追步

序号	动作英文名称	动作中文名称	节奏	时值
双脚重心，并足准备				
1	Chasse to Right	追步向右	SS QQQQ	1234 5678
2	Chasse to Left	追步向左	SS QQQQ	2234 5678
动作循环				

训练目的：追步是快步舞中移动的基本元素，着重练习舞者在快节奏中脚踝的弹动、身体的控制以及对节奏的正确处理。
注意事项：注意重心的分配，重心分配在主力腿。

二、能力训练组合

（一）原地跳步能力训练

1. 啄木鸟跳接追步练习

序号	动作英文名称	动作中文名称	节奏	时值
双人练习，闭式位准备				
1	Left Side Woodpecker Jumps	左侧啄木鸟跳	SS	1234
2	Chasse to Left	向右追步	QQQQ	5678
3	Right Side Woodpecker Jumps	右侧啄木鸟跳	SS	2234
4	Chasse to Left	向左追步	QQQQ	5678
动作循环				

2. 开合跳接挥鞭转练习

序号	动作英文名称	动作中文名称	节奏	时值
双人练习，闭式位准备				
1	Jump（Close Feet/Open Feet）	原地开合跳	QQQQ	1234
2	Jump（Close Feet/Open Feet）turn to Right	右转开合跳	QQQQ	5678
3	Whiplash	挥鞭转	QQQQ	2234
4	Whiplash	挥鞭转	QQQQ	5678
5	Jump（Close Feet/Open Feet）	原地开合跳	QQQQ	3234
6	Jump（Close Feet/Open Feet）turn to Left	左转开合跳	QQQQ	5678
7	Whiplash	挥鞭转	QQQQ	4234
8	Whiplash	挥鞭转	QQQQ	5678
动作循环				

3. 交换腿跳接剪刀跳练习

序号	动作英文名称	动作中文名称	节奏	时值
双人练习，闭式位准备				
1	Jump in Right Foot	右侧单脚跳（左腿旁屈膝与点地交替）	QQQ&Q	123&4
2	Jump in Left Foot	左侧单脚跳（右腿旁屈膝与点地交替）	QQS	5678
3	Scissors Kick	剪刀跳	QQQQ	2234
4	Scissors Kick	剪刀跳	QQQQ	5678
动作循环				

（二）移动与旋转能力训练

1. 分式右转练习

序号	动作英文名称	动作中文名称	节奏	时值
双人练习，闭式位准备				
1	Open Natural Turn	分式右转	SQQ SQQ	1234 5678
2	Step Hops	连续踏跳步	QQQQ	2234
3	Open Natural Turn 5678	分式右转5678	QQQQ	5678
动作循环				

2. 伦巴交叉接轴转练习

序号	动作英文名称	动作中文名称	节奏	时值
双人练习，闭式位准备				
1	Rumba Cross	伦巴交叉	QQ	12
2	Pivot	轴转	QQ	34
3	Rumba Cross	伦巴交叉	QQ	56
4	Pivot	轴转	QQ	78
动作循环				

3. 伦巴交叉接电纹转练习

序号	动作英文名称	动作中文名称	节奏	时值
双人练习，侧行位准备				
1	Rumba Cross	伦巴交叉	QQ	12
2	Telemark	电纹转	QQ	34
3	Rumba Cross	伦巴交叉	QQ	56
4	Telemark	电纹转	QQ	78
动作循环				

4. 踏跳迂回

序号	动作英文名称	动作中文名称	节奏	时值
双人练习，闭式位准备				
1	Step Hops	连续踏跳步	SS SS	1234 5678
2	Step Hops	连续踏跳步	SS SS	1234 5678
动作循环				

5. 跑步迂回步

序号	动作英文名称	动作中文名称	节奏	时值
双人练习，侧行位准备				
1	Running Weave	跑步迂回步	QQQQ QQQQ	1234 5678
动作循环				

6. 跳追步练习

序号	动作英文名称	动作中文名称	节奏	时值
双人练习，闭式位准备				
1	Step Hops	连续踏跳步	SS	1234
2	Scatter Chasse	跳追步	QQQQ	5678
3	Step Hops	连续踏跳步	SS	2234
4	Scatter Chasse	跳追步	QQQQ	5678
5	Scatter Chasse	跳追步	SS QQQQ	3234 5678
6	Scatter Chasse	跳追步	SS QQQQ	4234 5678
动作循环				

7. 滚转接追步练习

序号	动作英文名称	动作中文名称	节奏	时值
双人练习，闭式位准备				
1	Rolling	滚转	S	12
2	Rolling	滚转	S	34
3	Rolling	滚转	S	56
4	Rolling	滚转	S	78
5	Rolling Chasse	滚追步	QQQQ	2234
6	Rolling Chasse	滚追步	QQQQ	5678
动作循环				

8. 跨跳练习

序号	动作英文名称	动作中文名称	节奏	时值
双人练习，侧行位准备				
1	Running	跑步	QQQQ	1234
2	Rokets	连续跨跳	QQQQ	5678
动作循环				

（三）基本综合训练

1. 基本初级练习

序号	动作英文名称	动作中文名称	节奏	时值
双人练习，闭式位准备				
1	Open Natural Turn1234	分式右转1234	SQQ	1234
2	Backward Lock	后退锁步	SQQ	5678
3	Open Natural Turn5678	分式右转 5678	QQQQ	2234
4	Forward Chasse	前进追步	SQQ	5678
动作循环				

2. 基本中级练习

序号	动作英文名称	动作中文名称	节奏	时值
双人练习，闭式位准备				
1	Forward Lock	前进锁步	QQQ&Q	123&4
2	Tipsy Chasse to Right	晃追步至右侧	QQ	56
3	Tipsy Chasse to Left	晃追步至左侧	QQ	78
4	Forward Lock	前进锁步	QQQ&Q	223&4
5	Jump Ending	跳步结束	QQS	5678
动作循环				

3. 基本高级练习

序号	动作英文名称	动作中文名称	节奏	时值
双人练习，侧行位准备				
1	Forward Lock in PP	侧行前进锁	QQQQ	1234
2	Scissors Kick	剪刀跳	QQQQ	5678
3	Step Hop to Natural Spin Ending in PP	踏跳接右旋转结束至侧行	SQQ QQS	2234 5678
动作循环				

三、建议竞技组合

（一）初级组合

序号	动作英文名称	动作中文名称	节奏	时值
（From CP）闭式位准备				
1	Overturned Natural Spin	加强右旋转	SQQ&SS S	1234 5678 22
2	Natural Pivot	右轴转	S	34
3	Chasse to Left	向左追步	SQ&Q	567&8
4	Quick Open Reverse Turn	快分式左转	SSQQ	3234 56

续表

5	Chasse to left	向左追步	SQ&Q	78 4&2
6	Running Cross Chasse	跑步交叉追步	SSQQ	34 5678
8小节				
7	Natural Turn	右转	SQQ	1234
8	Running Spin	跑步旋转	SSQQ	5678 22
9	Rumba Cross	伦巴交叉	Q&Q	3&4
10	Pivots	连续轴转	SS	5678
11	Tipsy Chasse	晃追步	SQ&Q Q&Q	323&4 5&6
12	Forward Lock	前进锁步	Q&Q	7&8
13	Open Natural Turn	分式右转	S&	42&
14	Natural Twist Turn4–6 to PP	右扭转4–6至侧行位	QQ SS	34 5678
8小节				
结束				

（二）中级组合

序号	动作英文名称	动作中文名称	节奏	时值
（From PP）侧行位准备				
1	Pepper Pot 1234	碎洒步1234	SQ&Q	123&4
2	Zig Zag	之字步	QQQQ	5678
3	Outside Check to Lock	外侧抑制步至锁步	SQQ	2234
4	Pepper Pot 1234	碎洒步1234	Q&QQQ	5&678
5	Step Hops	踏跳步	SS	3234
6	Scatter Chasse to Right（change foot）	向右跳追步（换脚）	QQS&	5678&
7	Step Hops	踏跳步	SS	4234
8	Scatter Chasse to Right	向右跳追步	QQS	5678
8小节				
9	Scatter Chasse to Left	向左跳追步	QQS	1234
10	Scatter Chasse to Right	向右跳追步	QQS	5678
11	Scatter Chasse to Left	向左跳追步	QQS	2234
12	Scatter Chasse to Right	向右跳追步	QQS	5678
13	Stutter Chasse	结巴步	Q&Q QQ	3&234
14	Top Spin to PP	陀螺旋转至侧行	QQQQ	5678
15	Quick Weave	快迂回	SQQ SQQ	4234 5678

续表

8小节				
16	Running Weave to Jump Ending in Outside Partner	跑步迂回至跳步结束于外侧舞伴位	QQQQ QQQQ S&	1234 5678 22
17	Back Check to PP	后退抑制步结束于侧行位	QQ	34
18	Change Direction from PP	侧行位换向	QQQQ	5678
19	Jump in Right Foot	右侧单脚跳（左腿旁屈膝与点地交替）	QQQQ	3234
20	Jump in Left Foot	左侧单脚跳（右腿旁屈膝与点地交替）	QQQQ	5678
21	Jump in Right Foot	右侧单脚跳（左腿旁屈膝与点地交替）	QQQ	4234
22	Natural Telemark	右电纹转	QQQQ	5678
8小节				
23	Open Natural Turn	分式右转	SQQ	1234
24	Running Finish	跑步结束	SQQ	5678
25	Open Natural Turn	分式右转	SQQ	2234
26	Running Finish	跑步结束	SQQ	5678
27	Natural Spin Turn	右旋转	SQQ &SS	3234&5678
28	Turning Lock to Right（Twice）	向右锁转（两遍）	QQQQ QQQQ	4234 5678
8小节				
结束				

（三）高级组合

序号	动作英文名称	动作中文名称	节奏	时值
（From CP）闭式位准备				
1	Over Turned Natural Spin	加强右旋转	SQQ SS	1234 5678
2	Open Natural Turn	分式右转	SQQ	2234
3	Bounce Weave1-4 Ending in Running Finish	弹动迂回1-4至跑步结束	QQQQ SQQ	5678 3234
4	Tipsy Chasse to Left	左侧晃追步	SQ&Q	567&8
5	Tipsy Chasse to Right with Pivots	右侧晃追步至连续轴转	Q&QS	4&234
6	Double Natural Spin Turn with Pivots	双右旋转接连续轴转	QQQQ	5678
8小节				
7	Step Hops	踏跳步	SS	1234
8	Scatter Chasse to Right	右侧跳追步	QQS	5678

续表

9	Pepper Pot	碎洒步	Q&QQQ	2234
10	Running Weave	跑步迂回步	QQQQ QQQQ	5678 3234
11	Jump and Kick	跳踢腿	S	56
12	Back Check	后退抑制步	QQ	78
13	Step Hops（Turn to Left）	踏跳步（转至左侧）	S S	4234
14	Oversway Ending in Close Feet	右侧倾斜至并脚	SS	5678
8小节				
15	Jump in Right Foot	右侧单脚跳（左腿旁屈膝与点地交替）	QQQQ	1234
16	Jump in Left Foot	左侧单脚跳（右腿旁屈膝与点地交替）	QQQQ	5678
17	Natural Pivots to Open Natural Telemark	连续右轴转至分式右电纹转	SS QQQQ	2234 5678
18	Open Natural Turn to Running Finish	分式右转至跑步结束	SQQ SQQ	3234 5678
19	Natural Twist Turn（Twice）	右扭转（两次）	SQQ SQQ	4234 5678
8小节				
20	Natural Pivots	连续右轴转	SS	1234
21	Open Natural Telemark	分式右侧电纹转	QQQQ	5678
22	Step Hops	踏跳步	SS	2234
23	Scatter Chasse to Right	右侧跳追步	QQS	5678
24	Pepper Pot	碎洒步	Q&QQQ	3&234
25	Natural Running Weave Ending in Oversway Rising to Cross Leg	右跑步迂回步结束至过度倾斜升至交叉脚	QQQQ QQQQ SS	5678 4234 5678
8小节				
26	Telespin（Twice）	电疾转（两遍）	S&QQ S&QQ	12&34 56&78
27	Outside Check to Outside Spin12 Back to Close Position	外侧抑制步至外侧旋转12	SS SS	2234 5678
28	Tipsy Chasse to Left	左侧晃追步	Q&Q	32
29	Tipsy Chasse to Right	右侧晃追步	Q&Q	34
30	Forward Stop Lock	前进停锁步	QQS	5678
31	Open Natural Turn	分式右转	SQQ	4234
32	Running Finish	跑步结束	SQQ	5678
8小节				
结束				

第五节　狐步舞技术动作与组合

一、元素与基本动作训练

（一）移动

1. 高位至高位移动练习

序号	动作名称	动作分解	节奏	时值
双脚重心，脚掌平伏准备				
1	前进Forward Walk	重心上升，左脚脚尖擦地前进，重心转移至前脚下降	SS	1234
2	前进Forward Walk	右脚前进，要领同上	SS	5678
3	前进Forward Walk	左脚前进，要领同上，加快速度	QQ	22
4	前进Forward Walk	右脚前进，要领同上，加快速度	QQ	34
5	前进Forward Walk	左脚前进，要领同上，加快速度	QQ	56
6	前进Forward Walk	右脚前进，要领同上，加快速度	QQ	78
7	后退Backward Walk	重心上升，左脚后退，脚尖擦地向后，重心转移至后脚下降	SS	3234
8	后退Backward Walk	右脚后退，要领同上	SS	5678
9	后退Backward Walk	左脚后退，要领同上，加快速度	QQ	42
10	后退Backward Walk	右脚后退，要领同上，加快速度	QQ	34
11	后退Backward Walk	左脚后退，要领同上，加快速度	QQ	56
12	后退Backward Walk	右脚后退，要领同上，加快速度	QQ	78
动作循环				

训练目的：着重训练舞者在狐步舞中常用的特有升降。
注意事项：重心保持高位移动，脚尖擦地。

2. 身体在反身动作位置下的斜进与斜退

序号	动作名称	动作分解	节奏	时值
双脚重心，脚掌平伏准备				
1	反身动作位前进Forward Walk in CBMP	右脚斜进	SS	1234
2	向右追步Chasse to Right	向右追步过渡	QQQQ	5678
3	反身动作位前进Forward Walk in CBMP	左脚斜进	SS	2234
4	向左追步Chasse to Left	向左追步过渡	QQQQ	5678
5	反身动作位后退Backward Walk in CBMP	右脚斜退	SS	3234
6	向右追步Chasse to Right	向右追步过渡	QQQQ	5678
7	反身动作位后退Backward Walk in CBMP	左脚斜退	SS	4234
8	向左追步Chasse to Left	向左追步过渡	QQQQ	5678
动作循环				

训练目的：保持在反身动作位置的状态下，肩位的修饰性倾斜，重心从高位到高位过渡。
注意事项：脚踝与膝关节的升降平稳，脚面保持绷的状态。

3. 羽步三直步练习

序号	动作英文名称	动作中文名称	节奏	时值
双脚重心，脚掌平伏准备				
1	Forward Feather	前进羽步	SQQ	1234
2	Forward Three Steps	前进三直步	SQQ	5678
3	Forward Feather	前进羽步	SQQ	2234
4	Backward Feather	后退羽步	SQQ	5678
5	Backward Three Steps	后退三直步	SQQ	3234
6	Backward Feather	后退羽步	SQQ	5678
动作循环				

训练目的：运用羽步三直步的组合，达到训练狐步中前进与后退移动重心处理，身位倾斜的复合技术。
注意事项：前进的足法为跟–掌–掌，跟–跟–掌，跟–掌–掌；后退足法均为跟推。

二、能力训练组合

（一）移动与旋转能力训练

1. 外侧位前进与后退练习

序号	动作英文名称	动作中文名称	节奏	时值
双人练习，闭式位准备				
1	Forward Walk in Left Outside Partner	左外侧位斜进	QQQQ	1234
2	Backward Walk in Left Outside Partner	左外侧位斜退	QQQQ	5678
3	Forward Walk in Right Outside Partner	右外侧位斜进	QQQQ	2234
4	Backward Walk in Right Outside Partner	右外侧位斜退	QQQQ	5678
动作循环				

2. 前进、后退与跟转综合练习

序号	动作英文名称	动作中文名称	节奏	时值
双人练习，闭式位准备				
1	Three Step	三直步	SQQ	1234
2	Natural Turn123	右转123	SQQ	5678
3	Backward Feather	后退羽步	SQQ	2234
4	Reverse Impetus	左推转	SQQ	5678
动作循环				

3. 三个并退步练习

序号	动作英文名称	动作中文名称	节奏	时值
双人练习，闭式位准备				
1	Right Side Fallaway	右侧并退步	SQQ	1234
2	Left Side Fallaway	左侧并退步	SQQ	56
3	Right Side Fallaway	右侧并退步	SQQ	78 12
4	Into Outside Partner	进入外侧舞伴位	SQQ	34
5	Break	停顿调整	SS	5678
动作循环				

4. 卷曲羽步练习

序号	动作英文名称	动作中文名称	节奏	时值
双人练习，闭式位准备				
1	Curve Feather	卷曲羽步	SQQ	1234
2	Syncopated Curve Feather	切分卷曲羽步	S&QQ	5678
3	Curve Feather	卷曲羽步	SQQ	2234
4	Syncopated Curve Feather	切分卷曲羽步	S&QQ	5678
动作循环				

5. 回旋接朗德步练习

序号	动作英文名称	动作中文名称	节奏	时值
双人练习，闭式位准备				
1	Natural Check	右转抑制步	SS	1234
2	Backward Swivel to Left	向左后退回旋	S	56
3	Back Hover Corte	后退盘旋截步	QQ	78
动作循环				

（二）综合训练

1. 初级练习

序号	动作英文名称	动作中文名称	节奏	时值
双人练习，闭式位准备				
1	Feather	羽步	SQQ	1234
2	Swivel to Right	向右回旋	&	&
3	Three Step	三直步	SQQ	5678
4	Checked Natural Turn	抑制右转步	SQQ	2234
5	Reverse Turn123	左转123	SQQ	5678
动作循环				

2. 中级练习

序号	动作英文名称	动作中文名称	节奏	时值
双人练习，闭式位准备				
1	Natural Turn123	右转123	SQQ	1234
2	Syncopated Feather Finish	切分羽步结束	QQQQ	5678
3	Syncopated Curve Feather	切分卷曲羽步	S&QQ	2234
4	Fallaway Back to CP	并退步回至闭式	QQQ&Q	567&8
动作循环				

3. 高级练习

序号	动作英文名称	动作中文名称	节奏	时值
双人练习，闭式位准备				
1	Three Fallaway Change From Left to Right	三个并退从左侧换至右侧	QQQQ QQS&	1234 5678&
2	Ronde to Reverse Slip Pivot	朗德步接左滑轴转	SQ&Q	223&4
3	Feather Finish	羽步结束	QQS	5678
动作循环				

三、建议竞技组合

（一）初级组合

序号	动作英文名称	动作中文名称	节奏	时值
闭式位准备				
1	Syncopated Feather Step	切分羽步	QQQQ	1234
2	Reverse Turn	左转	SQQ SQQ	5678 2234
3	Three Steps	三直步	SQQ	5678
4	Open Natural Turn	分式右转	SQQ	3234
5	Back Wave	后退波纹步	SQQ SQQ	5678 4234
6	Natural Impetus Turn	右推转	SQQ	5678
8小节				
7	Back Wave Ending in Outside Partner	后退波纹步结束至外侧舞伴位	SQQ SQQ SQQ SQQ	1234 5678 2234 5678
8	Natural Check	向右抑制步	SQQ	3234
9	Forward Swivels（for Lady）	女士连续前进回旋	SS	5678
10	Whiplash from PP	侧行挥鞭步	SQQ	4234
11	Back Hover Corte	后退盘旋截步	SQQ	5678
8小节				
12	Feather Step	羽步	SQQ	1234
13	Double Reverse Spin with Pivot	双左旋转接轴转	SQQ	5678
14	Cross Hesitation	交叉踌躇	SS	2234
15	Curve Feather23	卷曲羽步23	SQQ	5678
16	Outside Natural Spin	外侧右旋转	SQQ	3234
17	Backward Three Step	后退三直步	SQQ	5678
18	Fallaway with Reverse Slip Pivot	并退接左滑轴转	QQQQ	4234
19	Reverse Wave 1–4	左转波纹步1–4	QQQQ	5678
8小节				
20	Chasse to Right	向右追步	SQQ	1234
21	Two Walks in Outside Partner	外侧舞伴两常步	SS	5678

续表

22	Chasse to Right	向右追步	SQQ	2234
23	Syncopated Feather Finish	切分羽步结束	QQQQ	5678
24	Fallaway with Reverse Pivot	并退步接左轴转	QQQQ	3234
25	Change Direction	换向步	QQS	5678
26	Rudolph with Right Lunge	鲁道夫接右侧剑步	SQQ	4234
27	Natural Spin Turn 456	右旋转456	SQQ	5678
8小节				
结束				

（二）中级组合

序号	动作英文名称	动作中文名称	节奏	时值
闭式位准备				
1	Syncopated Feather Step	切分羽步	QQQQ	1234
2	Viennese Reverse Turn with Pivots	维也纳左转接连续轴转	QQ&QQ	56&78
3	Double Reverse Spinwith Pivot（Man in Lady’s Step）	双左旋转接轴转（男跳女步）	Q&Q&QQ	2&2&34
4	Backward Three Step	后退三直步	SQQ	5678
5	Fallaway with Reverse Slip Pivot	并退步接左滑轴转	QQQQ	3234
6	Double Reverse Spin with Pivot	双左旋转接轴转	S&Q&Q	56&7&8
7	Contra Check with Natural Pivot	反抑制步接右轴转	SQQ	4234
8	Ronde to Natural Twist Turn Ending in Left Lunge	朗德步至右扭转结束在左剑步	S&QQ	56&78
8小节				
9	Big Top	大陀螺转	SQQ	1234
10	Chasse to Right	向右追步	SQ&Q	567&8
11	Cross Hesitation In Outside Partner	交叉踌躇在外侧舞伴位	QQQ&Q	223&4
12	Syncopated Backward Three Step	切分后退三直步	QQQQ	5678
13	Syncopated Curve Feather	切分卷曲羽步	S&QQ	32&34
14	Swivel for Lady with Pivot	女士回旋接轴转	SQQ	5678
15	Back Check with Natural Spin	后退抑制步接右旋转	S&QQ	42&34
16	Chasse to Left	向左追步	QQQQ	5678
8小节				
17	Feather Step	羽步	SQQ	1234
18	Whisk	拂步	SQQ	5678
19	Open Natural Telemark	向右分式电纹转	QQQQ	2234
20	Syncopated Closed Telemark	切分闭式电纹转	QQQQ	5678
21	Running Feather	跑步羽步	QQQQ	3234
22	Checked Natural Turn	右转抑制步	SS	5678

续表

23	Back Check with Natural Pivot	后退抑制步接轴转	SS&	4234&
24	Right Foot Step to Natural Swivel（for Lady）	女士右回旋	S	56
25	Swivel（for Lady）to Cross Leg	女士回旋至交叉脚	&S	&78
8小节				
26	Back Swivel（for Lady）into PP	女士后退回旋至侧行位	&	&
27	Lock in PP with Pivot	侧行锁步接轴转	QQ&QQ	12&34
28	Feather Finish	羽步结束	SQQ	5678
29	Weave in Left Outside with Feather Finish	左外侧迂回步至羽步结束	S&QQ QQQQ	2234 5678
30	Traveling Check to PP	游走抑制步至侧行	SQQ	3234
31	Walk in PP to Develope from Oversway	侧行走至过度倾斜踢脚步	QQQQ SS	5678 4234
32	Outside Change	外侧换向	SQQ	5678
8小节				
结束				

（三）高级组合

序号	动作英文名称	动作中文名称	节奏	时值
闭式位准备				
1	Syncopated Feather Step	切分羽步	QQQQ	1234
2	Swivel	回旋	&	&
3	Three Steps	三直步	SQQ	5678
4	Curve Feather	卷曲羽步	SQQ	2234
5	Natural Hesitation	右转踌躇	SQQ	5678
6	Feather	羽步	SQQ	3234
7	Change Direction to PP	换向步至侧行	SQQ	5678
8	Fan in and out in PP to Samefoot Lunge	侧行扇形开合步进入至同脚剑步	QQQ&Q	423&4
9	Swivel to Right Lunge	回旋至右剑步	SS&	5678&
8小节				
10	Fallaway with Reverse Slip Pivot	并退步接左滑轴转	QQQ&Q	123&4
11	Chasse to Left	向左追步	QQQQ	5678
12	Running Feather	跑步羽步	S&QQ	22&34
13	Rudolph to Reverse Pivot	鲁道夫至左轴转	SQQ	5678
14	Reverse Weave	左转迂回	QQQQ QQQQ	3234 5678
15	Fallaway with Reverse Slip Pivot	切分并退至左滑轴转	QQQQ	4234
16	Change Direction	换向步	SS	5678
8小节				
17	Ronde with Natural Twist Turn	朗德步接右扭转	SQQ	1234

续表

18	Fallaway with Reverse Slip Pivot	并退步接左滑轴转	QQQQ	5678
19	Outside Swivel to Chair Position（Rock Body）with Reverse Pivot	外侧回旋至椅子位（身体摇摆）接左轴转	QQ&S SS&	22&34 5678&
20	Feather Finish	羽步结束	SQQ	3234
21	Double Telespin Ending in Right Outside Partner	双电疾转结束在右外侧位	S&QQ& QQ&S	56&78& 42&34
22	Outside Swivel to Develope in Chair Position Ending in Oversway	外侧回旋接椅子位踢脚步结束在过度倾斜	SS&	5678&
8小节				
23	Weave Ending	迂回结束	&QQ	&78
24	Reverse Weave to Tumble Turn	左迂回步至大翻转	QQQQ QQQ&Q	2234 567&8
25	Syncopated Weave Ending to PP	切分迂回结束至侧行	QQQQ	3234
26	Natural Promenade Turn into Wing Position	侧行右转至翼步位	SQQ	5678
27	Change to Outside Partner to Swivel（For Lady）	换至右外侧位接回旋	QQS	4234
28	Lock in PP	侧行锁步	QQQQ	5678
8小节				
动作循环				

第六节　维也纳华尔兹舞技术动作与组合

一、能力训练组合

（一）左转直线练习

序号	动作英文名称	动作中文名称	时值
双人练习，闭式位准备			
1	Prepare Step	预备步	123
2	Viennese Reverse Turn	维也纳左转	223 323
3	Viennese Reverse Turn123	维也纳左转123	423
动作循环			

（二）右转直线练习

序号	动作英文名称	动作中文名称	时值
双人练习，闭式位准备			
1	Prepare Step	预备步	323 423
2	Viennese Natural Turn	维也纳右转前进	123
3	Viennese Natural Turn	维也纳右转后退	223
动作循环			

（三）团团转

序号	动作英文名称	动作中文名称	时值
双人练习，同脚位准备			
1	Prepare Step	动作准备	123
2	Reverse Fleckerl	向左团团转	223 324
3	Contra Check	反抑制步	423
4	Natural Fleckerl	向右团团转	523 623 723 823
动作循环			

二、建议竞技组合

序号	动作英文名称	动作中文名称	时值
1	Prepare Step	动作准备	323 423
2	Natural Turn	右转	123 223 323 423 523 623
3	RF Forward Change Step	右脚前进转换步	723
4	Backward Change Step	后退转换步	823 123 223
5	Reverse Turn	左转	323 423 523 623
6	Reverse Fleckerl	向左团团转	723 823 123 223 323
7	Contra Check with Pivot	反抑制步接轴转	423
8	Natural Fleckerl	向右团团转	523 623 723 823
9	Natural Pivots	连续右轴转	123 223
10	Open Natural Turn with Running Finish	分式右转接跑步结束	323 423
11	Open Natural Turn to Twist Turn	分式右转至扭转步	523 623
12	Eros Line Turning	爱丽丝造型转	723 823
结束			

思考题

1.标准舞的通用基本技术和双人基本技术有哪些?

2.华尔兹、探戈、快步、狐步、维也纳舞的基本动作元素有哪些?

3.如何运用华尔兹、探戈、快步、狐步、维也纳舞的能力训练组合?

4.如何将华尔兹、探戈、快步、狐步、维也纳舞的建议竞技组合运动用到自己的舞蹈中?

5.如何在竞技组合中体现难度递增?

推荐读物与网站

1. 罗君帆.国际标准舞[M].广州：岭南美术出版社，2010.9.

2. 国家体育总局职业技能鉴定指导中心.体育舞蹈[M].北京：高等教育出版社，2012.7.

3. http：//www.wuxun.cc/

4. 中国体育舞蹈联合会官网：http：//www.cdsf.org.cn

参考文献

[1]ADTV德国舞蹈教师联合会.国际标准舞系列教材（2）摩登舞运动原理与技术描述[M].北京：北京舞蹈学院.

[2]Howard，G.Technique of Ballroom Dancing[M].England：KenadS design&print，2007.

[3]World Dance Sport Federation.Waltz[M].Grafiche BIME，2013.

第四章 拉丁舞的技术动作组合

本章提要

本章主要结合教学训练实践，运用纵横教学法的理念总结了在教学实践中的实用技术内容体系，并以难度递增的形式进行了梳理，主要内容包括拉丁舞的元素基本动作训练、能力训练组合、建议竞技组合的动作、要领及教学步骤，通过学习使学生对拉丁舞身体动作练习内容有一个较为全面的认识，同时掌握全面的拉丁舞技术以及不同难度的组合内容。

关键词

拉丁舞的通用技术　元素动作　基本动作能力训练组合　竞技组合

第一节　拉丁舞通用技术

一、拉丁舞技术概况

（一）拉丁舞的身体形态与技术要领

伦巴舞和恰恰舞

正面　　　　侧面

图4-1-1　伦巴舞与恰恰舞身体姿态

（1）两脚自然轻松的靠拢站好。

（2）挺胸、脊椎骨伸直，不可耸肩。

（3）任一脚向侧跨出一步，支撑重心的另一只脚伸直，并将体重全部移到这只脚上面，以使骨盆可往旁后方移动，因而感觉上重量放在支撑脚的脚跟，其膝关节要向后锁紧。至于骨盆移动的幅度要以不影响上身的姿势为原则。

桑巴舞和牛仔舞

侧面

图4-1-2　桑巴舞与牛仔舞身体姿态

（1）两脚自然轻松的靠拢站好。

（2）挺胸、腰杆伸直，不可耸肩。

（3）任一脚向外侧跨出一步，支撑重心的另一只脚伸直，并将体重全部移到这只脚上面，使重量前移至前脚掌，而后脚跟仍不离地板，并且支撑脚的膝盖不可向后锁紧。

某些舞步则是例外，如桑巴舞中的分式摇滚步、后退锁步和卷褶步，以及牛仔舞里头的鸡走步。

斗牛舞

正面　　侧面

图4-1-3　斗牛舞身体姿态

由于西班牙斗牛舞，没有骨盆或臀部的动作，其姿势与上述各种拉丁舞的不同处如下：

（1）骨盆向前微倾。

（2）重量由两个脚掌很均匀地承受。

（3）当脚伸直时，膝关节不可向后扣紧。

有一个例子除外，那就是西班牙舞姿。

（二）拉丁舞的足部动作与技术要领

1. 抑制前进步

伦巴舞和恰恰舞当跳某个前进步是要用来方向，可能略转或不转。这个动作跟一般的前进走步是不大相同的。跳正常的前进走步在其结束时，重心便抵达该脚，同时准备好往下一步移动。

在往前跳的时候，用来造成停顿的那一步便是所谓的“抑制前进走步”。其与一般的前进走步的不同点如下：

（1）前移之脚可以比上身先到定位。

（2）只有部分的体重移到前脚。

（3）不动之另一只脚的膝部可以略微弯曲并靠向前移那只脚的膝部。

（4）前移之脚向外约转动1／16圈。

除上述之外，其动作与一般的前进走步相似；如步法（脚底动作）相同，在前脚来承受整个（或部分）的体重或臀部动作未发生之前，前移之脚的膝部已先打直。

正面

侧面

图4-1-4　前进抑制步

2. 拉丁交叉

在跳拉丁舞时，一脚从另一脚的前方或后方交叉，所完成的脚部位置都是相同的。这种脚部的位置就是所谓的拉丁交叉步。以下是对男方或女方的右脚由左脚的后交叉的解析：

当右脚交叉到左脚的后方，双膝弯曲，双臂的高度相同。右脚的脚尖朝外，右膝靠在左膝之后。右脚的脚尖距左脚的脚跟约15厘米宽。这个距离会因每个人小腿的长短及弯曲的程度而有所差距。

拉丁交叉步脚的步位，若是右脚在左脚之后，则称之为“右脚交叉于左脚之后”。至于在做此动作时其体重的分布要看是跳哪一个舞步。另一个类似的脚步摆置就是左脚交叉跨于右脚之后，或交叉的位置是因一只脚旋转而造成手臂位置。

正面

图4-1-5　拉丁交叉

3. 延迟走步

在跳某些舞步中，尤其是在跳伦巴舞和恰恰舞，是一种很特别的走步动作，其使用的目的在改变上身和脚步的速度，用来突显旋律的美感。这类的走步动作被称之为延迟走步，其形式有三：

屈膝式的延迟前进走步　　直膝式的延迟前进走步　　屈膝式的延迟后退走步

图4-1-6　延迟走步

在跳上述三种走步之时，动作脚先到位，不上重心；随重心上到动作脚时上身完成转动。

4. 前进转步

当我们向前跳而要以转动来改变下一步前进或后退的方向，且不影响原来的上身或臀部动作下，则要使用前进转步，这种方向的变换是利用在跳一般的前进走步时逐渐而平均的转到所要转的方向。

在伦巴舞中，所有的舞步男方若以扇形步位结束的话，这些舞步的最后一步必为前进走步旋转，以便能顺利地转到另一个方向去。

当我们使用前进走步旋转来变换方向后，使得原为前进而改成后退。在这个情形下，上身的最大转量是3/8圈。至于在这步的结束时，其脚的位置应“在后方，并稍微向侧”。假如，这个舞步需要更大的上身转动，则要靠其后的后退舞步来达成。

使用前进转步来改变前进为后退的例子有伦巴舞中所有的舞步，女方若在扇形步位或分式步位结束，其最后第二步便会用上。

（三）拉丁舞的双人身体配合技术

1. 引带

拉丁舞的引导有两种方式：

（1）肢体引导（Phyaical Leads）

男方用与女方接触的手臂用力，来达成引导的目的。而女方与男方相接触的手臂也要配合施力，来能顺移到正确的位置。

在移动的时候，若女方需要男方带领，其与男方接触的手臂只要稍微回应男方之施力即可。

（2）形式带领（Shaping Lead）

此种引导是由男方以手臂位置，握手和身体位置所造成。其运用的原则是以身体与（或）手臂的动作很明显地指示女方在舞步的进行中作正确的移动，若需要使用形式引导，女方与男方相接触的手，要不着痕迹地回应男方的动作。

2. 基本位置

一般舞步从开始至结束，在拉丁舞中有23个基本位置。在下面的解说当中，若提及相握的方式，总是先提男方的手，例：“左手与右手”意指男方左手握女方右手。

（1）闭式位置

伦巴舞、桑巴舞和恰恰舞中闭握式男女方约相距15厘米，且女方略靠男士的右侧。身体可以落在任一脚，女方体重着落的脚通常与男方相反。男方的右手要放在女方背后，如握茶杯的方式托着女方左肩胛之下半部。男方的右手臂轻柔而微屈地拥住女方，其手肘的高度约与女方的胸部相齐。女方的左臂则顺此曲线轻轻地靠在男士右臂的上方，而左手也轻轻置于男士的右肩之上。

男左臂与右臂高度相互对齐，左前臂上举，左手腕平直，手心约在鼻子的高度；并以左手微握女方右手，其相握的位置，约在两人身体相距的中心点。

西班牙的闭握式，除了双方的身体从大腿到胸部紧贴之外，与上述十分相似。不过由于身体的贴近，也使得男士的左手与女士的右手，抬高了大约15厘米，双方的手肘也是如此。

牛仔舞中的闭握式跟伦巴舞、桑巴舞、恰恰舞所使用的相同，只是手臂握的位置稍低一点而已。

正面　　侧面

图4-1-7　闭式位置

（2）分式位置

分式位置呈现三种握手方法。男女分开约一个手臂的距离，互相对视。重心可落在任一脚，女方的重心着落的脚与男方相反。双脚正确的位置因进行不同的舞步而有所不同。

握手的方式会因接下来要跳的舞步而异，有下列三种握手方式：男左女右、男右女左、男右女右且男右女左（双手互换）。当男女相握时，相握的手臂趋前互握，但略微回收弯曲，双手位置略低于胸骨，另一双不握的手向外侧伸并略微下收弯曲。与肩膀呈柔和曲线。若双手均分开不握时，双手向前，手臂下垂，双肘靠住身体的两侧。

男左女右　　男右女左　　男右女右

图4-1-8　分式位置

（3）扇形位置

扇形位置被用在伦巴舞和恰恰舞中。女方在男方的左侧相隔一个手臂的距离，女方的身体与男方的身体呈直角形排列，左脚向后踏出一整步，重心坐落在左脚上。男方右脚向侧并稍微向前跨出，以支撑全身的体重。至于女方的右脚向前投射的一条假想的虚线约在男方身体前方的15厘米处。

处于扇形位置之时，男方的左手掌心向上，女方的掌心向下。男方的左手在女方之下并以大拇指扣住女方的手背。女方向前伸的右手稍微下收弯曲到此肩膀略低一些的高度。至于女方的左手和男方的右手则向外伸出并略微下收弯曲，与肩膀呈一柔和曲线。双方的头部以自然的前视方式摆置。

正面

图4-1-9　扇形位置

（4）并退位置

运用在牛仔舞和斗牛舞中。并退位置和侧行位置相类似，只是男方的左脚和女方的右脚向后各退一步。男女身体所形成的角度一般以不超过1／4为原则（男方向左1／8圈，女方向右1／8圈）。

侧面

图4-1-10　并退位置

（5）分式并退位置

运用在伦巴舞和恰恰舞中。分式位置是先以男方左手握女方右手，若是分式并退位置，则要变成男方右手握女方的左手；男方向右、女方向左各转1／4圈后，男方右脚、女方左脚向后各踏一步；男方的左手、女方的右手向前推出且略向下收，此二手的位置稍低于其胸骨；至于男方的右手和女方的左手则向外侧伸出与肩同高。由于臂部的动作而使身体微倾，让男方的右手臂（女方的左手臂），看起来比另一手臂高。

要从男方右手握女方左手的分式位置变成，男方右手握女方的左手的分式并退位置，必须男方向左、女方向右各转1／4圈后，男方左脚、女方右脚向后各踏一步。而男女的手臂位置与男方左手握女方右手的分式并退位置相反。

侧面

图4-1-11　分式并退位置

（6）侧行位置

运用在桑巴舞、牛仔舞和斗牛舞之中。先摆成闭握式位置，若要变成侧行位置，男女双方各向外转1／8圈（男向左、女向右）后，男方左手、女方右手向下压到略低于肩膀的位置，顶多只能男方向左转1／4圈（女方向右1／4圈），男女各转到1／4圈的极限的情形是在某些舞步，需要扭动臀部，如：侧行桑巴走步在向外做大转动时，肩膀的转幅会稍微小一点。

男方的右臂部和女方的左臂部也许会相靠在一起，也许会相隔15厘米的距离，取决于跳哪一个舞步而定，至于其重心则可落在任一脚上。若双方的臂部相靠或离得很近（如在侧行桑巴走步），此时男方的右手和女方的左手会有所改变，男方的右手会滑到女方的右肩胛的下方，而女方的左手臂会轻放在男方的背脊约在其肩胛的高度。

直膝

弯膝

图4-1-12　侧行位置

（7）相对侧行位置

运用在桑巴舞和斗牛舞中。男女的身体相隔约25厘米之距离。男方的左手与女方的右手将举到比头还高的程度，双握的手臂略微回收弯曲。男方最多可根据闭握式的位置向右转1／8圈（女方顶多可向左转1／8圈）。男方的右手臂要推并下收到肩膀之下。其手掌心则自女方的左肩胛滑到女方左臂膀的上方。而女方的左手臂便顺着男方右手臂的曲线靠于其上。

正面

图4-1-13　相对侧行位置

（8）分式侧行位置

运用在伦巴舞、桑巴舞和恰恰舞中。与男方右手握女方左手的分式位置相类似，男方的重心落在右脚（女方在左脚），但有下列不同点：

① 男方的右手和女方的左手相握向前推出并稍微下收弯曲。

② 男方最多可向左转1／4圈（女方最多可右转1／4圈）。

③ 当双方的身体呈1／4圈的角度时，我们称男女双方脚之摆置处于“向侧面的分式侧行位置”，若男、女之间的身体角度呈1／2圈时，则称男女双方的脚之摆置处于“向前的分式侧行位置”。

至于男方左手握女方右手的分式侧行位置，男方的左手握女方右手的方式与闭握式相同。身体转动是从男方左手握女方右手的分式位置变化而来，男方向左转1／8圈女方向右转1／8圈。

桑巴

伦巴

图4-1-14　分式侧行位置

（9）分式相对侧行位置

运用在伦巴舞、桑巴舞和恰恰舞之中。它与男方左手握女方右手的分式位置相类似，男方的重心落在左脚（女方右脚）。不过有下列不同点：

① 男方的左手和女方的右手相握并向前推，手臂略微下收弯曲。

② 男方最多可向右转1／4圈，女方最多可向左转1／4圈。

③ 当双方的身体呈1／4圈的角度时，我们称男女双方的脚之摆置处于“向侧面的分式相对侧行位置”；若男女之间身体的角度呈1／2圈时，则称男女双方的脚之摆置处于“向前的分式相对位置”。

桑巴

伦巴

图4-1-15　分式相对侧行位置

（10）影子位置

运用在伦巴舞、桑巴舞和恰恰舞之中。女方站在男士的右前方，两人面对同一方向。她的重心可以落在任一脚，要看在跳哪一个舞步而定。双方握手的方式及手臂的位置也是要看在跳哪一个舞步而定。

桑巴

伦巴

图4-1-16　影子位置

第二节　伦巴舞技术动作与组合

一、基本动作元素

1. 库卡洛恰（Cucaracha）

左脚开始

序号	节奏	动作描述	标准示范
		预备姿势：双脚并合在原地，重心放在右脚上，右胯在后，左胯在前，左脚脚掌点地，左腿膝盖弯曲。	
1	2	（1）脚步：左脚向侧，部分重心，脚掌平伏，下压侧向步。 （2）身体动作：右脚向左脚推动部分重心，结束时保持右脚脚跟停留在地面，其余动作同侧向步一样。	
2	3	（1）脚步：右脚在原地，平伏，原地重心转移。 （2）身体动作：前1/2拍，左脚推动重心向右脚移动，重心由右脚内侧边缘滚动到中间。后1/2拍右胯与右腿大腿肌肉由前经过旁向后进行转动，将重心下压，并带动左腿收回。	
3	4.1	（1）脚步：左脚并合右脚，脚掌平伏。 （2）身体动作：双脚并合，做左脚的原地重心转移。	

右脚开始

序号	节奏	动作描述
预备姿势：双脚并合在原地，重心放在左脚上，左胯在后右胯在前，右脚脚掌点地，右腿膝关节弯曲。		
1	2	（1）脚步：右脚向侧，部分重心，脚掌平伏，下压侧向步。 （2）身体动作：左脚向右脚推动部分重心，结束时保持左脚脚跟停留在地面，其余动作同侧向步一样。
2	3	（1）脚步：左脚在原地，平伏，原地重心转移。 （2）身体动作：前1/2拍，右脚推动重心向左脚移动，重心由左脚内侧边缘滚动到中间。后1/2拍左胯与左腿大腿肌肉由前经过旁向后进行转动，将重心下压，并带动右腿收回。
3	4.1	（1）脚步：右脚并合左脚，脚掌平伏。 （2）身体动作：双脚并合，做右脚的原地重心转移。

注：库卡洛恰双人动作与单人动作相同，男士左脚开始时，女士右脚开始，反之亦然，保持闭握式舞姿完成动作。

2. 前进走步（Forward Walk）

左脚开始

序号	节奏	动作描述	标准示范
预备姿势：重心放在右脚上，左脚在后点地，右胯在前左胯在后，左腿与左脚脚尖向外转开并向地板施加一定的压力，双腿膝关节伸直，保持双脚在一条直线上。			
1	2	（1）脚步：左脚向前，脚掌平伏。 （2）身体动作：出腿前先摆动胯部向前，让身体重心向前移动；接着转动右侧身体与胯部向后，带动左腿收回，弯曲左腿膝关节；前1/2拍左腿经过右腿向前移动，慢慢伸直膝关节，以脚尖、脚掌、脚跟的顺序着地，同时右脚脚跟离地，身体重心继续前移直至大部分重心到达左脚；后1/2拍将重心完全转移至左脚，右脚大腿和脚尖向外转约1／16，完成胯部旋转动作，并将右脚踝关节向内向下压，对地板保持一定压力。	
2	3	（1）脚步：右脚向前，脚掌平伏。 （2）身体动作：出腿前先摆动胯部向前，让身体重心向前移动；接着转动左侧身体与胯部向后，带动右腿收回，弯曲右腿膝关节；右腿经过左腿向前移动，慢慢伸直膝关节，以脚尖、脚掌、脚跟的顺序着地，同时左脚脚跟离地，身体重心继续前移直至大部分重心到达右脚；将重心完全转移至右脚，左脚大腿和脚尖向外转约1／16，完成胯部旋转动作，并将右脚踝关节向内向下压，对地板保持一定压力。	
3	4.1	脚步与身体动作 同第1步动作相同	

3. 后退走步（Backward Walk）

右脚开始

<table>
<tr><th>序号</th><th>节奏</th><th>动作描述</th><th>标准示范</th></tr>
<tr><td colspan="4">预备姿势：重心放在左脚上，右脚在前，脚跟离地，左胯在后右胯在前，右腿与右脚脚尖向外转开并向地板施加一定的压力，双腿膝关节伸直，保持双脚在一条直线上。</td></tr>
<tr><td>1</td><td>2</td><td>（1）脚步：右脚向后，脚掌平伏。
（2）身体动作：先摆动胯部向后，收回右脚，脚尖擦地，膝关节弯曲，经过左腿向后继续延伸；当右脚到达位置后，落下右脚脚跟，膝关节慢慢伸直，右脚大腿和脚尖自然地向外转约1／16，大部分重心移动至右脚；左脚推地，脚后跟离开地面，保持压力在脚尖，膝关节伸直，重心继续转移，同时右胯向后转动，完成胯部动作。</td><td> </td></tr>
<tr><td>2</td><td>3</td><td colspan="2">（1）脚步：左脚向后，脚掌平伏。
（2）身体动作：先摆动胯部向后，收回左脚，脚尖擦地，膝关节弯曲，经过右腿向后继续延伸；当左脚到达位置后，落下左脚脚跟，膝关节慢慢伸直，左脚大腿和脚尖自然地向外转约1／16，大部分重心移动至左脚；右脚推地，脚后跟离开地面，保持压力在脚尖，膝关节伸直，重心继续转移，同时左胯向后转动，完成胯部动作。</td></tr>
<tr><td>3</td><td>4.1</td><td colspan="2">脚步与身体动作 同第1步动作相同</td></tr>
</table>

注：前进走步和后退走步可进行单人训练也可进行双人训练。双人动作可用开式位置完成，男士跳前进走步时，女士跳后退走步，反之亦然。前进走步通常是左脚先开始，不转或按舞程线方向行进。后退走步通常是右脚先开始，不转或逆舞程线方向行进。

4. 基本动作步（Basic Movement）

<table>
<tr><th>序号</th><th>节奏</th><th>动作描述</th><th>标准示范</th></tr>
<tr><td colspan="4">预备姿势：重心放在右脚上，左脚在后点地，右胯在前左胯在后，左腿与左脚脚尖向外转开并向地板施加一定的压力，双腿膝关节伸直，保持双脚在一条直线上。</td></tr>
<tr><td>1</td><td>2</td><td>（1）脚步：左脚经过右脚向前，脚掌平伏，做前进抑制步。
（2）身体动作：出腿前先转动右侧身体和胯部向后，带动左脚收回，左腿膝关节弯曲；前1/2拍左腿经过右腿向前移动，慢慢伸直膝关节，以脚尖、脚掌、脚跟的顺序着地，同时右脚脚跟离地，身体重心继续前移直至大部分重心到达左脚；后1/2拍右腿膝关节向左腿靠拢，将胯部摆动到左侧，并保持右腿外旋的姿态，右脚脚掌撑地，踝关节向内向下压，对地板保持一定压力。</td><td> </td></tr>
</table>

续表

2	3	（1）脚步：右脚在原地，脚掌平伏，做原地重心转移。 （2）身体动作：前1/2拍右脚降下脚跟，膝关节慢慢伸直，右脚大腿和脚尖自然地向外转约1／16，大部分重心移动至右脚；后1/2拍左脚推地，脚后跟离开地面，保持压力在脚尖，膝关节伸直，重心继续转移，同时右胯向后转动，完成胯部动作。	
3	4.1	（1）脚步：左脚经过右脚向侧稍向后退，脚掌平伏，做侧向步。 （2）身体动作：与时间步中第3步侧向步相同。 （3）2-3步可不转，也可向左转1/8或1/4。	
4	2	（1）脚步：右脚经过左脚向后退，脚掌平伏，做后退走步。 （2）身体动作：与右脚后退走步相同。	
5	3	（1）脚步：左脚在原地，脚掌平伏，做原地重心转移。 （2）身体动作：与前进走步相同。	
6	4.1	（1）脚步：右脚经过左脚向侧稍前进，脚掌平伏，做侧向步。 （2）身体动作：与时间步中第3步侧向步相同。 （3）5-6步可不转，也可向左转1/8或1/4。	

注：当完成1/8或1/4转度的基本动作步时，第3步和第6步的侧向步需改成后退转走步和前进转走步。双人部分分闭式位置和开式位置，闭式位置基本动作步男士动作与单人动作一样，女士则需要先做4. 5. 6步动作再做1. 2. 3步动作。可完成1/8和1/4的转度，也可不转。开式位置基本动作步与闭式基本动作步步法上基本相同，男士第3步改为左脚后退和第6步右脚前进（女士相反）。开式位置不转，它可舞动与闭式或开式位置，也可正常握持、左手握右手或不握持。

5. 滑门步（Sliding Doors）

男士

序号	节奏	动作描述	标准示范
预备姿势：重心放在右脚上，左脚停留在左侧旁边，左胯在后右胯在前，左腿与左脚脚尖向外转开、点地并向地板施加一定的压力。			
1	2	（1）脚步：左脚经过右脚向前，脚掌平伏，做前进抑制步。 （2）身体动作：出腿前先转动右侧身体和胯部向后，带动左脚收回，左腿膝关节弯曲；前1/2拍左腿经过右腿向前移动，慢慢伸直膝关节，以脚尖、脚掌、脚跟的顺序着地，同时右脚脚跟离地，身体重心继续前移直至大部分重心到达左脚；后1/2拍右腿膝关节向左腿靠拢，将胯部摆动到左侧，并保持右腿外旋的姿态，右脚脚掌撑地，踝关节向内向下压，对地板保持一定压力。	
2	3	（1）脚步：右脚在原地，脚掌平伏，做原地重心转移。 （2）身体动作：前1/2拍右脚降下脚跟，膝关节慢慢伸直，右脚大腿和脚尖自然地向外转约1／16，大部分重心移动至右脚；后1/2拍左脚推地，脚后跟离开地面，保持压力在脚尖，膝关节伸直，重心继续转移，同时右胯向后转动，完成胯部动作。	
3	4.1	（1）脚步：左脚交叉在右脚后（古巴交叉），脚掌平伏。 （2）身体动作：延迟后退走步，4拍重心保持在右脚，同时左脚画圆交叉至右脚后，1拍前半拍继续延伸，后半拍左脚脚跟下落，重心移动到左脚，完成后退走步。	

续表

4	2	（1）脚步：右脚向侧，部分重心，脚掌平伏，下压侧向步。 （2）身体动作：右脚库卡洛恰第1步，左脚向右脚推动部分重心，结束时保持左脚脚跟停留在地面。	
5	3	（1）脚步：左脚在原地，平伏，原地重心转移。 （2）身体动作：右脚库卡洛恰第2步。	
6	4.1	（1）脚步：右脚越过身体前进，脚掌平伏，做前进走步。 （2）身体动作：上身形成反身状态，胯部动作与腿部动作同右脚前进走步相同。	

女士

序号	节奏	动作描述	标准示范
预备姿势：重心放在左脚上，右脚在前，脚跟离地，左胯在后右胯在前，右腿与右脚脚尖向外转开并向地板施加一定的压力，双腿膝关节伸直，保持双脚在一条直线上。			
1	2	（1）脚步：右脚经过左脚向后退，脚掌平伏，做后退走步。 （2）身体动作：与右脚后退走步相同。	
2	3	（1）脚步：左脚在原地，脚掌平伏，做原地重心转移。 （2）身体动作：与前进走步相同。	
3	4.1	（1）脚步：右脚越过身体前进，脚掌平伏。 （2）身体动作：延迟前进走步，4拍重心保持在左脚，同时右脚经过左脚向前前，1拍前半拍继续延伸，后半拍右脚脚跟下落，重心移动到右脚，完成前进走步。 （3）下半身向左转1/8，上身保持不转，右脚脚尖与上身方向一致。	 
4	2	（1）脚步：左脚向侧，部分重心，脚掌平伏，下压侧向步。 （2）身体动作：左脚库卡洛恰第1步，右脚向左脚推动部分重心，结束时保持右脚脚跟停留在地面。	

续表

5	3	（1）脚步：右脚在原地，平伏，原地重心转移。 （2）身体动作：左脚库卡洛恰第2步。	
6	4.1	（1）脚步：左脚越过身体后退，脚掌平伏。 （2）身体动作：左脚后退走步。 （3）向左转1/8。	

注：滑门步双人动作与单人动作相同，在右侧影子位置开始，第1步结束时男士在前，女士在后，第2步和第3步回到影子位置，第4步女士向左侧移动，男士向右侧移动，第5步和第6步回到影子位置。

6. 定点转（原轴转）（Switch Turn）

左转动作

序号	节奏	动作描述	标准示范
预备姿势：重心放在左脚上，右脚停留在右侧旁边，右胯在后左胯在前，右腿与右脚脚尖向外转开、点地并向地板施加一定的压力。 			

续表

1	2	（1）脚步：右脚轻微越过左脚前进，然后转至右脚在后，脚掌平伏。 （2）身体动作：为前进展步。前1/2拍右脚经过左脚向前移动，重心推向右脚，与前进走步相似；后1/2拍将重心保持在右脚先完成转体，大腿内侧肌肉夹紧，后转动右侧胯部向后并将重心下压。 （3）先向左转1/4，身体转动在前一拍结束时已经开始，再多转1/2。	
2	3	（1）脚步：左脚在原地，平伏。 （2）身体动作：原地重心转移。 （3）在动作后半拍开始旋转，2~3步向左转1/4。	
3	4.1	（1）脚步：右脚向侧，脚掌平伏。 （2）身体动作：侧向步。 （3）2~3步向左转1/4。 （4）动作结束在闭式位置，不握持或根据下面衔接的动作接出需要握姿。	

右转动作

序号	节奏	动作描述
预备姿势：重心放在右脚上，左脚停留在左侧旁边，左胯在后右胯在前，左腿与左脚脚尖向外转开、点地并向地板施加一定的压力。		
1	2	（1）脚步：左脚轻微越过右脚前进，然后转至左脚在后，脚掌平伏。 （2）身体动作：为前进展步。前1/2拍左脚经过右脚向前移动，重心推向左脚，与前进走步相似；后1/2拍将重心保持在左脚先完成转体，大腿内侧肌肉夹紧，后转动左侧胯部向后并将重心下压。 （3）先向右转1/4，身体转动在前一拍结束时已经开始，再多转1/2。

续表

2	3	（1）脚步：右脚在原地，脚掌平伏。 （2）身体动作：原地重心转移。 （3）在动作后半拍开始旋转，2~3步向右转1/4。
3	4.1	（1）脚步：左脚向侧，脚掌平伏。 （2）身体动作：侧向步。 （3）2~3步向右转1/4。 （4）动作结束在闭式位置，不握持或根据下面衔接的动作接出需要握姿。

注：定点转双人动作的步伐与转度和单人动作一致，双人左转动作和右转动作都可以由闭式位置，不握持、左手握右手或右手握左手开始，闭式位置结束。
男士在完成左转双人动作第1步动作，当单手握持时，身体旋转带动手臂形成力量引带女士旋转，然后放开握持。第2步时，无引带动作。第3步时，动作结束在闭式位置，不握持或根据下面衔接的动作接出需要握姿。反之亦然。

二、能力训练组合

1. 旋转组合

二分之一转、一周转

序号	动作英文名称	动作中文名称	节奏
1	Basic Movement	基本移动步	2341
2	Foot Change–Twist Turn Forward	换脚步–向前扭转步	&2341
3	Spiral Forward	向前的螺旋转	23&41
4	Basic Movement	基本移动步	2341
5	Spiral Forward	向前的螺旋转	2341
6	Twist Turn Forward to Spiral	向前的扭转步接螺旋转	23&41
7	Forward Walk to Turn	前进且转步	2341
8	Forward Walk to Turn	前进且转步	2341

一周半

序号	动作英文名称	动作中文名称	节奏
1	Forward Walks to Pivot	前进轴转步	2341
2	Cucarachas	库卡洛恰斯步	2341，2341
3	Forward Walks to Pivot	前进轴转步	2341
4	Cucarachas	库卡洛恰斯步	2341，2341
5	Forward Walks to Spiral Turns –Three Step Turn	前进螺旋转接三步转	2341&，2341&2

综合组合

序号	动作英文名称	动作中文名称	节奏
1	Basic Movement	基本移动步	2341
2	Continuous Spot Turn to Right	连续向右定点转	2341
3	Forward Walks to Spiral Turns –Spin	前进螺旋转接高速旋转	23&a41
4	Basic Movement	基本移动步	2341
5	Basic Movement to Pivot	基本移动轴转步	2341
6	Basic Movement to Pivot	基本移动轴转步	23&a41
7	Cucarachas to Pivot	库卡洛恰斯轴转步	23&a41，23&41

造型旋转组合（男士）

序号	动作英文名称	动作中文名称	节奏
1	Anticipation	预备动作	2341
2	Standing Spin	站立旋转	23&41
3	Stretch Action	延伸动作	2341
4	Continuous Spin to Back Cross Spiral	连续旋转接后退交叉螺旋转	2&3&41
5	Lunge	弓箭步	&2341
6	Syncopated Forward Check to Turn	切分的前进抑制步转	2&3&41
7	Foot Change to Side Lunge	换脚步接向旁弓箭步	23&41
8	Stretch Action	延伸动作	2341
9	Sliding Doors	滑门步	2341 &2341 2341
10	Forward Walks	向前走步	&2341

造型旋转组合（女士）

序号	动作英文名称	动作中文名称	节奏
1	Forward Twist Turn to Sit Line	向前的扭转步至下蹲舞姿	2341
2	Stretch Action	延伸动作	2341
3	Forward Check-Cross Turn	向前抑制步-交叉旋转	2341
4	Hip Twist	原地扭臀	2341
5	Forward Spiral	前进螺旋转	2341
6	Backward Swivel-Three Step Turn	回退回旋-三步转	23&41
7	Foot Change	换脚步	&23&41
8	Forward Hip Twist	向前的扭臀步	23&41，2341
9	Forward Walk to Turn	前进且转步	2&3&41
10	Forward Spiral	前进螺旋转	&2341
11	Lunge Turn to Feet Open	弓箭步旋转至双脚打开	23&41
12	Stretch Action	延伸动作	&2341
13	Ronde Action	画圆动作	23&41
14	Stretch Action	延伸动作	2341

双人旋转组合

序号	动作英文名称	动作中文名称	节奏
1	Telespin to Lady’s Continuous spin	电纹旋转步接女士连续旋转	2&3&4&1&
2	Telespin to Lady’s Spiral Turn to Continuous spin to Fan Position	电纹旋转步接女士螺旋转接连续旋转至扇形位置	2&3&41，2&3&41
3	Continuous Twist Turn Left to Right	连续左至右拧转步	23&41，&2&3&4&1
4	Natural Pivots to Lunge Lines	向右轴转至弓箭步舞姿	2&3&41

2. 胯部组合

转动组合

序号	动作英文名称	动作中文名称	节奏
1	Hip Twist	原地扭臀	2341，2341
2	Stands in the Center of Gravity	原地换重心	2341，2341
3	Cucarachas	库卡洛恰斯步	2341，2341
4	Side Step（to Right or Left）	旁步（向右或向左）	2341，2341
5	Forward Cucarachas	向前库卡洛恰斯步	2341，2341
6	Back ward Cucarachas	向后库卡洛恰斯步	2341，2341

3. 引导组合

肢体引导

序号	动作英文名称	动作中文名称	节奏
1	Cucarachas	库卡洛恰斯步（双手接双手）	2341，2341
2	Cucarachas	库卡洛恰斯步（左手接右手）	2341，2341
3	Cucarachas	库卡洛恰斯步（右手接左手）	2341，2341
4	Cucarachas in R Side Position	右侧肩并肩位库卡洛恰斯步	2341，2341
5	Cucarachas in L Side Position	左侧肩并肩位库卡洛恰斯步	2341，2341
6	Under Arm Turn	臂下转步（男右女左，男左女右）	2341，2341，2341，2341，2341，2341

无接触引导

序号	动作英文名称	动作中文名称	节奏
1	Open Position-Man’s Forward Walk to Turn，Lady’s Hip Twist to Fan Position	开式位置-男士前进且转步，女士扭臀至扇形位	2341，2&3&41，2341，2341，&23&41
2	Sliding Doors to Fan Position	滑门步至扇形位	2341，2341，2341，&23&41，
3	Hockey Stick to Tandem Sit action to Lady’s Three Step Turn	曲棍步至一前一后下蹲动作接女士三步转	2341，2341，&23&41
4	Tap Spot Steps	轻点步	2341，2341

三、建议竞技组合

初级组合

序号	动作英文名称	动作中文名称	节奏
1	Open Hip Twist	分式扭臀转步	2341，2341
2	Cuban Rocks	古巴摇滚步	2341，2341
3	Backward Swivel	后退回旋步	2&3&41

续表

4	Fan	扇形步	&23&41，2341，&23&41
5	Three Alemana	三次手中转步（阿列曼那）	2341，23&41，&23&41
6	Rope Spinning	卷绳旋转步	2341，2341
7	Sliding Doors	滑门步	23&41，2341，2341
8	Sliding Doors	滑门步	&2341，&23&41
9	Close Hip Twist	闭式扭臀转步	23&41
10	Spiral To Fan	螺旋转接扇形完成	2&3&41
11	Checked Alemana to Lady's Syncopated Three Step Turn	切音抑制阿列曼那接三步转	2341，23&41
12	Fallow My Leader End With Side Walk	男女同脚接侧向走步	2341
13	Forward Spiral（End In Open Position）	前进螺旋转步（分式位置结束）	2&3&41

中级组合

序号	动作英文名称	动作中文名称	节奏
1	Open Hip Twist to Fan Position	分式扭臀转步至扇形位置	2341，23&41
2	Quick Turn to Lady' s Sit Line	快速旋转至女士下蹲舞姿	23&41，2341
3	Hip Twist to Turn to Fan Position	原地扭臀接转至扇形位置	&23&41，2341
4	Lady' s Quick Sit Line	女士快速下蹲姿态	23&41，2341，
5	Backward Swivel to Attitude and Develope	后退回旋至姿态发展	2341，2341
6	Lady' s Three Step Turn with Man' s Lunge	女士三步转和男士弓步	23&41 （L）23&41 （M）&23&41 2341
7	Lady' s Three Step Turn to Open Position	女士三步转至分式位置	&23&41
8	Open Hip Twist to Continuous walks	分式扭臀至连续走步	2341，2341
9	Support Line	支撑舞姿	23&41，2341
10	Lady' s Standing Spin to High Ronde	女士站立旋转至高位画圆	2341
11	Twist Turn Left to Right from Tandem Position to Under Arm Turn to Sit Line to Fan Position	从一前一后位置接左至右拧转步至臂下转至下蹲舞姿至扇形位置	23&41，&2341，23&41，2341，2&3&41

高级组合

序号	动作英文名称	动作中文名称	节奏
1	Open Hip Twist to Lady’ s Pivot to Open CPP	分式扭臀转步至女士轴转至分式相对侧行位置	23&41，23&41
2	Lady’ s Continuous Spin to Telespin to Sit Line	女士连续旋转至电纹旋转步至下蹲舞姿	2341，2&3&4&1，2341，23&41
3	Delayed Under Arm Turn to Fan Position	延迟臂下转至扇形位置	2341，23&41
4	Syncopated Side Step to Syncopated Foot Change	切分的旁步至女士切音换脚	23&41，23&41
5	Man’ s Lunge to Tandem Position	男士弓步至女士姿态发展至一前一后位置	23&41，&23&41
6	Lady’ s Ronde to Pass behind Back	女士划圆至后面越过	2341，23&41
7	Man’ s Turns to Open Position	男士旋转至分式位置	23&41，2341
8	Opening Out to Right to Lady’ s Spiral Turn to Swivel Basic to Sit Line	右分展步至女士螺旋转至回旋基本步至下蹲舞姿	&23&41，&2341，2341，2341
9	Man’ s Turns from Fan Position Lady’ s Spin to Lunge Line	从扇形位置接男士旋转至女士旋转至弓步舞姿	23&41，23&41，23&41，2341
10	Support Line to Lady’ s Ronde to Forward Walk	支撑舞姿至女士画圆至前进步	2341，2341，2341，2341
11	Forward Swivel Lady’ s Continuous Spin to Man’ s Lunge Line	前进回旋至女士连续旋转至男士弓步舞姿	2&3&41，2341
12	Lady’ s Ronde to Sit Line	女士画圆至下蹲舞姿	2341，2341

第三节　恰恰舞技术动作与组合

一、基本动作元素

1. 侧向追步（Chasse）

侧向追步是一组三步向侧移动的舞步，节奏为“4&1”，它可以运用在很多舞步之中，如基本动作步的3～5步动作。建议练习时在侧向并步之前加入两步原地基本步，节奏为“2 3 4 & 1”，如此可将左右两侧侧向并步连接起来练习。

左侧

序号	节奏	动作描述	标准示范
预备姿势：重心放在右脚上，胯部摆动至右侧，左脚在旁脚尖点地，双膝伸直。			
1	2	（1）脚步：左脚并合右脚，脚掌平伏。 （2）身体动作：延迟原地基本步，数2时，左膝微弯，无重心但有压力，在下一步之前，将重心转移至左脚，左膝伸直，同时左腿肌肉外旋，胯部摆动到左后侧。	
2	3	（1）脚步：右脚在原地，脚掌平伏。 （2）身体动作：延迟原地基本步，数3时，右膝微弯，无重心但有压力，在下一步之前，将重心转移至右脚，右膝伸直，同时右腿肌肉外旋，胯部摆动到右后侧。	
3	4	（1）脚步：左脚向侧，小步，脚掌平伏。 （2）身体动作：侧向步。左膝伸直，胯部移至左前侧。	

续表

4	&	（1）脚步：右脚并合左脚，脚掌平伏。 （2）身体动作：原地重心转移。上一拍结束时，左侧身体与左腿肌肉外旋，带动右腿收回。伸直右腿膝关节，重心转换后右侧胯部经过前旁摆动到右后侧。	
5	1	（1）脚步：左脚向侧，脚掌平伏。 （2）身体动作：两膝伸直，胯部摆动到左前侧。	

右侧

序号	节奏	动作描述
预备姿势：重心放在左脚上，胯部摆动至左侧，右脚在旁脚尖点地，双膝伸直。		
1	2	（1）脚步：右脚在原地，脚掌平伏。 （2）身体动作：延迟原地基本步，数3时，右膝微屈，无重心但有压力，在下一步之前，将重心转移至右脚，右膝伸直，同时右腿肌肉外旋，胯部摆动到右后侧。
2	3	（1）脚步：左脚并合右脚，脚掌平伏。 （2）身体动作：延迟原地基本步，数2时，左膝微屈，无重心但有压力，在下一步之前，将重心转移至左脚，左膝伸直，同时左腿肌肉外旋，胯部摆动到左后侧。
3	4	（1）脚步：右脚向侧，小步，脚掌平伏。 （2）身体动作：侧向步。右膝伸直，胯部摆动到右侧。
4	&	（1）脚步：左脚并合右脚，脚掌平伏。 （2）身体动作：原地重心转移。上一拍结束时，右侧身体与右腿肌肉外旋，带动左腿收回。伸直左腿膝关节，重心转换后左侧胯部经过前旁摆动到左后侧。
5	1	（1）脚步：右脚向侧，脚掌平伏。 （2）身体动作：两膝伸直，胯部摆动到右侧。

注：上述侧向并步中的第4步原地重心转移可变为原地重心置换，如左脚并合右脚，左脚脚掌“无重心”但有压力，在第5步时左脚施加压力在脚掌，使脚伸至最高点，慢慢蹬直左腿膝盖，再快速置换重心至右脚，右脚向侧，双膝伸直。

侧向并步双人动作与单人动作相同，男士左脚开始时，女士右脚开始，反之亦然，保持闭式位置与舞姿，通过重心转移引带女士。

2. 前进/后退锁步（Forword /Backword Lock）

前进锁步与后退锁步一组三步向前或向后移动的舞步，节奏为“4&1”，它们可以运用在很多舞步之中，如开式基本动作步的3～5步动作。可将左右两侧前进或后退锁步如三锁步动作那样连接起来练习，节奏为“2＆34＆1”。建议练习时在前进和后退锁步之前加入两步前进或后退步走步，节奏为“234＆1”。

（1）前进锁步（走步与锁步）

左侧

序号	节奏	动作描述	标准示范
预备姿势：重心放在右脚上，胯部摆动至右侧，左脚在后点地，脚尖转开，双膝伸直。			
1	2	（1）脚步：左脚前进，脚掌平伏。 （2）身体动作：前进走步，胯部移至左侧。	
2	3	（1）脚步：右脚前进，脚掌平伏。 （2）身体动作：前进走步，胯部移至右侧。	
3	4	（1）脚步：左脚前进，小步，脚掌平伏。 （2）身体动作：左侧身体带领，左膝伸直，胯部开始移至左侧。	

续表

4	&	（1）脚步：右脚交叉在左脚后，脚尖。 （2）身体动作：形成古巴交叉，两膝自然弯曲，胯部移回中央。	
5	1	（1）脚步：左脚前进稍向左，脚掌平伏。 （2）身体动作：左侧身体带领，两膝伸直，胯部移向左侧。	

右侧

序号	节奏	动作描述
预备姿势：重心放在左脚上，胯部摆动至左侧，右脚在后点地，脚尖转开，双膝伸直。		
1	2	（1）脚步：右脚前进 ，脚掌平伏。 （2）身体动作：前进走步，胯部移至右侧。
2	3	（1）脚步：左脚前进，脚掌平伏。 （2）身体动作：前进走步，胯部移至左侧。
3	4	（1）脚步：右脚前进，小步，脚掌平伏。 （2）身体动作：右侧身体带领，右膝伸直，胯部开始移至右侧。
4	&	（1）脚步：左脚交叉在右脚后，脚尖。 （2）身体动作：形成古巴交叉，两膝自然弯曲，胯部移回中央。
5	1	（1）脚步：右脚前进稍向右，脚掌平伏。 （2）身体动作：右侧身体带领，两膝伸直，胯部移向右侧。

（2）后退锁步（走步与锁步）

左侧

序号	节奏	动作描述
预备姿势：重心放在右脚上，胯部摆动至右侧，左脚在前点地，脚尖转开，双膝伸直。		
1	2	（1）脚步：左脚后退 ，脚掌平伏。 （2）身体动作：后退走步，胯部移至左侧。
2	3	（1）脚步：右脚后退 ，脚掌平伏。 （2）身体动作：后退走步，胯部移至右侧。
3	4	（1）脚步：左脚后退，小步，脚掌。 （2）身体动作：左侧身体带领，左膝伸直，胯部开始移至左侧。
4	&	（1）脚步：右脚交叉在左脚前，脚掌平伏。 （2）身体动作：形成古巴交叉，两膝自然弯曲，胯部移回中央。
5	1	（1）脚步：左脚后退稍向左，脚掌平伏。 （2）身体动作：左侧身体带领，两膝伸直，胯部移向左侧。

右侧

序号	节奏	动作描述	标准示范
预备姿势：重心放在左脚上，胯部摆动至左侧，右脚在前点地，脚尖转开，双膝伸直。			
1	2	（1）脚步：右脚后退 ，脚掌平伏。 （2）身体动作：后退走步，胯部移至右侧。	
2	3	（1）脚步：左脚后退 ，脚掌平伏。 （2）身体动作：后退走步，胯部移至左侧。	

续表

3	4	（1）脚步：右脚后退，小步，脚掌平伏。 （2）身体动作：右侧身体带领，右膝伸直，胯部开始移至右侧。	
4	&	（1）脚步：左脚交叉在右脚前，脚掌平伏。 （2）身体动作：形成古巴交叉，两膝自然弯曲，胯部移回中央。	
5	1	（1）脚步：右脚后退稍向右，脚掌平伏。 （2）身体动作：右侧身体带领，两膝伸直，胯部移向右侧。	

注：前进与后退锁步双人动作通常通过开式基本动作步或三锁步双人动作来练习。

3. 画圆追步（Ronde Chasse）

画圆追步是一组三步交叉的舞步，节奏为“4&1”，它们可以运用在很多舞步之中，如双人动作中的男士曲棍形转步第3～5步（注：最后一步要左脚并合右脚或右脚并合左脚）或高级扭臀转步第3～5步。建议练习时在画圆并步之前加入前进抑制步与原地重心转移，节奏为“2 3 4 & 1”。如此可将画圆追步与扭臀追步连接起来练习，即一次画圆追步一次扭臀追步，重复训练。

序号	节奏	动作描述	标准示范
预备姿势：重心放在右脚上，胯部摆动至右侧，左脚在旁脚尖点地，双膝伸直。			
1	2	（1）脚步：左脚前进，脚尖外转，脚掌平伏。 （2）身体动作：抑制前进走步。	
2	3	（1）脚步：右脚在原地，脚掌平伏。 （2）身体动作：原地重心转移，胯部在右侧，在接近结束时，左脚尖触地向外画圆，胯部移动到左侧，保持重心在右脚。	
3	4	（1）脚步：在上一拍接近结束时，左脚尖触地向外画圆，然后左脚交叉在右脚后，脚掌平伏。 （2）身体动作：延迟后退走步，胯部移回中央，形成古巴交叉。	
4	&	（1）脚步：右脚并向左脚，左脚脚掌平伏。 （2）身体动作：原地重心转移，左膝伸直，胯部移向左侧。	

续表

5	1	（1）脚步：左脚向侧，脚掌平伏。 （2）身体动作：两膝伸直，胯部移向左侧。	

注：画圆并步双人动作通常通过另外一些基本步练习，不做单独双人动作训练。

4. 扭臀追步（Hip Twist Chasse）

扭臀追步是一组三步交叉的舞步，节奏为“4&1”，它们可以运用在很多舞步之中，如双人动作中的男士以扇形位置结束的最后三个舞步或高级扭臀转步第3～5步。建议练习时在扭臀并步之前加入后退走步与原地重心转移，节奏为“2 3 4 & 1”。如此可将画圆追步与扭臀追步连接起来练习，即一次画圆追步一次扭臀追步，重复训练。

序号	节奏	动作描述	标准示范
预备姿势：重心放在左脚上，胯部摆动至左侧，右脚在旁脚尖点地，双膝伸直。			
1	3	（1）脚步：右脚后退，脚掌平伏。 （2）身体动作：后退走步，胯部在右侧。	
2	4	（1）脚步：左脚原地，脚掌平伏。 （2）身体动作：原地重心转移，胯部在左侧，结束时开始转动胯部向左后转动。	

续表

3	4	（1）脚步：右脚横过身体前进，脚掌平伏。 （2）身体动作：延迟前进走步，膝部弯曲，胯部向左移。 （3）向左转1/8，身稍转。	
4	&	（1）脚步：左脚并合右脚，两脚脚掌。 （2）身体动作：两膝微弯，胯部移回中央。 （3）向右转1/8。	
5	1	（1）脚步：右脚向侧，脚掌平伏。 （2）身体动作：两膝伸直，胯部移向右侧。	

注：扭臀并步双人动作通常通过另外一些基本步练习，不做单独双人动作训练。

二、能力训练组合

1. 胯部组合

序号	动作英文名称	动作中文名称	节奏
1	Checked Forward	向前抑制步	2&3 4&1
2	Cuban Breaks	古巴断步	2&3&4&1 2&3&4&1
3	Forward with Backward Spot Steps	向前和向后点步	2&3&4&1
4	Checked Forward	向前抑制步	2&3 4&1
5	Cuban Breaks	古巴断步	2&3&4&1 2&3&4&1
6	Forward with Backward Spot Steps	向前和向后点步	2&3&4&1

2. 脚下组合

序号	动作英文名称	动作中文名称	节奏
1	Checked Forward	向前抑制步	234&1
2	Ronde Chasse	画圆追步	2&34&1
3	Side Spot Steps	向旁点步	23&4&1
4	Zigzag	曲折步	2&34&1
5	Ronde Chasse	画圆追步	2&34&1
6	Step Taps	点踏步（轻拍步）	&2&3&4&1
7	Cuban Breaks to Step Taps	古巴断步接点踏步	&2&3&a4&1
8	Cuban Breaks to Step Taps	古巴断步接点踏步	2&3&a4&1
9	Shakes	抖胯	23&41
10	Kick Forward	向前踢腿	23&4&1
11	Turn to Cross	转至交叉步	234&1
12	Kick Foot Change	踢腿换脚步	234&1
13	Cuban Breaks	古巴断步	2&341
14	Kick Foot Change	踢腿换脚步	2&a34&1

三、建议竞技组合

初级组合

序号	动作英文名称	动作中文名称	节奏
1	Backward Walks and Continuous Locks from Open Position	分式位置后退走步和连续锁步	234&1，2&3&4&1
2	Forward Hip Twist to Open Position – Four Step Turn and Hip Twist	前进扭臀至分式相对位置–四步转和扭臀	2&3&4&1 2&3&41
3	Progressive Step Taps to Body Wave	高级点踏步至身体波浪	&2341，2341
4	Check to Lady's Turn	抑制步至女士转	2&34&1

续表

5	Twist Turn Left to Right	左至右拧转步	234&1
6	Turn to Solo RSP	转至单人右侧位置	234&1
7	Ronde Action – Foot Taps– Zigzag–Continuous Backward Locks	画圆动作–点踏步–曲折步–连续后退锁步	234&1 &2&3&41 &2&341 23&4&1
8	Ronde Action – Zigzag	画圆动作–曲折步	234&1 &234&1 2&341
9	Check to Turn – Open Basic Movement–Check Turn to end in Fan Position	抑制步转–分式基本动作步–抑制步转至扇形位置	2&341 234&1 2&341
10	Spiral Turn and Spin in Natural Top	加螺旋转和旋转的右陀螺转	234&1 2&3&4&1
11	Hip Twist Actions– Zigzag –Checked Alemana to Tandem Open Position	扭臀动作–曲折步–抑制阿列曼那至一前一后分式位置	234&1 23&4&1 &234&1
12	Checked– Three Step Turn	抑制步–三步转	2&34&1 2&341
13	Check from Open CPP（New York）with Change of Shape – Progressive Step Taps – Three Step Turn	分式反侧行位置抑制步（纽约步）接变化形状–高级点踏步–三步转	2341 234&1 2&34&1
14	‘Doubled’ Cuban Break Actions in CPP–Check from Open CPP（New York）with Change of Shape	两次古巴断步–分式反侧行位置抑制步（纽约步）接变化形状	2&3&4&1 &234&1 2&3&41

中级组合

序号	动作英文名称	动作中文名称	节奏
1	Backward Locks from Open Position	分式位置后退锁步	234&1
2	Backward Foot Change Turn – Three Step Turn to Fan Position（lady Sit Line）	后退换脚转–三步转至扇形位置（女士下蹲）	2&34&1 2341
3	Check– Twist Turn Left to Right – Syncopated Locks – Three Step Turn to Lady’ s Sit Line	抑制步–左至右拧转步–切音锁步–三步转至女士下蹲姿态	234&1，2&341 234&1，2&34&1 234&1
4	Basic Movement– Lady’s Three Step Turn and Man’s Flick – Man’s Lunge Line and Lady’s Ronde Action	基本动作步–女士三步转和男士踢腿动作–男士弓步舞姿和女士画圆动作	234&1，2&341 2&34&1
5	Zigzag– Continuous Forward Locks	曲折步–连续式前进锁步	2&341，2&3&4&1
6	Forward Turn to Open Position – Foot Taps–Forward Turn in Under Arm	前进转至分式相对位置–点踏步–臂下前进转步	234&1，234&1 234&1

续表

7	Backward Foot Change Turn Foot Taps – Three Step Turn– Checked Alemana to Tandem Position	后退换脚转–三步转–抑制阿列曼那至一前一后位置	2&341，&234&1
8	Chasse– Man's Turn and Lady's Turn to Sit Line–body Roll– Ball Change	追步–男士转和女士转接下蹲舞姿–身体环绕–变换步	2341，23&4&1 2&341，234&1
9	Forward Walks to RSP– Forward Turn– Three Step Turn	前进走步至右侧位置–前进转–三步转	2341，234&1
10	Lady's Turn to Tandem Sit Line– Lady's Ronde– Check– Three Step Turn	女士转至一前一后下蹲舞姿–女士画圆–抑制步–三步转	2341，2341 23&4&1
11	Cuban Break– Forward Turn – Foot Change– Ball Change – Forward Turn– Taps	古巴断步–前进转–换脚–变换步–前进转–踢踏步	2&3&4&1，2&34&1 2&34&1
12	Syncopated Continuous Locks to end in Fan Position	切音连续锁步结束于扇形位置	2341，234&1

高级组合

序号	动作英文名称	动作中文名称	节奏
1	Forward Locks from Open Position– Ball Change– Three Step Turn（Man's Change of Hands behind Back）	分式位置前进锁步–变换步–三步转（男士背后换手）	234&1，2&34&1，234&1
2	Three Step Turn– Delayed Check– Spin –Lock	三步转–延迟抑制步–旋转–锁步	2&341，2&3&4&1
3	Three Step Turn to Open Position– Twist Turn Left to Right	三步转至分式相对位置–左至右拧转步	234&1，2&34&1
4	Kick – Foot Change	踢腿–换脚	23&4&1
5	Underarm Turn–Doubled Three Step Turn	臂下转–双三步转	2&34&1 2&34&1
6	Turning Ball Change – Man's Foot Change to Turn and Lady's Three Step Turn– Man's Ronde	换脚转步–男士换脚转和女士三步转–男士画圆	2&341，2&34&1
7	Man's Pivot and Lady's Zigzag– Man's Zigzag and Lady's Three Step Turn– Ball Change Trun– Man's Kick Foot Change and Lady's Sit Line	男士轴转和女士曲折步–男士曲折步和女士三步转–换脚转步–男士踢腿换脚和女士下蹲姿势	2&34&1，2&34&1 2&3&4&1
8	Ronde– Zigzag	画圆–曲折步	234&1
9	Ronde– Ball Change	画圆–变换步	234&1
10	Spin– Zigzag–Check– Three Step Turn to Tandem Sit Line–Swivel Turn	旋转–曲折步–抑制步–三步转至一前一后下蹲位置–回旋转	2&3&4&1，&2&341 2&341，2341 2341
11	Three Step Turn– Step Taps– Ball Change	三步转–点踏步–变换步	2&34&1，&2&34&1
12	Syncopated Locks and Lock– Chase with Hip Roll– Ball Change	切音锁步和锁步–绕胯追步–变换步	2341，2&341 23&4&1

续表

13	Check and 'Doubled' Cuban Break Actions in CPP	分式反侧行位置抑制步（纽约步）和两次古巴断步	2341，2&3&41 2341
14	Forward Walk and Side Step- Step Taps to Change to LSP	前进走步与侧行走步-点踏步换至左侧位置	2341，2&341

第四节　桑巴舞技术动作与组合

一、基本动作元素

1. 拂步（Whisks）（有弹动）

右侧拂步

序号	节奏	动作描述	标准示范
预备姿势：重心放在左脚上，右脚交叉在左脚后面形成古巴交叉，双腿膝关节松弛，自然靠拢。 			
1	1	（1）脚步：右脚向侧，脚掌平伏。 （2）身体动作：侧向步。在前一拍&时，双膝开始伸直，身体往上升，运用压力在左脚掌，推动右脚掌滑动向侧，同时左脚脚跟升起，两腿伸直，重心在两脚之间，膝部保持松弛。1拍时，放松腿部，膝部开始弯曲，降低右脚脚跟，把身体重心转移到右脚，重心向下压。	

续表

2	a	（1）脚步：左脚（无重心）交叉在右脚后，脚尖（下压）。 （2）身体动作：在&拍时，双膝开始伸直，身体往上升，重心在右脚脚掌，开始将左脚拉向右脚。a拍时，形成古巴交叉，重心在右脚。	
3	2	（1）脚步：先极少重心在左脚，再转换重心至右脚，脚掌平伏。 （2）身体动作：原地重心转换。	

左侧拂步

序号	节奏	动作描述
预备姿势：重心放在右脚上，左脚交叉在右脚后面形成古巴交叉，双腿膝关节松弛，自然靠拢。		
1	1	（1）脚步：左脚向侧，脚掌平伏。 （2）身体动作：侧向步。在前一拍&时，双膝开始伸直，身体往上升，运用压力在右脚掌，推动左脚掌滑动向侧，同时右脚脚跟升起，两腿伸直，重心在两脚之间，膝部保持松弛。1拍时，放松腿部，膝部开始弯曲，降低左脚脚跟，把身体重心转移到左脚，重心向下压。
2	a	（1）脚步：右脚（无重心）交叉在左脚后，脚尖（下压）。 （2）身体动作：在&拍时，双膝开始伸直，身体往上升，重心在左脚脚掌，开始将右脚拉向左脚。a拍时，形成古巴交叉，重心在左脚。
3	2	（1）脚步：先极少重心在右脚，再转换重心至左脚，脚掌平伏。 （2）身体动作：原地重心转换。

注：拂步双人动作与单人动作一样，左侧拂步男士左脚开始，女士右脚开始，反之亦然。动作始终保持在闭式位置。

2. 原地桑巴走步（Stationary Samba Walks）（有弹动）

序号	节奏	动作描述	标准示范
预备姿势：重心放在右脚上，右腿膝关节弯曲，左脚在后点地，左腿膝关节伸直脚尖外旋。 			

续表

1	1	（1）脚步：左脚并合右脚（向前半脚位置），脚掌平伏。 （2）身体动作：原地重心转移。在前一拍&时，右膝开始伸直，身体往上升，右脚脚跟升起，重心在右脚脚掌，开始将左脚拉向右脚。1拍时左脚并合右脚，放松腿部，膝部开始弯曲，骨盆向前倾斜，降低左脚脚跟，把身体重心转移到左脚，重心向下压。	
2	a	（1）脚步：右脚（无重心）后退，脚尖外转，脚尖内旁（下压）。 （2）身体动作：后退步。在&拍时，双膝开始伸直，右脚向延伸。a拍时，重心在左脚，右脚脚跟保持离地，但有压力。	
3	2	（1）脚步：先极少重心在右脚，再转换重心至左脚，左脚向后滑步约8厘米，脚掌平伏。 （2）身体动作：后退时，骨盆向后倾斜，滑行后骨盆恢复正常。	
4	1	（1）脚步：右脚并合左脚（向前半脚位置），脚掌平伏。 （2）身体动作：原地重心转移。在前一拍&时，左膝开始伸直，身体往上升，左脚脚跟升起，重心在左脚脚掌，开始将右脚拉向左脚。1拍时右脚并合左脚，放松腿部，膝部开始弯曲，骨盆向前倾斜，降低右脚脚跟，把身体重心转移到右脚，重心向下压。	
5	a	（1）脚步：左脚（无重心）后退，脚尖外转，脚尖内旁（下压）。 （2）身体动作：后退步。在&拍时，双膝开始伸直，左脚向延伸。a拍时，重心在左脚，左脚脚跟保持离地，但有压力。	

续表

6	2	（1）脚步：先极少重心在左脚，再转换重心至右脚，右脚向后滑步约8厘米，脚掌平伏。 （2）身体动作：后退时，骨盆向后倾斜，滑行后骨盆恢复正常。	

注：桑巴走步男士动作与单人动作步序一样，女士则需要先做第4~6步动作再做第1~3步动作，即男士左脚并合右脚，女士右脚并合左脚。
男士在完成第1步动作时，保持闭式位置，重心靠近，轻微收缩双臂。第2~3步保持闭式位置，重心稍稍远离，轻微伸展双臂。第4步保持闭式位置，重心靠近，轻微收缩双臂。第5~6步保持闭式位置，重心稍稍远离，轻微伸展双臂。

3. 沃尔达（Volta）（有弹动）

右脚开始

序号	节奏	动作描述	标准示范
预备姿势：重心放在左脚上，右脚在旁点地，双腿膝盖伸直。			
1	1	（1）脚步：右脚交叉在左脚前，脚掌平伏。 （2）身体动作：形成古巴交叉，放松腿部，双膝开始弯曲，骨盆向前倾斜，降低右脚脚跟，把身体重心转移到右脚，重心向下压。	
2	a	（1）脚步：左脚（无重心）向侧，脚尖外转，脚尖内旁（下压）。 （2）身体动作：侧向步。重心在右脚，骨盆还原初始位置。	
3	2	（1）脚步：先部分重心在左脚，再右脚交叉在左脚前，脚掌平伏。 （2）身体动作：由右脚推动重心向左移动，右脚脚跟升起，转移部分重心后快速收回右脚交叉在左脚前，形成古巴交叉，把身体重心转移到右脚，放松腿部，双膝开始弯曲，降低右脚脚跟，重心向下压，骨盆前倾斜。	

左脚开始

序号	节奏	动作描述
预备姿势：重心放在右脚上，左脚在旁点地，双腿膝盖伸直。		
1	1	（1）脚步：左脚交叉在右脚前，脚掌平伏。 （2）身体动作：形成古巴交叉，放松腿部，双膝开始弯曲，骨盆向前倾斜，降低左脚脚跟，把身体重心转移到左脚，重心向下压。
2	a	（1）脚步：右脚（无重心）向侧，脚尖外转，脚尖内旁（下压）。 （2）身体动作：侧向步。重心在左脚，骨盆还原初始位置。
3	2	（1）脚步：先部分重心在右脚，再左脚交叉在右脚前，脚掌平伏。 （2）身体动作：由左脚推动重心向右移动，左脚脚跟升起，转移部分重心后快速收回左脚交叉在右脚前，形成古巴交叉，把身体重心转移到左脚，放松腿部，双膝开始弯曲，降低左脚脚跟，重心向下压，骨盆前倾斜。

注：此动作可延伸至4拍或8拍动作，当完成4拍或8拍动作时，重复第2步和第3步动作两次或四次，节奏为“1a2a3a4”或“1a2a3a4a5a6a7a8”。

双人动作又叫游走沃尔达（TRAVELLING VOLTA），舞动时可以不转，当由右脚开始（女士左脚）会向左游走，而左脚开始（女士右脚）会向右游走。无论向左还是向右游走都需沿舞程线移动，可采用闭式位置正常握持或左手（男士）握右手（女士）。

4. 博塔弗戈斯（Bota Fogos）（有弹动）

前进

序号	节奏	动作描述	标准示范
预备姿势：重心放在左脚上，右脚在后点地，左腿膝关节弯曲。（向左转1/8） 			
1	1	（1）脚步：右脚前进在反身动作位置，脚掌平伏。 （2）身体动作：前进步。	

续表

2	a	（1）脚步：左脚（无重心）向侧，脚尖外转，脚尖内旁（下压）。 （2）身体动作：侧向步，重心在右脚。 （3）2～3步向右转1/4。	
3	2	（1）脚步：先极少重心在左脚，再转换重心至右脚，脚掌平伏。 （2）身体动作：原地重心转移。 （3）2～3步向右转1/4。	
4	1	（1）脚步：左脚前进在反身动作位置，脚掌平伏。 （2）身体动作：前进步。	
5	a	（1）脚步：右脚（无重心）向侧，脚尖外转，脚尖内旁（下压）。 （2）身体动作：侧向步，重心在左脚。 （3）5~6步向左转1/4。	

续表

6	2	（1）脚步：先极少重心在右脚，再转换重心至左脚，脚掌平伏。 （2）身体动作：原地重心转移。 （3）5~6步向左转1/4。	

后退

序号	节奏	动作描述	标准示范
预备姿势：重心放在左脚上，右脚在旁点地，双腿膝盖伸直。（向右转1/8）			
1	1	（1）脚步：右脚后退在反身动作位置，脚掌平伏。 （2）身体动作：后退步。	
2	a	（1）脚步：左脚（无重心）向侧，脚尖外转，脚尖内旁（下压）。 （2）身体动作：侧向步，重心在右脚。 （3）2~3步向左转1/4。	

续表

3	2	（1）脚步：先极少重心在左脚，再转换重心至右脚，脚掌平伏。 （2）身体动作：原地重心转移。 （3）2~3步向左转1/4。	
4	1	（1）脚步：左脚后退在反身动作位置，脚掌平伏。 （2）身体动作：后退步。	
5	a	（1）脚步：右脚（无重心）向侧，脚尖外转，脚尖内旁（下压）。 （2）身体动作：侧向步，重心在左脚。 （3）5~6步向右转1/4。	
6	2	（1）脚步：先极少重心在右脚，再转换重心至左脚，脚掌平伏。 （2）身体动作：原地重心转移。 （3）5~6步向右转1/4。	

注：博塔弗戈斯双人动作通常在影子位置完成，多数是向前行进。当由男士右脚开始（1~3步），女士会左脚开始（4~6步），反之亦然。无论是左脚还是右脚开始都是左手（男士）握右手（女士）。

二、能力训练组合

1. 弹动组合

序号	动作英文名称	动作中文名称	节奏
1	Samba Bounce	桑巴弹动	a1a2a3a4a5a6a7a8
2	Basic Movements	基本移动步	a1a2a3a4a5a6a7a8
3	Whisk	拂步	a1a2a3a4a5a6a7a8
4	Stationary Samba Walk	原地桑巴走步	a1a2a3a4a5a6a7a8
5	Bota Fogos Forward	博塔弗戈斯向前	a1a2a3a4a5a6a7a8
6	Travelling Voltas	移动的沃尔达步	a1a2a3a4a5a6a7a8

2. 胯部组合

序号	动作英文名称	动作中文名称	节奏
1	Shakes	抖胯	a1a2a3a4
2	Batucada	破碎步	a5a6a7a8
3	Shakes	抖胯	a1a2a3a4
4	Forward Batucada	向前破碎步	a5a6a7a8
5	Chasse with Hip Roll	绕胯追步	a12 a34
6	Chase	追步	a5a6a7a8
7	Chases with Hip Roll	绕胯追步	a12 a34
8	Chasse	追步	a5a6a7a8

3. 上身组合

序号	动作英文名称	动作中文名称	节奏
1	Body Rhythm	身体律动	1234 56 78
2	Shaking The Shoulders	抖动肩部	12345678
3	Body Wave	身体波浪	12345678
4	Reverse Roll	左滚转	12345678

4. 移动组合

序号	动作英文名称	动作中文名称	节奏
1	Cruzados Walks and Run Run Run	库萨多斯走步与跑跑跑	123&4
2	Cruzados Walks and Locks	库萨多斯走步与锁步	567&8
3	Cruzados Walks and Checked	库萨多斯走步与抑制步	12a3a4
4	Cruzados Walks and Locks	库萨多斯走步与锁步	567a8
5	Running Zigzag	曲折跑步	a1a2a3a4
6	Carioca Runs（Lambada Action）	克里欧卡舞步（兰巴达动作）	a5a6a7a8
7	Travelling Voltas	移动的沃尔达步	a1a2a3a4a5a6a7a8

三、建议竞技组合

初级组合

序号	动作英文名称	动作中文名称	节奏
1	Whisk – Developed Whisks	叉形步 – 变形叉形步	1a2 3a4 5a6 7a8
2	Batucada – Three Step Turn	破碎步 – 三步转	a1a2a3&4
3	Advanced Promenade to Counter Promenade Run	侧行与反侧行跑步	5&6 7&8 1&2
4	Voltas – Three Step Turn	沃尔达 – 三步转	a34 a5a6 7a8
5	Promenade Runs Hand to Hand（Underarm Turn）	手接手的侧行跑（臂下转）	1a2 3a4 5a6 7a8
6	Turning Stationary Samba Walks（Man's Side Step）	原地桑巴走步转（男士向旁）	1a2 3a4 5a6 7a8
7	Promenade Runs Hand to Hand（Underarm Turn）– Two Step Turn	手接手的侧行跑（臂下转）– 两步转	1a2 3a4 56
8	Zigzag	曲折步	7a8 1a2 3a4 56
9	Stationary Samba Walks	原地桑巴走步	7a8 1a2 3a4
10	Bota Fogos	博塔弗戈斯步	5a6 7a8
11	Rolling off the Arm – Man's Foot Change, Lady's Three Step Turn	卷臂转步 – 男士换脚，女士三步转	1a2 3a4 5a6 7a8
12	Cruzados Walks and Locks	库萨多斯走步与锁步	123&4
13	Cruzados Walks and Run Run Run	库萨多斯走步与跑跑跑	567&8
14	Continuous Samba Lock	连续桑巴锁步	12a3a4a5a6a7a8
15	Promenade Run – Spins to Open Position	侧行跑 – 轴转至分式位置	1&2 3&4 5a6 7a8

中级组合

序号	动作英文名称	动作中文名称	节奏
1	Stationary Samba Walks to Side – Twist Turn Left to Right	原地桑巴走步向旁 – 左至右拧转步	1a2 3a4 5a6 78
2	Samba Locks in Open CPP – Plait	分式相对侧行位置桑巴锁步 – 卷褶步	1a23456
3	Stationary Samba Walk – Man's Cross Turn to Right, Lady's Volta Spot Turn to Right – Lady's Continuous Volta	原地桑巴走步 – 男士交叉右转，女士右转沃尔达 – 女士连续沃尔达	7a8 1a2a34 5a6
4	Lady's Continuous Turn to Right – Promenade Runs	女士连续右旋转 – 侧行跑	a78 1&2 3&4

续表

5	'Box' Movement from Open CPP – Man's Checked Turns to Ronde to Foot Change , Lady's Ronde Turn to Right to Foot Change	从分式反侧形位置至‘盒子’移动步 – 男士抑制转接换脚步画圆，女士右转画圆接换脚步	5a678 123a4 5a6a7a8
6	Batucada – Cruzados Walks – Advanced Maxixe	破碎步 – 库萨多斯走步 –高级马克西舞步	123a4 5a6 7a8 123a4 5a6a7a8
7	Carioca Runs（Lambada Action）	克里欧卡舞跑步（兰巴达动作）	1234 5a6a7a8
8	Cuban Break	古巴断步	1a2a3a4 5&6
9	Promenade Run – Lady's Running Zigzag in Open Position – Lady's Checked Turns to Open Position	侧行跑 – 在分式位置上女士曲折跑步 – 女士抑制转步至分式位置	7&8 a1&2&3&4 &5&6&78
10	Man's Shakes – Lady's Batucada – Stationary Hip Roll	男士抖胯 – 女士破碎步 – 原地绕胯	12 34&5678
11	Bota Fogos – Volta – Lady's Checked Turns to Open Position	博塔弗戈斯步 – 沃尔达 –女士抑制转步至分式位置	1a2 3a4 5a6 78 a1a2a3a4a5678
12	Man's Foot Change – Twist Turn Left to Right – Turns to Open Position	男士换脚 –左至右拧转步 – 旋转至分式位置	a1a2 3a4 5a6a7a8
13	Stationary Samba Walks to Side in Solo RSP – Spiral Turn to Samba Locks	单人右侧位置原地桑巴走步向旁 – 螺旋转至桑巴锁步	1a2 3456a7a8
14	Foot Change – Carioca Runs（Lambada Action）	换脚步–克里欧卡舞跑步（兰巴达动作）	123a4 5a6a7a8

高级组合

序号	动作英文名称	动作中文名称	节奏
1	Whisk – Foot Change	拂步 – 换脚步	a1a234567a8
2	Lady's Continuous Spin – Advanced Promenade to Counter Promenade Run（Man's Spins） – 'Box'Movement from Open CPP	女士连续旋转 – 侧行跑（男士旋转）–从分式反侧形位置至‘盒子’移动步	1a2 3a4 5a6 7a8
3	Lady 's Four Step Turn – Batucada	女士四步转 – 破碎步	12 34&5678
4	Natural Pivots – Stationary Samba Walks to Side	右轴转 – 桑巴原地走步向旁	123a4 5a6 7a8
5	Back Rocks – Volta	后退摇摆步 – 沃尔达	1a234 56a7a8
6	Bota Fogos – Lady's Spin	博塔弗戈斯步 – 女士旋转	1a2 3a4 5a6
7	Fallaway Run – Lady's Continuous Spin	并退跑步 – 女士连续旋转	7a8 1a2 345&6 7&8&1 234
8	Batucada	破碎步	5678
9	Lady's Turn to Volta	女士旋转至沃尔达	&1a2a34
10	Lady's Circular Man's to Volta – Lady's UnderArm Turn（Three Step Turn）	女士环绕男士沃尔达–女士臂下转（三步转）	a5a6 78 1a2 34

续表

11	Samba Locks – Lady's Three Step Turn – Cruzados Walks and Run Run Run	桑巴锁步 – 女士三步转 – 库萨多斯走步与跑跑跑	5a6a7a8 123&4
12	Bota Fogos – Lady's Volta – Spins to Tandem	博塔弗戈斯步 – 女士沃尔达 – 旋转至一前一后位置	5a6 7a8a1a2a3a4a56
13	Hip Roll – Shakes – Promenade Runs Hand to Hand	绕胯 – 抖胯 – 手接手的侧行跑	&78&1&2&3&4 5a6 7a8
14	Promenade Runs Hand to Hand（Underarm Turn）– 'Box'Movement（Lady's Spins）	手接手的侧行跑（臂下转）–盒子移动步（女士旋转）	1a2 3a4 5a6 7a8
15	Spins to Open Position – Chasse to Right	旋转至分式位置 – 向右追步	1234 &5&6&7&8
16	Lady's Turns to Open Position	女士旋转至分式位置	1234 &5&6&7&8

第五节　牛仔舞技术动作与组合

一、基本动作元素

侧向追步（Chasse）

侧向追步是由一组三步动作组成，节奏为“QaQ”，节拍值是“3/4. 1/4. 1拍”。它可以用于很多基本动作之中，通常也被数成“1a2. 3a4”。所有的并步都有一个弹跳的动作，所以膝部脚踝以及胯部都要保持弹性。

右侧

序号	节奏	动作描述	标准示范
预备姿势：双脚并合站立，重心放在左脚上，右脚在旁点地，双膝自然放松。			
1	Q（1）	（1）脚步：右脚小步向侧，部分重心，脚掌平伏。 （2）身体动作：在前一拍a时，身体做轻微上升和下降。1时，右膝弯曲，胯部摆动到左侧，右脚到位后，身体略向上升，重心在两脚之间。	

续表

2	a	（1）脚步：左脚半并合右脚，脚掌平伏。 （2）身体动作：两膝弯曲，重心移动到左脚，重心降低。	
3	Q（2）	（1）脚步：右脚小步向侧，脚掌平伏。 （2）身体动作：右膝弯曲由轻柔地伸直，臀部移向中央，脚部到位后，身体略向上升。	 

左侧

序号	节奏	动作描述
预备姿势：双脚并合站立，重心放在右脚上，左脚在旁点地，双膝自然放松。		
1	Q（1）	（1）脚步：左脚小步向侧，部分重心，脚掌平伏。 （2）身体动作：在前一拍a时，身体做轻微上升和下降。1时，左膝弯曲，胯部摆动到右侧，左脚到位后，身体略向上升，重心在两脚之间。
2	a	（1）脚步：右脚半并合左脚，脚掌平伏。 （2）身体动作：两膝弯曲，重心移动到右脚，重心降低。
3	Q（2）	（1）脚步：左脚小步向侧，脚掌平伏。 （2）身体动作：左膝弯曲由轻柔地伸直，臀部移向中央，脚部到位后，身体略向上升。

注：侧向并步的双人动作脚步与单人动作一样，男士左脚开始女士则右脚开始，反之亦然。侧向并步通常作为另外一些基本步的组成部分，如左向右、右向左换位。

二、能力训练组合

1. 胯部组合

序号	动作英文名称	动作中文名称	节奏
1	Right and Left Rock	左右摇摆	12345678
2	Fallaway Rock	并退摇摆	12345678
3	Right and Left Rock	左右摇摆	12345678
4	Fallaway Rock Chasse	并退摇摆追步	12a3a4a56a7a8

2. 弹动组合

序号	动作英文名称	动作中文名称	节奏
1	Kick- Flicks	踢腿-弹腿	12345678
2	Foot Change- Flicks- Backward Botafogos	换脚步-弹腿-后退博塔弗戈斯	12345678
3	Foot Change- Flicks	换脚步-弹腿	12345678
4	Backward Botafogos-Flicks- Foot Change	后退博塔弗戈斯-弹腿-换脚步	12345678
5	Cross Hop Action-Basic Movement	交叉跳跃动作-基本移动	12345678
6	Turning Flick Ball Changes-Continuous Spin	旋转弹腿脚掌换步-连续旋转	12345678
7	Shakes- Backward Botafogos-Kick	抖胯-后退博塔弗戈斯-踢腿	12345678
8	Flicks	弹腿	12345678
9	Foot Change- Flicks	换脚步-弹腿	12345678
10	Foot Change- Flicks- Cross Hop Action	换脚步-弹腿-交叉跳跃动作	12345678

三、建议竞技组合

初级组合

序号	动作英文名称	动作中文名称	节奏
1	American Spin-Twist Turn Left to Right-Turning Double Ball Change Rhythms with Two Step Turns – Lunge Throwaway	美式旋转-左至右拧转步-双脚变换两步转 – 弓步抛扔步	12345678 12345678 12345678
2	Turns to LSP-Flicks in RSP – Botafogo to Foot Change – Lady’s Travelling Flick Ball Changes – Solo Chicken Walks	旋转至左侧位置-右侧位置弹腿 – 博塔弗戈斯换脚步 – 女士游走弹腿换步 – 单人鸡走步	12345678 12345678 12345678 12345678 12345678
3	Sugar Push Variation – Twist Turn Left to Right- Chicken Walks with Man’s Crossover Walks – Turning Double Ball Change Rhythms with Two Step Turns	甜蜜推手变换步-左至右拧转步-鸡走步和男士交叉走步 – 旋转双脚变换两步转	12345678 12345678 12345678 1234
4	Change of Places L to R – Flicks in Open Position – Backward Botafogos	左至右换向步 – 在分式位置的弹腿步 – 后退博塔弗戈斯	5678 12345678 12345678 12345678
5	Lunge Throwaway	弓步抛扔步	12345678

中级组合

序号	动作英文名称	动作中文名称	节奏
1	Solo Flicks and Zigzag	单人弹腿和曲折步	12345678 12345678
2	Foot Change – Change of Place L to R	换脚步 – 左至右换向步	12345678
3	Man’ s Sit Line in Open Position – Body Wave	分式位置男士下蹲 – 身体波浪	12345678
4	Lunge Throwaway – Lady’ s Turns	弓步抛扔步 – 女士旋转	12345678 12345678
5	Rotary Hand-to-Hand Checked Turns – Man’ s Sit Line to Open Position	转动的手对手抑制转 – 男士下蹲至分式位置	12345678 12345678
6	Lady’ s UnderArm Turn to Tandem	女士手中转至一前一后位置	12345678
7	Flicks	弹腿动作	12345678
8	Man’ s Body Wave – Lady’ s Circular Man’ s to Open Position	男士身体波浪 – 女士环绕男士至分式位置	12345678
9	Foot Change	换脚步	12345678
10	Turning Ball Change Rhythms – Turning Double Ball Change Rhythms with Two Step Turns	换脚转步 – 两次换脚转步和两步转	12345678 12345678
11	Lunge Throwaway – Lady’ s Turns to Flicks in RSP	弓步抛扔步 – 女士旋转至右侧位置弹腿	12345678 12345678

高级组合

序号	动作英文名称	动作中文名称	节奏
1	Travelling American Spin Action – Hand-to-Hand Checked Turns – Flicks in RSP – Hip Bump	游走美式转 – 手对手抑制转 – 右侧位置弹腿 – 碰臀步	12345678 12345678 12345678 12345678
2	Solo Flicks – Step Taps – Leg Curl to Open Position	单人弹腿 – 轻拍步 – 腿弯曲至分式位置	12345678 12345678 12345678
3	Change of Place L to R with Overturned	加强转度左至右换向步	12345678
4	Lunge Throwaway – Fallaway Rock to Tandem Position	弓步抛扔步 – 并退摇摆至一前一后位置	12345678 12345678
5	Twist Turn Left to Right – Sugar Push Variation – Natural Spin – Flick Ball Changes	左至右拧转步 – 甜蜜推手变换步 –右转 – 弹腿脚掌换步	12345678 12345678 12345678 12345678
6	Tap Kicks in PP – Rotary Rocks	在侧行位置的轻踢步 – 转动的摇摆步	12345678 12345678

第六节 斗牛舞技术动作与组合

一、基本动作元素

1. 原地踏步（Sue Place）

序号	节奏	动作描述	标准示范
预备姿势：双脚并合在原地，重心放在右脚上，身体和骨盆向前，重心放置脚掌。			
1	1	（1）脚步：左脚在原地，脚掌。 （2）身体动作：保持姿势，将重心从一只脚转移到另一只脚，脚掌用力向地面施压，脚跟离地。	
2	2	（1）脚步：右脚在原地，脚掌。 （2）身体动作：保持姿势，将重心从一只脚转移到另一只脚，脚掌用力向地面施压，脚跟离地。	
3	3	（1）脚步：左脚在原地，脚掌。 （2）身体动作：与第1步动作相同。	
4	4	（1）脚步：右脚在原地，脚掌。 （2）身体动作：与第2步动作相同。	

注：原地踏步单人动作可以开始于任何一只脚，每一步脚掌必须离开地面。可以不转也可向左或向右渐渐转动最多1/4。

原地踏步双人动作男士右脚，女士左脚，闭式或接触式位置开始，当向左或向右转时，在外圈的男士或女士需要跳小步并步。并步具体动作见后续基本步。

2. 行进式前进/后退步（Forward/Backward Walks）

（1）行进式前进步（Forward Walks）

序号	节奏	动作描述	标准示范
预备姿势：双脚并合在原地，重心放在右脚上，身体和骨盆向前，重心放置脚掌。			
1	1	（1）脚步：左脚前进，脚跟平伏。 （2）身体动作：提起脚跟，重心从脚掌移至脚尖，左脚向前移动，在脚跟触地至脚平伏。当重心在两脚之间时，右脚脚跟离地，延伸至脚尖。继续移动向前，将右脚拉向左脚，压力在脚掌，同时将身体重心放在左脚上。	
2	2	（1）脚步：右脚前进，脚跟平伏。 （2）身体动作：提起脚跟，重心从脚掌移至脚尖，右脚向前移动，在脚跟触地至脚平伏。当重心在两脚之间时，左脚脚跟离地，延伸至脚尖。继续移动向前，将左脚拉向右脚，压力在脚掌，同时将身体重心放在右脚上。	
3	3	（1）脚步：左脚前进，脚跟平伏。 （2）身体动作：与第1步动作相同。	
4	4	（1）脚步：右脚前进，脚跟平伏。 （2）身体动作：与第2步动作相同。	

（2）行进式后退步（Backward Walks）

序号	节奏	动作描述	标准示范
预备姿势：双脚并合在原地，重心放在右脚上，身体和骨盆向前，重心放置脚掌。			
1	1	（1）脚步：左脚后退，脚掌平伏。 （2）身体动作：保持姿势，弯曲右膝，同时左腿尽量向后拉伸，先脚掌，后脚尖，拉长后腿线条。当重心在两脚之间时，前脚脚尖离地。开始移动右脚向后，先脚跟，然后脚掌，同时降低左脚跟。	

续表

2	2	（1）脚步：右脚后退，脚掌平伏。 （2）身体动作：保持姿势，弯曲右膝，同时左腿尽量向后拉伸，先脚掌，后脚尖，拉长后腿线条。当重心在两脚之间时，前脚脚尖离地。开始移动左脚向后，先脚跟，然后脚掌，同时降低右脚跟。	
3	3	（1）脚步：左脚后退，脚掌平伏。 （2）身体动作：与第1步动作相同。	
4	4	（1）脚步：右脚后退，脚掌平伏。 （2）身体动作：与第2步动作相同。	

注：行进式前进步和后退步运用在很多基本步之中，如分离步。做双人练习时可男女面对面，在开式无握持位置上或开式左手接右手位置完成，男士前进女士后退，反之亦然。

3. 西班牙舞姿（Spanish Line）

右侧

序号	节奏	动作描述	标准示范
预备姿势：面向斜墙，重心放在左脚上，右脚在旁点地，身体和骨盆向前，重心放置脚掌。 			
1	1	（1）脚步：右脚前进横过身体，脚跟平伏。 （2）身体动作：行进步。右脚前进横过身体在反身动作位置。 （3）沿舞程线移动，开始向右转。	

续表

2	2	（1）脚步：左脚向侧，脚掌平伏。 （2）身体动作：侧向步。 （3）1~2步向右转1/8，背向中央。	
3	3	（1）脚步：右脚后退，脚尖外转，脚掌平伏。 （2）身体动作：后退步。 （3）2~3步向右转3/8，背向舞程线移动，右脚脚尖指向反斜中央。	
4	4	（1）脚步：左脚（无重心但轻微压力）向前，轻微横过右脚，脚尖外转。 （2）身体动作：左膝弯曲，抬高左脚脚尖着地，右膝伸直成西班牙舞姿。 （3）面向反斜中央，左脚脚尖指向反斜墙。	

左侧

序号	节奏	动作描述
预备姿势：面向反斜墙，重心放在右脚上，左脚在旁点地，身体和骨盆向前，重心放置脚掌。		
1	1	（1）脚步：左脚前进横过身体，脚跟平伏。 （2）身体动作：行进步。左脚前进横过身体在反身动作位置。 （3）沿反舞程线移动，开始向左转。
2	2	（1）脚步：右脚向侧，脚掌平伏。 （2）身体动作：侧向步。 （3）1~2步向左转1/8，背向中央。
3	3	（1）脚步：左脚后退，脚尖外转，脚掌平伏。 （2）身体动作：后退步。 （3）2~3步向左转3/8，背向反舞程线移动，左脚脚尖指向斜中央。
4	4	（1）脚步：右脚（无重心但轻微压力）向前，轻微横过左脚，脚尖外转。 （2）身体动作：右膝弯曲，抬高右脚脚尖着地，左膝伸直成西班牙舞姿。 （3）面向斜中央，右脚脚尖指向斜墙。

注：西班牙舞姿双人动作男士右脚开始女士左脚开始时，开始于侧行位置或开式侧行位置，结束于倒置相对侧行位置。而男士左脚开始女士右脚开始动作时，开始于倒置相对侧行位置，结束于倒置侧行位置。

4. 弗拉门戈踢踏步（Flamenco Taps）

左脚开始

序号	节奏	动作描述	标准示范
预备姿势：重心放在右脚上，左脚在前点地，左膝弯曲，抬高左脚脚尖着地，身体和骨盆向前，重心放置脚掌。			
1	1	（1）脚步：左脚原地，脚跟平伏。 （2）身体动作：置换重心向前至左脚，脚尖外转。	
2	2	（1）脚步：右脚点地两次，脚尖。 （2）身体动作：在古巴交叉位置，抬高右脚，用脚尖在左脚脚跟后不带重心的轻叩两次，脚尖外转。	
3	&		
4	3	（1）脚步：右脚小步后退，脚尖外转，脚掌平伏。 （2）身体动作：几乎在原地重心转移。	

续表

5	4	（1）脚步：左脚（无重心但轻微压力）向前，轻微横过右脚，脚尖外转。 （2）身体动作：左膝弯曲，抬高左脚脚尖着地，右膝伸直成西班牙舞姿。	

右脚开始

序号	节奏	动作描述
预备姿势：重心放在左脚上，右脚在前点地，右膝弯曲，抬高右脚脚尖着地，身体和骨盆向前，重心放置脚掌。		
1	1	（1）脚步：右脚原地，脚跟平伏。 （2）身体动作：置换重心向前至右脚，脚尖外转。
2	2	（1）脚步：左脚点地两次，脚尖。 （2）身体动作：在古巴交叉位置，抬高左脚，用脚尖在右脚脚跟后不带重心的轻叩两次，脚尖外转。
3	&	
4	3	（1）脚步：左脚小步后退，脚尖外转，脚掌平伏。 （2）身体动作：几乎在原地重心转移。
5	4	（1）脚步：右脚（无重心但轻微压力）向前，轻微横过左脚，脚尖外转。 （2）身体动作：右膝弯曲，抬高右脚脚尖着地，左膝伸直成西班牙舞姿。

注：弗拉门戈踢踏步是运用在西班牙舞姿后的步伐，开始在倒置相对侧行位置或倒置侧行位置，无握持。西班牙舞姿造型必须保持在整个舞步组合中。男士和女士跳相同步法但使用相反的脚。当运用在倒置相对侧行位置时，男士左脚开始，女士右脚。当运用在倒置侧行位置时，男士右脚开始，女士左脚。

二、能力训练组合

1. 移动组合

序号	动作英文名称	动作中文名称	节奏
1	Forward Walks	向前走步	1234
2	Backward Walks	向后走步	5678
3	Forward Walks	向前走步	1234
4	Backward Walks	向后走步	5678
5	Chasses	追步	12345678
6	Huit（Botafogo）Actions	博塔弗戈斯动作	1&23&4
7	Forward Locks	向前锁步	56&7&8

2. 姿态引导组合

序号	动作英文名称	动作中文名称	节奏
1	Outside Spiral Turn-Lady’s to Pass behind Back	外侧螺旋转接女士画圆至后背越过	12345678 12345678
2	Huit	八步（披肩动作）	12345678
3	Appel to Twist Turn	垫步接扭转步	12345&678&
4	Chasse Cape Action-Continuous Spins	披肩追步接连续旋转	12&34 5678 12&34 5678

三、建议竞技组合

初级组合

序号	动作英文名称	动作中文名称	节奏
1	Cross Hands Round – Double Appel	双手画圆（由下至上）– 双垫步	12345678
2	Huit（Botafogo）Actions – Turn to Challenge Shape	博塔弗戈斯动作 – 旋转至挑战舞姿	12345678
3	Syncopated Appel to Solo Circular Walks	切音垫步至单人环绕走步	12345678
4	Developed Flamenco Rhythm to Standing Spin	弗拉门戈动律发展至站立旋转	12345678 1234
5	Chasse to Right – Whisk	向右追步 –叉形步	12345678
6	Spanish Lines	西班牙舞姿	12345678
7	Syncopated Appel – Syncopated Points – Standing Spin to Forward Lunge	切音垫步 – 切音点步 – 站立旋转至向前弓步	12345678
8	Flamenco Tap – Syncopated Points – Zigzag – Turn to Lunge	弗拉门戈踏步 – 切音点步 – 曲折步 – 旋转至弓步	12345678 12345678 12345678 1234

中级组合

序号	动作英文名称	动作中文名称	节奏
1	Low Spanish Line – Lady's Ronde to Pass behind Back	低位西班牙舞姿 – 女士画圆至后面越过 – 双手握持	12345678 12345678
2	Hold in Both Hands – Lady's Low Spanish Line，Man's Lunge – Lady's Lunge to Turn to Shadow Position	女士低位西班牙舞姿，男士弓步– 女士弓步接转至影子位置	12345678
3	Forward Walks to Shadow Hold – Lady's Spiral Turn in Man's RSP	保持影子位前进走步 – 女士在男士右侧位置做螺旋转	12345678
4	Low Spanish Line	低位西班牙舞姿	1234
5	Spins to Forward Lunge in PP – Swivel	旋转至侧行位做向前弓步 – 回旋	12345678
6	Lady's Lunge – Huit（Botafogo）Actions	女士弓步 – 博塔弗戈斯动作	12345678
7	Spin to Lunge to Tandem	旋转至弓步一前一后位置	12345678
8	Spins to Open Position – Lady's Sit Line – Huit（Botafogo）Actions	旋转至分式位置 – 女士下蹲舞姿 – 博塔弗戈斯动作	12345678
9	Standing Spin – Lady's Low Spanish Line，Man's Turn to Lunge	站立旋转 – 女士低位西班牙舞姿，男士旋转至弓步舞姿	12345678
10	Lady's Turn to Lunge – Shoulder Spin to Standing Dip	女士旋转至弓步 – 肩部旋转至站立下腰舞姿	12345678 1234
11	Lady's Ronde to Pass behind Back	女士画圆至后面越过	12345678
12	Circular Walks to Open Position	环绕走步至分式位置	12345678910
13	Double Appel – Huit（Botafogo）Actions – Lady's Sit Line	双垫步 – 博塔弗戈斯动作 – 女士下蹲舞姿	12345678
14	Open Position to Closed Position	分式位置至闭式位置	123456
15	Cape Action – Syncopated Appel – Stalking Walks in Open PP	斗篷步 – 切音垫步 – 在分式侧行位做追踪走步	12345678
16	Twists Action	扭转步	12345678
17	Natural Spin – Lady's Ronde to Pass behind Back	右旋转 – 女士画圆至后面越过	12345678
18	Ronde – Lady's Turn to Low Spanish Line – Turn to Sit Line	画圆 – 女士旋转至低位西班牙舞姿 – 旋转至下蹲舞姿	12345678 12345

高级组合

序号	动作英文名称	动作中文名称	节奏
1	Tandem Position – Lady's Sit Line – Man's Lunge	一前一后位置– 女士下蹲 – 男士弓步	12345678
2	Twist Turn Left to Right – Kick in Open PP	左至右拧转步 – 在分式侧行位做踢腿	12345678
3	Walks in Open PP – Telespin	在分式侧行位做走步 – 电纹旋转步	12345678
4	Lady's Swivel to Lunge to Tandem	女士回旋至弓步至一前一后位置	12345678
5	Syncopated Walks – Lady's Sit Line – Man's Spanish Line	切音走步 – 女士下蹲 – 男士西班牙舞姿	1234
6	Lady's Spins to Open Position – Lady's Low Spanish Line	女士旋转至分式位置 – 女士低位西班牙舞姿	12345678
7	Circular Walks to Shadow Hold – Lady's Sit Line	保持影子位做环绕走步 – 女士下蹲	12345678
8	Man's Spins to Challenge Lines – Lady's Run to Standing Line	男士旋转至挑战舞姿 – 女士跑步至站立舞姿	12345678
9	Lady's Ronde to Pass behind Back	女士画圆至后面越过	12345678
10	Lady's Low Lunge – Turn to Lunge	女士低位弓步 – 旋转至弓步	12345678
11	Spins to Open Position – Lady's Turn to Low Lunge	旋转至分式位置 – 女士旋转至低位弓步	12345678 1234
12	Lady's Turn to Open PP	女士旋转至分式侧行位置	12345678
13	Lady's UnderArm Turn to Continuous Spin to Lunge – Man's Syncopated Appel to Lock	女士手中转接连续旋转至弓步 – 男士切音垫步至锁步	12345678910
14	Man's Jump to Lunge – Huit（Botafogo）Actions	男士跳跃至弓步 –博塔弗戈斯动作	12345678
15	Lady's Turn to behind Back – Sit Line	女士旋转至后面 – 下蹲舞姿	123456
16	Lady's UnderArm Turn to Open PP	女士手中转至分式侧行位置	12345678
17	Zigzag – Lady's Low Spanish Line	曲折步 – 女士低位西班牙舞姿	12345678
18	Double Appel in Open Position – Cross	在分式位置做双垫步 – 交叉步	12345678
19	Lady's Lunge to Man's Ronde to Closed Position – Lady's Turn to Support Line	女士弓步至男士画圆至闭式位置 – 女士旋转至支撑舞姿	12345678 12345

思考题

1. 拉丁舞的通用基本技术和双人基本技术有哪些?
2. 伦巴、恰恰、牛仔、桑巴、斗牛舞的基本动作元素有哪些?
3. 如何运用伦巴、恰恰、牛仔、桑巴、斗牛舞的能力训练组合?
4. 如何将伦巴、恰恰、牛仔、桑巴、斗牛舞的建议竞技组合运动用到自己的舞蹈中?
5. 如何在竞技组合中体现难度递增?

推荐读物与网站

1.国家体育总局职业技能鉴定指导中心.体育舞蹈[M].北京：高等教育出版社，2012.7.

2.http://www.latin5.com/portal.php

3.http://www.wuxun.cc/

4.中国体育舞蹈联合会官网：http: //www.cdsf.org.cn

参考文献

[1]罗君帆.国际标准舞理论、实践、技巧修订拉丁美洲舞系[M].广州：岭南美术出版社，2010.

[2]吕德·韦尔梅.拉丁舞[M].德国：卡斯特尔·费尔拉格出版公司.

[3]Hearn,G.A Technique of Advanced Latin-American Figures[M].ISBN No.978-0-9547625-1-3, 2010.

[4]Laird,W.The Laird Technique of Latin Dancing[M].England: KenadS design&print, 2006.

[5]Vermey,R.Latin Thinking, Sensing and Doing in Latin American Dancing[M].Italy: Legoprint s.r.l.,Trento,1995.

[6]World Dance Sport Federation.Samba[M].Grafiche BIME,2013.

第五章 体育舞蹈创编

本章提要

从国际体育舞蹈联合会2013年版的最新执裁细则中可以看出，体育舞蹈创编与展现已成为四大评判要素之一。三大比赛类型包括双人竞技组合、集体队列舞以及双人表演舞，而它们的创编要求有着很大的区别。本章重点从体育舞蹈创编要素出发，对创编的三大基本要素进行分析，并结合教学与竞技组合创编、队列舞创编以及表演舞创编来进行具体的运用与操作，使学生掌握体育舞蹈创编的具体要领。

关键词

体育舞蹈创编要素　教学与竞技组合创编　队列舞创编　表演舞创编　创编技巧　创编依据　创编过程

第一节　体育舞蹈创编要素

一、音乐和节奏

体育舞蹈是一项音乐与运动相结合的项目，音乐在体育舞蹈中发挥着重要的作用。一名体育舞蹈编导或者选手只有了解音乐的基本要素和基本常识，才能更好地编创舞蹈或者展现舞蹈。下述解释仅限于对专门的体育舞蹈进行的音乐分析，以便理解其音乐的本质及结构，而不是纯粹的乐理知识。

（一）旋律

旋律（主旋律）是指一首曲的曲调，由一序列有节奏的单个音符（音高或音调）组织构成。以水平（当记录在五线谱上时）方式作为一个单独实体（或行诗）展示出现。就像书面语或口语被分为句和段一样，一段旋律通常由一或者多个乐句组成，会在一首曲或一段曲中循环重复，通常由8小节构成。

（二）乐段

乐段由4段乐句组成，通常为32小节。那些用于标记一段乐句或合唱结束的音符，由旋律的抑扬顿挫构成，而这样的终止式（结尾和弦）通常被称作“乐章”和“休息”，他们能帮助一双训练有素的耳朵辨识出一首曲子里的乐句。对一名舞者而言，一段乐段音乐的结尾应该正好与舞段的结尾精确一致。

（三）节奏

节奏由一系列规定的的相等间隔、强弱脉动或节拍组成。体育舞蹈主要基于对这些有节奏的（有韵律的）重拍的诠释。每拍的力度可以为“强”“中”“弱”。每个舞种的基本节奏由2拍、3拍或4拍构成一小节（度量），使用不同类型的敲击重音（简单时值）。

在五线谱上，节拍记号以分数形式描述。其中分子代表一小节有多少拍，分母代表理论拍值。

标准舞节拍记号及敲击重音简化如下：

节拍记号	标准舞
2/4	探戈（第二拍为重拍）
3/4	华尔兹（第一拍为重拍） 维也纳华尔兹（第一拍为重拍）
4/4	狐步（第一拍和第三拍为重拍） 快步（第一拍和第三拍为重拍）

拉丁舞节拍记号及敲击重音简化如下：

节拍记号	拉丁舞
2/4	桑巴舞（第二拍为重拍） 斗牛舞（第一拍为重拍）
4/4	伦巴舞（第四拍为重拍） 恰恰舞（第一拍为重拍） 牛仔舞（第二拍和第四拍为重拍）

（四）速率

速率指音乐的速度，在体育舞蹈中以每分钟的小节数进行计数。

标准舞音乐速率如下：

速率（每分钟小节数）	
华尔兹	28～30
探戈	31～33
维也纳华尔兹	58～260
狐步	28～30
快步	50～52

拉丁舞音乐速率如下：

速率（每分钟小节数）	
桑巴舞	50～52
恰恰舞	30～32
伦巴舞	25～27
斗牛舞	60～62
牛仔舞	42～44

（五）音乐结构

一首常规的体育舞蹈比赛音乐通常有4个小节的前序，紧接着是一组由4段乐句组成的乐段。乐段的前两句旋律通常都相似（A’和A”），到第三句（B）发生变化，之后在结束句时又还原到开头（A’）的样式。下表用直观的方式解释上述概念。

引入	1234 强	2234 弱	3234 强	4234 弱	←				
A’	1234 强	2234 弱	3234 强	4234 弱	5234 强	6234 弱	7234 强	8234 强	乐句和旋段
A”	1234 强	2234 弱	3234 强	4234 弱	5234 强	6234 弱	7234 强	8234 强	
B	1234 强	2234 弱	3234 强	4234 弱	5234 强	6234 弱	7234 强	8234 强	
A’	1234 强	2234 弱	3234 强	4234 弱	5234 强	6234 弱	7234 强	8234 强	

但是，斗牛舞使用的是西班牙祭典、西班牙吉普赛舞曲的音乐结构，或其他具有同样结构的乐曲。下面表述的是斗牛的三段式音乐结构：

第一段：4 个1–8拍前奏，1个1–4拍小高潮；4个1–8拍的乐句加上2个1–8拍的乐句构成主旋律；1个1–4拍结尾，结束在第4拍上，见表格描述：

12 strong 22	32 weak 42	52 strong 62	72 strong 82	前奏
12 strong 22	32 weak 42	52 strong 62	72 strong 82	
12 strong 22	小高潮			
12 strong 22	32 weak 42	52 strong 62	72 strong 82	乐段
12 strong 22	32 weak 42	52 strong 62	72 strong 82	
12 strong 22	32 weak 42	52 strong 62	72 strong 82	
12 strong 22	高潮			
停顿				

第二段：1个1～8拍前奏，1个1～10拍；1个1～8拍，接1个1～6拍过渡，进入到2个1～8拍的弗拉明戈乐段，再接1个1～8拍的弗拉明戈过渡，接1个1–8拍进入尾声，最后结束用1个1～5拍，见表格描述：

12 strong 22	32 weak 42	52 strong 62	72 | 82 Strong | 92	乐段
12 strong 22	32 weak 42	52 strong 62	72 Strong	
1&a2& strong 22&	3&a2& weak 42&	5&a2& strong 62&	72 strong 82&	第一段弗拉明戈
1&a2& strong 22&	3&a2& weak 42&	第二段弗拉明戈	过渡段	
12 strong 22	32 weak 42	52 strong 62	72 Strong	高潮
号角吹奏				

第三段：4个1～8拍主乐段，2个1～8拍小乐段；再接3个1～8拍乐段，接1个1～4拍过渡，接1个1～8拍进入尾声，最后结束用在1拍，见表格描述：

12 strong 22	32 weak 42	52 strong 62	72 strong 82	乐段 1
12 strong 22	32 weak 42	52 strong 62	72 strong 82	
12 strong 22	32 weak 42	52 strong 62	72 strong 82	乐段 2
12 strong 22	32 weak 42	52 strong 62	72 strong 82	乐段 3
12 strong 22	32 weak 42	52 strong 62	72 strong 82	
12 strong 22	32 weak 42	52 strong 62	72 strong 82	
12 strong 22	Bridge			
12 strong 22	32 weak 42	52 strong 62	72 strong 82	尾声
1	3st Highlight			

二、空间要素

（一）体育舞蹈空间的分类

舞蹈是利用有限的空间，进行肢体运动的艺术，是立体的、不断运动着的画面。出于提高体育舞蹈选手、演员的艺术表现力、竞赛成绩等目的，对舞蹈空间的研究也是极其重要的工作。按照不同的划分方式，大致分为以下几种舞蹈空间：

1. 按体育舞蹈不同的竞赛形式可分为

- 舞池空间

体育舞蹈作为体育门类之一，不论是竞技比赛或者是表演舞比赛都是以取得优异的比赛成绩为目的而开展的实践活动。不同的比赛形式也自然就会出现不同的活动空间。例如：竞技比赛就是多对参赛选手在舞池中的同场竞技；表演舞比赛则是一对选手利用整个舞池空间舞蹈；而队列舞是一个队伍在整个舞池上进行表演。

- 舞台空间

近年来，越来越多的中国体育舞蹈学者、实践者在将体育舞蹈的竞技性与表演性相结合，甚至将挖掘体育舞蹈中的表演性工作作为中国体育舞蹈未来的发展方向，也就出现了体育舞蹈的表演舞以及它所需要的竞赛场地——舞台。

2. 以体育舞蹈选手、演员个体为单位可分为

- 内部空间表达

内心空间储存着一个演员丰沛的情感，体育舞蹈选手、演员要通过自己的演绎将饰演人物角色的情感表现出来。对于竞技性的体育舞蹈，比赛选手夺冠是最根本的目的，内心的情感塑造与演绎是选手比赛成绩“合格”与“优秀”之间最大的差异。当音乐响起，场上的选手们都在竭尽全力用自己的肢体和表情来吸引裁判的眼球，选手们比的是能量、速度、动作技术和动作完成的质量。但是，光有动作技术和体能是远远不够的，竞技选手也要像舞蹈演员一样用自己的情感来诠释人物性格，用自己的眼神来表现内心深处的情感活动，用自己舞步的节奏来表现故事情节的跌宕起伏，把内心情感与肢体语言的配合运用到竞技比赛中，提高自身的舞蹈效果，在众多选手中才能脱颖而出。试想一下，一个只是将体育舞蹈动作天衣无缝完成的男舞者和机器人的差别又在哪里呢？以伦巴舞为例，男舞者可以根据伦巴舞柔情、细腻、浪漫的特性，将自己设定为一个刚刚坠入爱河的男青年，将自己幸福洋溢的内心情感活动以伦巴舞的动作为载体展示给观众。这与前面讲到的只会完成动作的“机器人”相比较来说，有着巨大的差别。

当体育舞蹈选手、演员将内心情感传递给观众的时候，也就出现了下面讲到的外部空间。

● 外部空间传达

人物内心的情绪、情感的外露，必然是通过体育舞蹈选手或演员的表情、动作等可视的表演方式传递给裁判、观众，这就是情感由内空间转换至外空间的舞蹈表象的现象。

值得注意的是，在人物情感延伸至外部空间时，“适度原则”尤为重要，舞者对“度”应该有正确的把握，无论表情还是肢体动作都应该符合人物定位、舞蹈特性、作品主题。能否完成与观众交流从而达到共鸣，这也是体育舞蹈选手或演员在比赛中“克敌制胜”的关键。

3. 按空间布局可分为

● 整体空间

整体空间指在体育舞蹈竞技、表演舞的比赛中，体育舞蹈选手、演员可以实际利用的空间，以及道具、灯光、天幕、布景、裁判席、观众席等所有事物在内的一切空间。整体空间会直接或者间接地对选手的竞赛成绩造成积极或消极的影响。假设体育舞蹈演员在参加表演舞的比赛中，对裁判席空间位置错误判断，而造成背对裁判的结果，那势必对选手的最终竞赛成绩造成消极的影响。

● 局部空间

局部空间指的是体育舞蹈选手、演员在体育舞蹈比赛中的舞蹈步伐、竞赛套路、参赛作品实际可利用的空间。这部分空间在整体空间中所占比例可大可小，但其重要性却是其他部分空间无法比拟的。可以说，局部空间是体育舞蹈竞赛中的核心活动空间，应该受到体育舞蹈编导、选手、演员的重视，并将该空间作为编创中各个环节都必须考虑的重要对象。

（二）体育舞蹈空间的调度

体育舞蹈空间调度主要指通过体育舞蹈选手或演员在舞池、舞台上流动进行位置的转换，来体现不同舞种的属性与增加视觉效果，从而提高运动成绩。体育舞蹈空间调度在实际应用上有很重要的作用，除了能够提高竞赛成绩，还体现在：

1. 加强竞赛套路的流动性。
2. 提高竞赛套路的感染力。
3. 增加表演舞的观赏性。
4. 深化表演舞演员对于人物角色的刻画和作品主题思想的理解。

空间调度在体育舞蹈竞技比赛与表演舞两种不同的竞赛形式的实际应用当中，需要注意不同的问题。

（1）在体育舞蹈竞技比赛中，体育舞蹈空间调度在实际应用时应该注意不同的比赛形式、舞种等因素来选取适度的空间调度。比如，在拉丁舞竞赛中，伦巴舞就不适合特别巨大的空间调度，这样会违背伦巴舞特有的本质属性，反而对选手取得优异成绩造成消极影响。又如，在桑巴舞的竞技比赛中，可以适当地加大空间调度，通过增加舞蹈的流动性来体现桑巴舞热情奔放的舞蹈属性与文化。

（2）在体育舞蹈表演舞竞赛中，空间调度应该为作品的中心、主题思想而服务，为作品的表现形式而服务，为作品的内容而服务，为人物形象的塑造而服务，不能为了调度而调度，应该使用适度的空间调度来提高整个作品的艺术表现力，达到吸引、感染、带动观众气氛的效果，从而取得优异的竞赛成绩。

三、时间要素

舞蹈空间、时间是每一种舞蹈赖以生存的环境，体育舞蹈也是如此。舞蹈时间的概念在体育舞蹈编创中的具体使用上是有差别的，它既可以用来形容一个体育舞蹈动作、组合、套路、作品的时间长短，也可以在体育舞蹈的表演舞中用来反映时间特征。对于体育舞蹈时间概念的区分尤为重要，由于竞技比赛与表演舞竞赛形式不同，在实际应用当中也需要注意不同的问题。

在体育舞蹈竞技比赛中，舞蹈时间主要用来形容一个体育舞蹈动作、组合、套路、作品的时间长短。在体育舞蹈编创过程中，应该注意每个动作、每组动作在整个组合、套路中的时间特征，要有张有弛，尽最大可能地拉大快与慢之间的反差，从而提升竞赛套路的竞技性，使体育舞蹈选手在竞技比赛中取得优异成绩。

在体育舞蹈表演舞竞赛中，舞蹈时间还可以反映该作品故事发生在一天之中的早、中、晚，还是古代、现代等时间概念，这对于体育舞蹈表演舞作品就中心主题的描述、人物的刻画有着无法比拟的作用。假如，一个作品采用的是彩虹般的舞台灯光，且两位主人公身着欧洲宫廷王子与公主高贵优雅的服装，两人在舞台上欢快地跳着快步舞，那么观众可以对舞台上的画面以及对快步音乐的聆听后做出最直观的判断、联想：这个作品所描述的是古代欧洲的王子与公主相约在明媚阳光下的情节。由此可见，编导在创编表演舞作品时，对于舞蹈时间概念的准确理解以及巧妙运用，可以对该舞蹈作品的中心主题的演绎和人物的刻画等方面起重要的作用。

第二节　体育舞蹈教学与竞技组合创编与应用

一、体育舞蹈教学训练组合的创编

教学训练组合既是体育舞蹈选手提高各方面能力的训练内容，也是为竞技套路比赛做准备、打基础的重要途径。因此，对于体育舞蹈教学训练组合的创编，应该兼顾以下两个方面：通过对教学训练组合的创编，使其具有提高选手各方面能力的作用，还能为比赛成套动作打下扎实的基础并帮助选手取得优异的比赛成绩。

教学组合动作是将已掌握的单个动作，按一定的时间、场地范围和方向路线，不间断地、合理地编排在一起。它是体育舞蹈教学与训练的主要内容，是进一步巩固和提高各类动作技术的有效手段。通过各种组合练习，可以增强节奏感、韵律感和表现力，提高双人配合的协调性、时空感和平衡能力。教学组合动作的内容选择具有较高的灵活性，不受难度、动作数量、时间、场地、人数等方面的限制，而是根据学生技术水平和教学的实际要求进行编排。其特点常常有：

1. 针对性

编排教学组合动作是应根据教学内容和学生的具体情况（年龄、技术、素质、体验等）因人而异进行构思。如对初学者，在掌握了若干单个动作的基础上，选择技术结构简单的基本动作编成简短的、有规律的组合，以巩固已掌握的基本技术和运动技能；对有一定技术基础的学生，要选择动作类型较为全面、具有发展前途的基本核心动作，扩大动作的储备量，为向成套动作的过渡奠定基础。

2. 重复性

在编排教学组合动作时，为了巩固和提高单个动作的基本技术，体育舞蹈选手可将基本动作即各舞种中结构简单的典型动作，根据运动技能形成和迁移的规律，达到熟练掌握的程度。能够熟练掌握这些动作，就能加快同类动作的练习进程。比如：华尔兹的右足并换步，它可以为学习步伐打下基础，同时也是一些并足结束组合动作的基本步。在组合动作中可以重复出现的，进行反复练习，达到熟能生巧的程度。

3. 音乐节奏的鲜明性

在编排教学组合动作时，应选择乐曲结构简单、节奏鲜明、节拍规整、旋律优美、歌唱性较强的音乐。这有利于培养节奏感、韵律感和对音乐的理解能力和表现力。

我们在编排教学组合时，需注意以下的问题：

（1）从易开始，从简入门，以技术结构简单的基本动作为主进行编排。在一段时间内，编排的内容要相对稳定、讲究实效，不要单纯追求花样翻新，要达到高质量完成动作的目的。

（2）每个组合的编排要针对性强、主次分明、层次清楚、节奏鲜明，动作之间的衔接和转换要流畅，不成熟的动作不要编入组合中，非关联的动作不要编在一起。

（3）在较全面地、熟练地掌握基本动作组合的基础上，通过动作节奏、速度、幅度和连接技术的变化，渐进地提高编排的难度，以增强学生的综合能力，为成套动作创编打下坚实的基础。

（一）单人教学训练组合的创编

在单人训练组合的创编活动中，要注重对体育舞蹈选手个人能力的训练，如对速度、力量、耐力、灵敏等素质的训练。下面以能力素质提升为主线，并以速度、力量练习为例进行讲解。

1. 基本技术组合的创编

单人技术组合是提高单人能力素质的基本途径，也是为双人组合、套路做准备、打基础的必经过程。单人技术组合主要是由动作及其要素通过不同的组合拆分变化组成的，再配合音乐运用不同节奏类型呈现。根据不同的训练目标和作用，可将单人技术组合大致分为基本型技术组合、发展型技术组合、强化型技术组合三种类型。

（1）基本型技术组合

该类型技术组合难度较低，适用于体育舞蹈初学者、年龄较小者，可通过练习来提高各种竞技能力，同时也适用于水平较高的体育舞蹈选手进行能力的保持与技术的巩固。对于该类型的单人基本技术组合的创编难度较低，编导可以通过“动作+连接动作+动作”或者“动作+适合连接的动作”两种模式来实现该类型技术组合的创编。在动作使用上，动作使用量少，单一动作重复次数多。在音乐节奏处理上，没有或者较少使用节奏切分，节奏类型变化较少。

（2）发展型技术组合

该类型技术组合较基本型难度高，适用于体育舞蹈初学者进阶、体育舞蹈选手提升各种竞技能力。对于该类型的单人技术组合的创编难度较高，编导可以通过“动作+某一动作的某个要素”或者“动作+改变方位的动作”等模式来进行该类型组合的创编。在动作使用上，动作量较多，单一动作重复次数较少。在音乐节奏处理上，较多地使用节奏切分，运用较多不同的节奏类型。该类型的单人技术组合除了具备训练功能，还具有一定程度上的表演性，可通过对于节奏的处理、动作高低的变化来挖掘潜在的表演成分。

（3）强化型技术组合

该类型技术组合难度高，适用于水平较高的体育舞蹈选手进行竞技能力的提升或者巩固已有的动力定型，也适用于具有一定水平的体育舞蹈选手进阶练习。对于该类型组合的创编难度高，单一动作重复次数少，在发展型技术组合创编模式基础上，可以通过加大动作幅度、增加转圈数量、运用不同节奏类型等方法来进行创编。在音乐节奏处理上，大量地使用节奏切分，节奏类型种类多。该类型的技术组合具备很强的表演性。

2. 速度练习的创编

速度练习的创编，并不是让学生一味地快速完成动作或组合，如果训练不当，很有可能造成运动损伤。

具体操作上，可以选择一个动作或者组合，并将其发展出快、中、慢三种不同的速度练习。其目的是让学生感受动作快与慢的差别，同时又可以达到对学生速度素质训练的效果。

3. 力量练习的创编

力量感的产生并非只是通过“用力、使劲”来完成，编导应该注意留心观察并选择适合的分解动作、完整动作、组合来进行力量的练习。具体操作方法上，首先对于选取的某个动作进行分解，然后将发力前的动作进行欲动练习，最后将动作完整地训练。所谓欲动，就是一种反作用力，也就是我们常常提及的“欲左先右，欲前先后”。通过欲动所产生的动作力量感在视觉效果上是强烈的，这也是“巧力”与“浊力”的差别所在。具体使用方法上，也可以将动作放慢，感受动作、身体及其各部分的重量，从而清晰地感受地板产生的自然引力。值得注意的是，呼吸对于动作力量感、质感的体现有着重要作用，要善于利用呼吸来提升舞蹈的力量感。如，选择适宜的时机进行憋气，可以在发力时产生较大的绝对力量。

（二）双人教学训练组合的创编

双人教学训练组合的创编，要以训练双人之间配合并为参加竞技套路比赛做准备、打基础为目的。配合，在双人舞创编中是一个极其重要的部分，特别在体育舞蹈领域，双人之间配合的默契程度对于最终的竞赛成绩有着举足轻重的作用。优秀的体育舞蹈双人舞，其具体表现为两位选手在对于舞种不同属性有着清晰认识的基础上，除了各自具有较高的体育舞蹈技术之外，二者通过较高程度的默契配合来共同演绎体育舞蹈套路，可以产生1+1＞2的效果。对于双人教学训练组合的创编，要最大限度地消除双人配合中“不和谐”与“配合不上”的因素，当然了，还需要两位体育舞蹈选手通过大量的练习与磨合来达到高度的配合默契。

1. 引带练习的创编

引带是体现体育舞蹈选手舞伴之间默契的形式，引带练习是提高双人之间默契程度的有效途径。对于引带的练习，可以使用镜子式的引带手段进行创编。镜子是一种常见的生活用品，能够将真实的状态反映其中，真实景象与映像之间的高度一致也对应着体育舞蹈舞伴之间高度的配合默契。引带的练习可以借鉴并运用镜子的原理来进行创编。

（1）平面镜式的引带

两人动作基本一致，如镜子反映影像似的具有较高的一致性或对称性。两人可以零距离进行搭手练习或者拉开距离进行不搭手练习。具体使用上，舞伴之间通过模仿镜子的原理来进行引带练习，如甲行进则乙后退，甲向左则乙向右。平面镜式的引带较多的运用在体育舞蹈初学者的规定套路里面，也可以在一定程度上运用在较高水平的非规定套路中。

（2）非平面镜式的引带

两人动作通过引带产生强烈的对比与差异，一个人通过被引带将动作放大与另一方产生对比，如形成大小对比、高低对比、宽窄对比、倾斜对比等，从而区别于平面镜式的引带。该引带方式可以充分地运用想像能力，有较大的创编发展空间。

2. 信任练习的创编

信任是配合的前提，如果双方互不信任，默契的配合就不可能完成。对于信任练习的创编，主要通过一些可以增加双方信任度的动作来实现。那么增加信任度的练习动作从哪里来呢？日常生活中的某些细节与动作都是可以加以改造并成为增加信任度练习的素材。常见的有，女选手在倾倒的瞬间，男伴将其接住的小游戏，这就是一个可以加以改造并成为体育舞蹈选手之间增加信任感的良好素材。通过对倾倒动作的改编，女选手可以在做倾倒动作时将一条腿弯曲并绷脚，同时将手臂打开并将十指张开，男选手可以顺女选手倾倒的方向弯曲一条腿并接住女选手，以上动作最终成为了拉丁舞中常见的舞蹈造型。这个在日常生活中看似比较危险的小游戏，却最终变成了可以增加体育舞蹈选手之间信任度的练习与优美的造型。从这个例子可以看出，体育舞蹈的创编活动，需要对生活细节的留意和观察，并在经过处理之后将这些细节提升到艺术的高度来服务于体育舞蹈的创编活动。

（三）体育舞蹈教学训练组合的创编手段与形式

1. 创编手段

（1）周期性单一动作的练习，可以通过创编，将某一动作或者组合在限定的时间内进行重复的练习。如，在一曲伦巴音乐内对库卡洛恰单一动作进行练习。该创编手段相对简单，动作环节相对较少，易于练习者学习、掌握，并且强化对某一动作的训练。

（2）混合性多元动作的练习，可以通过创编，将几种单一动作进行串联并重复的练习。如，在伦巴音乐配合下，将库卡洛恰通过原地转换重心与定点转进行串联。该创编手段相对复杂，环节较多，有利于学习者对于技能水平的提高。

（3）固定组合是通过多种连接动作将不同动作进行串联并重复练习的创编，使学习者通过成套固定组合的练习来提高动作的熟练度与协调性。

2. 呈现形式

（1）流动

通过对具有流动性动作的筛选与创编，用流动的形式呈现出来。如，对于Rumba Walk的练习，可以将该动作从单人练习变为双人持影子位练习，并改变其流动方向，将由后向前的流动变为斜角流动，流动方式与流动方向的改变对于该动作立体感、层次感的提升有着明显的效果。

（2）非流动或较小流动

通过创编，将流动小或者非流动的动作进行创编，使其提升质感并增加视觉效果。对于该类动作的创编，可以通过增加双人配合动作、表演或者增添造型的方式来实现。以桑巴舞为例，流动性蕴藏在绝大部分的桑巴舞动作中，虽然流动性不是桑巴舞动作的唯一属性，但是缺少了流动性的桑巴舞动作需要通过别的属性来补充缺失了的动作质感。具体的做法，可以是将非流动的动作变为某个造型，也可以是将流动较小的动作辅以极具表演性的表情，还可以干脆将非流动变为相对静止，这样既能为下一步巨大的流动做准备，也能形成快与慢反差的视觉效果。

二、体育舞蹈比赛成套动作的创编

（一）竞赛场地的要求

体育舞蹈的竞赛场地是体育舞蹈选手通过竞赛套路来展示竞技水平的场所，是创编竞赛套路时必须考虑的重要因素之一。一般情况下，体育舞蹈竞赛场地长23米，宽15米。最小尺寸为长20米，宽15米。在对竞赛套路进行创编时，要充分考虑合理地利用竞赛场地，应该根据长短不同的线来安排步伐动作。高水平的竞赛套路一定是精心设计与科学编排的结合，既能保证选手出现在每一位裁判的视野范围内，又能与前排嘉宾席的观众保持一定距离，使观众与裁判在有效距离内欣赏与评判选手的舞蹈。近年来，越来越多的体育舞蹈赞助商出于扩大知名度与宣传的目的，在体育舞蹈竞赛场地边缘区域树立广告牌。如果没有妥当地安排竞赛套路，则会出现选手躲避、触碰广告牌，甚至因为没有及时的躲避而摔倒的现象，这势必会加大选手的心理压力并影响其发挥应有的竞技能力。

（二）竞赛套路创编的参考依据

对体育舞蹈竞技套路的创编，要将取得优异比赛成绩作为目标导向，这也是体育的竞技性在体育舞蹈领域的具体体现。体育舞蹈选手竞赛成绩是由该选手在竞赛中表现出的竞技水平、其他选手表现出的竞技水平、竞赛结果评定行为这三方面的因素决定的。在竞赛结果评定行为中，裁判通过特定的评判标准来给予体育舞蹈选手最终的竞赛成绩。裁判的评判标准虽不是体育舞蹈选手取得最终成绩的内因，但却是影响竞技成绩至关重要的因素。对于评判标准的了解与掌握，便可有的放矢地与其他选手同场竞技，取得理想的运动成绩。下面是裁判执裁的评分依据，在创编时需要加以参考。

1. 全面综合的竞技套路

体育舞蹈选手的竞技能力以竞赛套路为载体呈献给观众与裁判，那么拥有一个能够全面体现选手竞技水平的套路是取得优异成绩的重要因素。一个全面的竞技套路既可以体现某一舞种特定的风格，又可以展现个人舞蹈风格、能力、技巧，主要包括充实的内容、合理的空间调度、适宜的难度三个方面。

（1）充实的内容

体育舞蹈选手要在每支舞蹈（90s–120s）中最大限度地将竞技能力表现出来，充实的内容是体现体育舞蹈选手竞技能力的前提。最充分的体现则是动作选用呈现饱满度高、多样化和综合化等特征。

（2）合理的空间调度

体育舞蹈的竞赛空间不同于舞台空间，其中最大的不同在于观众与裁判分布在体育舞蹈竞赛空间的四个面，因此创编竞技套路时，需要编导充分地利用竞赛空间进行合理的调度，准确地把握不同的舞蹈特性并加入合理的流动性动作，将选手的竞技能力在合理的空间中通过竞赛套路展现给分布在不同方位的裁判与观众。在实际竞赛过程中不难发现，有的选手只能站在某一位置开始演绎竞技套路，离开这个位置就很难将自己的套路进行下去。这是套路中的换向动作被安排的过于死板的体现，也是并未合理地进行空间调度的一个例子。

在竞赛套路中，可以按10米计算，安排一个有换向职能的动作（编舞中称为应变动作），不管长度或是宽度如何变化，在什么位置上跳都可以开始竞赛套路。如站位在场中央起跳，到端线是10米左右，就可换向。又如，站在宽线的起点起跳，跳到端线也将近10米，可改变方向。再如，站位在长线的起点起跳，换向的转度可灵活调整，继续沿长线前进。正是由于这些应变动作的特殊功能，将这些动作巧妙地创编进竞技套路，可以有效地将竞赛空间合理地利用起来。

（3）适宜的难度

适宜的难度对于选手竞技能力的发挥有着很大的影响。过高或者过低的难度都会对选手的成绩产生一定程度上的消极影响。在对竞赛套路进行创编时，要针对不同选手的年龄、能力、组别等方面的不同来进行创编，做到有针对性的区别对待。如要进入决赛的选手，一定是有自己独创的难度动作，也就是所谓的杀手锏。

2. 气氛

总的来说，气氛能够在某一特定的环境中在一定程度上影响到行为的心理因素总和。那么，体育舞蹈赛场气氛就是在体育舞蹈的舞池空间中能够影响竞赛结果的心理因素总和。如果舞池中所有的体育舞蹈选手都通过体育舞蹈套路表现出积极、热烈等心理因素，在竞赛场地中的观众就会营造着热烈刺激的气氛。很多情况下，可以通过调节气氛达到改善行为进程和竞赛结果的目的。

在对体育舞蹈竞赛套路的创编中，要站在准确把握不同舞种的特性的角度上，加入调动赛场气氛的动作，将裁判与观众带入到选手想要营造的气氛之中。气氛的营造在不同的时间与空间中的效果是不相同的，在决赛踩点与单独表演时的作用尤为明显。例如，在一对冠军选手进行答谢表演时，在演绎竞赛套路的基础上，常常会添加一些调动现场气氛的动作，如抽取一个八拍的时间来将手放在耳边以获取观众掌声。这种带动气氛动作的意义是双向的，它不仅可以活跃现场气氛，被带动起来的气氛反过来又丰富了选手的心理体验，使观众与选手可以在相同的、融洽的、协调一致的气氛中共同感受体育舞蹈的魅力。

3. 创意

体育舞蹈中的创意指在现存的体育舞蹈理解以及认知基础上，所衍生出的一种新的抽象思维和行为潜能。它是对传统的叛逆，也是打破常规的行为指导，是具有新颖性和创造性的想法，寻求不同于其他选手的处理动作方法。

技术动作的发展有两种形式：渐进式和飞跃式。渐进式，指原有技术不断完善和提高。飞跃式，指出现以前没有的新技术，在创意指导下所完成的技术创新属于飞跃性发展。体育舞蹈中的创意动作，可以给裁判留下深刻印象，在一定程度上提高运动成绩。近年来，越来越多的体育舞蹈选手在竞赛套路中加入创新动作，这种做法会让自己与众不同，也会在一定程度上调动现场气氛。

4. 个人风格

对于不同风格的选手，在体育舞蹈竞赛套路编排上应该做到区别对待。总体来说，竞赛套路应该适合某一个选手的天分、身体条件、个人风格等特点。如果某一套路不能在该选手的能力范围内发挥作用，这会对选手取得优异成绩产生消极作用。

在个人风格方面，体育舞蹈选手中的大部分人属于“大众型”，他们喜欢并跟随主流风格，只有小部分人可以被称为“创新型”，他们将自己从固定的模式中解脱出来，喜欢为了个人的成长与满足来进行不断的尝试，并以同样的态度来对待他们所从事的体育舞蹈。在“创新型“人群中，有些人在坚持个人风格的道路上并非一帆风顺，但通过不断地坚持带来了体育舞蹈的革新。如果每个体育舞蹈选手都坚守“大众型”的人生信条，那么体育舞蹈就会朝着趋同化发展，这样不仅阻碍体育舞蹈的发展，也会让体育舞蹈不再生动活泼，对于体育舞蹈爱好者及观众的吸引力也会有所下降。

对于体育舞蹈竞技套路的创编，要站在十分了解选手个性与目标的角度上，选择符合选手风格特点与能力的动作，这些动作也许符合主流的风格，也许是对体育舞蹈界的革新。

5. 表现力

体育舞蹈选手的表现力赋予了竞赛套路灵魂，使体育舞蹈的世界变得多姿多彩。表现力与技术动作及其难度的高低呈一定程度的相关性，但并非为绝对相关。体育舞蹈选手的表现力来源于竞赛套路中的具体动作，但又高于其动作并赋予其生命力。它是由体育舞蹈动作和选手全身心投入的配合来最终呈现给观众。如，具有较高表现力的体育舞蹈选手，往往会通过手指、脚背及脚趾尖的延伸，或者身体屈伸的程度，或者对技术动作点、线、面的准确把握等细小的方面体现出来。这些看似细小的动作细节，却赋予了竞技套路灵魂并使其具有充沛的情感，表现力也就随之增强。

6. 特征化

十个体育舞蹈舞种不同的风格特征赋予了其无法抗拒的魅力而风靡世界。在体育舞蹈竞技比赛中，选手要通过演绎不同舞种竞赛套路将其特有的风格展示给裁判与观众。这不仅体现体育舞蹈选手对不同舞种风格特点的把握能力，也是裁判对选手的评判标准之一。

（三）比赛成套创编的方法与应用

比赛成套动作的创编活动与双人教学训练组合的创编在内容、形式上有很多相似之处，但由于二者受不同目标的导向，对于前者的创编是为了能够使体育舞蹈选手顺利参加比赛并取得理想的竞赛成绩，后者是为提高双人之间配合默契或者为竞赛套路做准备、打基础。对于体育舞蹈比赛成套动作的创编，还可以从两条主线进行，即以寻动作动势为主线的创编和以寻情绪创编为主线的创编。

1. 寻动作动势为主线的创编

一个体育舞蹈的竞赛套路从开始到结束是由不同的动作加上连接动作组合而成。也就是说，将体育舞蹈套路以公式的形式来描述的话，可大致分为：若干动作+若干连接动作+若干动作，若干动作+若干适合过渡动作+若干动作。在了解创编模式之后，在创编时就要注意套路的连贯性，也就是尽可能地消除动作与动作之间拼接的痕迹，将动作的连接进行“润滑”处理，即找到前一个动作结束的动势。前一个动作的结束其实是一种短暂的停顿而并非绝对停止，对下一个动作的创编要跟随前一个动作的动势而进行。也就是说，将每一个动作的结束看作下个动作的开始。当双人配合中遇到动势的问题，要看谁处理动势的难度更大，应该先解决相对较难的一方，后解决另一方。

2. 寻情绪创编为主线的创编

体育舞蹈里面不同的舞种具有各自的风格与特点，舞蹈动作也是如此，如恰恰舞的动作多具有轻快且活泼、热烈而俏皮的特点，热情似火的桑巴舞动作多具有幅度大且节奏感强烈等特点，而正是由于这些属性的存在也赋予了体育舞蹈灵魂。当体育舞蹈有了“灵魂”，就可以根据这些不同舞种与生俱来的属性，并跟随这些舞蹈动作所体现出来的情绪来进行创编。当动作与动作之间找不到良好的连接方式时，可以通过寻找舞种属性进行创编。如，在恰恰舞中，当上一动作造成舞伴之间距离拉得过大而无法与下一动作进行连接时，可以借助恰恰舞活泼俏皮的风格，男选手可以在进行恰恰长步的过程中，以潇洒地挽袖子或者抚摸靓丽发型的情感表达方式来缩小与舞伴之间过大的距离。从以上例子可以看出，通过寻找某种潜在情绪进行创编活动，既可以解决两个动作无法进行有效连接的问题，也可以对不同的舞蹈风格进行有效的把握。寻情绪创编为主线的创编，还可以弥补只从纯动作的创编方式无法将动作之中的味道表达出来的局限性。当挖掘出来舞蹈之中蕴含的味道后，就比单纯地编动作提升了一个层次。这个时候创编出来的动作不仅符合舞种之间不同的风格，而且饱含了内心丰富的情感体验，往往这样的动作更加符合创编的逻辑。

在以上两种创编主线的实践过程中，应该注意以下几种常见问题。

- 套路不流畅的问题

套路的流畅性体现在动作与动作之间不明显的拼接感，舞伴之间默契配合时的同步感。创编时常常会出现动作之间的间断而从视觉上造成套路不顺畅的效果。这个时候除了运用上述的寻找动作或者舞伴动势的方法，还可以通过结合呼吸、舞伴之间的心理节奏等方法加以解决。以呼吸为例，体育舞蹈竞赛套路具有明显的非周期性特点，可以通过结合呼吸来进行竞赛套路的创编。吸气时，可以创编一些外展、外旋、扩胸、提肩等动作，呼气时，可以创编一些内收、内旋、收胸、塌肩等动作。

- 配合不默契的问题

新动作、新套路的出现在一定程度上会破坏舞伴之间原有配合的模式，有可能就会出现不清晰性配合、间断性配合、浅层次性配合等问题。不清晰性配合是舞伴之间不知道该如何发力来进行配合。这需要编导将动作放慢并给予讲解、演示，或者舞伴之间通过练习最终确定发力。间断性配合是舞伴之间无法完成动作的配合而造成套路的中止。这需要编导寻找造成这种现象的原因所在，如果是由于创编动作的不合理而造成的结果，则需要重新寻找前一动作的动势，进行重新创编。同时，也可以使用寻找情绪为主线的创编方法。再者，干脆将其变为“中止”的造型，但应该将造型“中止”出符合逻辑的创编效果。

第三节　体育舞蹈队列舞创编

一、国际体育舞蹈联合会对于队列舞的基本要求

（一）参赛选手数量要求

1. 所有队列舞参赛队伍由6～8对选手组成。任何选手在同一比赛中只能参加一支队伍的比赛。

2. 参加队列舞比赛的至少12个队员，每人必须持有WDSF成员国目前有效的护照，同时被成员国任命为代表才能参加相关的锦标赛和世界杯。

3. 在比赛的任何阶段，每队可以有4名替补队员。

（二）音乐和舞蹈要求

1. 参加标准舞比赛队的动作编排必须是基于华尔兹、探戈、维也纳华尔兹、慢狐步舞和快步舞，并最多可选16小节其他任何舞包括拉丁舞。

2. 拉丁舞比赛队的动作编排必须是基于桑巴、恰恰、伦巴、斗牛舞、牛仔舞和任何其他拉丁节奏，并最多可选16小节其他任何舞包括标准舞。

3. 标准舞的每段独舞将严格限制在8小节以内，在整个舞蹈编排中最多24小节。此规则不适用于拉丁舞，在拉丁舞中独舞通常作为一部分。

4. 队列舞比赛中从入场到出场，每队的表演不得超过6分钟。在此6分钟内，将评判不超过4分半钟的表演，表演的开始和结束应有明确的指示。

5. 应使用磁带或其他音响设备。

二、体育舞蹈队列舞编排的技巧

（一）整体动作编排的艺术手法

1. 注意单个动作和组合动作之间的衔接

要掌握动作自身的规律，研究动作之间的渊源关系。前一个动作就是后一个动作的开始，要使动作一脉相承；或是前面的组合动作是后面组合的前提或先导，后面的则是前一组合动作的延伸或推进，从而形成一个统一连贯的整体。

2. 要注意动作之间的对比

包括动作的松紧、起伏、开合、强弱、远近、快慢等因素的对比。强烈的动作之前要有松弛的过程；大幅度的动作之前要有小的陪衬等。

3. 注意扬长避短

扬长避短是编排的关键。避短，主要是避体形和能力之短，并利用扬长避短的规律来编排成套动作，设计适宜的风格，如全队的身高偏矮，形象一般，则应采取编排紧凑、动作速率快，动力性连接动作多的方法，通过同步和谐的整体配合及空间的队形变化，形成连绵不断的神奇效果，给人以瞬间美，变化过程中的美及技术的娴熟美；相反，如果身材好，容貌好就应以优美舒展的动作，结合鲜明的层次、“动”和“静”的变化以显示动作线条的伸展、流畅，可通过依次造型的动作来展现个人及整体的身材美、容貌美及成套动作如诗如画给人以美的感受与回味。

（二）队列舞音乐编排的艺术手法

1. 音乐与动作的完美

队列舞的音乐虽然没有故事情节或具体的思想内容，但要体现出音乐的情绪、内涵和风格。比如，在世界大赛中一些高水平的队列舞采用了优美动听的华尔兹精品或电影名曲为主题音乐，参赛的选手依赖于音乐节奏的引导和指挥，不但展示娴熟高超的技艺，男女选手及整体的默契配合，同时也充分展现了华尔兹音乐的妖娆、舞态雍容、追求意境、蕴含气质典雅的独特风格和感人的艺术魅力，使其产生了音乐与动作的完美结合、视觉和听觉上的和谐统一的艺术效果。

2. 音乐结构与动作编排的合理性

队列舞成套动作的结构，取决于音乐的结构、段式、难度的分配、各不同舞种的比例、动作分配和布局。动作变化的方式和表现手段又取决于音乐的题裁、内容、旋律、节奏和音乐的形式，所以，要根据音乐不同阶段的结构特点和音乐的情绪、意境及风格设计动作，使音乐形象和动作形象达到完美和谐。

3. 音乐主题旋律的完整性

音乐的主题旋律是精华的部分。在设计动作时要选择某一舞种或具有特色的动作，其目的是展示该队的特长，加深观众对选手表演的印象，从而要尽量达到突出主题、突出重点、突出风格的目的。要充分体现全体队员同步和谐、整齐一致、依次有序、错落有致、相同或不同的动作互相呼应等连贯、流畅、完整的艺术手法。

（三）队列舞队列队形编排的艺术手法

队形设计与编排要新颖独特，注意布局合理，才能烘托动作的情绪与气氛；要掌握各类队形的不同特点与动作的相互关系，使“动”“静”交相辉映，各种图形精彩纷呈，寓变化于整体的和谐统一之中；在团体的不同舞种中突出各自舞种风格的显著特征，使成套动作展现出生动性和完整性。

设计队形时必须与动作的点、线及面相结合；必须与音乐情绪、风格协调一致，相得益彰；必须兼顾到男女选手服饰色彩的搭配，使之起到相互衬托的作用，使队形变换醒目。

队形的编排要遵循运动形式美的基本法则；充分利用场地，注意队形的纵深变化和伸缩的幅度及直面上的不同层次的高低变化，使空间结构充实饱满，产生引人入胜的神奇效果。

体育舞蹈创编是一项复杂而细致的工作。随着队列舞蹈运动水平的飞速发展，对成套动作编排的艺术价值和表演价值提出了更高的要求。成套动作的艺术性将是竞争的关键。为此，要大力加强创编人员的乐感、灵感、美感等艺术修养，提高其创造力、鉴赏力、想象力、观察力、表现力等艺术素质，才能创编出风格鲜明、构思新颖、整体艺术效果突出的精品。

（四）队列舞的编排应用

队列舞的典型特点是：参赛的每个选手和谐一致地完成动作，并充分体现集体的合作精神。因此，在编排中要用不同的方式来显示选手之间的协调配合及合作的意识，并使其贯穿在成套动作的各个部分。还应在集体所具有的能力范围内进行编排，才能体现队列舞编排的价值和意义。

1. 队列舞的音乐结构特征

队列舞的音乐是要在有限的时间内塑造有鲜明特性的音乐形象，这就形成了灵活、简练、自由和多变的音乐结构的特征。队列舞的音乐结构多采用三段式的表现形式，即开始段、中间段、结束段。各阶段的特征为：

开始段：即最新音乐主题的显示阶段，要在极短的时间内给人以强烈的感受和鲜明的印象。音乐选材要明确、简练和精致。在旋律、节奏等方面以有特色为基础，达到在短暂的时间内引人入胜的艺术效果。在国际大赛中，一些高水平的队列舞成套动作，大多采用的素材为各种名曲的主题或片段，创编出具有独特艺术魅力的主题音乐。

中间段：即变化段或对比段，采用引申、反复变化等表现手段，将主题音乐淋漓尽致地发挥，强调在统一的基础上做出多层次、多角度的转换。中间段音乐是成套音乐的精华部分，最能体现音乐内容和性格。

结束段：表现为首尾呼应，再现主题和形成高潮。这是整首乐曲的总结概括和印象的完成，可以使音乐形象更丰满、充实和完美。给人以回味无穷的感觉。

总之，队列舞的音乐结构好，可给人以主题突出，段落清楚，音乐形象清晰的良好印象。

2. 队列舞音乐选配的方法

一般采用下列几种方法：

（1）先编排成成套动作，根据成套动作的结构，如开始和结束动作、主题部分的精彩段、对比段落的动作变化等因素进行音乐的构思，再结合队列舞的项目特点和本队的特点专门编曲。

（2）先选择、剪辑音乐，再根据音乐的结构、风格特点，在了解和掌握音乐、熟练音乐的基础上再进行动作的编排。

（3）先选择音乐，根据音乐编排动作，再根据编排中的需要对音乐进行删节或修改，反复进行。

3. 队列舞音乐应注意的问题

（1）旋律优美：所选的乐曲要优美动听，富于表现，节奏对比变化强烈，具有感召力和吸引力，可以启发选手丰富的想象力，发挥他们细腻的艺术感受力，使动作与音乐紧密地融为一体，以达最佳的艺术效果。

（2）风格突出：是古典音乐还是现代音乐，应让人一听就能明显地分辨出来。以自由和多变的特点给人以强烈的感受，给裁判和观众眼前一亮的感觉。

（3）节奏分明：快慢对比和强弱起伏要鲜明，才能把音乐情绪推向高潮。

（4）层次清楚：将音乐按其本身的规律分成段落，比如音乐主题段、变化对比段等，必须段落鲜明、清楚、连接合理，否则就破坏了乐曲的完整而失去其艺术性；最好选择具有世界一流演奏水平的乐曲进行制作，才能收到最佳的音响效果。

4. 队列舞成套动作的编排构思

编排的优与劣，是决定比赛成绩的关键和可控因素。因此，创编人员应根据比赛任务、对象特点、不同舞种的特点、发展潮流等对成套动作有一个总体设想。其中包括对成套动作的风格、整体结构、队形变化等问题的设想。

（1）成套动作风格的设想与制定

为了营造队列舞的表演气氛，达到很好的艺术效果，风格的制定是十分重要的，它能充分体现选手的个性及整体的特点。风格设计与制定的主要依据有：

根据全队的整体形态特点：如身高、体形、面貌等。

训练水平：整体的技术水平，完成动作的规格及难度动作的掌握程度，专项运动能力，运动机能水平等。

身体素质和心理素质：如速度、协调、耐力、灵巧，空间方位感、运动速度感定向能力等。

对音乐的理解力和表现方法：如音乐的特点，节奏速度，运动与音乐的配合等。

除以上所述，还要考虑本队的年龄结构、文化层次、艺术素质、表演能力及全队协调配合的意识等，进行综合分析，找出其有利及不利因素，确立本队的基本风格。

（2）队列舞的结构

队列舞的结构与段落的划分，应按音乐而定。一般采用三段式的结构形式，即开始段、中间段、再现主题段。

在掌握熟练音乐的过程中，将音乐按其规律分为段落，比如，音乐主题段落，音乐中段即变化段或对比段，主题再现段，结束部分等，再编排设计出相应的动作。成套动作的编排要突出优美性和艺术性，自始自终都应围绕着主题进行构思与编排。

主题是成套动作的核心与灵魂，每一套动作都应有一个预定的主题。比如：优美、典雅或精确、细腻或新巧、活泼等。在编排中必须主题鲜明，开始部分就应用尽可能短的时间呈现出主题，并不断地发展、延伸。运动也应具有逻辑性地从一个动作过渡到另一个动作，从一部分转入另一部分，承前启后形成一个统一连贯的整体。

开始部分的动作应以鲜明的形象，达到在短暂的时间内引人入胜的艺术效果。主旋律是全段的精华部分，要用典型的动作来充分体现音乐的内涵和本队的特点，比如流动感强的动作或激情奔放的动作等；变化段或对比段，在动作设计上要采用动静相间、刚柔并济、虚实变化的对比强烈，起伏性大的动作。利用多层次，多方位的转换，给人以韵律美和流畅美。

结束部分是音乐的总结概括和印象的完成，动作也应充实与完美，与开始运动相呼应，运动的设计应达到使人回味无穷的最佳效果。

总之，结构好的队列舞成套动作，应是主题鲜明、段落清楚、形象清晰的。

5. 队列舞队列的设计与编排

在队列舞比赛中，8对男女选手在完成动作的同时，还要通过队列队形的变化和移动来体现空间各种变化的艺术性和技巧性。因此，队列队形的设计是成套动作编排的重要因素，队列队形及其变化构成了队列舞的特点。

（1）队列舞队列队形

队形，是为协同动作而采取的队伍排列形式。队列是在一定的队形下协调而统一的行动，两者往往是不可分割的。队列要在一定的队形下进行，而队形又必须以队列为基础。

队列舞队形，是指男女选手，通过不同方向、路线、空间，不同角度与方位的移动排列而成的各种图形，这是队列舞编排中不可缺少的要素。目前，比赛规则对队形的次数尚无明确的规定，但在高水平的比赛中，大多编排在30多个队形的变化。这些队列队形及其变化，对充分体现队列舞特点的艺术魅力起着重要作用。

（2）队列舞队形基本表现形式

相对静止的形式：即8对选手固定在场上的某一位置完成运动形成的各种图形。无论是拉丁舞队列还是摩登队列舞的队形变化都是以对称图形为主，其次是直线，再次是非对称图形的运用，然后是圆形，而曲线运用相对较少。对称队形常用的有：方形、圆形、梯形、八字形、三角形、菱形、十字形、V字形等。

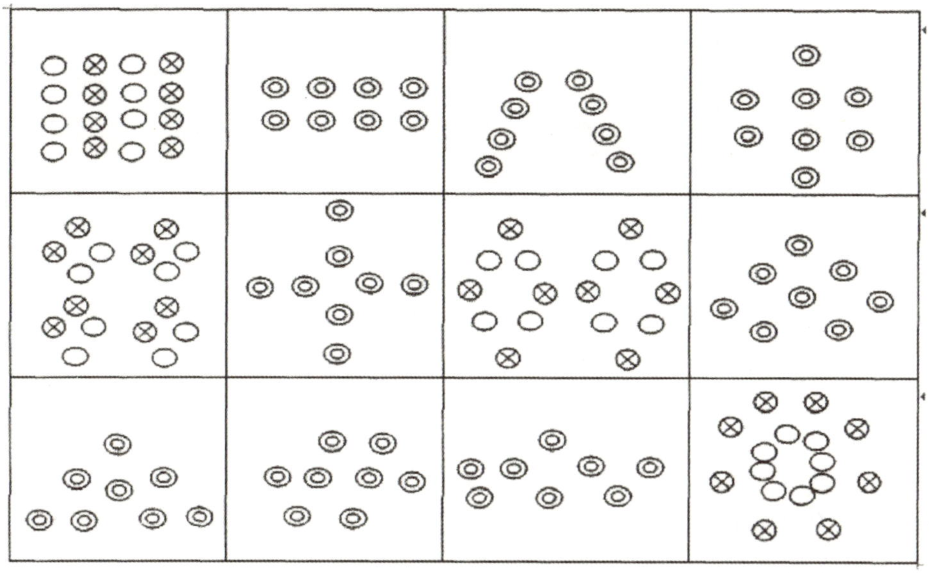

（⊗ 代表男，○ 代表女，◎ 代表男女一对）

图5-3-1　队列舞队形基本对称队形

对称是严格意义上的平衡，具有高度的稳定性，但不对称的画面并不一定不具备平衡性，有些不对称的队形变化，同样遵循平衡的原则。体育舞蹈队列舞编排中常用的非对称队形有：扇形、L形、不规则几何图形等。

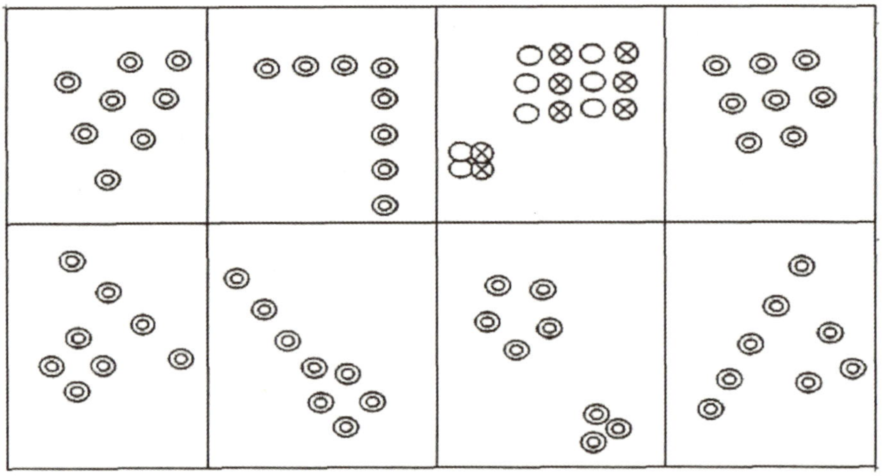

（⊗ 代表男，○ 代表女，◎ 代表男女一对）

图5-3-2　队列舞队形基本非对称队形

移动性队形：8对选手在23米×15米的场地上以不同的运动路线、不同的速度、不同的方向通过系列转换形成的队形。如：横排向前移动的"一"字形、"S"路线的移动形、复圆的内外移动等。一套高水平的队列舞成套动作，都是静止队形和移动队形不停地转换，从而形成各种美妙清晰的图形。

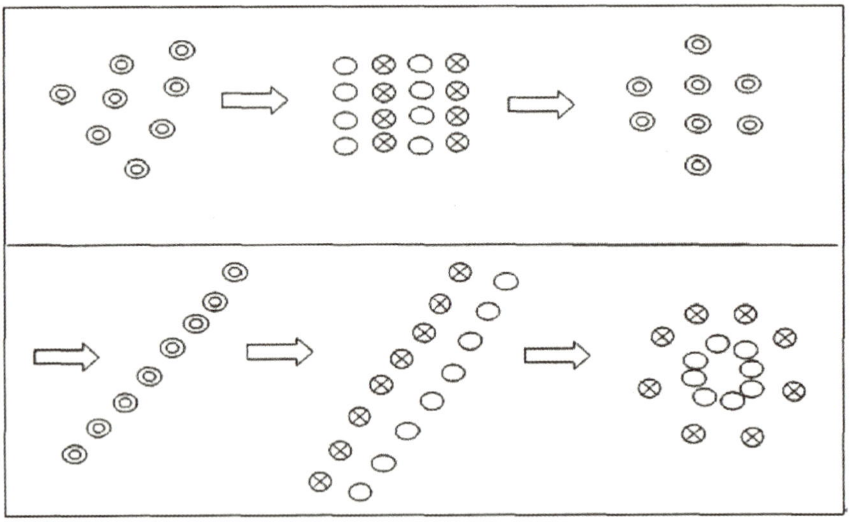

（⊗ 代表男，○ 代表女，◎ 代表男女一对）

图5-3-3　队列舞移动队形

在常规的编排中，移动性队形中占较大比例，但静止队形亦不可缺，两者要相辅相成，合理搭配，才能使队形变化丰富多彩。

（3）队列舞队形的特点与运动的关系

相对静止队形的特点与运动的关系：

相对静止的队形：固定在某一队形时，场上运动变化主要表现在运动形式的变化上，比如：用动作的高低、方向、动静、速度等变化来体现。由于人们的视觉习惯的影响，形成了各自不同的特点。

直线队形：横队和纵队适宜做简单的同步动作，给人以刚健有力、整齐一致的感觉。在横队适宜做舞姿造型，能保持相对静止和平衡的状态；纵队可做左右移动，或男女选手交换位置的简单重复动作，给人以协调一致、蔚为壮观的感觉，但不可重复过多，否则就使人久而生厌，削弱人们的持续注意力。

几何图形：方形，适宜做连贯重复的一组动作，如连续旋转动作，要求动作完成得干净，特别是转体角度要准确，给人一种端庄、稳定的感觉；三角形，适宜做节奏性强的整齐一致的动作，给人一种力的感受，有精神振奋之感；圆形，适宜做连贯、一气呵成的动作，给人以柔美、流动之感；三角形和直线形的混合队形、T字形等适宜做不同步动作；平行四边形纵横交错，给人以多方位的感觉。

移动性队形的特点与动作的关系：场上选手保持一定的队形，采用不同的方向、路线及速度，通过左右变化、前后移动、高低起伏，有规则地进行系列转换，形成空间瞬息即变的各种图形，通过人们的思维想象，感受到它们各自蕴含的不同韵味。

线形移动性队形的特点与动作的关系：直线移动性队形，适宜做整齐一律、刚劲有力的动作，使场上气氛显得庄重、肃穆，尤其表现男选手刚健有力的风姿。横排正面直线前移，给人一种勇往直前的感觉；两横排依次交错前移，使人感到一股势不可挡的洪流滚滚而来。

纵队左右移动性队形，适宜做连续的旋转动作，给人以同步和谐的整体配合感；两路纵队交错移动产生激荡之感；多路纵队移动的队形，显示全体选手配合默契的高超技艺，产生一种人数众多、空间面积大、和谐一致的集体力量；径直向前移动的纵队和沿对角线移动斜排，在距离上给人以由远而近的纵伸感和延续感；辐射状移动的直线队形，采用轻快、富于跳跃性的快步舞，表现出激情奔放之感。

“Z”字形的移动性动作，综合了横线和斜线的特点，从一个方向突进到另一个方向，适宜做果断、棱角分明的探戈舞动作，给人以猛烈、果断、游动不定的感觉；弧线、S线的移动性队形则给人以柔和、流畅及开阔感。

几何图形移动性队形的特点与动作的关系：几何图形虽然千差万别，但都有相同的基本面和基本的运动轴，形成了几何图形的共性，又由于结构的不同，形成了各自不同的特点及个性。

圆形：包括大圆、中圆、小圆及复圆的图形。8对选手运用旋转或轻快富于小跳跃性的舞步，按同一方向同步移动，可带来柔和、轻快之感；同样的图形，4对选手沿逆时针方向、4

对选手沿着顺时针方向，按“8”字形进行移动；或4对选手以大圆向圆心移动、4对选手向外移动，使人眼花缭乱，产生灼热之感；小圆图形给人以紧凑集中之感，适宜做男女选手不同层次的静止造型动作，呈现出“间断”性的流畅之美感；以小圆到大圆的队形移动，一般运用旋转或幅度较大的动作，来完成从集中到扩散的对比形式的队形变化，使人产生一种行云流水的流动感。

结构较复杂的移动性队形，如“品”字形、十字形等，给人的视觉印象是8对选手似乎占据了场地的每个角落，体现了空间变化的广度；一些不规则、不对称的移动性队形，给人以游动不定、变幻的新奇感。

（4）队列舞队形变化的方式

直接变化：即一个队形直接变化成另一个队形。它是简单、变化最快的一种变换形式，给人以简洁、干净利落之感。如：从直线队形变成平行线队形。一些简单的队形经过巧妙的变化和组合可转换出丰富多样的队形与图案，如从三角形——圆形——两横排——一列横排——十字形，几乎是一动一个样，一步一个队形，图形排列清晰，过渡圆滑并合乎逻辑，产生奇妙的效果。

移动变化的形式：即从一个队形通过有规则地移动变化成另一个队形。这是队列舞中采用的行之有效的变化形式。其特点是队形前后衔接紧凑，具有起承转合的合理结构和承上启下的联系，从而贯通浑然一体，给人以“行云流水”般的流动美感。如：从纵队经弧线移动——横队——十字形，经移动——复圆——大圆——斜排与菱形的混合队形——斜排，经左右错肩行进——“品”字形，自始至终，包括多个队形，多方位的点、线与面的移动与变化，在连续不断的转换中，空间的运行路线没有阻隔与停顿的痕迹，一气呵成，展现出流畅之美感。

在常规编排中，直接变化的方式所占比例较小，但在成套队形变化的设计与编排中，两者必须紧密结合，相辅相成，才能体现“简”与“繁”、“静”与“动”的交替转换的对比效果。

第四节　体育舞蹈表演舞创编

一、体育舞蹈表演舞创编依据

（一）舞蹈创编理论的依据

体育舞蹈的创编活动，应该由理论指导实践，理论与实践相结合，才能够提高舞蹈质量。创编活动不能仅仅在舞池、练功房中进行实践，同时，还需要将编舞实践上升到理论高度。在我国舞蹈领域中，体育舞蹈创编的理论建设相对于现代舞、中国舞等舞种较为滞后。在体育舞蹈创编过程中，可以借鉴、引用舞蹈编导学科的相关理论知识，结合体育舞蹈不同舞种的属性与特点，从而更好地指导体育舞蹈创编实践活动。体育舞蹈创编理论，是通过对体育舞蹈创编活动的实践，经过抽象思维的归纳、总结、整理后而形成的理论指导，有利于更好地指导体育舞蹈实践活动。

（二）体育舞蹈舞种之间不同风格、特性的依据

体育舞蹈是一个“舶来品”，其中十个舞种背后所蕴藏的不同文化都与中国文化有着一定程度上的差异。比如，以“不争”为特点之一的“中庸和平”文化在中国有着很悠久的历史，一旦“中庸和平”的中国文化与体育舞蹈里面以取得优异成绩为目的的竞技特性相碰撞的话，就会产生巨大分歧。因此，在演绎体育舞蹈时，仅用中国传统文化的思维模式来表现体育舞蹈动作是欠妥当的。一个优秀的体育舞蹈选手、演员应该用中华民族优秀璀璨的文化来吸收和包容来源于欧洲与美洲的体育舞蹈的文化与特性。值得注意的是，这里所说的文化是广义的文化，它还包括由文化而表现出来的舞蹈风格与属性。在体育舞蹈创编领域里，时刻要将十支舞蹈的不同属性贯穿在竞技组合、套路或者表演舞创编的各个环节与过程之中。对于体育舞蹈竞技领域中的竞赛套路的创编也是如此。比如，对桑巴舞竞技组合的创编就要把握其热情、奔放、富有激情并且具有极大流动性的动作特点。如果没有对桑巴舞这些特有属性的准确把握，将伦巴舞柔情似水并且流动性较小的舞蹈动作编排到桑巴舞的竞技套路里面来演绎的话，那么，在抛开了桑巴舞特性之后的桑巴舞，它和伦巴舞的区别又在哪里呢？在体育舞蹈的表演舞的创编过程中更是如此。也就是说，从作品创编的开始到结束，不论是中心主题的确立、人物关系的设定还是编排手法的运用都要不断检查是否与体育舞蹈不同的舞种属性相符。假如，在某个体育舞蹈的表演舞创编过程中，人物与事件设定为一对情侣在晴天下幸福地漫步，这样的人物关系与情节设定就不适合用摩登舞中的探戈舞来进行演绎，因为这与探戈舞带有“攻击性”的特质并不相符，并且与人物关系和情节的设定也并不和谐。

（三）文学、戏剧、音乐、舞台美术等其他相关艺术的依据

不论是在电视、杂志上，还是在日常生活或者训练里面，我们总会眼见或者耳闻到一句话——“艺术是相互融会贯通的”。的确如此，不论是在体育领域还是在艺术领域，几乎没有任何一种项目是独立于其他项目而存在的。一个优秀的体育舞蹈组合、套路、作品需要多个艺术部门最大限度地发挥各自的作用，只有这样才能赢得观众的认可、裁判的好评。在由十支风格迥异的舞种汇总而成的体育舞蹈领域里，体育舞蹈选手、演员表达与描述的舞蹈动作，实际上是舞蹈背后所蕴藏的文化。比如，桑巴舞的激情来自于巴西开朗纳新、热情奔放的民风。又如，由于受到18世纪末法国大革命及其在欧洲各国的影响，以及工业革命的爆

发与工人阶级的大规模出现等因素的影响，作为在摩登舞中历史最悠久的华尔兹，其风格流畅、身体轻松自然、飘逸潇洒等特性征服了特别是包括法国人在内的欧洲人民。这些都是体育舞蹈背后所蕴藏的文化，当一对体育舞蹈选手在舞池中竞赛的时候，与其说两人在演绎体育舞蹈动作，不如说他们是在演绎体育舞蹈的文化。体育舞蹈与戏剧的关系主要体现在表演舞的舞蹈结构、舞蹈形式、舞蹈内容，它们都在一定程度上借鉴并吸收了戏剧的结构、形式、编排方法与手段等方面的经验与成果。出于增加体育舞蹈选手的竞技套路与表演舞的视觉效果、提升选手的竞赛成绩等目的，对舞台美术、灯光方面知识的了解与学习也是尤为重要的。在体育舞蹈竞技比赛中，通过一天的初赛、复赛、半决赛的激烈角逐，重要组别的决赛会被安排到晚上进行，由固定不变的白色灯光变为可以随选手移动而移动的彩色灯光，这种做法也极大地激发了选手表现的欲望，从而间接地提升了比赛的观赏性。

二、体育舞蹈表演舞创编的基本方法

（一）平衡法

平衡一词在不同的领域有着不同的定义，但对其“具有稳定状态”的解释却都能达成一致。在体育舞蹈中，对于平衡的诠释较为突出。如，男女舞伴人数上的平衡、男女阴阳性别上的平衡等。平衡法，是编导通过消除动作中非平衡性、不对称性、模糊性的手段来体现清晰意图的创编方法。这里所说的平衡，既指动作视觉效果上的对称平衡，也指动作流动与衔接的自然平衡。平衡法可以消除非平衡的构图，给观众、裁判脉络清晰的视觉效果。

（二）对比法

对比法是体育舞蹈创编活动中最常用且有效的方法。编导可通过不同类型的对比来体现创编意图。按差别的程度可分为以下四种对比，

1. 强烈对比，主要指反差程度强烈的形象之间或者动作之间的对比。

2. 微弱对比，主要指反差程度微弱的形象之间或者动作之间的对比。

3. 同类对比，主要指性质一样的形象之间或者动作之间的对比。

4. 非同类对比，主要指性质不同的形象之间或者动作之间的对比。

除了以上对比，还可以对动作要素进行处理。如通过对身体姿势、动作轨迹、动作时间、动作速度、动作力量、动作速率、动作节奏的处理来进一步体现编导所要表达的意图。如图所示，该图摘选自2014年WDSF世界表演舞锦标赛作品《春之祭》，这个表演舞主要讲述的内容是：源于古老部落对大地崇拜的一个祭祀传统，在每年春天献上纯洁的少女。选中的少女会被套上红色的舞裙，跳起献祭之舞，直至死去，她的躯体成为纯洁的灵魂，献给大地，献给春天。编导将这对表演舞选手设计成黑暗诡异的死神和被套上红舞裙无助绝望的少

女，在形象上形成强烈对比；死神跟随命运来到少女身边，以强有力的动作和占主导的动作位置不断地追逐和折磨她，与少女一直俯身挣扎和闪躲动作形成动作上强烈的对比，最终无论少女怎样挣扎，她仍然无法逃脱自己最终的使命，献上最后的生命之舞。

图5-4-1　表演舞《春之祭》

（三）重复法

重复法是最简单的创编方法，在对体育舞蹈的组合、套路、作品的创编活动中，要注意合理地使用该方法。所谓合理地使用，就是既不能因为大量的使用重复法从而导致枯燥无味的视觉效果，也不能因为不使用该方法而给观众与裁判造成不规范的感觉。在实际创编过程中，可以对单一动作、舞句、舞段进行完全重复或者不完全重复的处理。

（四）延伸法

延伸法是体育舞蹈创编中，在对于体育舞蹈动作以及作品的点缀效果上最明显的一种创编方法。在体育舞蹈创编活动中，延伸法与不同的舞种结合也会出现不同的效果。通过对体育舞蹈动作的延伸处理，可以将形态静止的动作变为“意境已远”的情感流露，这无疑对整个舞蹈的艺术表现力来说是一个巨大的提升。其实对动作的延伸处理在实践中屡见不鲜。以伦巴舞为例，一般情况下，体育舞蹈选手迈出步伐的节拍为一小节中的第二拍，第一拍并没有步伐，但经过对第一拍做延伸处理之后，不仅变成了放重心、对地板产生压力并且为第二拍迈步伐做准备的动作，而且将伦巴舞的柔情连贯、连绵不绝的舞蹈属性体现得淋漓尽致。

（五）比拟法

比拟法的使用，对于提高表演舞的艺术表现力、表达作品主题中心、塑造人物形象等方面都有着独特的效力。如下图所示，该图摘选自2013年世界表演舞锦标赛作品《我的作品是玛丽莲·梦露》，女表演选手最大限度地模仿了玛丽莲·梦露的形象，包括妆容、服装、表情和经典动作等。

图5-4-2　表演舞《我的作品是玛丽莲·梦露》

比拟法主要包括以下两种手段：

1. 模拟，用舞蹈动作模仿其他事物，再辅以舞台美术、服装、道具等部门的配合，易于树立鲜明的人物形象。如，用舞蹈动作对动物、植物的模拟。

2. 象征，以动作来象征某种思想。

（六）复合法

复合法是将舞蹈动作、组合、作品往更加立体、更加复杂的方向发展的创编方法。该方法既可以在体育舞蹈训练组合、竞赛套路、表演舞领域使用，也可以在体育舞蹈队列舞、舞剧中使用。主要方法有：

1. 并列，两人或多人在相同平面上做相同动作。

2. 分列，两人或多人在不同平面上做相同动作。

3. 连续，相同的动作，甲做完动作后，乙接着继续做动作。

4. 轮作，甲在做动作时，乙在节奏上晚一定的时间重复甲的动作。

5. 穿插，一个人或一部分人定点做动作的时候，一个人或者一部分人进行穿插流动。

（七）音乐法

音乐法，顾名思义就是根据音乐节奏、旋律上的变化发展，结合不同舞种的特点与属性或者作品主题来对体育舞蹈组合、套路、表演舞进行创编的编舞方法。音乐中的节奏与旋律等方面的变化，如节奏强弱的变化，上、下乐章旋律的变化都是创编过程中需要细心观察与捕捉的地方，将对舞蹈动作变化、情节发展的变化来与音乐相结合。

三、体育舞蹈表演舞的创编过程

体育舞蹈表演舞的创编活动，按时间顺序大致可以分为两个阶段，即抽象积累阶段和具体释放阶段，两个阶段相辅相成。抽象积累阶段更多的是对于作品的结构、形式、内容的潜在准备，也是对作品安排的计划、筹备，可以说该阶段是潜在统筹阶段。具体释放阶段是将上一个阶段的潜在积累释放并付诸于实践的阶段，不仅如此，通过创编活动的实践与创编信息的反馈，创编过程可以向更加合理、更符合逻辑的方向发展，这个过程的意义相当重大，在一部优秀的体育舞蹈作品中发挥着举足轻重的作用。一般来讲，在体育舞蹈表演舞作品、舞剧的创编之初，首先需要明确立意，由此衍生出人物、情节等部分，但对于观众来说却刚好相反。体育舞蹈观众在欣赏作品、舞剧时，首先是对舞蹈动作、舞台美术、演员服装等视觉形式产生兴趣，然后才会对情节产生兴趣继而对人物留下印象，最后才会对整个作品、舞剧的立意产生兴趣并进行思考。对作品、舞剧分析的意义在于通过编导与观众的互动使其产生反思、共鸣等效果，这也是体育舞蹈作品、舞剧的价值所在。

（一）抽象积累阶段

对于体育舞蹈表演舞的创编，不同于电影、电视剧、话剧等艺术形式的创编。电影、电视剧、话剧的导演会依照编剧者创作的剧本来进行艺术加工的创编活动，而体育舞蹈编导在一般情况下则是靠创作动机的产生来将自己带入到创编活动中。创编活动初期要有创作愿望，这是一种潜在的意识，可以是某种由实景产生的心理体验，也可以是某种感觉。随着创作过程时间的推移，创编的愿望就变成了创作动机，以某个现有的客观存在为契机，然后寻找可以利用的线索来进行创编。

以2012年世界体育舞蹈联合会世界表演舞锦标赛《辛德勒名单》为例，编导就以电影《辛德勒名单》为原型，给我们呈现了在杀戮中忘记自我的纳粹军官的人性之恶，犹太人在黑暗境遇里所散发的人性光辉，使得我们不得不思考——到底是什么使得人如此残杀同类，而在处于软弱处境的人如何挣扎着希望，目睹砍向他们的屠刀寒光？表演选手开场时的一袭“囚衣”和化妆渲染出来的造型保持令人咋舌，但是随着优美略带悲伤的曲目响起，选手排舞一气呵成，演绎了这对犹太恋人在黑暗的境遇里相互扶持的情景。他们没有多余花哨动作，却将最纯粹的感情体现得淋漓尽致，直到最后随着一阵枪声，两人双双倒地，成为战争的牺牲品。这部作品传达了编导渴望所有人和睦相处和渴望世界和平的情感，以及呼吁在场的观众爱好和平，远离战争的创作动机。

创作动机来源于对生活的积累，但并非漫无目的地体验生活，而应该在留心观察、体验生活基础上，善于发现可以用来创作的细节。如，对于生活中人们内心细小变化的观察，在创作时可以将细小的变化进行扩大、夸张处理，这样就变为表演舞里面具体人物的鲜明的性格特征，这对于塑造人物的形象感有着巨大帮助。

（二）具体释放阶段

在有了对创编作品的创作动机之后，就要回归到现实的创编环节，也就是如何将想要表达的内容顺畅、流利地呈现出来。这就是需要对作品结构、形式、内容进行构思、选择的阶段，即，具体释放阶段。

1. 选择适合的舞蹈结构来展现作品

舞蹈结构是舞蹈作品的框架，舞蹈编导通过它将舞蹈主体展现出来。体育舞蹈结构受制于多方面因素，如舞蹈主题、编导个人艺术修养、舞蹈演员的个人气质与艺术表现能力等。在体育舞蹈领域，十支舞蹈不同的属性与特点也是制约舞蹈结构的重要因素。值得注意的是，舞蹈结构并非是一成不变的模式，而它只是在实践与探索过程中总结出来的带有规律性的结构方式。常见的舞蹈结构有时空交错式舞蹈结构、戏剧冲突式舞蹈结构、舞蹈诗式舞蹈结构、改编式舞蹈结构、单人、双人、三人、群舞结构以及现代舞蹈结构。常见的舞蹈结构分以下几种：

（1）时空交错式舞蹈结构

主要以人物心理活动为核心，将时间与空间交织来表现舞蹈结构框架。在舞蹈作品中，以表现人物的心理活动为主，配合舞蹈动作内容来诠释舞蹈编导所想要表达的内容，因此，该舞蹈结构也称心理式舞蹈结构。在体育舞蹈中，还应结合体育舞蹈每支舞蹈不同的特点与属性来展现舞蹈作品的主题与内容。

（2）戏剧冲突式舞蹈结构

戏剧冲突式舞蹈结构，顾名思义，它是借助于文学、戏剧的结构形式，并且综合了戏剧、文学、音乐、舞蹈、舞台美术、灯光等多个部门的舞蹈结构。它既是传统舞剧结构，也是当今舞蹈作品、舞剧创作中使用较多的舞蹈结构。它的特点主要体现在“冲突”二字。戏剧冲突式舞蹈结构借助于戏剧式结构，按照戏剧冲突的原理来安排舞蹈作品的结构。主要以“矛盾冲突”为特点的情节为依据，通过其变化与发展来安排整个舞蹈作品的开始、发展、高潮、结尾等部分。

（3）舞蹈诗式舞蹈结构

舞蹈编导结合舞蹈特点、属性，在主题、人物塑造、舞美、灯光等多方面配合下，通过表演者的演绎为观众营造出诗境般的视听感受。该舞蹈结构多见于中国古典舞、中国民族民间舞等中国传统舞蹈。近几年，在中国体育舞蹈表演舞领域中，越来越多的舞蹈编导也在进行着与中国古典诗词文化结合的尝试。

（4）改编式舞蹈结构

改编式舞蹈结构指在文学、戏剧著作里面选取题材，以舞蹈作为载体的舞蹈结构。值得注意的是，在使用改编式舞蹈结构时，要尽量保留文学、戏剧原著的精髓内容与独特风格，做到精益求精，散发艺术亮点与魅力。相反，该舞蹈结构也并非是简单地照搬文学、戏剧原著。也就是说，再使用该舞蹈结构时应注意“改”与“留”的关系。

（5）单人、双人、三人以及群舞结构

单人、双人、三人以及群舞结构是以参与舞蹈作品表演人数的不同而划分的舞蹈结构。单人舞蹈结构，较于其他舞蹈结构更灵活，对于舞蹈演员的要求更为严格。单人舞蹈结构除了对舞蹈作品主题的诠释之外，更注重情景、情绪的表达，再辅助以高难度的技巧，从而达到区分于组合练习或者平庸之作的效果。舞蹈演员人数为双数的双人舞蹈结构，在塑造人物形象、特点并进行人物、情节冲突方面较单人舞有着天然的优势，再加入不同舞蹈的特点、属性，能够产生更为强烈的戏剧效果，给观众留下深刻印象。三人舞蹈结构在双人舞蹈结构的基础上，又对舞蹈创编的空间、时间等方面提出了新的要求。同时，也对于一般情况下只有双人演绎的体育舞蹈发出了新的挑战。群舞结构不同于单人、双人、三人舞蹈结构，也并非是将单人、双人、三人舞蹈结构进行简单的复制与叠加，群舞结构在营造与烘托气氛、抒发人物情感和情节的演绎方面有着不可或缺的作用和影响。

（6）现代舞蹈结构

现代舞蹈结构从思维、形式、内容上都对传统的舞蹈结构模式造成了一定程度上的影响。由于受到意识流的结构方式影响，在该舞蹈结构形成的初期并非被观众完全接受，该舞蹈结构也在从“过于晦涩”到“合情合理”的道路上逐渐地成熟起来。该舞蹈结构对我国中国舞、芭蕾舞等舞种产生了一定程度上的影响。近年来，在体育舞蹈领域中也出现了现代舞编导来创编体育舞蹈表演舞，并且在国内、国际大赛上取得优异成绩的现象，这也反映出现代舞蹈结构对体育舞蹈所产生的积极影响与作用。

以本章前面提到的表演舞《我的作品是玛丽莲·梦露》为例，其内容和展现形式都非常别出心裁，编导以一名雕刻师对玛丽莲雕像的雕刻过程作为引子，雕像在不断的雕琢和加工之中变得栩栩如生，使得这位痴迷于自己作品的疯狂艺术家陷入了一系列的幻想之中，从而开始过渡到玛丽莲与之前几位情人的悲惨的情感纠葛之中。这个表演舞将拉丁舞和大量的现代舞元素融合在一起，例如：选手一气呵成的托举双人技巧，几次将整个舞蹈的情绪推向高潮，使得高涨的情绪与之后玛丽莲接近崩溃的低落情绪形成强烈的对比，起到了再次烘托玛丽莲遭遇的悲惨和人生种种跌宕起伏的作用，最后用玛丽莲雕像摔碎作为整个舞蹈的结尾也预示着玛丽莲的死亡。这样的结尾方式十分创新也非常符合现代人的思维方式，众所周知的玛丽莲·梦露离奇死亡之谜至今还未解开，编导无法设定一个死法来篡改历史，最终巧妙地用雕像摔碎的方式回归到主题，让观众从玛丽莲身世中抽离出来，明白这只是一个雕塑。

图5-4-3　表演舞《我的作品是玛丽莲·梦露》

2. 选择适合的表现形式来呈现作品

在确定了作品结构之后，编导需要根据所要表达的内容来选择表现形式。舞蹈表现形式，简而言之，就是以何种方式将舞蹈作品呈现给观众。同样的舞蹈内容在不同的舞蹈表现形式下，就会呈现给观众截然不同的感官效果和心理体验。选择适合舞蹈的表现形式对于体育舞蹈来说尤为重要，如果选择不当则会对体育舞蹈选手、演员的比赛成绩造成消极的影响。常见的表现形式有三种，分别为叙事性的舞蹈表现形式、现实性的舞蹈表现形式、超现实性的舞蹈表现形式。

（1）叙事性的舞蹈表现形式

叙事性的舞蹈表现形式，顾名思义，就是带有叙事、说明、情节性的舞蹈表现方式，以舞蹈为载体并将情节内容呈现给观众。也就是说，每个舞蹈动作就像文章中的文字，每个舞句就好比文章中的语句，每个舞段就好似那文章中的自然段，舞者用肢体语言将某个故事、事件诉说给观众。整个舞蹈作品随着某个故事情节而开始、发展、高潮、结束。叙事性的舞蹈表现形式在体育舞蹈的表演舞领域使用较多，但是在体育舞蹈竞赛中，在看似为争取竞赛成绩的竞技套路里面，不同舞种的文化、属性、特点等因素的客观存在，实际上也是在为观众诉说着某种情节、故事。以伦巴舞为例，由于伦巴舞较其他四个舞种慢的音乐特征和伦巴舞特有的柔性似水的特征，两位体育舞蹈选手在舞池中演绎的竞赛套路，就仿佛在向观众诉说着两人相遇、相知、相恋的感情历程，使观众陶醉其中。

（2）现实性的舞蹈表现形式

如果说舞蹈作品好比是一篇文章，那么叙事性的舞蹈表现形式就如同是文章中的记叙文，而现实性的舞蹈表现形式就如同是形散神聚的抒情散文，让观众在欣赏该类舞蹈作品时，随着作品中的情感挥发而得到情感的体验，感受到情绪的变化与发展。但值得注意的是，并非叙事性舞蹈表现形式中没有情感的抒发，也并非现实性的舞蹈表现形式没有叙事的功能，而是看叙事与抒发情感在整个舞蹈作品中所占有的比重。换言之，抒发情绪情感在整个作品中所占比例较大，且舞蹈动作都是为情感的抒发所服务时，才被归为现实性舞蹈表现形式。

以2014年世界表演舞锦标赛冠军《粉色丝带》为例，编导即女选手Elena创作这个作品的灵感源于她的父亲患过癌症，经过全家努力，他的身体慢慢恢复和痊愈的经历。她间接地用一个女孩患癌症以后，身体极度虚弱、情绪消极而低落，可她的恋人却一直在身边支持着她，共同战胜了病魔，最后女孩的头巾落下，露出健康头发的表演，表达对自己父亲的爱和珍惜。在舞蹈的前半部分，音乐极度忧伤，女选手在地上挣扎，抒发着痛苦悲伤的感情，现场一片寂静；后半部分，男选手一直守护着她，两人共同与病魔战斗，抒发了充满斗志和力量的情感。对于内心情感表达与抒发的现实性超过了叙事性，因此，该作品被视为现实性的舞蹈表现形式作品之一。

（3）超现实性的舞蹈表现形式

超现实性的舞蹈表现形式很难用文字性的语言来给它下一个准确的定义，只有通过现有的舞蹈表演方式、舞步动作来寻找超现实性的舞蹈表现形式的蛛丝马迹，因此，部分学者也将超现实的舞蹈表现方式称为抽象式的舞蹈表现形式。该舞蹈表现形式手法多样，在现代舞的创编中有很大的施展空间。但在体育舞蹈领域，由于体育舞蹈不同舞种特有的属性与特质，以及双人引带与步伐有一定的程式化模式可循，因此，将超现实的舞蹈表现形式与体育舞蹈结合还是有相当大的难度。试想一下，如果使用该舞蹈表现形式编排体育舞蹈的竞赛套路并让选手参加竞技比赛，在抛开了竞技套路的模式之后，剩下的只是抽象的意识与舞伴之间的引带关系，那么选手的竞赛成绩又会怎么样呢？当然了，将体育舞蹈的表演舞与该舞蹈表现形式相结合的尝试越来越多，也势必将会为体育舞蹈融入更新鲜的艺术灵感，为体育舞蹈爱好者、观众奉献上耳目一新的视听盛宴。

3. 呈现体育舞蹈表演舞的内容

体育舞蹈表演舞的内容是整个作品的核心，也是留在观众心中印象最深刻的部分。内容的创编主要包括三个部分，分别为清晰的人物设定、符合逻辑的情节、合理的布置。

（1）清晰的人物设定

世界上不存在完全相同的两个人，这是每个人由于先天遗传或者后天生活环境的不同等因素造成的结果。作品中的人物也应该有着鲜明的艺术形象。对于人物的设定，编导可以将外形、思想、性格等方面的不同在体育舞蹈表演舞作品中进行夸张、扩大处理，并以体育舞蹈动作为载体呈现给观众。以人的不同性格为例，天真单纯的性格可以通过牛仔舞的动作语汇体现出来，古怪暴躁的性格则适合探戈舞的动作语汇来表现。清晰的人物设定虽然是明确、紧扣主题的第一步，但却可以使整个舞蹈作品的审美价值有极大提升。

（2）符合逻辑的情节

情节是将人物连接起来的纽带，不论人物的设定多么清晰，如果没有了相互关系的情节，那么整个作品会像白开水一般没有味道。符合逻辑的情节可以说明所塑造的人物之间的相互关系。在情节的安排下，人物之间矛盾、同情、反感等相互关系，同样可以通过体育舞蹈的语汇呈现出来。如，纠结、矛盾的情节可以通过伦巴舞中双人配合的推拉引带来体现，斗争、对立的情节则可以通过斗牛舞富有力量感的动作来进行表达。同时，对于情节的表达也要随着其开始、发展、高潮、结尾的顺序进行合理的演绎，以便将情节内容清晰地展示给观众。

（3）合理的布置

合理的布置是体育舞蹈表演舞内容的重要组成部分，也关系到整个作品反映现实生活的深浅程度以及艺术价值的高低。一个体育舞蹈作品，在短短的几分钟内将想要表达的主题思想、情节呈现给观众，确实有着很大的难度。合理的布置应该在突出作品主题的情况下，对人物角色及其相互关系、剧情情节的发展过程等各个细枝末节都进行有效的布置。

（三）使用舞美、灯光等部门来配合作品

一部优秀的体育舞蹈作品一定有着很强的艺术表现力，具体表现为其独特的画面感会给观众、裁判留下深刻的印象，这与舞台美术、灯光等部门的“增光添彩”有着极大关系。舞台美术部门不仅赋予了整个作品的画面感，而且对于表明作品主题、刻画人物形象、体现人物关系、呈现作品剧情都有着独特的作用。灯光部门不仅提供照明，而且为舞蹈提供独特的灯光配合，使观众判断根据其变化来获得某些提示，进一步深化观赏者对作品的感受与体会。

思考题

1. 掌握标准舞和拉丁舞的音乐节奏和速率。
2. 了解体育舞蹈空间的分类和空间布局。
3. 体育舞蹈教学训练组合的创编特点是什么？
4. 单人教学训练组合创编和双人教学训练组合创编的创编内容和方法是什么？
5. 体育舞蹈教学训练组合的创编手段与形式有哪些？

6. 如何进行体育舞蹈比赛成套动作的创编？

7. 体育舞蹈队列舞编排的技巧和艺术手法有哪些？

8. 体育舞蹈表演舞创编的基本方法有哪些？

9. 体育舞蹈表演舞创编方法使用的基本原则有哪些？

参考文献

[1]Pomer, J.Dance. Composition An Interrelated Arts Approach[M].New Zealand: Human Kinetics, 2009.

[2]Bernasconi, J.C.&Nancy.E.Smith.Aerial Dance[M]. New Zealand: Human Kinetics, 2008.

[3]Minton. S.C.Choreography[M].New Zealand: Human Kinetics, 2007.

第六章
体育舞蹈的生物科学基础

本章目标

体育舞蹈是人体美的一种展示形式和过程，涉及人体的运动系统、心肺功能以及能量供应等多方面的内容。针对在体育舞蹈技能学习、竞赛中出现的普遍现象和问题，强化对体育舞蹈相关生物科学知识的学习非常必要。本章重点介绍与体育舞蹈相关的解剖学、生理学、生物力学和生物化学等方面的知识，对相关学科在体育舞蹈运动中的合理应用进行分析与指导，使学生了解与体育舞蹈有关的生物科学知识，有效提高体育舞蹈学习与训练的科学化水平。

关键词

体育舞蹈解剖学　体育舞蹈生理学　体育舞蹈生物力学　体育舞蹈生物化学

第一节　体育舞蹈运动的解剖学基础

体育舞蹈，作为一个运动项目，不单是一项运动技能，更是一种流畅的美。美国运动训练学专家Vern Gambetta在其《竞技能力的全面发展：身体功能训练的艺术与科学》中指出，在身体功能训练之路上，成功者大都是非常了解运动动作的，他们能够感觉并清楚地知道身体各部分是如何运动的，更重要的是他们懂得身体如何有效地运动，他们中不乏教练、运动员、艺术家、舞蹈家、理疗师或者运动科学家。要想更好地通过练习体育舞蹈增强体质、促进健康，增加美感，更好地展示人体的美和体育舞蹈项目的魅力，无论习舞者本人还是教练员，都必须了解与人体有关的生物学知识，了解人体的结构、功能和特性，进而更好地掌握体育舞蹈训练的方法和体育舞蹈的技术。

一、人体解剖学的相关内容

1. 解剖学姿势

身体直立，两眼平视前方，足尖朝前；上肢垂于躯干两侧，掌心朝向前方。

2. 解剖学常用的方位术语

上和下：按解剖学姿势，头居上，足在下。近头侧为上，远头侧为下。在四肢则常用近侧、远侧描述部位间的关系，即靠近躯干的根部为近侧，而相对距离较远或末端的部位为远侧。

前和后：靠身体腹面者为前，而靠背面为后。在描述手时则常用掌侧和背侧。

内侧和外侧：以身体的中线为准，距中线近者为内侧，离中线相对远者为外侧。

描述上肢的结构时，由于前臂尺骨、桡骨并列，尺骨在内侧，桡骨在外侧，故可以用尺侧代替内侧，用桡侧代替外侧。下肢小腿部有胫骨、腓骨并列，胫骨在内侧，腓骨居外侧，故又可用胫侧和腓侧称之。

内和外：用以表示某些结构和腔的关系，应注意与内侧和外侧区分。

浅和深：靠近体表的部分叫浅，相对深入潜居于内部的部分叫深。

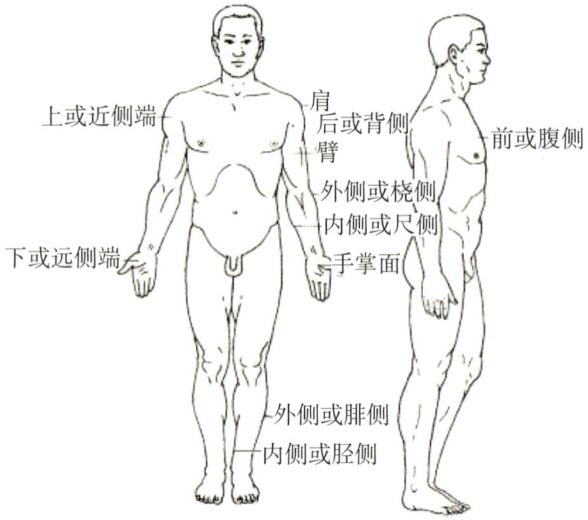

图6-1-1　解剖学姿势、常用方位术语

3. 轴和面（身体动作和解剖学）

标准舞和拉丁舞的演变在动力学方面产生了显著的差异，表现在每支舞的移动量和整体视觉效果上。近些年的体育舞蹈竞技特性的迅猛发展着重体现在标准舞对于身体上半部分的使用，并不仅仅局限于脚和腿部的使用。身体运动是至关重要的，不仅使身体线条更修长、更挺拔，而且也增加了舞伴间的连接，并在运动中展现出轻盈的效果；而拉丁舞则更多地关注各种面和轴的综合快速地的多向变化运动，在身体拧转的基础上，追求运动效率的最大化。

“身体动作”涉及身体上半部分的所有动作。主要可分为三类：旋转（扭转）、倾斜和延伸。为了理解这些动作的产生，有必要介绍一些基本的人体解剖学概念。

在解剖学中，人体被定义为三种假想的运动平面：

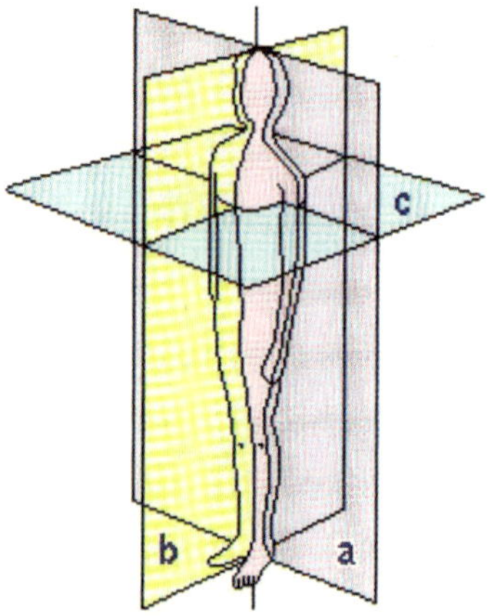

a.额状面（冠状面）；b.矢状面；c.水平面（横断面）

图6-1-2　人体的运动平面

每个平面由定义在三维空间中的平面位置上的两个轴构成。三个假设轴分别是：垂直轴、矢状轴和水平轴。

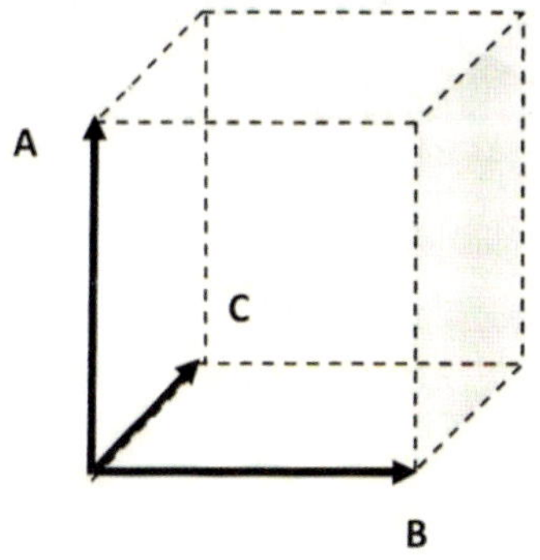

A.垂直轴；B.水平轴；C.矢状轴

图6-1-3　三个假设轴

在每种组合中，第三根轴（非该平面的结构构成轴）贯穿该面，成为该平面的运动轴。

（1）额状面（冠状面）

冠状面是指：将身体分为前后部分的任意一垂直面。由垂直轴和水平轴组成，被矢状轴贯穿。垂直面可以以矢状轴为定点，绕矢壮轴旋转。在舞蹈动作中，垂直面绕矢壮轴的运动被称为倾斜。

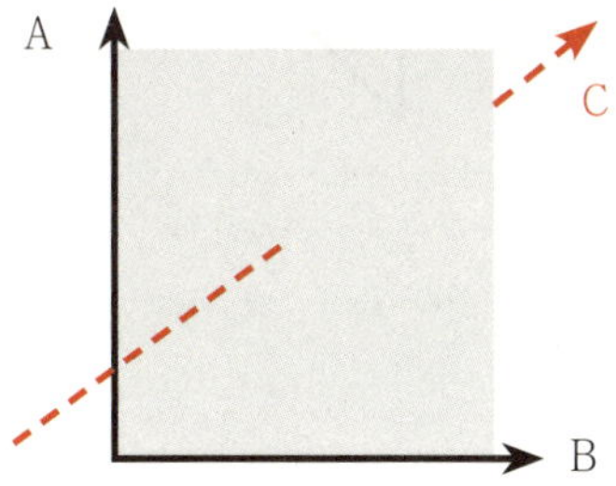

A.垂直轴；B.水平轴；C.矢状轴（运动轴）

图6-1-4　额状面

（2）水平面（横断面）

水平面是指将身体分为上下两部分的任意一平面，由水平轴和矢状轴组成，被垂直轴穿过，并可以以垂直轴为定点旋转。水平面绕垂直轴的运动被称为转动。

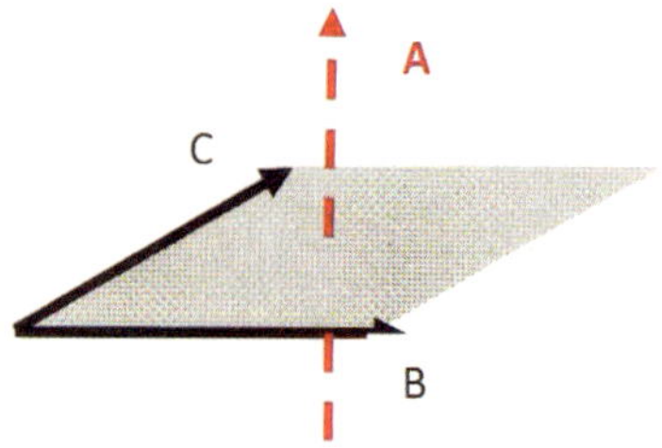

A.垂直轴（运动轴）；B.水平轴；C.矢状轴

图6-1-5　水平面

（3）矢状面

矢状面是指把身体分为左右两个部分的任意一平面，由垂直轴和矢状轴组成，被水平轴穿过，并可以以水平轴为定点旋转。舞蹈中，矢状面绕水平轴的运动称为伸展和弯曲（俯屈）

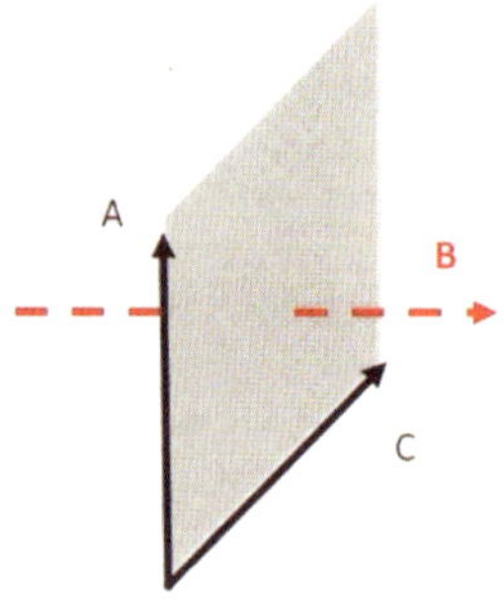

A.垂直轴；B.水平轴（运动轴）；C.矢状轴

图6-1-6　矢状面

4. 关节的运动

运动环节是指：能够绕关节运动轴进行运动的肢体，如上臂可绕肩关节的矢状轴做内收外展运动，小腿可绕膝关节的额状轴作屈伸运动等，此时的上臂和小腿就称为运动环节。环节与关节之间既有区别又有联系，环节是运动的杠杆，关节是杠杆运动的支点，环节以关节为支点进行运动。

人体的运动复杂多变，从解剖学角度，人体的各种运动都可以简化为运动环节在三个基本面上、绕三个基本轴的运动。关节的运动有屈伸、外展内收、旋转和环转等四种基本形式。

（1）屈伸

屈伸是运动环节在矢状面内绕冠状轴的运动。一般是向前运动为屈，向后运动为伸；但膝关节和足关节的屈伸运动方向相反；骨盆的“屈伸” 运动另称为前倾、后倾。

（2）外展内收

外展内收是运动环节在冠状面内绕矢状轴的运动。一般是运动环节的末端远离身体正中面运动为外展，靠近正中面运动为内收；但头和脊柱则为向左、右侧屈；骨盆为向左、右侧倾。

（3）旋转

旋转是运动环节在水平面内绕垂直轴的运动。一般是运动环节向前向内旋转为旋前（内），向后向外旋转为旋后（外）；头、脊柱和骨盆则为向左、右旋转。

（4）环转

环转是运动环节以近侧端的关节为支点，绕冠状轴、矢状轴以及它们之间的中间轴进行连续运动，环节的远侧端做圆周运动，整个环节的运动轨迹为一个圆锥体。

此外，运动环节还可在水平面内绕垂直轴完成水平屈（向前）、水平伸（向后）的运动。例如，上臂外展90° 后，以肩关节为支点，可完成水平屈、水平伸运动。

（5）拧转

舞者的肩部和髋关节不在一条直线上的所有动作都可称为“拧转”。

通常来讲，这种变化发生于肩部相对于胯部的转动，但是也可能形成于胯部和脚部相对于肩部的转动（在没有转度的舞步中，拧转只能由髋关节做出）。这两种转动混在一起的情况也是存在的（例如：帚形步）。

从解剖学讲，围绕着矢状轴涉及的各个关节的转动，通常在舞者体内形成一种扭转。这种扭转是由成对角线的身体正前面和背面的肌肉链制造出来的。

在下面的图6-1-7a中，描绘了肩部的假想线相对于髋关节的假想线的位置关系，在图6-1-7b中，则描绘了髋关节相对于肩部的关系。

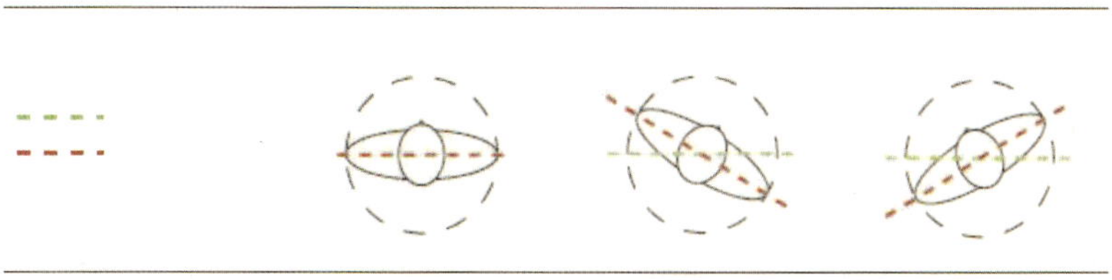

图6-1-7a 肩部相对于髋关节的转动

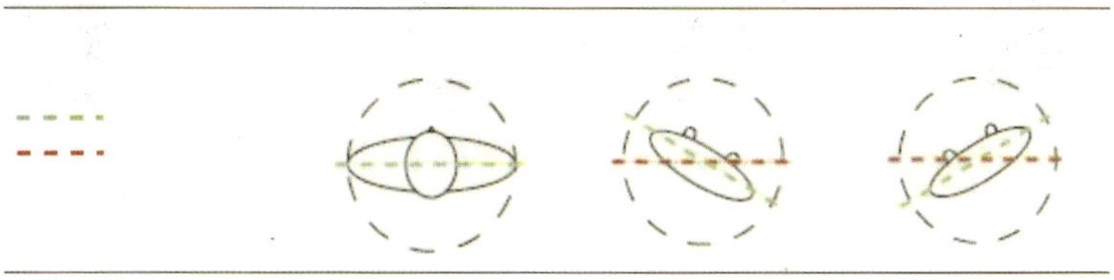

图6-1-7b 髋关节相对于肩部的转动

拧转主要用于产生身体的反身动作，以及与舞伴产生引带跟随关系，并且形成舞步必要的身体动力。一般来说，拧动能提高动作稳定性，增进配合度和有利于展现舞伴两人的姿势形态。

二、解剖学在体育舞蹈中的应用

下面以拉丁舞中髋部运动环节来举例说明解剖学在体育舞蹈中的应用。

（一）髋部路线

髋部路线是指在每步的运行中，髋部的大致运行轨迹，每一个髋部路线都是整个骨盆结构的一个或多个组合运动。

1. 髋部可以有四个运动方式

（1）额面横移

图6-1-8（1）和图6-1-8（2）展示了向右和左的横移（正面视图）。如红线所示，相对于肩线而言（黄色点线标示），髋部向旁移动，没有转动和倾斜。

（2）额面倾斜

图6-1-8（3）和图6-1-8（4）代表了向左和向右的倾斜（正面视图）。如红线所标，一侧髂嵴比另一侧的低。这个位置可以通过将身体重量转移到一条腿上，并弯曲另一侧膝部而形成。髋部既无横移也不转动。

（3）横断面转动

图6-1-8（5）和图6-1-8（6）分别代表了髋向左和右的拧转（正面视图）。髋部在肩下转动，形成躯干的扭转。

（4）矢状面前倾和后倾

图6-1-8（7）和图6-1-8（8）分别代表髋部前倾和后倾。在（7）中，腰椎弯曲被夸张了，胸椎背部区域被中和。（8）中，胸椎背凸被夸张了，腰椎区域脊柱前凸被中和。还需要注意的是，髋部的后倾总是与腹部肌肉收缩相结合。

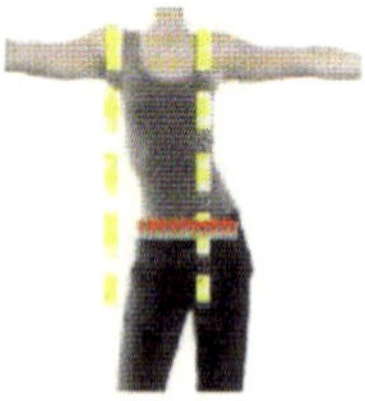
（1）

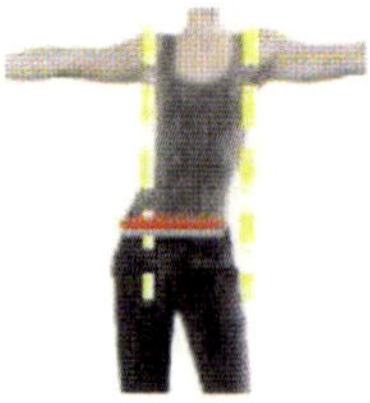
（2）

（3）

（4）

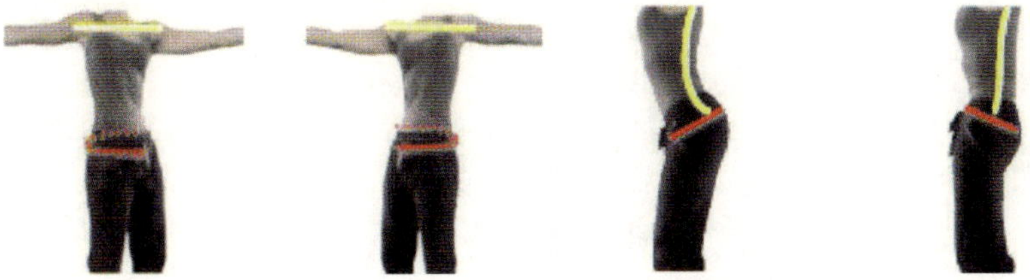

（5）　（6）　（7）　（8）

图6-1-8　髋部的四个运动方式

2. 常用髋部路线

髋部路线由上述简单运动组合而成。理论上，有多种可能的髋部路线，且高级舞者可以使用任何一种来达到编排或机体运转的目的。

（1）8字胯

8字胯是髋部在横断面上，拧转和横移的动作组合。

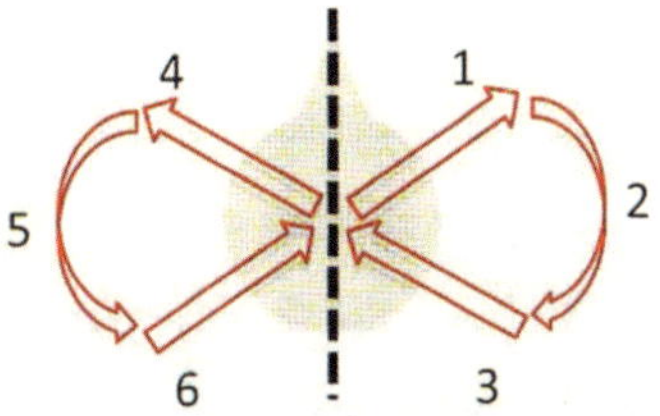

图6-1-9　8字胯

表6-1-1　8字胯的运动步骤

步骤		骨盆运动
开始位置		从中间位置向左拧转
1	向右的半个8字	向右斜前方横移，并保持向左拧转
2		向右拧转
3		向左斜前方横移，并保持向右拧转，至躯干坚持竖直状态
4	向左的半个8字	继续向左斜前方横移，并保持向右拧转
5		向左拧转
6		向右斜前方横移，并保持向左拧转，至躯干坚持竖直状态

根据所跳舞步的不同，也为了运动的流畅性和协调感，在步骤3和6时，将使用一定幅度骨盆前倾动作，在步骤1和4时，使用骨盆后倾动作。

在某些情况下，8字胯只做到中间位置（步骤1和2，或4和5）。这种情况时的运行路线被称为“向左 / 向右的1/4个8字”。

（2）反8字胯

在横断面上，髋部拧转和横移动作的组合。

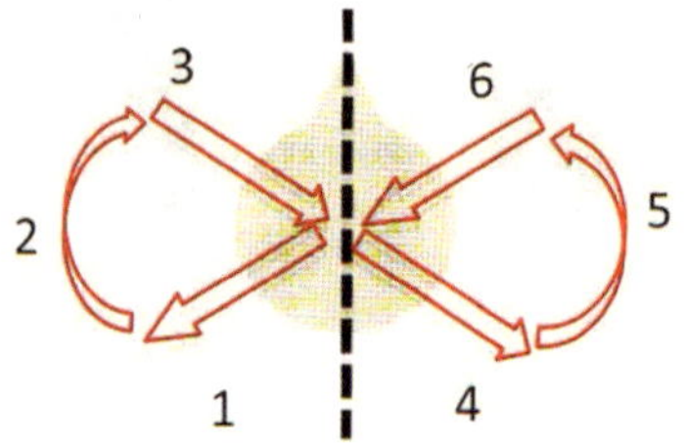

图6-1-10　反8字胯

表6-1-2　反8字胯的运动步骤

步骤		骨盆运动
开始位置		从中间位置向左拧转
1	向左的半个反8字	向左斜后方横移，并保持向左拧转
2		向右拧转
3		向右斜后方横移，至躯干坚持竖直状态
4	向右的半个反8字	继续向右斜后方横移，并保持向右拧转
5		向左拧转
6		向左斜后方横移，并保持向左拧转，至躯干坚持竖直状态

由于所跳舞步的不同，也为了运动的流畅性和协调感，在步骤1和4时，将使用一定幅度骨盆前倾动作，在步骤3和6时，使用骨盆后倾动作。

（3）斜拧

斜拧是拧转和倾斜的结合，当髋部向右拧转时，同时微向左倾斜。当髋部向左拧转时，同时微向右倾斜。

（4）画圈

髋部的画圈动作使用了移动，倾斜，前倾和后倾。

（5）前半圈（向前的1／2圈）

从左向右或从右向左的半个圈，经身体前方，包含一个向前的骨盆倾斜。

（6）后半圈（向后的1／2圈）

从左向右或从右向左的半个圈，经身体后方，包含一个向后的骨盆倾斜。

（7）右半圈

从前至后或从后至前的半个圈，经身体右侧。

（8）左半圈

从前至后或从后至前的半个圈，经身体左侧。

（9）骨盆倾斜

骨盆可向前，向后，向斜或向旁倾斜，是骨盆前倾和后倾的直接结果。

表6-1-3　骨盆前倾

方向	描述
向前的骨盆倾斜（斜向左或右）	骨盆后倾的结果 当髋部做对角线方向运动时，它还将向指定一侧髋的方向拧转。
向后的骨盆倾斜（斜向左或右）	骨盆前倾的结果 当髋部向斜方向运行时，它还将向指定一侧髋的方向拧转
向旁的骨盆倾斜	当一侧髋相对另一侧被升高时，骨盆倾斜。

（10）倾斜

倾斜是骨盆的一个位置，即一侧髋相对放低。这只有在重量100%放到主力腿上时，或一侧膝盖比另一侧弯曲很多时才能完成。

（11）扭转

扭转是骨盆向左或向右拧转的直接结果。

表6-1-4　胯部动作常用名称

胯部动作常用简称			
Half 8 to L	向左的半个8字	Qtr 8 to R	向右1/4个8字
Half 8 to R	向右的半个8字	R	向右
Half Rev 8 to L	向左的半个反8字	L	向左
Half Rev 8 to R	向右的半个反8字	Diag	向斜的
Qtr 8 to L	向左1/4个8字	Fwd	向前的

3. 髋部肌肉动作

髋部肌肉动作决定髋被控制的程度。根据五种拉丁美洲舞的不同特性，以及通过地板时运动的不同的速度和程度，不同的髋部肌肉动作将被用于不同的步型和舞种中：

表6-1-5　髋部肌肉动作在不同步型与舞种中的运用

放下	髋部被用于完全的重量转换时，并要达到最大的运动幅度，同时伴随着髋部向肩线范围外尽可能移动。所有舞都会用到，尤以伦巴舞常见。
提起	通过增加使用腹部肌肉来完成髋部的运动，并不严格要求重心转换。髋要尽量保持在肩线内。这一类型的髋部肌肉动作在五支舞都很常见。
摆荡	髋在很低程度的肌肉紧张度内自由运动；通常在以身体为中轴的钟摆动作中使用。这个动作常常被用于产生过度平衡状态，尤其在牛仔舞中很常用。

髋和身体的使用是现代拉丁美洲舞最主要的发展内容。髋部肌肉动作构建髋部路线运行，制造髋和骨盆区域流畅的、高协调的运动，在当今的拉丁美洲舞中广泛使用。

如前面章节所述，有三种基本的髋部路线运行构建方式，每一种都能通过使用上述任意一种髋部肌肉动作来完成：

（1）横移——髋部区域从中间位置向左或向右的移动，同时保持髋与地板平行，是在额状面上产生的运动。

（2）拧转——通过身体里的扭转，相对于躯干和双脚而言，髋绕着它的垂直轴拧转，是在水平面上产生的运动。

（3）前倾 / 后倾（向前倾斜 / 向后倾斜）骨盆区域向前或向后倾斜，是在矢状面上产生的运动。

4. 关节的柔韧性以及关节柔韧性在体育舞蹈中的应用

柔韧素质是指人体关节在不同方向上的运动能力以及肌肉、韧带等软组织的伸展能力，简而言之可以是运动时关节活动的范围或幅度。关节运动幅度指运动环节绕某一关节运动轴，从动作开始至结束进行转动的最大活动范围，通常用角度来表示。关节运动幅度是评定柔韧素质的重要指标之一，影响和决定动作的完成质量，尤其是对需要人体大幅度运动的动作更为重要。对于体育舞蹈而言，肩关节、脊柱和髋关节的柔韧性和机能尤其重要。一般情况下，柔韧性越好，动作越协调、舒展和优美。柔韧素质的发展对于提高动作的质量，增强肌肉的力量和速度，减少肌肉酸疼以及避免肌肉损伤等具有良好的作用。

（1）柔韧素质的分类

根据肌肉的收缩特点，可划分为动力性柔韧和静力性柔韧；根据柔韧素质和专项运动的关系，可划分为一般柔韧素质和专项柔韧素质。其中，一般性柔韧素质是指机体中主要关节的活动幅度或范围，如肩、膝、髋等关节的活动等；专门性柔韧素质是指专项运动中所需要的特殊柔韧素质，专门性柔韧素质是学习和掌握专项运动技术的必要条件。

（2）柔韧素质的生物学基础

① 肌肉、韧带及肌腱的伸展性

肌肉、韧带及肌腱的伸展性不仅与年龄和性别有关，而且与肌肉的温度有关，准备活动可提高肌肉的温度，降低肌肉内部的粘滞性，提高肌肉的伸展性，有利于柔韧性的提高；肢体某个运动环节的原动肌力量大、对抗肌的协调放松能力强，关节运动幅度较大；反之则较小。

② 关节周围组织

关节周围组织，如脂肪、结缔组织及肌肉等是影响柔韧性的重要因素，关节周围组织的体积过大可影响邻近关节的活动范围，使柔韧性降低。关节周围肌肉的体积小、伸展性好，关节运动幅度较大；反之则较小。

③ 神经系统的调节能力

神经系统对骨骼肌的调节能力主要表现在：主动肌与对抗肌之间的协调关系，肌肉收缩与放松能力，尤其是对抗肌的放松能力等方面。神经调节能力的改善，有利于降低对抗肌的阻力，增大关节的活动范围，提高柔韧性；

④ 关节结构

由于关节结构是依据人体生长发育规律的需要而形成的，因此具有较高的遗传性，是影响柔韧性诸因素中最不容易改变的因素。尽管运动训练可使关节发生一定的变化，如软骨增厚等。但这种变化极其有限。影响关节运动幅度的主要解剖学因素如下：

● 关节头与关节窝之间的面积差：面积差越大，关节运动幅度越大；反之则较小。

● 关节囊的厚薄与松紧度：关节囊薄而松弛，关节运动幅度较大；反之则较小。

● 韧带的多少与强弱：韧带少而弱，关节运动幅度较大；反之则较小。

● 关节周围的骨结构：关节周围的骨突起小，关节运动幅度较大；

骨突起大则运动幅度较小，如股骨大转子。

（3）关节柔韧性在体育舞蹈中的应用

在体育舞蹈中，肩关节、脊柱和髋关节的柔韧性非常重要。例如，标准舞中，女选手将颈、胸、腰的左前侧尽量拉长，展现出颈部、肩部和胸腰部的优美曲线。拉丁舞中，男女选手最大幅度地摆动髋部，给人以强烈的视觉冲击。拉丁舞动作中双足的外旋，使其动作更显舒展。这些动作对身体的柔韧性提出很高的要求。

① 脊柱和肩关节的柔韧性和在体育舞蹈中的应用。成年人的脊柱，由24块椎骨、1块骶骨、尾骨以及其间的椎间盘和韧带组成。

人的脊柱有23块椎间盘，约占整个脊柱长度的1/4，椎间盘由三部分组成：

● 软骨板，位于上下面，并与上下椎体相连；

● 髓核，位于软骨板之间的胶胨样物质；

● 纤维环，包绕于髓核外部，由相互交错的坚实的纤维构成，具有一定弹性，脊柱运动是在肌肉作用下，通过椎间关节的运动和椎间盘的变形实现的。在直立状态下，椎间盘受到很大的挤压力。人体脊柱从侧面看，有4个生理弯曲，分别是颈曲、胸曲、腰曲、骶曲。由于前3个弯曲的存在，在直立状态下，有更大的纵向的弹性，更有效地缓冲了来自于骶骨向上的压力。

标准舞中，女选手将颈、胸、腰的左前侧尽量拉长，展现出颈部，肩部和胸腰部的优美曲线。这就要求选手有较好的胸腰柔韧性。所谓胸腰，普遍认为是胸段脊柱的后伸能力，后伸幅度越大，胸腰越好。这种认识被认为是片面的。胸段脊柱由于前面有胸廓后面有脊突，后伸幅度受限。影像学检查结果指出，胸腰好的人，除胸段脊柱的后伸能力强外，主要在于其肩胛带大幅度后缩，同时，带动上臂水平外展。所以，胸腰的训练，除改善胸段脊柱后伸能力外，重点应放在肩胛带的后缩能力和肩关节的水平外展能力上。

拉丁舞动作中，选手的髋部大幅度运动，表面上看来是由于腰椎的运动形成的，而通过进一步对脊柱运动情况观察会发现，大幅度的髋部运动，依赖于胸椎的运动能力和它前面胸廓的变形能力。所以在做拉丁舞的髋部动作时，应尽量将整个脊柱动员起来，动员的脊柱越多，越有利于髋部的大幅度运动。这依赖于胸部、腹部、背部多组肌群的协调配合才能完成。如果过分强调腰腹肌的作用而忽视胸背部肌肉的作用，不但动作幅度受限，同时会导致过早的疲劳和动作僵硬。

② 髋关节柔韧性在体育舞蹈中的应用。髋关节由髋骨的髋臼和股骨头组成，是典型的球窝关节。髋关节可绕三个运动轴做屈伸、展收、回旋、水平屈伸、环转运动。由于髋关节囊较厚、紧张，关节窝深，并受到很多韧带加固，所以髋关节较坚固，灵活性较小。在拉丁舞动作中，多数动作是在髋关节外旋姿态下完成的。需要引起注意的是，双足的外旋，是髋关节外旋形成的。膝关节在伸直状态下，由于周围韧带和肌肉的牵拉，上下关节面紧密咬合，非常稳定。在训练中，应通过增强髋关节的柔韧性使双足外旋，如果试图在膝关节处外旋双足，将导致膝关节的损伤。

（二）人体重心的概念以及在体育舞蹈中的描述方法

地球上的物体无不受地心引力的作用，人体也不例外。人体的最小生命单位是细胞，每个细胞都同样地处于地心引力的作用下，地心引力即重力，大小就是物体的重量，重力的作用方向是竖直向下的，指向地心。人体全部环节（整个人体）所受重力的合力的作用点就是人体的总重心，通常称为身体的重心。

在体育舞蹈的动作中，由于身体姿态的变化，重心位置也随之变化。垂直站立时，当身体重心在人体纵轴上上下移动时，称为重心的升高和降低。拉丁舞中，髋部作为运动环节在水平面上运动时，髋部距离身体纵轴越远，身体重心则越低，髋部运动幅度越大，动作的稳定性就越好。在拉丁舞的桑巴舞中，由于下蹲和髋部环转，形成了桑巴舞特有的弹动动作，重心有节奏地升降。在标准舞中，重心的升降是通过下蹲和跨步动作实现的，探戈舞则要求身体重心始终保持在一个平面上。

垂直站立时，身体重心在横断面上的移动，称为重心的前后或左右移动，为便于理解和应用，我们经常将这个横断面设定为地面，重心的移动，也就被看作身体重心在地面上的投影点的移动。在身体静止，单脚支撑时，重心一定在支撑脚上，但是在制动时（设定运动方向为前方，前脚发力制动），身体重量几乎完全由前脚支撑，这时，重心往往不在前脚，而经常位于两脚之间，甚至更靠后。

前脚重心位置

一名舞者最重要的素质之一就是对运动的控制能力。肌肉产生的张力和身体在行进方向上重量转移的惯性所造成的推进冲量需要被控制在某一位置上。为了有效解释动态平衡，用“前脚重心位置”这一术语来解释这种状态：即身体重量处于“中心平衡位置”及动力脚之间的位置。

一旦到达前脚重心位置，正确运用的动力腿肌肉，就可以帮助控制“冲”的动作。动力腿的制动作用（F_2），加上舞者重量（F_p），会产生与前进冲量（F_1）相反的作用力（F_R）。此时，这两个作用力在运动中相互抵消，形成可控制的动作。

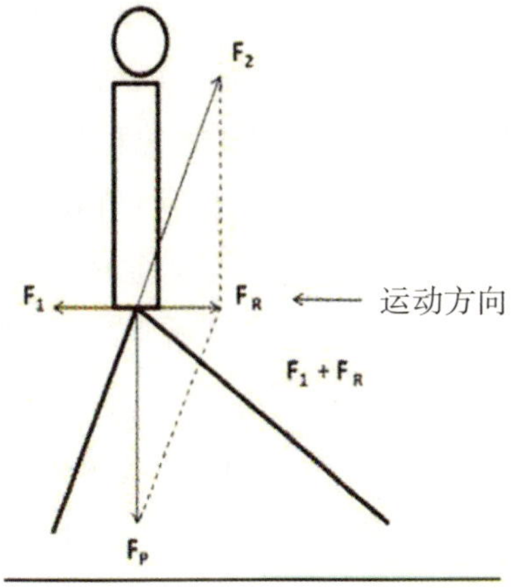

图6-1-11 前脚重心位置

第二节 体育舞蹈的生理学基础

运动生理学是人体生理学的一个分支，是研究人体的运动能力和对运动的反应与适应过程的科学，主要研究在运动过程中，人体器官、系统的机能变化和它们的协同工作的能力和机理，在对人体生命活动规律有了基本认识的基础之上，揭示体育运动对人体机能影响的规律及机理，阐明运动训练、体育教学和运动健身过程中的生理学原理，以达到提高竞技运动水平、增强体质、延缓衰老、提高工作效率和生活质量的目的。

体育舞蹈在训练及竞赛过程当中，舞者的身体状况会发生明显的生理变化，包括肌肉的收缩舒张、呼吸心跳变化、血压变化、内分泌变化以及细胞的能量供应等，综合的生理反应共同决定了舞者的身体状态和竞技展现。同时，研究发现，长期的体育舞蹈训练或锻炼，无论对于青少年还是成年人和老年人，都会对心肺机能、肌肉力量、血压等多个方面产生良好的健康促进效应。

下面仅从与体育舞蹈相关的主要方面谈一下运动生理学的内容。

一、心血管系统的变化

人体剧烈运动时，肌肉需要消耗大量的氧气、糖和其他营养物质，随着运动的持续进行，消耗的能量物质分解后会产生大量的代谢产物，此时人体的温度也会逐渐升高，血液循环也相应地加快，心血管系统也会发生一系列的变化，主要表现在：心肌兴奋性提高，收缩的力量增强，冠状动脉的血管壁扩张，使血流增加三四倍；肌肉内的血管和毛细血管由于运动量和强度的加大而扩张，造成人体内循环血量的再分布；心率加快，并由于机体的血管收缩和舒张加剧、心跳加快和脉搏输出量的增加，动脉血压也相应地升高，使血流速度加快，增加了氧的运输能力。由于肌肉节律性的收缩和扩张使静脉周期性地受到压迫，呼吸的方式产生了相应的变化，此时呼吸使胸腔内负压升高，导致静脉回流进入心脏的血液加快。

体育舞蹈是一项生理负荷较大、锻炼和欣赏价值很高的运动项目，它尤其对发展耐力素质，提高人的生理机能有着良好的效果。体育舞蹈的训练，可以很快促使心肌收缩加快，心输出量增加，血液循环加快，起到进一步增加心血管系统功能的作用。研究资料显示，以青少年为例，完成一个五支舞组别的比赛需要7~9分钟，从心率的分布可以看出，不同的舞种的运动强度：跳一曲华尔兹期间，45.7%的心率低于160bpm，41.9%的时间心率在160~169bpm之间；跳一曲伦巴舞期间，49.8%的时间舞者的心率在170~179bpm之间；跳一曲牛仔舞，则67.4%的心率在180bpm以上。因此说，长期的体育舞蹈锻炼可以增强人的心血管功能。王亚等针对体育舞蹈大学生的测试（2014年）显示，模拟竞赛状态下，伦巴、恰恰、桑巴、牛仔、斗牛舞的平均每分钟的能量消耗分别为9.13 ± 2.06kcal、12.26 ± 3.36kcal、12.04 ± 2.86kcal、12.94 ± 2.17kcal、13.82 ± 3.76kcal，而标准舞中华尔兹、探戈、狐步、快步、维也纳华尔兹的分别为4.95 ± 0.56kcal、5.60 ± 1.12kcal、6.91 ± 1.18kcal、9.15 ± 1.85kcal、7.34 ± 2.69kcal；该研究中同时测试了不同舞种模拟竞赛状态下的运动强度，伦巴为2.72MET（梅脱），华尔兹为2.17MET，探戈为2.2MET，基本属于小强度的活动，所测的样本在恰恰和快步舞都为6.79MET，在诸舞种中显示强度为最大。

二、呼吸系统的变化

由于体育舞蹈的教学与训练和体育舞蹈的表演时间一般比较长，教学与训练的时间一般为一至两个小时。就体育舞蹈训练时的供能方式而言，标准舞更多为有氧供能，而拉丁舞更多为短时间段的无氧供能和有氧供能混合型的方式，在训练的间歇时段通过有氧供能来补充肌纤维中的能源物质储备，补充氧亏。因此长期的体育舞蹈训练会像体育运动中的训练一样，导致肺活量适应性增大。由于运动强度直接决定着呼吸频率和潮气量的变化幅度，所以在特定的运动强度下，肺活量适应性的增大必然要满足人体在剧烈运动时大量摄取氧气和排除代谢产物二氧化碳的需要。

三、新陈代谢的变化

机体运动时人体内的新陈代谢的速度明显加快。人体运动时需要产生大量的能量（运动强度、动作的难度、心理的波动和环境等因素都会影响能量的消耗），由于机体的产热快而散热较慢，体温会适度升高。这对人体的运动技能发挥是有好处的。据测试，在体育舞蹈的训练中，一般跳标准舞中的华尔兹和探戈，持续十分钟左右，就会使人体的新陈代谢率增加60%~80%。而跳拉丁舞如桑巴或恰恰，持续十分钟左右，所增加的新陈代谢率则更高。假如是训练强度和密度高的选手，只要持续跳上半小时的体育舞蹈就有近三万步数。标准舞是以有氧供能为主的，其物质代谢的基础是糖、脂肪酸等和其他营养元素的代谢。糖是肌肉有氧代谢的主要供能物质，在较长时间大强度的激烈运动时机体主要靠肌糖原分解供能，在时间更长的运动中由于肌糖原的耗竭，肝糖原会被动用而分解供能。随着肌糖原及肝糖原的消耗，人体会逐渐出现运动性疲劳。维生素是保证糖代谢和神经细胞组织代谢的必需元素，是促进有氧氧化进行的酶的重要组成部分。

四、体育舞蹈动作与肌肉的协调性

经过多年的发展，体育舞蹈成为一套完整的高级运动技能体系。运动生理学认为，运动技能是指人体在运动中掌握和有效地完成专门动作的能力，这种能力包括大脑皮质主导下的不同肌群间的协调性；换言之，运动技能也就是指在准确的时间和空间内大脑精确支配肌肉收缩的能力。这需要舞者经过长期训练达到用精确的力量和速度并按照一定的次序和时间去完成所需要的动作，通过视觉、听觉、触觉和本体感觉与条件刺激物多次结合，在大脑的各个与条件反射相关的中枢之间建立起了暂时的神经联系，逐渐地形成复杂的、连锁的、本体感受性的运动条件反射。

体育舞蹈动作复杂多样，对每个动作的要求也非常严格，成套动作完整流畅和谐。在练习过程中对选手的手、眼、身法以及腿部的要求较严，特别是上下肢肌肉力量的协调配合要求甚严。与其他项目相比较，体育舞蹈要求相关肌肉群，即主动肌、协同肌和对抗肌相应的大脑皮质中枢之间的协调关系更高。在使体育舞蹈选手全面发展提高协调能力的同时，除训练主要肌群外，还应特别注意机能活动性低的肌群的训练，因此，系统地长期进行体育舞蹈练习不仅能增强和改善人体各部位不同的肌肉活动能力和协调能力，而且可以进一步挖掘人体潜在运动能力。

第三节　体育舞蹈的生物力学基础

一、运动生物力学的相关基础

运动生物力学是研究体育运动中人体机械运动规律的科学，人体的运动是神经系统和运动系统（肌肉、骨骼、关节）协同工作的结果。神经系统控制肌肉，使其产生对骨骼的作用力以完成各种机械动作。运动生物力学的任务是以经典的力学理论和方法为主要工具，研究体育运动中的各种力学现象，研究人体在外部力（如重力、支撑反作用力、摩擦力、弹力、向心力等）和内部力（如肌肉力、韧带张力、软骨应力、骨的应力等）作用下的机械运动规律。在运动生物力学中，肌肉活动可应用肌肉力学三元素模型来简化，作为研究对象的人体模型可忽略肌肉变形对质量分布的影响，简化为由多个刚性环节组成的多刚体系统。相邻环节之间以关节相连接，在受控的肌力作用下产生围绕关节的相对转动，并影响系统的整体运动，进而对人体运动现象进行客观而定量的描述和解释。按照Vern Gambetta的观点，运动的人体不仅仅是肌肉的收缩与放松，而是一个系统、一个动力链；每一个动力链上的每一个环节都有其特殊的作用，每一个环节都是整体的一部分，最终影响动作的连贯性和效率；如果动力链任何地方出现了问题，即会影响到与之相联系的部分尤其是相依赖的部分。

运动生物力学的力学基础是经典力学和材料力学，其生物学基础是人体运动器官的结构与功能，如骨骼、韧带、肌腱的几何尺寸、强度特征及关节运动的自由度，也包括肌肉在各种收缩（向心收缩、离心收缩和等长收缩）条件下的力学特征，据此而建立人体基本运动的生物力学原理以评价人体运动技术。运动生物力学在各个体育运动项目中都广泛运用，其中也包括在体育舞蹈中的应用。

二、运动生物力学在体育舞蹈中的应用

（一）静力性力量

体育舞蹈动作具有一定的复杂性，因为它既有动态成分，也有静态成分，体育舞蹈的静止姿势与用力动作属于静力学的范畴，例如：华尔兹中做出的抛掷步倾斜的动作。体育舞蹈中的静力学主要研究在完成静止动作和慢用力动作时作用在人体的诸力的平衡条件的问题。它涉及力、力矩和力偶及其合成与分解的问题。人体平衡的条件是人体所受合外力与合外力矩同时为零。平衡稳定性的大小受到支撑面大小和稳定角大小，与重心高低的影响，在其他条件一定的情况下，人体的平衡分别与支撑面和稳定角成正比，与重心高度成反比。

（二）转动类

转动动作是体育舞蹈的核心内容。体育舞蹈中的转动动作可分为转体与旋转两大类。所谓转体：是指在一定时间内，身体绕轴转动180° 以内的动作。通常有转体45° 、90° 、180° 及其他中间动作。而旋转是一种转体类型，最低转体度数要超过3/8（270° ），且必须在双脚之间进行重心转换。

（三）与转动有关的力学知识

重力：人体受到地球的吸引力叫重力。身体各部分的重力合力作用点叫人体重心。当人体直立时，重心位置在第三骶椎前7厘米处，一般男士略高于女士。正确掌握重心的移动，是完成好转动动作的关键。

支撑反作用力：当人体施力作用于地面时，地面便产生一个大小相等、方向相反，作用在人体上的力，这个力叫支撑反作用力。运动时，反作用力的作用点若通过人体重心时，人

体就做直线运动，若不通过人体重心，身体就产生转动。

（四）转动惯量与角速度

物体的转动惯量，是描述物体转动时保持原来转动状态能力的物理量，转动惯量越大，转动状态越不容易改变。转动惯量$J=mr^2$，可见转动惯量（J）的大小与质量（m）和转动半径（r）有关，质量越大、质量分布离轴越远，转动惯量也越大。角速度为单位时间内转过的角度大小。对于不同的刚体，要得到同样的角速度，则转动惯量越大的物体所需要的外力矩越大。

（五）力学知识在转动动作中的应用

1. 重心转换

以标准舞中的加强右旋转后三步的技术分析为例，男士三步旋转是由后退转，前进转，转换重心完成。根据对动作技术分析得出，男女士的转动支点各变换了3次（男左、女右脚各为支点2次，男右、女左脚做支点1次），每变换一次支点都要及时移动重心和重新进行能量（动能和势能）转移。准确及时移动重心的作用：其一，为转动储备能量；其二，缩短转动半径，加快转动速度。3次能量转移表现在：男左女右后退，脚蹬地的支撑反作用力作用在男左女右下肢，躯干和上肢在一定的框架内完成绕垂直轴右转1/2，实现第一次能量转移；男右女左前进，脚蹬地的支撑反作用力作用在男右女左下肢时，实现第二次能量转移，又使身体向右转动约3/4周；第三次能量转移，是在男左女右脚侧出一小步足掌着地的一刹那间，由于男右女左脚蹬地的反作用力作用在男右女左下肢而实现的。第三次能量转移虽量不大，但很重要，它是构成转动连贯性和给人们以转动不停之感的重要因素。若没有第三次转移，第三步的轨迹就沿切线方向形成直线，破坏了弧线运动。由此可见，右旋转后三步合理的技术必须有3次支点变换，3次重心移动和3次能量转移，只有这样才能使其做到完美无缺的程度。

2. 摆荡原理

从物理学来讲，摆荡是指绕着某个固定的支点（X）做自由运动。为了解释这个定义，可以参考一个周期性运动的特例：“钟摆运动”。

如图6-3-1中，A点和B点的动能（速率）为零，而势能最大。势能可以依据公式$EP=m\cdot g\cdot h$计算得出，此公式中，g代表因地心引力产生的加速度，h代表A或B点与C点的高度差，m代表物体的质量。

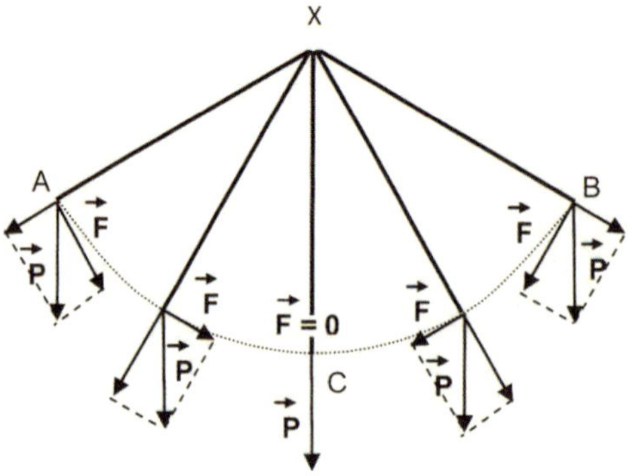

X=定点；F=还原力；P=重力

图6-3-1　摆荡

从A点开始，速率将逐渐增加至C点，然后再逐渐减少，到达B点时，速率为零。（V=0），运动开始向反方向进行，速率又逐渐增加至C点后，再逐渐减少，到达A点又为零。C点时速率最大。

从动力学和视觉效果来讲，这个钟摆运动同样可以被舞者来仿效效果（见图6-3-2）。舞者的身体重心可视为钟摆的运动质点。在图6-3-2中，舞者开始于A点运动（速率为零），通过一些小幅度运动（下降重心），速度将逐渐增加，直到C点，达到速率最大值，然后开始通过有控制的运动方式（正如前文所提到的驱动动作一样），来降低速率，直到B点为零。

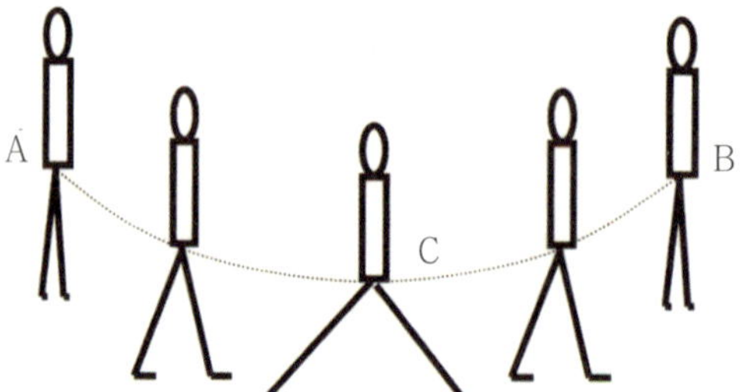

图6-3-2　舞者仿效钟摆运动原理

第四节　体育舞蹈的生物化学基础

一、运动生物化学的相关基础

（一）人体的能量供应与能量消耗

人体运动时，能量消耗明显增加，增加的情况取决于运动强度和持续时间。人体活动的直接能源来源于三磷酸腺苷（ATP）的分解，如神经传导兴奋时的离子转运、腺体的分泌和肌丝滑行等，体内能源物质氧化分解释放的能量供ATP的重新合成。

在各种运动中所需的ATP分别由3种不同的能源系统供给：①磷酸原系统（ATP—CP）；②糖酵解系统；③有氧氧化系统。

从事不同的运动项目时，ATP重新合成的能量来源途径不尽相同。例如，在从事时间短、强度大的运动如100m跑时，ATP的再合成主要由磷酸肌酸（CP）的分解来提供；从事时间长、强度小的马拉松跑时，能量几乎全部由有氧代谢系统供给，例如典型的中等强度运动4.8km/h的平地步行；介于上述二者之间的运动项目，如400m、800m、1500m跑时，则需无氧代谢与有氧代谢混合供给能量，这两种供能方式都很重要。

根据机体的供氧情况和氧的利用情况，能源物质的氧化分解有两种方式：

1. 当氧供应充足时，来自糖（或脂肪）的有氧氧化。

2. 当氧供应不足时，即来自糖的酵解，生成能量和乳酸。乳酸在最后供氧充足时，一部分继续氧化，释放的能量使其余部分再合成肝糖原。所以肌肉收缩的最终能量来自物质（糖、脂肪）的有氧氧化。

运动时，人体以何种方式供能，取决于需氧量和摄氧量的相互关系，当摄氧量能满足需要时，机体即以有氧代谢供能，当摄氧量不能满足需氧量时，其不足部分即依靠无氧氧化供能，这样将造成体内的氧亏。运动时的需氧量取决于运动强度，强度越大，理论上的需氧量越大，无氧代谢供能的比例也越大。

（二）乳酸的堆积和解释

大强度运动例如快步舞过程中以及跳完后，肌肉中产生的乳酸部分进入血液，在运动的间歇期，血乳酸逐渐地廓清，其廓清速度与人体所处状态密切相关。研究表明，在恢复期如果保持静息状态，乳酸廓清速度最慢。血乳酸消除的半时反应约为25分钟，恢复到运动前水平，大约需要1～2小时。这种依靠完全静息恢复方式称为消极性恢复。如果恢复期进行低强度的整理运动，可以加快血乳酸的廓清速度。这种恢复的方式称为积极性恢复。采用积极休息时，血乳酸消除的一半时常大约为11分钟，血乳酸恢复到运动前水平大约仅需要0.5～1小时。

乳酸是糖酵解供能系统的代谢终末产物，因其蕴藏有大量的能量，因而又是有氧氧化供能系统的重要底物，每分子乳酸彻底氧化可生成18个分子的ATP，为肌肉的活动提供了一定的能量。与此同时，乳酸又可通过糖异生途径转变成葡萄糖而被人体有效地再利用。

骨骼肌不仅是乳酸生成的主要场所，也是乳酸再利用的主要场所。布鲁克斯（Brooks，1986）研究认为，肌肉收缩时产生的乳酸经由乳酸穿梭系统进行转运，约有半数以上是在工作肌不同类型的肌纤维中通过重新分配而被利用（继续氧化分解）。训练或竞赛后的整理活动、积极性休息、睡眠以及合理的营养和中医药手段等是促进乳酸等代谢物清除和身体机能恢复的有效措施。

二、运动生物化学在体育舞蹈中的应用

相关研究指出，体育舞蹈运动过程是以消耗血糖及肌糖原为主的过程，同时也是乳酸性、非乳酸性供能与脂肪供能兼有的运动过程。这种多形式的供能运动过程，提高了人体各组织细胞代谢能力，标准舞和拉丁舞比赛结束后即刻测得的血乳酸浓度可达到9.7毫摩尔/升，心率最大值可达195次/分。这说明，在体育舞蹈比赛中，肌肉的能量供应在很大程度上依赖于无氧代谢供能。通过与以往的同类研究结果相比较，有学者认为，随着体育舞蹈比赛动作组合的不断发展，近几年体育舞蹈比赛的运动强度有一定程度的提高，这就对参赛选手的体能提出了更高的要求。为适应这种运动强度，避免在比赛中过早产生疲劳而影响动作质量，在保证专项技能训练的情况下，应经常进行模拟比赛强度的训练。

（一）舞者身体机能的恢复

恢复过程（recovery）是指人体在运动过程中和运动结束后，各种生理机能和运动中消耗的能源物质逐渐恢复到运动前水平的变化过程。运动过程中消耗的物质，只有在恢复期得到完全恢复，人体机能才能得以提高；反之，将会出现过度训练或过度疲劳，导致运动能力下降，甚至出现运动性损伤。应该指出，运动过程与恢复过程的合理安排及良好组合是机体对运动负荷产生最佳适应性变化的前提条件，在运动训练中，恢复过程与运动过程具有同等重要的作用，充分的机能恢复是取得良好运动效果的保障。

1. 机能恢复过程的一般规律

恢复过程可分为三个阶段，即运动时恢复阶段、运动后恢复阶段及超量恢复阶段。运动时恢复阶段指运动过程中能源物质消耗占优势，虽然恢复过程也在进行，但是消耗大于恢复，因此，能源物质逐渐减少，各器官、系统的功能逐渐下降。运动后恢复阶段指运动结束后消耗过程减弱，恢复过程占优势，能源物质及各器官、系统功能逐渐恢复到运动前的水平。超量恢复阶段指舞者运动时消耗的能源物质及各器官、系统的机能恢复得超过原有的水

平，该现象称为超量恢复（over-recovery）或超量代偿。超量恢复保持一段时间后又回到原有的水平。超量恢复的程度及出现的时间与运动量（或消耗程度）有密切关系。在一定的范围内，运动量越大，物质消耗得越多，超量恢复越明显，但出现的时间相对较迟；反之，超量恢复不明显，但出现的时间较早；如果运动量过大，超过了生理范围，恢复过程将会进一步延长。

2. 运动后机体能源物质的恢复

不同能源物质出现超量恢复的快慢也不同（即运动后物质的恢复的异时性原理）。如剧烈运动后CP在20～30秒内仅恢复一半，待3～5分钟时才能出现超量恢复；短时间、大强度运动后，肌糖原约在运动后15分钟出现超量恢复，而蛋白质出现超量恢复相对较晚；马拉松运动后，脂肪出现恢复的时间发生在第三天。有研究报道，游泳运动员在进行大运动量训练后的第1～3天，身体机能明显下降，到第3～5天恢复到原来水平，第5～8天才出现超量恢复（图6-4-1）。

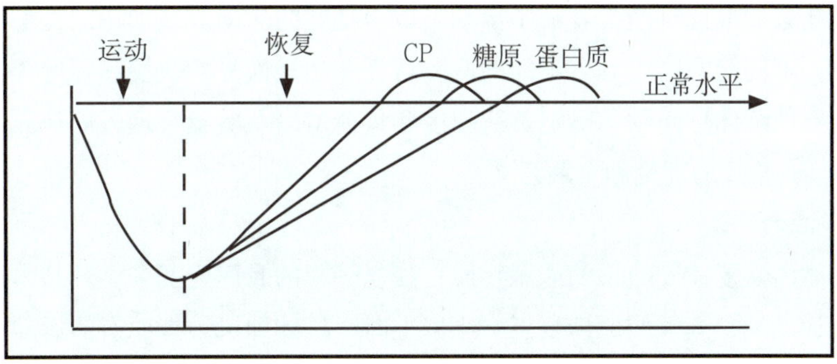

图6-4-1　超量恢复的异时性原理

此外，超量恢复与膳食和运动模式有密切的关系。研究发现：让受试者以75%VO_2max运动强度进行单腿自行车运动，另一条腿为安静对照。当运动至精疲力竭时，运动腿股外肌的肌糖原含量接近于零。运动结束后连续3天食用高糖膳食而不参加任何运动，结果显示，运动腿股外肌肌糖原数量超过安静时的水平，是安静腿的两倍，而安静腿的肌糖原水平仅略有波动（图6-4-2）。

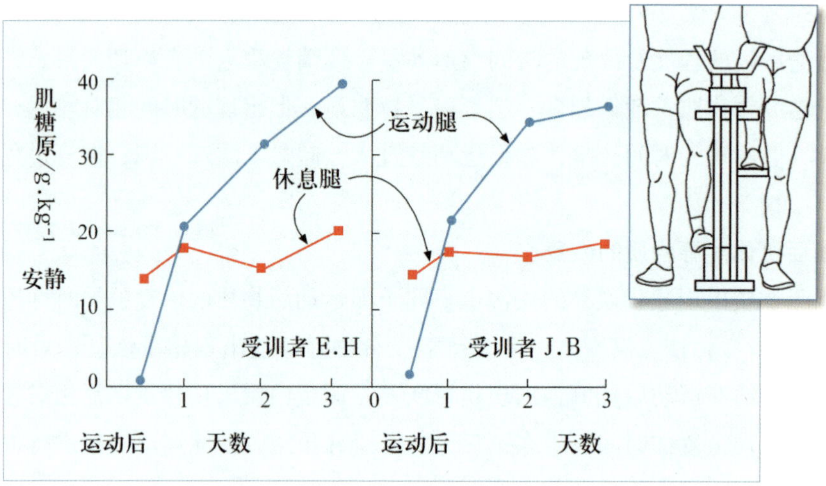

图6-4-2 肌糖原的填充

超量恢复是客观存在的规律。在此期间，机体具有较高的机能水平和承受负荷的能力，是运动员体能储备的最佳时期，有助于运动员取得良好的运动成绩。不同类型的运动具有不同的代谢特征，不同能源物质具有不同的恢复特征（超量恢复的快慢和程度）。因此，超量恢复原理是选择训练休息间歇、确定负荷强度和负荷量以及实施合理营养补充的重要依据，在运动实践中具有重要的理论和实践意义。

（1）磷酸原的恢复

磷酸原是体内恢复速度最快的能源物质，恢复一半的时间为20~30s，基本恢复的时间为2~5min。剧烈运动后，当磷酸原恢复至一半以上时，机体即可维持原有的运动强度，因此，两次剧烈运动的时间间隔不能短于30s；组间休息时间间歇应控制在4~5min为宜，以保证磷酸原完全恢复。磷酸原的恢复主要由有氧氧化系统提供能量（糖酵解系统也可能参与供能）。运动过程中磷酸原消耗得越多，其恢复过程需要的氧气也越多。

（2）肌糖原储备的恢复

肌糖原是人体内糖类物质存在的形式之一，也是机体进行有氧氧化供能和糖酵解供能的能源物质。研究发现，足够的肌糖原储备量可减少运动肌对血糖的利用量，延迟血糖水平下降，延缓运动性疲劳的出现，提高机体的运动能力，因此，运动后肌糖原储量的恢复状况对维持和提高体育舞蹈选手、特别是拉丁舞选手的运动能力具有非常重要的意义。

（二）促进人体机能恢复的措施

竞技运动的发展给运动训练提出了更高的要求，不仅需要有科学的训练手段，而且还要有合理的恢复措施，唯有如此，才能使人体在“疲劳—恢复—再疲劳—再恢复”的良性过程中得到发展，才能实现更高、更强、更快的目标。因此，恢复是现代运动训练中亟待解决的问题之一。对此，世界各国体育工作者做了大量的研究，提出了许多促进机能恢复的措施，概括起来有：

（1）整理活动

整理活动是指运动后进行的各种较为轻松的身体练习，其目的是消除疲劳，促进体力恢复。实验证明，运动结束后，通过整理活动使参与运动的肌肉做一些伸展或牵拉运动，可减少肌肉的延迟性酸痛和硬度，加速肌肉机能的恢复。据研究发现，剧烈运动后，进行3～5分钟的整理活动能促进血液循环、加速乳酸的消除和利用。例如，在力竭性运动后，如果机体处于完全休息状态，乳酸的半时反应为25分钟；但进行整理活动时，乳酸的半时反应可缩短为11分钟。可见，运动结束后，进行一定量的整理活动对于偿还氧债、消除乳酸、促进机能恢复具有重要作用。

（2）积极性休息

积极性休息是指运动过程中为了消除疲劳而采取的各种变换动作或运动强度的练习。积极性休息更适合于少量肌肉群参与工作所引起的局部疲劳，或运动强度较大而引起的快速疲劳。如长时间慢跑所导致的下肢疲劳，可通过一些轻微的上肢活动得到消除；引体向上产生的上肢疲劳，可通过慢跑活动得以消除等。谢切诺夫于1903年研究发现，右手握测力器工作至疲劳时，以左手继续工作来代替安静休息，结果显示，右手恢复得更快、更完全。对此，谢切诺夫认为，在休息时，来自左手肌肉收缩时的传入冲动能加深支配右手的神经中枢的抑制过程，并使右手血流量增加，从而促进恢复。积极性休息与被动性休息相比较，积极性休息能使积累乳酸消除速度提高一倍。可见，在运动训练过程中，采取调整训练内容、变换运动形式的积极性休息对于消除疲劳、促进恢复具有重要作用。

（3）睡眠

睡眠是大脑皮质抑制过程的表现。睡眠时机体与外界环境之间的主动联系大大减少，全身肌肉处于放松状态，因而能量消耗较少。此时，代谢活动以合成代谢为主，所以良好的睡眠是消除疲劳的重要措施之一。在平时训练期间，每天睡眠时间不应少于8～9小时，并应安排1小时的午睡；在大运动量训练（如冬训期）或比赛期间，睡眠时间也应适当延长。

（4）消除疲劳的营养学手段

运动时消耗的物质需要饮食中的营养物质来补充。因此，合理安排营养（膳食）是消除疲劳、促进恢复以及提高运动能力的重要手段。

在长时间运动过程中，体内糖原大量消耗，因此训练后的膳食应适当增加糖的含量。研究发现，长时间运动（连续3天长跑）后，运动员食用高糖膳食，肌糖原可在48小时完全恢复。若食用高脂肪和高蛋白膳食，待运动结束后第5天尚未完全恢复。在以力量性为主的运动中，由于运动的目的是增加肌肉力量，所以运动后应多增加蛋白质的补充（如举重运动员每日膳食中蛋白质的含量应为150克）；同时，还应补充一定量的无机盐和维生素。青少年运动员，在膳食中应尽可能多食用肉类、鱼类、蛋类、奶类和豆类等食物以补充机体发育过程中所需的蛋白质。大多数项目运动员膳食中蛋白质、脂肪、糖三种营养素的重量之比应为

1∶1∶7，能量百分比应为9.5∶22∶68.5。运动后应多食用碱性食物，如奶类、动物血液、水果、蔬菜、豆制品等。

（5）心理手段

过度训练可引起与躯体性疲劳相联系的心理疲劳，使运动员表现出主观感觉乏力、兴趣减退、意志减弱、厌倦、动机水平下降、抑郁等不良心理症状。长此以往，将会导致积累性疲劳，甚至出现下丘脑-垂体-性腺轴功能紊乱、免疫抑制、慢性感染及运动损伤等现象，直接影响运动员的身体健康、正常训练和比赛。大多数学者认为，神经系统功能降低，神经细胞抑制过程加强是引起不良心理反应的主要因素，与训练负荷安排不当，恢复措施不足等因素有密切关系。因此，采用合理的心理调节是促进疲劳消除、提高训练效果的重要手段。常用的心理恢复手段有：心理暗示法、意念放松法、肌肉放松法、呼吸调整法、音乐放松法、心理调整训练法、赏识法、激励法和人文关怀法等。

除上述几种方法外，促进运动性疲劳消除的方法还有中医中药调理、皮肤机械刺激法、有效生物点按摩法、负氧离子、热水浴、理疗、针灸、热敷、吸氧和气功等。

思考题

1. 关节的运动有哪些，如何运用到舞蹈中？
2. 谈谈关节的柔韧性对体育舞蹈技能形成的作用？
3. 摆荡的原理是什么？如何运用于舞蹈中？
4. 长期练习体育舞蹈对人体的心肺机能有哪些主要影响？
5. 试结合体育舞蹈的典型动作说明运动生物力学的原理？
6. 体育舞蹈运动过程中，机体的能量供应有哪些方式？如何提高体育舞蹈运动员的骨骼肌能源物质储备？

推荐读物与网站

[1]冯爱云.舞蹈训练的运动生理学和训练学探讨[J].中国临床康复，2004（18）.

[2]刘芳.体育舞蹈中的几个生理指标和生理特点[J].体育科技，1995（01）.

[3]中国体育舞蹈联合会官方网站：http：//www.cdsf.org.cn

[4]http：//www.csep2002.com

参考文献

[1]金季春.运动生物力学高级教程[M].北京：北京体育大学出版社，2007.
[2]World Dance Sport Federation.Waltz[M].Grafiche BIME，2013.
[3]World Dance Sport Federation.Samba[M].Grafiche BIME，2013.
[4]王瑞元.运动生理学[M].北京：人民体育出版社，2012.
[5]温柔.舞蹈生理学[M].北京：北京舞蹈学院出版社，2002.
[6]古宏海.解剖学[M].台湾：台湾培生教育出版股份有限公司，2010.
[7]罗冬梅.运动解剖学[M].北京：北京体育大学出版社，2009.
[8]冯炜权.运动生物化学研究进展[M].北京：北京体育大学出版社，2009.

第七章
体育舞蹈体能训练

本章提要

体能是体育舞蹈训练及竞赛的基础。一定程度而言，现代体育舞蹈竞赛也是体育舞蹈选手体能的较量。纵观近几年的比赛成绩可以发现，选手在14岁以前的成绩与欧美选手没有多大差别，14岁以后年龄组的成绩却不够理想，而造成这一状况的根本原因即选手体能不足，这成为我国体育舞蹈选手与国外高水平选手之间的差距的主要原因。

本章内容旨在使学生掌握体育舞蹈体能训练的基本概念、训练内容以及检测方法后，将其结合到教学与训练实践中，正确合理地制定运动员的体能训练方案，为切实提高运动水平打好基础。

关键词

体育舞蹈体能训练原则　体能恢复性训练　体能训练参数的测试方法　体育舞蹈项目比赛的体能负荷特点　体育舞蹈体能评定及训练

第一节 有关体育舞蹈体能训练的理论基础

体育舞蹈国际组织被奥运会组织正式接纳后，体育舞蹈的竞技赛事也日趋频繁与规模庞大，尤其是2010年体育舞蹈成为广州亚运会的正式比赛项目，体育舞蹈的竞技性特点已经日趋明显。随着体育舞蹈项目的竞技性增强，决定动作质量和技术发挥的关键，即体能也越来越受到关注。诚如所有的体育项目，体育舞蹈的十个舞种对于参赛运动员的体能有着很高的要求，运动员的体能好坏与成绩好坏有着直接的联系。从教练员到运动员对于体育舞蹈体能训练都开始有了新的思索和研究，目前的体育舞蹈体能训练的理论和实践都主要来自其他难美项群的体育项目和体育舞蹈多年来的训练实践经验。

一、体育舞蹈体能与体能训练的基本概念

研究体育舞蹈的体能，首先必须了解有关体能的概念，只有清楚了解概念才能深入认识体育舞蹈的专项体能，才能明确体育舞蹈体能研究的范围和内容。

我国训练学专家对体能所做的定义为：运动员体能是指运动员机体的基本运动能力，是运动员竞技能力的重要构成部分。在广义上，体能包括形态、机能和素质三个方面的状况；而在狭义上，运动员体能水平主要通过运动素质表现出来。而对体能的研究也主要是从狭义范围来进行的，即以“运动素质”为主要研究内容。对体育舞蹈运动的专项体能的概念借用运动训练学中的定义来讲，体育舞蹈专项体能是指体育舞蹈运动员的基本运动能力，是体育舞蹈运动员竞技能力的重要组成部分。该定义不能足够清晰地反映出体育舞蹈专项体能的特点，因而在此基础上，我们再结合体育舞蹈身体素质的要求，进行重新定义。根据国内外相关教练员和科研人员对体育舞蹈体能的描述，“体能”应是指运动员在体育舞蹈专项训练和竞技负荷下，最大限度地动员有关机能能力表现出身体难美和协调的动作。从某种程度上来讲，这种专项能力包括专项耐力，柔韧，协调，灵敏等。体能变成一种在专项活动中能对抗疲劳，从最大规格和标准去完成动作的能力。体育舞蹈的竞赛是一种间歇性运动，运动员在比赛中的活动包括走路，跑步等低强度动作与跳跃，旋转，平衡控制等高强度动作的交替和循环使用。而完成这些动作是需要有良好的柔韧素质，灵敏协调素质，力量素质，速度素质以及耐力素质来做基础的。在体育舞蹈运动中，每项身体素质似乎并没有要求在其组合表现中达到极限，然而运动能力的贮备确有利于运动员在场上做任何动作都挥洒自如，得心应手，这也是体育舞蹈运动场上制胜的关键因素，因而卓越的身体体能是体育舞蹈赛事的基础与保证。

体能训练，是指为提高运动员能力所采用专门的有针对性的训练，它是运动训练的组成部分；是结合专项需要并通过合理负荷的动作练习；是改善运动员身体形态，提高有机体各器官系统机能的活动能力、充分发展运动素质、促进运动成绩提高的训练过程。体能训练是技术训练的基础。体能训练的根本任务就是要在运动训练中运用各种有效的方法和手段，使运动员各器官系统机能水平和身体形态得到全面提高，运动和心理素质得到全面发展，掌握大量运动技术和技能，从而为专项运动素质的充分发展，以及掌握、改进、提高专项运动技术和专项成绩创造条件。

与任何其他体育项目一样，体能训练是体育舞蹈运动体系的一项基础训练，也是一项专项适应性与辅助性训练。体育舞蹈的体能训练则是指采用专门的训练方法与手段，结合体育舞蹈运动负荷特点以及技术特点，以改善体育舞蹈运动员的身体形态，提高体育舞蹈运动所需要的各种身体机能，以适应体育舞蹈训练和比赛，提高体育舞蹈运动的成绩。在体育舞蹈训练系统中，体能训练的目的旨在：

1. 全面发展体育舞蹈练习者的身体机能，加强并完善运动器官、心血管与呼吸系统及植物性神经与中枢神经系统的运动功能。

2. 提高健康水平，增强训练能力。

3. 发展体能：包含掌握体育舞蹈动作的各项技能，达到动作完成的质量要求。例如：幅度、速度、力量、协调、灵敏等。

4. 改善身体的形态特征。

体能训练是训练体系中至关重要的环节，除有科学严谨的训练计划和良好的训练方法以外，在体能训练实践中经验的摸索与积累也非常关键，尤其是对应的专项体能训练，这对于每个具体执行训练的教练来说很重要，一定要把握住该项目的体能特征和体能要求，才能做到有的放矢。

二、体能训练的分类

各个专项的体能需求千差万别，体能训练分为一般体能训练和专项体能训练。前者指运用多种非专项的体能训练手段所进行的旨在全面提高运动员身体形态、机能、素质和健康水平的基础性体能训练；后者指采用各种与专项有紧密联系的训练手段所进行的旨在提高专项体能训练水平的专门性体能训练。

（一）一般体能训练

一般体能训练是指运用多种非专项能力的体能训练手段所进行的旨在增进运动员的身体健康，提高各器官系统机能，全面发展运动素质，改善身体形态，掌握非专项的运动技术、机能和知识，为专项成绩提高打好基础。由此可见，一般体能训练不是针对人体某一具体项目的体能训练。旨在促进练习者健康与全面的体能发展，为今后的训练奠定良好的基础。在一般训练阶段，并不需要更多地强调专项运动的训练和能力。在一项运动中，往往是身体的各项运动素质同时参与工作，而各运动素质之间又相互促进，相互制约，表现为运动素质的综合性，因而，在一般体能训练中，强调的是身体运动的基础与全面能力的训练，随着运动训练的水平不断提高，一般体能训练在各不同的训练阶段就表现为专项体能训练的前提条件、辅助条件和提升条件等。

发展一般体能训练所采用的内容与手段也是多种多样和具有普及性的训练，包括对全面发展运动素质，身体机能有益的身体练习手段，如球类运动、跑步、游泳、滑雪、划船、骑自行车、各类体育活动与体育游戏等。

在专项训练的各个阶段，决不能忽视一般身体能力的训练。如果一个优秀运动员只重视专项体能训练，会破坏了人体素质的整体协调能力的发展，因身体能力的短板效应，也会导致运动成绩下滑，或运动创伤的反复出现，甚至会过早地中断运动生命。因此，一般身体能力训练强调的是人体多因素综合参与运动的训练过程。

（二）专项体能训练

专项体能训练是指采用针对专项运动技能的专项素质的练习，以及与专项有紧密联系的专门性体能训练，最大限度地直接发展与专项成绩有直接关系的专项素质，为顺利掌握并能够高质量完成特定运动项目而进行的专门训练，以保证掌握专项技术在比赛中的有效应用，从而创造优异成绩的训练。

而根据查阅难美项群研究的资料来看，如竞技体操，艺术体操，健美操等，几乎所有的研究者在对难美项群的传统理论和运动实践深入研究后，都难美项目的人体运动能力应该分为七项：柔韧性能力、力量能力、速度能力、弹跳能力、平衡能力、协调能力、耐力能力。决定这一差别的原因在于，一般运动理论的代表们认为：弹跳力应属于力量能力或速度能力的范围，而协调能力本身就包含了平衡能力。相比起其他的难美项群，这七项素质也是体育舞蹈所要求的重要身体素质，因而，在本教材撰写中，当涉及人体运动能力分类的理论与实践问题时，我们建议：要依照体育舞蹈体能定义的七项分类实行。

1. 柔韧性能力——关节的灵活性——主动和被动地完成大弧度动作的能力。

2. 力量能力——在动力性或静力性时，肌肉用力克服外力动作的能力，包括伴随性外力动作与对抗性外力动作等。

3. 速度能力——在单位时间内快速完成动作的能力。

4. 弹跳能力——起跳高度的能力，取决于速度——力量的能力。

5. 平衡能力——保持静力性和动力性稳定姿态的能力。

6. 协调性能力——合理分配肌肉活动的能力。在这里也同样含有灵活性的概念：灵活性——快速转换动作姿态与快速掌握新动作的能力。

7. 耐力能力——抗拒疲劳的能力。

随着体育舞蹈竞技层次的逐级提高，在体育舞蹈界也有些教练在做系统的体能尝试，而体育舞蹈是多结构的运动项目，标准舞和拉丁舞在体能特征上还是略有差距，十个舞种的风格特征各异，因而练习者必须具备与之相应的身体条件和体能素质才能够完成体育舞蹈运动的各种动作。对体育舞蹈运动而言，协调性能力、平衡能力、柔韧性能力是最重要也是必须要最大限度地发展的能力。

通过对体育舞蹈运动特点和体育舞蹈竞赛特点进行研究，体育舞蹈体能训练以提高动作的整体协调性为训练的最终目的。所以，不能单以速度、柔韧性、力量、耐力、协调性等单一指标的绝对数值作为评定运动水平高低的结论，而应该体现在不同动作间整体的表现上，每个动作要素的整体表现效果是核心，强调灵活流畅协调的动作单元和细节，这是体育舞蹈训练的主干。在安排体育舞蹈体能训练时，要合理地选择体现训练效果的动作，训练的任务就是要注重对肌肉能力和中枢神经能力的培养，即整体协调性的训练。

在本章节教材的撰写中，尽可能详细地阐述体育舞蹈专项体能训练，有部分测评手段和训练手段也适合一般体能训练。

三、体育舞蹈体能训练的原则

（一）适应性原则

选择最佳的最能适应练习者和运动项目特点的训练手段，使练习者的身体素质及各种能力得以均衡地提高与发展。适应性原则同时还表现在选择合适的年龄段和时间去发展各项运动素质。专项身体素质训练的实施与评价，要考虑练习者的年龄段（敏感期），应该在发展身体素质最有利的年龄段内进行练习。

学龄前（幼儿）阶段：协调性和灵活性练习；学龄阶段：6～10岁被动柔韧性与速度练习；中学阶段：11～14岁力量、弹跳力、主动柔韧性、平衡等练习；高级别年龄阶段：15～17岁力量和耐力练习；17～22岁，综合能力发展阶段，包括体能与艺术的表现力等，再往后发展，则是维持高水平发展的阶段。

（二）结合性原则

在体育舞蹈的主要动作中，采用组合训练的方法，选择结构最接近最相似的动作同时展开训练。在运动训练过程中，切实做到体能训练，专项能力和个人特点的统一。越是优秀的运动员在个人特点的作用就越突出，因而在身体训练中，要充分发展运动员有利于专项能力提高的个人特点，逐步改善不利因素的功能，利用整体协调的训练，把消极的因素控制到最小。把个人特点与专项能力，身体训练科学地融为一体，才能最大限度地挖掘人体运动能力。要全面发展体育舞蹈运动项目中的技巧动作、传统动作及创新动作。

在体能训练中，要结合体育舞蹈的专项特点进行，如灵活性训练可采用复杂的协调性动作练习、游戏活动练习及接力赛练习等。柔韧性训练主要是发展踝、髋关节的动力性练习，加强椎骨及肩部关节的弹性伸展、摆动、姿势固定及放松等练习。力量训练主要是注重手臂、腿和躯干力量的练习，可应用的手段有弯曲与伸直、外展与内收，以及跑、跳、弓步、下蹲等动作的循环练习。速度训练主要是完成高难动作所要求的反应速度练习、身体速度练习、单位时间内要求达到的运动频率的练习。弹跳训练主要追求的是起跳的力量、速度和高度的练习，跳跃高度与跳跃耐力的练习。平衡训练是在难度增大的条件下，保持平衡姿势的稳定性练习，手段包括：动力性动作训练；刺激前庭分析器训练；无视觉的控制；支撑点的支撑面减小与支撑高度增加等。耐力训练是指在疲劳状态下，高质量高规格地完成各种动作的练习。

（三）超前性原则

相对于技术训练而言，身体素质的训练和发展要超前。不同的训练阶段，一定是身体能力先行，才有可能奠定对技术学习和发展的基本条件。在体育舞蹈技术训练过程中，技术理念，技术环节和技术细节的高度体现，是要取决于良好的身体素质的。因而在我们的训练中，体能训练要有超前意识，而且还需要有超越现有体能要求的意识，因为良好体能的储备对于发展技术能力也是先决条件。在体育舞蹈项目中，随着竞技程度的日益激烈，看似并不需要太超越体能极限的动作技术去取胜，然而能获得裁判高分和观众认可的往往是参赛选手们的“绝活”，所有这些绝活是需要突破选手个人身体能力极限去完成，以获取超越竞争对手的绝对优势。

四、体育舞蹈专项体能训练的方式

体能训练是指在保证动作完成质量的前提下，不断加大运动负荷范围和运动强度的训练。严格地讲，就是高质量完成动作的耐力训练。重要的是：要掌握体能训练的正确方法及恰当的运动负荷量与强度。

体能训练是训练体系中至关重要的环节，除有科学严谨的训练计划和良好的训练方法以外，在体能训练实践中经验的摸索与积累也非常关键，应该说，理论教学和训练实践是相依相辅密不可分的。

在重大的国际比赛中，来自世界各国的参赛选手都要进行赛前训练。常用完成超出成套参赛动作的训练量进行包括排除心理压力在内的赛前准备练习。但也必须考虑到，当赛前训练的负荷量增大至1.5～2倍时，将给比赛带来的体能与精神方面的不利影响。计算数据证明，国家级优秀运动员在国际大赛期间，应该具备每天能够完成30至50支舞蹈成套动作的体能潜力。

体能训练的基本方式有：跑步、越野跑、游泳；连续15～20分钟的综合性健美操或节奏操练习；连续15～20分钟的不同风格的舞蹈基本练习；系列跳跃动作练习，如持绳跳练习等；成套动作框架练习；成套动作短暂间隙的循环练习；其他舞蹈的形体训练，特定的体能训练方式：如身体核心能力的训练等。

训练中对综合有氧无氧耐力估计不足是体育舞蹈专业人员们始终存在的问题。应该注意到不断变化的大负荷运动能力的训练对练习者的健康和运动寿命有着重要的联系和影响，甚至要掌握好正确的呼吸方法——不加速，也不拖延，通过鼻腔均匀有力的呼吸。

五、体能恢复性训练

恢复－康复性训练是为消除大负荷运动后的不良影响，针对体能全面恢复的训练。体育舞蹈运动要特别注重运动员的神经系统和支撑运动部位（脊柱、踝关节、膝和髋关节）的恢复－康复性训练。

在运动员大负荷运动训练体系中. 预防劳损性练习与恢复性练习同样重要。在开始训练前必须预先进行预防劳损的练习，训练最后，还要做恢复－康复性的练习。所采用的恢复—康复性手段，已在一览表中列出，这里推荐几项成功的恢复－康复性措施：专业保健师带揉捏的按摩；指导队员正确的坐姿、躺姿；水疗恢复—淋浴、桑拿游泳、海滨日光浴游泳；摄入维生素—鲜水果蔬菜、功能饮料、多种维生素片等；被动性睡眠—白天午睡、晚上充足的睡眠；情绪恢复措施—出席音乐会、看电影、参加舞会、户外旅游等。

表7-1-1　体能恢复训练措施

时间	措施
训练前	按摩或自我按摩； 服用多种维生素； 运动饮料60～80ml或野蔷薇20～30ml； 明确训练目标，进入良好的情绪状态； 其他自我性调整。
训练中	安排合理的训练结构；多样化的训练手段和方法； 适当的休息间隙； 矫正动作，恢复性放松； 自我平静、自我鼓励、自我提示； 合理的训练内容； 营养丰富的食物、运动饮料、果汁。
训练后	水疗恢复：对流或振动式热水浴； 恢复性按摩、疼痛部位揉搓、自我按摩； 专题讨论或理论作业； 营养均衡的膳食； 被动性睡眠：白天睡眠1～1.5小时，晚上睡眠7～9小时； 诱导措施：散步、阅读及看电视等。 康复性桑拿浴或芬兰浴；
每周一次	游泳池放松性游泳；放松性娱乐活动；放假休息一天。

六、体能训练参数的测试方法

对于体育舞蹈的教师或教练员而言，体能训练过程的控制是非常困难的，优秀并富有经验的教练员必须采用将理论知识、运动技能和动作技巧很好地融为一体的指导训练，这就需要采用科学的测试方法准确获取体能训练中的各项参数，以指导自己确定正确合理的训练计划，并监控计划实施所获得的实际效益。

建立教学与训练中的测试制度，就是帮助教练员正确控制训练过程的基本方法之一。通过测试得到的各项参数的帮助，能及时获得运动员训练过程中的准确情况，在教学与训练的指导中采用正确的方法，纠正其偏差和错误影响，而最终结果则是要正确地控制训练过程，不断地提高训练工作的质量。

在专项体能训练期间，只有通过测试准确获得训练过程中的各项参数，才能科学严格具有高水平地指导训练全程，才能令运动员的运动成绩快速地不断地得以提高。为准确获得专项体能训练过程中的各项参数，应该采用专业的练习与测试方法，必须遵循以下原则：

（1）被选择测试的动作与测试的方法，必须是简单易行，便于操作的。

（2）被选择的测试动作应该是同样年龄段的运动员都能完成和实现的。

（3）在测试结果不同时，要按不同年龄段选择最小（最不理想）的参数填写。

（4）进行测试的动作要尽可能科学/有效，能直接反映出所要求的身体素质，这样更有利于训练指导和练习提高。

（5）教练员应根据整体训练任务的需要，选择测试的动作和测试的次数。

（6）所有参加测试的运动员，应该在同等的条件和环境下进行测试。

（7）在单人连续测试时，如果是依照身体素质各顺序进行测试，有可能对后续动作的测试有相互的影响；建议最好是组间队员轮流进行各项身体素质的测试。

第二节　体育舞蹈专项体能特点

众所周知，良好的体能是提高运动成绩的基础，也是运动员承受大负荷训练和高强度比赛、获得优异成绩的前提条件。各个运动项目对于体能的要求有着很大的差异，因而对于体能训练的研究，一定不能脱离专项。所有该项目体能训练的内容，体能训练的方法以及体能训练的设计都要遵循该项目的体能特征。体育舞蹈项目的体能有着它固有的一种构成，我们从比赛时体能负荷特点就可以得出体育舞蹈的体能特征和对各项身体素质的要求。

一、体育舞蹈项目比赛的体能负荷特点

在一些重大的国际与国内的体育舞蹈比赛中，来自世界各国和各地的参赛选手都要进行多轮次的淘汰比赛，才能最后进入到6名次或者8名次的决赛轮次。绝大部分的比赛每一轮次

的舞蹈是五支舞，每一支舞的时间是1分半（维也纳华尔兹和牛仔舞除外）。每一支舞的中间间歇不到15～30秒钟。当然轮次与轮次之间的间歇时间则根据组织方的赛程安排。但就一般情况而言，选手所面临的常规的体能负荷特点是既要具备一分半钟全力以赴完成一支舞蹈的动作能力，同时又要有短时间间歇持续作战的能力。在标准舞和拉丁舞中，每个舞蹈的用力特点及供能方式上也是略有差别。根据现在国内外的几个重大比赛的重要组别，如国内锦标赛的A组、专业院校组、英国黑池的业余组等等，要想进入决赛至少要比到5～6轮，一天之内要跳到25～30支舞蹈。很明显，这样的一种竞技强度，既要有单支舞的力量耐力和速度耐力，又要有舞蹈与舞蹈之间、轮次与轮次之间的快速恢复，以利于每个舞蹈都能发挥最佳水平。

表7-2-1　体育舞蹈动作特点，所需主要力量，供能形式及运动时间

舞种	动作特点	所需力量	供能形式	成套动作时间
华尔兹	强调动作的摆荡，移动的流畅性	身体强度控制，身体自身的对抗力量	有氧、无氧供能为主	90秒
探戈	升降起伏是五支舞中最弱的，要求重心一步到位及反身	身体中段力量的突然爆发，腿部力量的内旋发力方式	无氧供能为主	90秒
快步	动作强调跳跃，腾空，双人旋转和跳跃结合的换位变化，速度快	腿部，踝关节的爆发力强，良好的空中身体姿态的控制	无氧供能为主	90秒
狐步	强调明确的跟掌关系，有控制的摆荡	强调力量的持续性，自身对抗性较强	有氧、无氧供能为主	90秒
维也纳华尔兹	强调运动轨迹的圆弧状，动作结合旋转，摆荡特性较为突出	强调力量的持续性，身体控制较强，发力方式较为单一持久的特点	无氧供能为主	60～90秒
伦巴	强调臀部线条，移动重心与扭动动作结合	身体控制，力量呈自由，持久特点	有氧，无氧供能为主	90秒
恰恰	强调双脚和双腿，“步进”摆姿势，转移重心	力量爆发性强，突然，直接，身体控制受限制	无氧供能为主	90秒
桑巴	强调骨盆和躯干上半部分动作，扭转，弯曲，环转	力量突然，同时有伸展，灵活，自由	无氧供能为主	90秒
牛仔	强调双腿双脚，摆姿势，跳跃	力量突然，灵活，有回弹和跳跃	无氧供能为主	60～90秒
斗牛	强调躯干，双脚，扭曲与伸展动作结合	力量直接，强烈，身体控制受限制	无氧供能为主	90秒

常用完成参赛成套动作2～3遍的训练量进行包括排除心理压力在内的赛前准备练习。但也必须考虑到，当赛前训练的负荷量增大至1.5～2倍时，将给比赛带来的体能与精神方面的不利影响。计算数据证明，国家级优秀运动员在国际大赛期间，应该具备每天能够完成9～20遍成套动作的体能潜力。

二、体育舞蹈项目对各项运动素质的要求

（一）对力量素质的要求

体育舞蹈是表现力与美的典范，没有力量就无所谓体育运动美的体现。要分析和掌握体育舞蹈力量的作用规律，就必须了解内、外力及其相互作用。在体育舞蹈中，每个动作都通过男女舞蹈者之间的相互作用力（即内力）和地面对他们的反作用力、摩擦力（即外力）来完成，以及双人间的对抗性和引导性力量。外力是能观察到和感觉到的，而内力往往不为人所察觉。在一定条件下起主导作用的内力，使环境中的外力适应动作的要求。

体育舞蹈内容多且复杂，因此，良好的力量素质是体育舞蹈选手体能建设的保证，是漂亮完成成套动作的基础。肌肉力量是基础力量，肌肉要对不同的训练内容和训练负荷逐步地适应，内容从少到多，负荷从小到大直至极限，而这个适应过程就是肌肉对各种不同刺激的记忆和感觉过程，这一过程所承受的“量”称为能力，并且这一过程所产生的结果即是通常所说的肌肉记忆能力。在舞蹈演绎中，肌肉能力的适度爆发往往能使舞蹈的展现起到画龙点睛的效果，令舞蹈作品展现得淋漓尽致。整体力量就是选手从事专项活动时各运动环节协调一致所表现出来的综合力量，它是选手专项能力的基础。

根据肌肉收缩形式，力量分为以下三种：静力性力量和动力性力量。选手在比赛中必须保持良好的身形和仪表。特别是标准舞比赛，选手必须自始至终都保持腰部肌肉收紧，上体保持稳定，充分地体现出选手身体内在肌肉的静力效应。以华尔兹的一些步伐为例，旋转步（如外侧旋转步）、轴转步（双左旋转步）等旋转和摆动（如箭步）的动作都是动力性力量的体现。

根据力的表现形式，力量分为以下三种：

最大力量。要求男女舞伴都具有强有力的腰、背、腿和手臂力量。尤其是男士，体育舞蹈中男舞伴需要最大力量进行稳固支撑、引导和给予女舞伴助力，以便女士充分展示动作。（如高位撇转）

爆发力。从体育舞蹈项目特征分析，大多只在体育舞蹈动作的某环节或某节拍需要爆发力，以表达舞蹈种类意境（如火箭步）。跳起以及改变虚支撑面角度的重心前倾的跨步（如Check）等也需要爆发力。

速度力量。是体育舞蹈中最主要的力量，它是在有限的时间内伴随音乐持续不断地控制肢体关节各肌肉，展示体育舞蹈速度美的力量。选手必须在每拍做一个或二个以上的技术动作，特别是拉丁舞，选手每分钟要做大约150多个动作，平均每秒要做2～3个左右动作，动作速度快，难度很大。

另外，根据体育舞蹈的项目特点，体育舞蹈的专项力量还包括双人间的对抗性和引导性力量。力量是速度的前提，当今体育舞蹈技术难度大大增加，选手在比赛中更加注重动作速

度与力度的体现。因此，体育舞蹈的专项力量训练在体能训练中的地位不容改变。

（二）对速度素质的要求

速度在许多运动项目中被看作是决定性的因素。随着选手竞技水平的提高，比赛节奏越来越快，速度对许多动作的转换和完成质量都很重要。速度是舞蹈动作流畅的前提，如果动作跟不上音乐节奏，就谈不上舞步的轻快灵动与周旋翩翩了。拉丁舞奔放热情、亢奋热烈的风格特点更需要速度来体现。以拉丁舞中桑巴为例，它是2/4拍，每分钟52～54小节，在一小节里既要做脚掌的转动，又要做脚踝的升降还有膝盖的弯曲以及跨步，还要做身体、手的动作。如果没有具备良好的快速移动能力，舞蹈中那些令人眼花缭乱的旋转与变化多端的动作将无法很好地完成。

（三）对柔韧素质的要求

柔韧素质是指人体各关节在不同方向上的运动能力以及肌肉、韧带等软组织的伸展能力。表面上看，在拉丁舞和摩登舞中，只有部分造型会有对柔韧素质的要求，其实不然。实践证明：柔韧素质能促使选手更快地掌握动作技术、提高动作质量、提高选手的机体活动能力，也能延长运动寿命、防止选手的运动损伤等。传统的运动训练当中，对体育舞蹈选手的柔韧素质较重视肩、胸、腰、髋、膝、踝的灵活性。这对完成技术动作的幅度、开度和表现是非常有利的。

（四）对耐力素质的要求

耐力素质是指机体坚持长时间运动的能力。随着体育舞蹈竞技水平的提高，体育舞蹈竞赛竞争相当激烈，正式的体育舞蹈比赛，虽然每种舞比赛的时间只有 1 分钟左右，但由于节奏快，技术要求高，同时为了赢取比赛，选手往往会跳很多难度较高的动作，如加快旋转的速度、步法上更加多变等等，这就使得动作的强度大大地加大了。根据能量连续统一体的概念，1分钟左右的大强度运动，属于无氧耐力动作范畴，但在实际比赛中，选手需要连续完成多个舞种、多个场次的比赛，持续时间长，因此体育舞蹈属于有氧和无氧混合的项目，对耐力的要求较高。

体能训练中的运动耐力主要指大强度长时间从事专项活动的能力。选手体能训练的运动耐力水平主要取决于：（1）功能系统的机能能力；（2）比赛中有效地利用机能潜力的能力；（3）疲劳情况下的心理素质和意志品质。体育舞蹈高组别选手必须参加五种舞比赛，而每种舞比赛的时间在1分30秒～2分钟之间。且由于音乐节奏快，选手必须在极短的时间内完成许多难度很大的动作，而且每舞种比赛的间隙时间又很短（一般30秒左右），因此选手的运动强度是很大的。因此，体育舞蹈选手（尤其是全能选手）必须提高无氧耐力运动能力，以更好地适应比赛中大强度运动的需要，提高竞争能力。另外，每个体育舞蹈选手都会有自己的风格，目前世界“舞坛”中大致分为两种：一种是表演型（以俄罗斯选手斯拉维克Slavik为代表），一种是能力技巧型（以波兰选手乔安娜Joanna为代表）。我国选手由于身体条件和文化底蕴等原因，普遍以能力技巧型跳法为主。而能力技巧型选手需要有更好的运动耐力，才能保证在顺利地完成编排套路的同时，进而准确地表达音乐和诠释舞蹈，提高表现力。

（五）对协调灵敏素质的要求

体育舞蹈较其他项目，动作更丰富、更复杂，因此需要选手有更好的身体协调能力和灵活性。协调能力主要表现在完成动作时全身的有机配合，在体育舞蹈中，主要是肌肉紧张与放松的协调、选手内在感受与外在表现的协调、音乐节奏与动作节奏的协调、男女双方配合的协调等。灵活性是指快速制动和转换身体动作与方向的能力，只有具有良好的灵活性，选手舞动时的移动与造型才能变得更加合理和自然。灵敏素质练习一般应安排在训练课的前半部分，在选手精神饱满、体力充沛、运动欲望强和兴奋性高的状态下进行。

1. 准确的时空判断和精确的肌肉本体感受

体育舞蹈是典型的双人舞，舞伴间不同的舞蹈动作有着紧密的联系，运动员在高质量地完成成套动作的整个过程中，对本体和舞伴运动的方位、角度有着严格的要求。尤其是完成一些高难度的身体动作、舞伴间动作的配合时，运动员不仅要对自身肢体方位进行精确控制，而且还要给予舞伴正确方位的引带和控制。因此，在完成成套动作的过程中，肌肉本体感觉的强弱，不仅直接影响了运动员对身体姿态的控制能力，而且还影响了对舞伴引带用力的大小、方向，决定了最终呈现出的画面。总之，体育舞蹈运动员只有具备准确的时空判断能力和精确的肌肉本体感受，才能控制身体动作、引导舞伴在时空上的准确性，才能保证整体的运动轨迹及运动效果。

2. 快速的反应能力和应变能力

体育舞蹈技术复杂多变，技术动作的完成是在一瞬间通过视觉、听觉、动觉的协调配合做出快速反应的。运动员不仅要在规定的时间内对各种不同性质的动作快速感知，同时还要使各有关分析器兴奋与抑制灵活转换，使动作与音乐协调配合、有节奏地完成。从目前国际体育舞蹈技术动作的发展趋势看，套路动作的节奏明显加快，动作数量增多，密度加大，对运动员的快速反应能力和协调能力提出了更高的要求。在国际高水平比赛中，每一组所有运动员同场竞技并在规定的时间内展示自己的套路组合，在动作速率极快的情况下，运动员必须对场上千变万化的信息做出快速、有针对性的决策，从而合理运用技术动作，正常发挥技术水平。

（六）对弹跳素质的要求

体育舞蹈中的弹跳，并不等于传统概念中的跳跃，单纯追求高度。体育舞蹈的弹跳具有很高的技术性，对节奏、跳起姿态、轻巧程度、身体线条、身体控制、舞蹈韵味、面部表情等都有较高的要求。摩登中的快步、拉丁中的牛仔等都需要良好的跳跃技巧，因为很多动作不仅有跳起还有旋转。例如在一些跳起的造型中，需要选手跳起一定的高度，且步伐轻盈，当身体腾空以后，还要创造空中的姿态，维持优美的线条，并且在空中找到停顿感，若有旋转动作，还要完成转度。此时不仅需要腿部的力量，同时还需要腰部与腹肌的控制、手臂力量的运用、脚与脚踝的蹬力和整个身体的控制力等，即力量素质。由此可见，体育舞蹈中的弹跳技巧是非常复杂且综合性极强的技术，需要良好的力量基础才可以完成。

（七）对平衡素质的要求

人体平衡能力一般分为静力性平衡和动力性平衡两种。静力性平衡能力是指身体处于相对静止状态下，控制重心的能力；动力性平衡是指身体在运动过程中控制重心和调整姿势的能力。这两种平衡力对体育舞蹈选手而言是必不可少的。

以动态平衡在体育舞蹈中运用为例。跳跃后的下落需轻巧平稳，一个跳起造型动作的结束通常以落地为结束标志，也可以说运动员落地的稳定性直接关系到动作成功与否。稳定的落地动作不仅为运动员的参赛动作赢得高分，也会为运动员的安全提供保障。运动员落地的稳定性与完成的动作质量、落地动作是否符合力学原理及身体平衡能力相关。而运动员下肢肌肉力量是制约动作完成质量、身体平衡能力的关键。因此，归根结底，运动员下肢肌群的力量大小决定着空中和落地姿态，力量还是体育舞蹈运动员最基础的素质。

第三节　体育舞蹈体能评定及训练

一、柔韧素质评定方法与训练发展

（一）发展柔韧性的理论基础

柔韧性能力是指关节的灵活性，即主动和被动地完成大弧度动作的能力，因而柔韧又分为主动柔韧性和被动柔韧性两类。其中，主动柔韧性取决于关节及关节周围肌肉的张力；被动柔韧性表现为外力作用下关节及关节周围肌肉的张力。影响柔韧性的主要因素有：关节结构、关节形状及关节面大小；连接肌腱以及肌肉的长度和弹性；调节肌肉紧张度的中枢神经系统的状况；环境温度：环境温度越高，柔韧性越好；昼夜周期：早上柔韧性下降；疲劳状态：疲劳时被动柔韧性提高，主动柔韧性减弱；遗传、性别及年龄：儿童及女性的柔韧性较好。

发展柔韧性的手段：放松性练习一般按照12%~15%的比例递增练习；重复弹性动作；被动地保持最大幅度动作；主动地保持最大幅度动作；逐渐增大幅度的摆动。

在体育舞蹈运动中，柔韧性练习对身体姿态的控制和完成高难度动作有着极其重要的作用，无论在哪一阶段的训练中都应该给予最大的重视。

在第一个训练周期，柔韧性练习要循序渐进，每隔一天训练一次，以便身体各部位都能适应训练。以后则需要每天进行训练，以免柔韧性反弹或不能得以更好地进展。

在正式进行柔韧性训练前，先要有充分的热身性准备活动，预防身体损伤；训练的最后还应安排恢复性练习。

（二）柔韧性评定的测试

1. 足部、膝部测试

测试1：半蹲时踝关节的角度

开始姿势：站立，双臂前举，半蹲。

控制姿势：3秒。

测试参数：测量小腿与脚背之间的角度。

图7-3-1　半蹲姿势

测试2：站立在体操凳上踝关节的角度

开始姿势：站立在靠近体操肋木的体操凳上，双手胸前扶肋木，腿伸直，脚后跟向下垂。

控制姿势：3秒。

测试参数：测量小腿与脚背之间的角度。

图7-3-2　站立姿势

测试3：双脚站立分开

开始姿势：靠近并侧对体操肋木站立。左手在腰部处扶肋木，右手叉腰。双脚分开至最大外展姿势。

控制姿势：3秒。

测试参数：测量双脚分开的角度。

图7-3-3　站立姿势

测试4：站立在椅子上身体前屈

开始姿势：站立在稳固的硬椅上面。身体前屈，双手向下，尽量延伸触地。

控制姿势：3秒。

测试参数：测量从椅子平面到双手中指间的距离。

图7-3-4　前屈姿势

2. 肩关节、腕部测试

测试1：肩关节伸展的角度

开始姿势：背向墙壁坐立，双手高过头部最大限度地伸直扶墙。

控制姿势：3秒。

测试参数：测量双臂与背部之间的角度。

图7-3-5　坐立姿势

测试2：双手持绳转动肩部

开始姿势：用厘米做单位记号，双臂伸直由前向后和由后向前地转动绳子。

控制姿势：3秒。

测试参数：测量直臂转动时双手间的距离。

图7-3-6 转动姿势

测试3：腕关节伸展的角度

开始姿势：支撑跪坐，手指尖朝向身体，手掌尽量撑地。

控制姿势：3秒。

测试参数：测量小臂至手腕背部的角度。

图7-3-7 伸展姿势

3. 脊柱关节测试

测试1：俯撑上体后屈

开始姿势：俯卧，双手支撑，体后屈。头部最大限度地接近臀部。

控制姿势：3秒。

测试参数：测量头部到地面的距离。

图7-3-8 俯撑后屈姿势

测试2：桥

开始姿势：双脚分开站立，两臂上举，身体最大限度地后屈成桥。

控制姿势：3秒。

测试参数：测量从脚后跟到双手中指间的距离。

图7-3-9　桥姿势

测试3：躯干转动

开始姿势：跪坐在椅子上，两臂侧平举，躯干最大限度地左右拧转。

控制姿势：3秒。

测试参数：测量两臂的水平轴和髋关节轴的角度。

图7-3-10　转动姿势

4. 髋关节测试

测试1：横劈腿

开始姿势：可在平地上做，也可在两边垫有40厘米高物的中间横劈腿。

控制姿势：3秒。

测试参数：测量从地面至尾椎骨的高度。

图7-3-11　横劈腿姿势

测试2：仰卧前举腿

开始姿势：仰卧左（右）腿向前上方举起，臀部不离开地面。

控制姿势：3秒。

测试参数：测量前腿脚后跟到支撑点的距离。

图7-3-12　举腿姿势

（三）发展柔韧性的综合练习

1. 发展踝关节柔韧性的练习

练习1：

开始姿势跪坐，双手体后撑地，提起双膝，身体向后从脚背向脚趾方向滚动，后还原。

图7-3-13　踝关节柔韧性的练习1

练习2：

开始姿势单腿跪姿，另一腿提膝，脚尖触地，向前和内侧极限压脚背。

a-右脚

b-左脚

图7-3-14　踝关节柔韧性的练习2

练习3：

开始姿势坐姿，两腿并拢伸直，双手压住双膝，勾脚，身体尽量向前屈。8次，4组。

图7-3-15　踝关节柔韧性的练习3

练习4：

开始姿势坐姿，两腿并拢伸直，手撑地。单臂上举，异侧腿最大限度地外旋上举触及上举手臂。

a-右脚　8次，2组。

b-左脚　8次，2组。

图7-3-16　踝关节柔韧性的练习4

练习5：

开始姿势双膝分开跪立支撑，上体直立，臀部尽量向下坐地。同样，也可仰卧：两腿弯曲并尽量向外分开。两脚背绷直。8次，2组。

图7-3-17　踝关节柔韧性的练习5

2. 发展膝关节柔韧性的练习

练习1：

开始姿势坐姿，双腿并拢置于高处，双手后撑，另一人坐于练习者膝关节处。8次，2组。

图7-3-18　膝关节柔韧性的练习1

练习2：

开始姿势俯卧，两臂上举，借助舞伴帮助，向后上方向外展至极致。8拍，2组。

图7-3-19　膝关节柔韧性的练习2

练习3：

开始姿势站立，两手握绳自然下垂，双臂由前向后及由后向前转肩。10次，2组。

图7-3-20　膝关节柔韧性的练习3

3. 发展脊柱柔韧性的练习

练习1：

开始姿势两人面对面站立，男伴扶住女伴的腰部，做弹腰动作。10次，4组。

图7-3-21　脊柱柔韧性练习1

练习2：

开始姿势俯卧，双手上举，借助同伴的力量挺身后屈。8拍，4组。

图7-3-22　脊柱柔韧性练习2

二、力量素质评定方法与训练发展

（一）发展力量素质的理论基础

力量是指人体克服外部阻力及反作用力的能力。按照一般的运动训练学理论来讲，力量能力划分为3种：最大力量、速度力量、耐力力量。体育舞蹈负荷专项特征的力量划分应该是：静力性力量、动力性力量、爆发性力量。

● 静力性力量：含有较小的活动性动作：表现在对身体姿势的控制及身体某部位对重量物体的举起、拉伸、按压和下蹲等动作。

● 动力性力量：表现为大移动性动作；场地跑、场地跳跃、场地滑行、场地跳跃性动作等。

● 爆发性力量：表现在单一的动作中，如转、跳等。

在体育舞蹈运动中，发展力量的理念为：① 具备克服身体本身或身体某部分重量的力量。② 具备克服自身或舞伴施加的阻力的力量。③ 能够借用舞伴之间的力量，达到借力发力的目的。

根据解剖学特性，分类进行力量练习：发展手臂和肩部、腰部肌力量的练习；发展躯干和腿部肌力量的练习。

发展力量的方法：

1. 重复用力方法

（1）规定完成练习的次数。

（2）极限次数——根据自身力量条件，最大限度地设定完成练习的次数。

2. 动力性用力方法：在规定时间内，最大次数地完成动作；

3. 静力性用力方法：固定某种姿势，保持到足够长的规定时间；

4. 最大用力方法：最大负荷地去完成练习。

（二）力量素质评定与测试

1. 腿部力量测试

（1）提踵立

开始姿势：右脚站立，左脚弯曲触及膝关节，两臂侧举。高提踵立和落踵练习。

控制姿势：3秒。

测试参数：记录不降低动作完成质量的提踵次数。用同样方法完成左脚的练习与测试。

图7-3-23　提踵立姿势

（2）单腿前举控制测试

开始姿势：两臂水平侧举，右腿前举至90°，左脚提踵立。同样方法换右脚练习。

控制姿势：3秒。

测试参数：测量不低于水平角度的控制。

图7-3-24　单腿前举姿势

（3）仰卧分腿

开始姿势：仰卧，两臂侧平放，双腿并拢垂直上举并最大限度地分开，脚触及地面。

控制姿势：3秒。

测试参数：记录20秒钟完成动作的次数。

图7-3-25　仰卧分腿姿势

2. 腹部力量测试

（1）八级俯桥

开始姿势：俯卧肘撑，头、躯干和双腿在同一额状面上。

第一级：静力俯撑，30秒；第二级：抬起右腿，俯撑15秒；第三级：抬起左腿，俯撑15秒；第四级：右手前伸，俯撑15秒；第五级：左手前伸，俯撑15秒；第六级：抬起左腿，右手前伸，俯撑15秒；第七级：抬起右腿，左手前伸，俯撑15秒；第八级：回到初始动作，俯撑30秒。每一级之间无间歇，如出现不规范动作，提醒一次不能正常完成标准动作，则视为该受试者无法完成该级别动作。

测试参数：记录完成级数。

图7-3-26　八级俯桥姿势

（2）交叉仰卧起坐

开始姿势：四肢抬离地面，用一侧手触对侧脚，连续交换。

控制姿势：3秒。

测试参数：记录30秒钟动作完成次数。

图7-3-27　交叉仰卧起坐姿势

（3）控制角度

开始姿势：直角坐，双臂侧举或前举。双脚并拢前举成135°。

测试参数：测定控制时间。

图7-3-28　控制姿势

（4）五级侧桥

开始姿势：侧卧肘撑，身体各部分在同一额状面上，腿和躯干的角度为180° 。

第一级：静力侧撑，30秒；第二级：抬起非支撑腿，侧撑15秒；第三级：向前摆腿到最大幅度，头、躯干和支撑腿保持同一矢状面，侧撑15秒；第四级：向后摆腿到最大幅度，头、躯干和支撑腿保持同一矢状面，侧撑15秒；第五级：回到开始姿势，侧撑30秒。每一级之间无间歇，如出现不规范动作，提醒一次不能正常完成标准动作，则视为该受试者无法完成该级别动作。

测试参数：记录完成级数。

图7-3-29　五级侧桥姿势

（5）躯干后屈转肩

开始姿势：俯卧，两腿固定同肩宽，两臂上举，手指并拢，躯干快速抬起至与地面垂直后肩部左右旋转。

控制姿势：3秒。

测试参数：记录30秒钟抬起的次数。

图7-3-30　躯干后屈转肩姿势

（6）躯干控制

开始姿势：俯卧，两腿分开稍宽于肩，两臂上举，双腿、躯干和双臂同时抬起至离地35厘米以上并控制。

测试参数：测定控制时间。

图7-3-31　躯干控制姿势

3. 上肢及肩、腰背部力量测试

（1）加高俯撑

开始姿势：双手同肩宽，双脚放在增高物上俯撑，双腿直膝与躯干成水平姿势并保持。

测试参数：记录姿势控制时间。

图7-3-32　加高俯撑姿势

（2）俯卧撑

开始姿势：双手同肩宽俯撑地，男受试者以脚为支撑，女受试者以膝为支撑，做俯卧撑（胸部须触底）。

测试参数：记录正确完成动作的次数。

图7-3-33　俯卧撑姿势

（3）六级仰桥

开始姿势：仰卧，屈膝，双脚脚跟着地，双手交叉放于胸前，髋部抬起，使躯干、髋和大腿在同一额状面，躯干部无向两侧的扭曲。

第一级：静力仰撑30秒；第二级：直膝抬右腿与左腿大腿平行，仰撑15秒；第三级：直膝抬左腿与右腿大腿平行，仰撑15秒；第四级：直膝抬右腿与左腿大腿平行后向外摆动到最大幅度，仰撑15秒；第五级：直膝抬左腿与右腿大腿平行后向外摆动到最大幅度，仰撑15秒；第六级：回到开始姿势，仰撑30秒。每一级之间无间歇，如出现不规范动作，提醒一次不能正常完成标准动作，则视为该受试者无法完成该级别动作。

测试参数：记录完成级数。

图7-3-34　六级仰桥姿势

（三）发展力量的综合练习

1. 四肢肌肉力量练习

练习1：

基本姿势：仰卧，直膝；髋部向上抬起；髋部在最高点的控制。30秒，2组。

图7-3-35　四肢肌肉力量练习1

练习2：

基本姿势：仰卧，两腿上举至90°角位置，两臂侧举；双腿并拢和分开。30次，2组。

图7-3-36　四肢肌肉力量练习2

练习3：

基本姿势：双臂屈肘与肩同宽，双腿屈膝以足尖为支撑，收腹团身。低头收腹缩臀，保持膝盖与垫面间1厘米距离。40秒，2组。

图7-3-37　四肢肌肉力量练习3

练习4：

基本姿势：仰卧，两手自然置于身体两侧，双脚夹住瑞士球中部，并将球抬离地面10厘米，膝关节伸直，双脚连续用力夹球。40次，2组。

图7-3-38　四肢肌肉力量练习4

练习5：

基本姿势：单脚支撑，另一只脚向后缚于无悬吊训练系统上；缓慢下蹲，至大腿与地面平行；向上跳起。膝关节不可内扣和超过脚尖，方向同脚尖方向。同样方法，换另一腿练。每侧腿15次，2组。

图7-3-39　四肢肌肉力量练习5

练习6：

基本姿势：单脚支撑，另一只脚向侧缚于无悬吊训练系统上；缓慢下蹲，至大腿与地面平行；缓慢回到开始姿势；膝关节方向与脚尖方向一致，且不可超过脚尖。同样方法，换另一腿练习。每侧腿12次，2组。

图7-3-40 四肢肌肉力量练习6

练习7：

基本姿势：将弹力环缚于双脚踝关节位置，一侧腿支撑，直膝做另一侧髋关节的屈、伸和外展。同样方法，换另一腿练习。每组动作每侧30次，2组。

图7-3-41 四肢肌肉力量练习7

练习8：

基本姿势：两人并排站立，将弹力环缚于两人相邻的踝关节处，两人同时向相反方向用力做腿内收动作。同样方法，换另一腿练习。每侧30次，2组。

图7-3-42　四肢肌肉力量练习8

练习9：

基本姿势：俯卧撑姿势，一手支撑于药球上；俯卧撑；迅速将药球拨到另一手支撑处，继续做俯卧撑；女性练习者可选用跪撑姿势。10~15次，2组。

图7-3-43　四肢肌肉力量练习9

练习10：

基本姿势：俯撑于双耳药球之上进行俯卧撑（可抬起一腿以增加难度）；女性练习者可选用跪撑姿势。10~15次，2组。

图7-3-44　四肢肌肉力量练习10

2. 核心力量练习

练习1：

基本姿势：俯卧，躯干抬起至90°，两腿伸直同肩宽，两臂前伸。向右和向左转体。10次，3组。

图7-3-45　核心力量练习1

练习2：

基本姿势：俯卧于瑞士球上，双手支撑地面，直膝上摆至最大位置。30次，2组。

图7-3-46　核心力量练习2

练习3：

开始姿势：俯卧于垫上，双手交叉置于前额下，双腿直膝上摆至最大位置，30次，2组

图7-3-47　核心力量练习3

练习4

基本姿势：双膝跪立，两手撑地同肩宽，手臂弯曲和伸直。胸部接触地面，躯干伸直。25次，1组。

图7-3-48　核心力量练习4

练习5：

基本姿势：仰卧，两腿同肩宽，两膝弯曲，两手在头部后面，下颚触及胸部，双手捏耳朵，肩腰部抬起至45°　。25次，2组。

图7-3-49　核心力量练习5

练习6：

基本姿势：仰卧于瑞士球上，肩关节着球，双脚分开与肩同宽，髋关节与大腿在同一平面上，双手持药球上举，保持身体其他部位姿势，直臂左右转肩。30次，2组。

图7-3-50　核心力量练习6

练习7：

基本姿势：仰卧，双腿弯曲，小腿置于瑞士球上，双腿股后肌部位紧贴瑞士球，两臂侧举，肩关节贴于地面，做髋关节的左右旋转。30次，2组。

图7-3-51　核心力量练习7

练习8：

基本姿势：跪于瑞士球上，双手撑于地面，保持该姿势，髋部左右转动。40次，2组。

图7-3-52　核心力量练习8

练习9：

基本姿势：俯卧，头、胸部和下肢均抬离地面，双腿上下连续快速打腿。60次，2组。

图7-3-53　核心力量练习9

练习10：

基本姿势：练习者仰卧做直膝举腿动作，另一人在练习者举腿达到最高位置时给予不同方向的推力，练习者克服推力并完成举腿动作。30次，2组。

图7-3-54　核心力量练习10

练习11：

基本姿势：仰卧，头、肩部和下肢均抬离地面，手臂前伸，双腿上下连续快速打腿。60次，2组。

图7-3-55　核心力量练习11

练习12：

基本姿势：练习者侧卧，双臂持药球上举，另一人站立于练习者双脚处，手臂自然前伸，手掌面对练习者，练习者持球侧起，使球触到站立者手掌。同样方法，换另一侧练习。每侧30次，2组。

图7-3-56　核心力量练习12

练习13：

基本姿势：坐姿悬脚，双手持药球，直臂做俄罗斯转体动作。40次，2组。

图7-3-57　核心力量练习13

练习14：

基本姿势：髋部在瑞士球上，呈侧卧姿势，双脚前后在一条直线上，抵墙，双手侧举，做躯干的侧起动作。同样方法，换另一侧练习。每侧30次，2组。

图7-3-58　核心力量练习14

练习15：

基本姿势：俯卧肘撑于加高垫上，一腿折叠后伸，在保持该姿位的前提下单支撑腿做上下屈伸。同样方法，换另一腿练习。每侧25次，2组。

图7-3-59　核心力量练习15

练习16：

基本姿势：仰卧，屈腿支撑，双臂上举，双手拉住弹力带，躯干向上抬起的同时，双手从头顶向下拉弹力带。30次，2组。

图7-3-60　核心力量练习16

练习17：

基本姿势：仰卧肘撑在加高垫上，向上顶髋，使躯干、髋和下肢在同一直线上，静力保持该动作，30秒，2组。或直膝抬起一腿，两腿交换抬起，每侧腿抬起保持30秒，2组。

图7-3-61　核心力量练习17

练习18：

基本姿势：仰卧，双脚踩在药球上，做连续顶髋动作。40次，2组。

图7-3-62　核心力量练习18

三、速度素质评定方法与训练发展

（一）发展速度素质的理论基础

速度能力（速度）是保证在最短时间内完成动作时人体机能特性的能力。速度能力的表现形式是有区别的。速度能力的基本形式有：快速反应能力、快速完成单个动作的能力、快速启动动作的能力（剧烈动作）、最快频率地完成动作的能力。体育舞蹈运动中大部分竞技动作都要求包括上述形式在内的综合性速度能力的发展。

1. 发展速度的手段

（1）快速反应的练习

① 在变速运动中的身体动作进行不同程度的控制，如急停、快速起动等。

② 选择性：按教练的意图完成动作。

（2）在体育舞蹈运动中，需要快速完成的动作如起跳、旋转、部分两人配合的动作。

（3）必须用最快频率完成的移动有：快速跑跳步、牛仔舞的弹踢腿等。

2. 发展速度的原则

（1）选用已掌握好的动作；

（2）在精力充沛时进行练习，不延长练习时间；

（3）练习难度逐渐增加。

3. 发展速度的方法

（1）环境轻松，用游戏、比赛等方式完成练习；

（2）控制速度节奏——计数、拍掌、节拍器、音乐等；

（3）用接近极限的速度对规范性动作进行连续重复的练习；

（4）条件的复杂化——在急跃升状态下，在不舒适状态下，在带有不适应和意想不到的移动状态下练习；

（5）采用谁更快和谁更多等形式，进行比赛或游戏练习。

（二）速度素质评定的方法

1. 单个动作的速度测试

测试1：提踵立

基本姿势：站立，脚后跟并拢，脚尖分开，两肩下沉，两膝伸直。

测试参数：记录10秒钟完成提踵的次数。

图7-3-63 提踵立姿势

测试2：举腿收腹

基本姿势：仰卧，双腿直膝摆至与地面垂直，双臂举至头顶上方，保持该姿势。开始信号后，卷腹，双手碰触脚尖。

测试参数：记录10秒钟完成动作次数。

图7-3-64 举腿收腹姿势

测试3：立卧撑

基本姿势：蹲撑姿势，双腿同时蹬地呈俯撑姿势，迅速还原成蹲撑，原地向上跳起。

测试参数：记录10秒钟完成动作的次数。

图7-3-65 立卧撑姿势

测试4：弓箭步交换跳

基本姿势：开始信号后，于跳起的同时完成双腿的前后交换，髋部不大幅上升，弓箭步幅度大。

测试参数：记录10秒钟完成动作的次数。

图7-3-66　弓箭步交换跳姿势

测试5：单腿快速内收

基本姿势：左侧卧，右腿缚于SET悬吊绳上，将髋关节抬离地面，左腿上摆与右腿靠拢，保证头、躯干和下肢为同一直线做左腿快速的内收和外摆动作。

测试参数：记录10秒钟完成动作的次数。换另一侧方向测试。

图7-3-67　单腿快速内收姿势

测试6：向侧分腿

基本姿势：仰卧，两腿向前，两臂侧举。两腿用力向侧分腿至最大幅度，并快速并拢。

测试参数：记录10秒钟完成动作的次数

图7-3-68　向侧分腿姿势

测试7：沿地面摆动劈叉

基本姿势：坐姿，两臂侧举。根据信号，单腿沿地面向后摆动成劈叉姿势. 膝盖伸直，注意姿势。

测试参数：记录10秒钟完成动作的次数。同样方法，换另一腿完成。

图7-3-69　劈叉姿势

测试8：前摆腿

基本姿势：两手握横杆提踵立，单腿用力向上摆动至劈叉并力求最大幅度。腿落下时向支撑腿靠拢。两肩下沉，注意动作姿势。

测试参数：记录10秒钟完成动作的次数。同样方法，换另一腿完成。

图7-3-70　前摆腿姿势

测试9：后摆腿

基本姿势：两手胸前扶墙提踵立，单腿用力向后摆动至劈叉并力求最大幅度，腿落下时向支撑腿靠拢。膝盖伸直，两肩下沉，注意动作姿势。

测试参数：记录10秒钟完成摆动的次数。同样方法，换另一腿完成。

图7-3-71　后摆腿姿势

测试10：30米跑

测试动作：最快速度完成30米跑。

测试参数：记录完成时间。

测试11：原地高抬腿

测试动作：最快速度完成连续原地高抬腿动作，要求腿抬至与地面平行的高度再落下。

测试参数：记录20秒钟完成次数。

（三）发展速度的综合练习

练习1：

跑步，带身体旋转360°的跳转。1次鼓掌声—右转，2次鼓掌声—左转。根据信号，准确地向上起跳。

练习2：

跑步，根据信号（1次鼓掌声），转体180°。准确转体后向另一方向继续跑。

练习3：

10米折返跑，10米范围内完成10次折返跑。

练习4：提踵立

基本站立姿势，两手自然下垂，膝盖伸直，两肩下沉，快提起，慢落下，20次，4组。

图7-3-72　提踵立姿势

练习5：蹲起

基本站立姿势，两手叉腰，两脚同肩宽，下蹲后还原成开始姿势，脚跟不落地。8次，4组；也可单脚蹲起，每边8次，换脚，4组。

练习6：单腿沿地面摆动至劈叉

开始姿势坐撑。膝盖伸直，单腿经侧向沿地面用力摆动至劈叉，并还原成开始姿势。每边8次，换另一腿重复，4组。

图7-3-73　单腿沿地面摆动至劈叉姿势

练习7：仰卧横叉

仰卧，双臂侧摆。信号开始后，在双腿所在平面向两侧分开至横叉动作，还原成开始姿势。快收起，慢落下，共20次，3组。

图7-3-74　仰卧横叉姿势

练习8：前摆腿

开始姿势为站姿，两臂向后握住横杆，两腿伸直。一腿用力快速向胸前摆动. 直膝，至膝关节碰触到胸部或腿碰触到头部，髋部贴地。完成10次。换另一腿重复。

图7-3-75　前摆腿姿势

练习9：侧摆腿

开始姿势左仰卧，左手上举，右手按地面。右腿伸直用力向侧摆动，髋部贴地，摆动腿每次下落都要触及支撑腿。完成10次。换另一腿重复。

练习10：后摆腿

开始姿势站姿，手握横杆。右腿用力向后摆动时头和躯干也尽量向后弯曲。还原成开始姿势。完成10次。换另一腿重复。

图7-3-76　后摆腿姿势

练习11：跪撑摆腿

开始姿势跪姿手撑，一腿用力向后上方摆动，同时头和躯干也尽量向后弯曲。还原成开始姿势。完成10次。换另一腿重复。

图7-3-77　跪撑摆腿姿势

练习12：原地高抬腿

原地高抬腿40~60秒。

练习13：双脚交替跨越栏架

面对栏架站立，向前双脚交替跨越栏架。

图7-3-78　双脚交替跨越栏架姿势

练习14：横向双脚交替跨越栏架

横向侧对栏架，向侧向双脚交替快速跨越栏架。

图7-3-79　横向双脚交替跨越栏架姿势

练习15：双脚跳跃过栏架

面对栏架站立，向前纵跳连续越过栏架。

图7-3-80　双脚跳越过栏架姿势

练习16：单摇跳绳

快速单摇1分钟。

四、弹跳素质评定方法与训练方法

（一）发展弹跳力的理论基础

弹跳力是指在最短间隔时间内，最大强度克服地球引力的力量。具体表现为：在某一时间内，身体克服地球引力，转为无支撑状态。身体克服地球引力，获得无支撑状态的高度或远度是弹跳力指标的标准。弹跳力本身与弹跳耐力是两个不同的概念，必须加以区别。弹跳力是“速度—力量”素质，它取决于肌肉的力量、弹性和速度；此外，蹬地、腾空、落地等技术也有着重要的意义。弹跳耐力则是描述弹跳力保持能力的指标，是“耐力—力量”素质。

1. 发展弹跳力的手段

（1）发展腿部肌肉弹性—伸张的练习；

（2）发展腿部、足部、小腿和大腿肌肉力量的练习；

（3）发展肌肉收缩速度的练习；

（4）技术完善和研究的练习；

① 落地—触地方式和上升起跳方式：蹬地的弹性动作，单脚和双脚跳，配合手臂、头、躯干等协调动作；

② 腾空—腾空阶段跳的姿势。

（5）跳的远度练习；

（6）蹬地—起跳的高度和远度练习：向上升、越过障碍、目标定向等；

（7）跳跃耐力练习— 一连串跳步组合，持绳连续跳等。

2. 发展弹跳力的方法

（1）重复、反复地完成动作，但要有充分的间隔；

（2）速度准确定位；

（3）加大练习难度—在软或松散的场地，加大负重等；

（4）带游戏和比赛性。

（二）弹跳力评定的测试

测试1：原地纵跳

开始姿势：基本站立。预先半蹲，双脚用力蹬地，尽量高地向上起跳（没有向下压弯曲动作），两臂配合向上摆动。

测试参数：将软尺固定在队员腰部，在软尺100厘米处标明测试标记，完成3次起跳，记录最好一次的成绩。

测试2：单脚原地纵跳

开始姿势：基本站立。预先半蹲，单脚用力蹬地，尽力地向上起跳，两臂配合向上摆动。根据软尺拉长度，确定起跳高度。

测试参数：软尺固定在队员腰部，下垂拉直，手柄固定在地面。完成3次起跳，记录最好一次的成绩。

测试3：立定跳远

开始姿势：基本站立，两脚分开与肩同宽，两脚用力向远起跳。

测试参数：测试开始姿势时足尖至起跳落地后与脚后跟间的距离。完成3次起跳，记录最好一次的成绩。

测试4：跨步

开始姿势：基本站立，完成用左（右）脚原地蹬地向远的跳步，并用左（右）脚落地。

测试参数：完成3次起跳，记录最好一次的成绩。

测试5：分腿跳

开始姿势：基本站立，两脚用力蹬地分腿起跳，右（左）腿在前，左（右）腿在后，两腿开度不小于170度。

测试参数：记录10秒钟完成分腿跳的次数。

测试6：双摇

开始姿势：站立，双摇1分钟，出现第一次失误时停止记录次数。

测试方法：记录完成双摇过绳跳的次数。

（三）弹跳力的综合训练

练习1：开始姿势－基本站立，两手叉腰，原地连续纵跳。40次，2组。

练习2：开始姿势－单腿站立，另一腿弯曲，脚尖触及支撑腿膝部，两手叉腰，单腿用力蹬地跳起。用同样方法换另一腿完成。20次，2组。

练习3：开始姿势－双脚蹬地跳起同时向右转体360°，两臂积极配合蹬地动作。用同样方法向左转体。10次，2组。

练习4：开始姿势－基本站立，双脚同时蹬地起跳并向前屈膝。20次，2组。

练习5：开始姿势－站立于台阶边缘，双脚脚掌处支撑，脚跟悬空，两手扶腰，完成连续提踵立。35次，2组。

练习6：开始姿势－站立于台阶边缘，左脚脚掌处支撑，脚跟悬空，两手扶腰，右脚悬空。

（1）左腿提踵立　35次，2组；

（2）右腿提踵立　35次，2组。

练习7：开始姿势－站姿，双手在腰部位扶肋木，两脚站立成一位姿势。完成：

（1）半蹲：1~2拍半蹲，3~4拍腿伸直　8次，2组；

（2）全蹲：1~2拍全蹲，3~4拍腿伸直 8次，2组。

（3）同样方法完成二、四、五位姿势的蹲。

练习8：开始姿势—面向体操肋木，双手肩部水平握住肋木，两脚用力蹬地跳起，两腿最大限度地向侧分开。

练习9：开始姿势—侧对体操肋木，一手在肩水平位握住肋木，另一臂积极配合动作分腿跳：

（1）右腿在前 10次，2组；

（2）左腿在前 10次，2组。

练习10：开始姿势－面向体操凳自然站立，双脚蹬地跳上体操凳，再从体操凳另一方向跳下腾空时双腿尽力伸直。20次，2组。

练习11：开始姿势－侧向体操凳自然站立，双脚蹬地跳上体操凳，再从体操凳另一侧跳下，跳下腾空时双腿尽力伸直。20次，2组。

练习12：开始姿势－侧向体操凳自然站立，双脚蹬地跳上体操凳，再从体操凳另一侧跳下，落地后双脚蹬地起跳越过体操凳，双臂积极配合动作的完成。15次，2组。

练习13：开始姿势－面向体操凳站立，一脚站于体操凳上，另一脚地面支撑，做腾空交换腿跳动作。40次，2组。

练习14：开始姿势－侧向体操凳自然站立，双脚蹬地跳起越过体操凳，再跳回到初始位置。20次，2组。

练习15：开始姿势－侧向体操凳，一腿站立，另一腿弯曲，脚尖触及支撑腿的膝关节。单腿蹬地跳起并越过体操凳。

（1）右脚蹬地跳起 12次，2组；

（2）左脚蹬地跳起 12次，2组。

练习16：开始姿势：面对栏架站立，三次连续向前跳跃后，做前后左右跳跃，之后继续向前跳跃。5次，3组。

练习17：开始姿势：侧向面对栏架站立，双腿侧向跳跃连续跨越栏架。5次，3组。

练习18：沙坑原地纵跳。40次，2组

练习19：沙坑半蹲跳。20次，2组。

五、平衡能力训练发展及评定方法

（一）发展平衡能力的理论基础

平衡能力是在不同的环境与条件下，保持身体姿势稳定的能力。从运动训练学来讲，平衡能力可以分为静力性平衡能力、动力性平衡能力。评价平衡能力的重要指标就是保持平衡的时间。在体育舞蹈的实践应用中，平衡能力反映出人体中枢神经系统功能的状态，是体育舞蹈运动员能力的重要标准。

发展平衡能力的手段：加强腿部和躯干肌肉力量的练习；减小支撑面的练习－双脚提踵、单脚提踵练习；加高支撑面的练习：在体操凳上、平衡木上练习；视线控制之外的练习：闭上眼睛练习；刺激前庭分析器的练习：头部动作、躯干弯曲动作、转体动作、滚动动作、翻转动作等；动作结束姿势的定位：转体、跳步、波浪等。

发展平衡能力的方法：转体；判断方位；在原有体育舞蹈平衡动作的基础上加大练习难度；游戏和比赛等。

（二）平衡能力的评定测试

1. 减小支撑面的测试

测试1：巴塞

基本姿势：右脚支撑提踵平衡，左脚弯曲触及右腿膝部。两臂侧举。同样方法，换左脚支撑。

测试参数：记录控制时间，不能移动和改变姿势。

图7-3-81　巴塞姿势

测试2：阿拉伯式

基本姿势：左脚支撑提踵平衡，右腿后举至90°，两臂侧举。同样方法换右脚支撑。

测试参数：记录控制姿势的秒数，不能移动和改变姿势。

图7-3-82　阿拉伯式姿势

测试3：控腿平衡

基本姿势：右脚支撑提踵侧平衡，左腿上举，左手上举握住脚，右手侧或上举。保持姿势并完成10次立踵，之后一直保持立踵姿势。同样方法，换左脚支撑完成同样动作。

测试参数：记录控制姿势的秒数，不能移动。

图7-3-83 控腿姿势

测试4：双眼闭目的巴塞

基本姿势：左脚支撑提踵的平衡，右脚前屈膝足尖触及左腿膝部，两臂侧举，闭上双眼。换右脚支撑完成。

测试参数：记录控制秒数，不能移动和改变姿势。

测试5：平衡旋转

基本姿势：右脚支撑旋转360°，左腿后举至90°，两臂侧举。右脚支撑提踵立停住，保持平衡，左脚后举至90°，两臂侧举。用同样方法换左脚进行。

测试：记录结束姿势保持的时间，到出现第一个错误动作为止。

（三）发展平衡能力的综合练习

1. 减小支撑面的平衡练习（在提踵情况下）

练习1：巴塞式提踵立

基本姿势-站姿，1~8：双脚提踵立，9~16：落踵，两臂侧举。每组完成8次双脚提踵立，完成4组。

图7-3-84 巴塞式提踵立姿势

练习2：阿拉伯式提踵立

基本姿势－单腿支撑，动作腿后摆不低于90度，高提踵完成。保持30秒，每侧2组。

练习3：用膝支撑的阿拉伯式

基本姿势－双膝支撑，两臂侧举；1~2：一侧腿向后举起，3~16：固定姿势。每侧2组。

练习4：用力平衡

基本姿势－左脚站立，右腿向侧上举至劈叉，右手扶右腿，1~8：足尖提踵8次；9~16：固定姿势。保持高举腿、高提踵动作。换左腿进行练习。每侧2组。

图7-3-85　阿拉伯式提踵立

2. 无视线控制的平衡练习

练习1：双眼闭目的站立

基本姿势－站立，两臂侧举，1~2：提踵立，3~8：控制姿势，双眼闭目，原地控制并高提踵立，完成4组。

练习2：吸腿站立

基本姿势－左脚站立，右腿向前屈膝，右足触及左膝，两臂侧举，1~2：支撑腿提踵立；9~16：保持提踵姿势。双眼闭目，保持动作腿向前弯曲的提踵姿势。每侧2组。

练习3：带平衡的旋转

基本姿势－右弓箭步，右臂前举，左臂侧举，1~4：阿拉伯式转体；5~8：阿拉伯式提踵站立平衡，两臂侧举；支撑腿高提踵立，动作腿不放下。换另一侧进行练习，4组。

练习4：高抬步

基本姿势－双腿提踵立，两臂侧举，无摆动地高提踵立，单脚高抬步站上体操凳，从体操凳的四个方向上凳，完成4次。

练习5：侧平衡

基本姿势－左脚站立，右腿侧上举至劈叉，用双手帮助：1~4：提踵立起；5~8：固定姿势；单脚站立在体操凳上，不能摇晃、落踵、放下动作腿。每侧2组。

2. 身体平衡练习

（1）泡沫轴练习

基本姿势－仰卧于泡沫轴上，右臂上举，左臂侧摆，右腿直膝抬离地面，左腿弯曲支撑于地面，右臂右腿同时做直线摆动，换方向练习。每侧12次，2组。

图7-3-86　身体中段平衡姿势

练习1：

基本姿势－仰卧于泡沫轴上，右臂上举摆至45°，左臂侧摆，左腿直膝抬离地面并侧摆至45°，右腿弯曲支撑于地面，右臂左腿同时做对角线摆动，换方向练习。每侧12次，2组。

图7-3-87　泡沫轴练习1

练习2：

基本姿势－站立于泡沫轴上，双脚分开稍宽于肩，双臂前举掌握平衡，慢慢下蹲至大腿与地面平行，回到初始位置。15次，2组。

图7-3-88　泡沫轴练习2

练习3：

基本姿势－站立于长泡沫轴上，双脚分开稍宽于肩，双臂前举掌握平衡，侧向移动。向左移动和向右移动各2组。

参考：

基本姿势－可以将多个泡沫轴分开一定间隔连续排列，从多个泡沫轴上依次走过。3组。

图7-3-89　泡沫轴练习3

（2）瑞士球练习

练习1：

基本姿势－跪于瑞士球上，保持身体正直，控制30秒，2组。

图7-3-90　瑞士球练习1

练习2：

基本姿势－站于瑞士球上，控制平衡30秒，2组。

图7-3-91　瑞士球练习2

六、协调能力的评定方法与训练发展

（一）发展协调能力的理论基础

一些国外的运动训练学专家通常将协调能力划分为6种形式：

1. 对动作的动力性和“空间——时间”参数的判断与调节的能力；

2. 保持身体姿势平衡和稳定的能力；

3. 节奏感能力；

4. 空间定向的能力；

5. 随意放松的能力；

6. 动作配合能力。

还有一些专家认为，除了以上6种形式外还有4种能力：

1. 变换动作的能力：

2. 连接（组合）动作的能力；

3. 对变化的情况（位置）和不习惯动作及姿势的适应能力；

4. 对动作反应时间的控制能力。

体育舞蹈运动中，通常采用协调性和灵活性以及相适应的概念。

协调性是合理地组织肌肉群活动的能力；包括准确提供与身体运动相适应的速度和力量的能力。按照时间、空间和肌肉用力参数再现动作的准确性是评定协调性的标准。灵活性是身体本身及对外界快速反应的能力，包括快速掌握新动作和动作改变及变换环节的能力。

发展协调性和灵活性能力的手段有：肌肉放松练习；快速反应练习；身体各部位间协调动作练习；按时间、空间和肌肉用力的变换参数再现动作的准确性练习；技巧动作练习；非常规动作灵活性比赛。

发展协调性和灵活性能力的方法有：重复性；变换性；不同的开始姿势和结束；镜面完成；游戏和比赛等。

（二）协调性评定的测试

测试1：箭步式

基本姿势：仰卧，两手位于躯干旁边，两腿在水平面完成箭步式，两手在垂直面完成箭步式。每经过5秒钟根据击掌声变换动作：双腿在垂直面完成箭步式，而双手则在水平面完成箭步式。

测试参数：记录20秒内出现的错误次数。

测试2：协调性综合测试1

基本姿势－直角坐，右手位于腹部，左手位于头上。右手在腹部做画圆动作，左手在头部轻微敲击。同时，左脚掌做“外展－内收”动作，右脚掌做“伸－屈”动作。每经过5秒钟，根据击掌声变换动作：右脚掌做“外展－内收”动作，左脚掌做“伸－屈”动作。双手做同样动作。

测试参数：记录20秒内出现的错误次数。

测试3：协调性综合测试2

基本姿势－基本站立；1－双手叉腰，2－双手触肩，3－双手在背后，4－双手击掌，5－左手触鼻，右手触摸耳朵，6－双手击掌1次， 7－右手触鼻，左手触摸耳朵，8－还原开始姿势。

测试参数：重复4遍，用时间和评分计算结果。

（三）发展协调性的综合练习

练习1：骑自行车

基本姿势－仰卧，两臂体侧自然下垂；腿部动作骑自行车；均匀、依次的腿部运动。15秒，2组。

练习2：协调性综合练习1

基本姿势－基本站立；练习动作-右手弯曲，左手向下；左手弯曲，右手向侧；左手向侧，右手向上；左手和右手同上举；放下。

练习要领：开始稍慢，随动作完成的次数而加快动作速度；手臂变换姿势时，做到过渡准确。30秒，2组。

练习3：协调性综合练习2

基本姿势－基本站立；1－双腿起跳，落地成分腿站立，两臂前举；2－双腿起跳，落地成单腿站立，两臂自然下垂；3－双腿起跳，落地成分腿站立，两臂向侧举；4－双腿起跳，落地成并腿站立，两臂下垂。各练习每组8次，2组。

练习4：协调性综合练习3

基本姿势－基本站立；1－右腿在后，足尖点地，右手指触肩，肘向侧，左臂上举，头向右转动；2－右腿并拢，右臂下垂，头转向正前方；3－左腿在后，跳尖点地，左手指触肩，肘向侧，右臂上举，头向左转动；4－左腿并拢，左臂下垂，头转向正前方；5－向左转体1周，同时两手头上击掌，眼看双手；6－双腿起跳，空中屈腿，双手叉腰。各练习每组8次，各2组。

练习5：协调性综合练习4

基本姿势－左脚支撑，右腿向前，两臂上举；向前翻转1周，向前滚动1周，向前1次，体后屈。10~12秒每组，5组。

练习6：协调性综合练习5

基本姿势－基本站立；连续前后分腿跳，体后屈。10次每组，2组。

练习7：背部向前的双脚远跳

基本姿势－基本站立；练习背部向前的双脚远跳。5次，2组。

练习8：滚动

基本姿势－基本站立；向体左侧、右侧各滚动5次。每侧5次，2组。

练习9：游戏“企鹅跑”

基本姿势－排成纵队；第一位在高于膝部的双腿间紧夹排球或石棉球，到达10~12步位置处的“到达标志”后再返回；用手将球传给同队的下一名队员，依次进行，直到最后一名队员完成后结束。（比赛时间三分钟）

练习10：过绳小跳

一人手持绳的一端，站在场地中间，沿地平面水平旋转打开的绳，旋转中绳经背后换至另一手。其他参加者围成圆圈站立，当绳经过脚下时快速从绳上跳过，凡脚碰绳或勾绳者罚下，退出游戏圆圈。一直到所有人退出游戏圈。

七、耐力能力的评定方法与训练发展

（一）发展耐力能力的理论基础

耐力是指抵抗疲劳和长时间活动且不降低效率的能力。在运动训练学理论研究中，一般耐力和专项耐力是有所不同的，主要区别为：一般耐力——在不同形式的中等强度范畴内；专项耐力——具备特定形式和特定强度，包括：速度的、弹跳的、平衡的、双人配合的。影响耐力的因素：神经细胞控制肌肉长时间兴奋活动的能力；呼吸系统和血液循环器官的能力；体能储备和运动交换过程中减少体能支出的能力；运动技能的完善程度；在坚强毅力的意念下同疲劳感斗争的能力。

发展耐力的手段：一般耐力：跑步，越野跑，滑雪，游泳等；专项耐力：依据专项运动的特殊形式及要求练习；一般和专项耐力：过绳跳，健美操练习，舞蹈性的综合练习等。

发展耐力的基本规律：完善可持续发展耐力练习的环境；逐渐增加耐力练习的持续时间，逐渐增加耐力练习的强度。

发展耐力的方法：均匀的—在规定时间内均匀的完成练习；重复的—在1~5分钟内多次重复的练习，间隙休息3~5分钟；变化的—重复次数随持续练习与休息的时间改变而变化。

（二）耐力评定的测试

测试1：一般耐力的测试——心率指数

1. 心率指数概念

心率指数是反映人体耐力能力的重要指标，也是科学发展身体耐力能力的重要依据。

2. 心率指数计算公式

心率指数=（t×100）/（$f_1+f_2+f_3$）×2

公式中t为运动时脉搏开始上升至停止的时间（单位时间：秒），f_1为运动停止2分钟时脉搏跳动的次数，f_2为运动停止3分钟时，脉搏跳动的次数，f_3为运动停止4分钟时脉搏跳动的次数。

3. 心率指数评定

表7-3-1 心率指数评定表

心率指数	评定
55	体弱的
56~64	中等偏低
65~79	中等的
80~89	好
90或更多	优秀

测试2：静力性耐力测试——小座椅式

1. 开始姿势——半蹲，背部平稳地触及体操肋木，躯干与大腿、大腿与小腿之间的角度均为90度。

2. 测试：记录控制姿势的时间。

（三）发展耐力的综合练习

1. 发展一般性耐力

练习1：跑步；30分钟，3组。

练习2：加速跑；30秒，5组。

2. 发展弹跳耐力

练习1：双摇过绳跳；100次，3组。

练习2：过绳大跨跳；每1分钟休息30秒，5组。

练习3：深蹲跳起；20次，3组。

3. 发展力量耐力

练习1：俯卧撑；15次，3组。

练习2：下蹲；50次，2组。

练习3：夹子；20次，3组。

练习4：躯干后仰；俯卧，两臂上举，手臂不弯曲不分开，躯干和腿尽量抬起，膝关节弯曲，还原。20次，3组。

思考题

1. 如何将一般体能训练的训练方法与手段运用于体育舞蹈训练中？请举例说明。

2. 无论是拉丁舞还是标准舞都需要舞蹈具有较好的弹性，从体能角度出发分析决定舞蹈弹性好坏的因素有哪些？

3.体育舞蹈对各运动素质有哪些要求？

4.体育舞蹈的柔韧素质有哪些训练手段？其测试标准是什么？

5.体育舞蹈的力量素质有哪些训练手段？其测试标准是什么？

6.体育舞蹈的平衡素质有哪些训练手段？其测试标准是什么？

推荐读物

[1]吕德·韦尔梅. 拉丁舞. 卡斯特尔·维拉格出版公司.

[2]Geoffrey Hearn，A Technique of Advanced Standard Balleoom Figures[M].

[3] 田麦久. 运动训练学[M]，北京：人民体育出版社，2000.

[4]BILL FORAN. 袁守龙，刘爱杰，译. 高水平竞技体能训练[M]. 北京：北京体育大学出版社，2006.10

[5]吴东明，王健. 体能训练[M]. 北京：高等教育出版社，2005.

参考文献

[1]BILL FORAN. 高水平竞技体能训练[M]. 袁守龙，刘爱杰，译. 北京：北京体育大学出版社，2006.10.

[2]吴东明，王健. 体能训练[M]. 北京：高等教育出版社，2005.

[3]田麦久. 运动训练学[M]. 北京：人民体育出版社，2000.

[4]杨世勇，等. 体能训练学[M]. 成都：四川科学技术出版社，2001.12.

[5] 刘光红. 体育舞蹈力量素质的分析与培养[J]. 西安体育学院学报，2005（6）.

[6] 刘少博. 体育舞蹈运动员灵敏素质的培养[J]. 山东体育学院学报，2004（3）.

[7] 张艳枚. 体育舞蹈体能水平构成因素的研究[J]. 广州体育学院学报，2008（5）.

[8] 张洪振. 陈文新. 对高水平竞技健美操运动员体能训练研究现状的探讨[J]. 2009（31）.

[9]王惊雷. 体育舞蹈体能训练原则和训练内容的理论分析[D]（2009-4）.

第八章
体育舞蹈
裁判与竞赛组织

本章提要

体育舞蹈竞赛组织和裁判评分方法是体育舞蹈教学过程中能力培养组成部分,是体育舞蹈工作者必须具备的能力之一。本章节对体育舞蹈竞赛基本流程、竞赛承办和申办、内容、体育舞蹈比赛赛程的编排原则与技巧、秩序册的编排、竞赛组织、裁判评分方法、体育舞蹈裁判要素等进行全面的论述。作为体育舞蹈专项学生，不仅应掌握体育舞蹈竞赛组织、学会记录、计分、检录等辅助裁判的工作，还应掌握体育舞蹈竞赛的评分方法，能够担任一般体育舞蹈竞赛的裁判工作。

关键词

体育舞蹈竞赛组织　淘汰赛计分规则　单项舞顺位计分规则　全能顺位规则　日式记分方法　裁判员评判要素　裁判员评判要求　裁判员评判技巧　WDSF2.1版评分规则

第一节　体育舞蹈竞赛与组织

一、体育舞蹈比赛基本流程

1. 策划

按各级体育舞蹈管理部门的等级，提前制订相应级别的年度竞赛计划，发往下属各级体育舞蹈管理部门，协调和确定各项赛事的承办单位以及比赛冠名等事宜。

2. 预案

构建大会组织机构，确定比赛主办、承办、协办单位，比赛组别的设置，执行规则和各项要求，经费的来源与支出预算，确定比赛时间、地点、场馆、报名方法和报到地点等事项。

3. 准备

制定比赛规程并通过各种信息渠道告知下属体育舞蹈管理部门、大中专院校、行业体协以及所属俱乐部等单位，并做好报名、赛程编排、计算机编组录入、印制秩序册、选手背号、奖品、接待团队、安保团队、广告宣传、比赛场馆及场地设施、餐饮的配备、后勤保障及医务人员、酒店入住安排、交通工具和票务等准备工作。

4. 接待

赛前1~2天进行组委会人员、各代表队人员接待和报到工作、运动员试场地（走场）、召开领队教练员会议和联谊会等事宜。

5. 比赛

一般白天进行淘汰赛和部分决赛，晚上举行开幕式和观赏性强的组别的决赛，其间可穿插表演或其他性质的节目。组别设置较多的比赛一般不进行当场颁奖仪式，奖品和奖金的颁发采用定点自领的方式。

二、体育舞蹈比赛的申办与承办

（一）申办、承办比赛的预案

1. 首先需要确定主办、承办、协办比赛的权限问题，经上级竞赛主要管理部门批示、准许，制订比赛规模与相应组织机制。

2. 将比赛预案上报当地政府、公安、消防、工商税务等部门，并得到准许和支持，使得比赛能够如期、圆满地举行。

3. 落实比赛经费来源，赞助，冠名，广告宣传，赞助回报，经费支出预算，嘉宾、官员和裁判人员受邀请情况，比赛场地与灯光、音响设备，奖品证书，人员食、宿、行的安排，安全保卫、医疗应急预案等相关工作事宜。

4. 组建比赛组织机构，主要包括领导机构、竞赛委员会、仲裁委员会、裁判委员会、后勤机构（或组织）。大型比赛还要包括电视台、专业网站、专业（或个体）杂志及其他媒体传媒机构。

5. 制定并发放比赛规程，至少提前一个月以上的时间，以各种信息传送形式下发至相关人员和机构，确保其在指定时间内获悉比赛相关信息。

6. 比赛期间，为了保证比赛的顺利进行，应做好如下工作：

（1）做好赛前竞赛工作准备会和制定比赛日程工作明细表（其中包括时间、地点及主要负责人）；

（2）做好选手报到工作，安排选手赛前走场练习；

（3）竞赛委员会和裁判委员会主持召开赛前领队教练员会，传达比赛相关重要信息、未尽工作事宜及相关安排；

（4）做好比赛场地各项设施（包括灯光、音响和各项电子仪器）正常运行的检查工作；

（5）启动参与比赛和协助比赛各级单位及组织机构的各项工作。

7. 做好赛后成绩公告、各项差旅劳务经费结算、答谢、送往、媒体宣传和总结汇报等工作。

（二）经费来源与使用

资金是顺利和成功举办体育舞蹈比赛的先决条件，经费的来源与使用是承办单位需精心筹划的重要工作之一。资金不足往往会使比赛出现到处捉襟见肘、怨声载道的现象。

1. 比赛的命名与赞助

如若策划承办一次体育舞蹈比赛，最好能够得到单个或多个企业的资金赞助。其意义一是为了广告宣传或是支持体育舞蹈事业，二是为了推动当地体育舞蹈项目的开展、增强本地旅游经济的繁荣、提高文化娱乐活动的水平。正可谓互利双赢。作为回报，可以向赞助方出让比赛的冠名权，从而提升该赞助单位或产品的知名度。

申办比赛前，应确定赞助合作事宜的细则，并经过公正签署合同，以防中途发生变故而对全年的体育舞蹈比赛计划的实施造成不可挽回的影响。

2. 广告宣传

目前，我国体育舞蹈比赛的频率与规模呈逐年扩大的趋势，各类媒体的参与使得一次体育舞蹈比赛为许多实体与产业提供了大量的广告宣传平台。承办单位要充分利用这一有利的商机。

3. 报名费

参加体育舞蹈比赛的报名费是比赛经费来源之一。

4. 门票收入

体育舞蹈比赛一般都在体育馆内举行，随着我国体育舞蹈事业不断发展以及经济和文化水平的不断提高，越来越多的人喜欢观看和欣赏精彩纷呈的体育舞蹈比赛。要根据当地的消费水平和比赛规格确定门票的价格，可由承办单位和场地提供方协商制定。

5. 租用场馆与设备

举行体育舞蹈比赛需要有场地、工作间、观众席等等，以在体育馆内进行为最佳。因此，租用场馆费用是比赛经费的较大开销之一。如果天气炎热或寒冷，需要开启空调设备，这样更会增加经费开支，需提前做出此项经费的预算。

另外，还需准备组委会工作人员的交通工具以及比赛所使用的设备（音响系统/计算机/打印机和复印机/灯光/LED显示屏/贵宾室或会议室）等等。

6. 各类工作人员的接待与报酬

参与比赛的组委会工作人员、官员、特邀嘉宾、媒体宣传等人员的宾馆住宿以及餐饮安排等事项需要大量的经费支出。

成功举办一次体育舞蹈比赛需要大量的工作人员参与。如果不是志愿参加，则要给予相应的劳务报酬。例如：组委会人员差旅接待和劳务支出，安全保障/消防/工商/税务/医护等人员的劳务支出。此外邀请国内外优秀选手赛间表演也是一项不小的开支。

7. 选手背号

体育舞蹈参赛选手背号分为职业组和业余组两种，职业组为黑底白字，业余组为白底黑字。

比赛选手背号上的广告内容区域不得超过整个背号面积的20%。背号面积（包括预留给广告的20%在内）大小不得超过DIN A5纸张的大小。并且选手在拿到比赛背号后，不可改变或减小其面积。WDSF国际性比赛要求每个参赛选手背号上的数字不得超过3个，国内比赛可根据我国的具体国情灵活而定。

8. 奖品

赛前需要准备比赛的奖品，通常有奖杯、奖金、奖牌、证书及其他奖品等。有些比赛还有纪念品和裁判员授牌，可根据比赛经费和参赛人数酌情安排开支。

9. 其他（承办费）

申办一次体育舞蹈比赛有时需要竞争，如同几个城市争办奥运会一样，也需要一定的经费。有些比赛需要向主办单位上交承办费，以期得到上级领导部门的各项扶持和管理。

（三）比赛期间官员、裁判员、工作人员的安排

1. 衣、食、住、行

具备一定规模的比赛，主办单位会邀请许多重要的官员，选派的裁判员和竞赛委员会成员等参与竞赛工作。为了比赛顺利进行，承办方要委派专人认真做好接待、服务工作。如提前安排舒适、方便的住处，提供比赛期间各项事务的时间安排表和负责人联系方式，安排合理、卫生的膳食，提供便捷的交通服务，快捷、高效地做好各项经费报销、工作报酬的发放和返程票务预订等事宜。

2. 劳务费

裁判员以及竞赛工作人员的劳务费一般是按照比赛场次的多少来支付的，计分组人员和竞赛长的劳务费根据实际工作情况支付，多劳多得。

（四）选手的安排

1. 食宿安排

安排住宿的宾馆应相对集中，不要远离赛场，饮食、购物应十分方便。在比赛规程（通知）中要注明提前登记住宿的相关事宜，包括房间等级、价位、地理位置、联系方式、周边的交通信息、距赛场的距离等。

2. 交通问题

由于一些赛场远离市区，比赛间歇和赛后，大量选手因交通问题不能顺利返回驻地而滞留在赛场，应坚决杜绝此类情况的发生。

很多比赛选在“五一、十一”等节假日举行，适逢旅游旺季，返程车、机票相对紧张，很多选手赛后不能及时、顺利地返回。承办方要尽可能做好返程票的提前登记和预订工作，做到善始善终。

（五）应急预案

1. 医疗

体育舞蹈选手在有限的场地内进行流动性强和速度较快的比赛，其生理和心理负荷都很大，比赛中相互碰撞而受伤的事情经常发生。另外，部分老年选手和有隐性、先天性疾病的选手，由于兴奋、紧张和疲劳等生理原因，比赛中突发心脑血管疾病甚至猝死的现象时有发生。因此，赛场内要预先安排好应急措施。如赛场内配备医务人员、常用的药品（外伤、速效救心类）和器具；如果赛场远离医院还可安排救护车待命。总之，医疗应急是承办方的重要预案之一。

2. 突发事件的应对

体育舞蹈比赛有着参赛选手多且年龄跨度大的特点，从比赛前的报到工作、选手走场练习，到比赛时的检录、组与组之间上下场对接、更换服装等等，场面无不显得嘈杂拥挤。这就要求承办方有高度的责任感和组织能力，提前做好应对一切突发事件的应急预案，尤其是做好消防宣传和疏导、缓解拥挤场面的各种工作。为确保比赛的顺利进行，还要确保检录区、候场区、热身区、更衣室、卫生间、领奖处、观众席以及各区域之间连接通道的相对通畅。避免造成人员（尤其是老幼选手）伤害事件的发生。

3. 赛场安保工作

体育舞蹈比赛是一个高雅艺术的竞赛形式，应在轻松、愉悦的情绪中进行。然而，由于体育舞蹈独特的评判方式，有些比赛时常因选手、教练、家长、观众等的不满情绪而引发的赛场混乱甚至暴力事件，给体育舞蹈项目带来极坏的影响。因此，赛场内应安排一定规模的安全保卫人员，避免类似冲突事件的发生。

（六）报到工作流程及准备

1. 严格按照比赛规程上的报到时间和地址安排报到工作，并在报到处及附近安放指示牌和标志，尽量给予前来报到的人员更多方便。

2. 报到场所应尽量安排在房间相对空旷和人员流动畅通的大厅内，办公的流程应呈流水线方式。

3. 报到流程如下：

（1）各参赛队人员实到确认，审核选手参赛资格，双方核对、确认参赛组别无误。

（2）缴纳选手参赛报名费，出具收据或发票。

（3）分发选手背号、秩序册，制作和发放通行牌证以及纪念品等。

（4）公示赛前选手走场练习和领队会时间、地点和须知。

（5）尽量在秩序册上公示比赛场馆区域示意图，如比赛场地通道、候场区、检录处、更衣室、洗手间、公告栏、小商店等。若遗漏则一定要在报到处公示。

三、体育舞蹈比赛规程的制定

比赛规程和裁判规则是进行比赛的法规性文件，具有权威性和指导性。制定规程要依据竞赛的目的任务、经济实力和竞赛的诸多条件确定各项具体内容，规程应内容严谨，概念清楚，文字表达正确、简练。比赛规程、比赛通知和报名表应在赛前2~3个月内发至有关单位。比赛规程内容如下：

1. 主办单位

2. 承办单位

3. 协办单位

4. 比赛日期、地点

5. 竞赛设项：

（1）标准舞系列。

（2）拉丁舞系列。

（3）队列舞，包括标准舞组、拉丁舞组等。

（4）表演舞，包括标准舞组、拉丁舞组等。

（5）集体舞（6人），包括标准舞组、拉丁舞组等。

6. 参赛办法

（1）由各地体育局、直属体育院校、体协将规程发至有关单位，并按规程规定组队。

（2）各单位领队教练限定人数。

（3）选手应有户籍证明及当地相关主管部门的证明。

7. 比赛办法

（1）比赛规则的执行。

（2）裁判委员会成员。

8. 录取名次及奖励

（1）各组别录取名次及奖品（奖杯、证书、奖品、奖金）。

（2）参赛者的纪念品。

（3）优秀选手将代表国家参加国际比赛。

9. 费用

（1）报名费。含各项目组别不同数额的具体费用事宜。

（2）其他费用。各队差旅、市内交通、食宿、医疗费用等。

10. 报名与报到

（1）提供专用的报名表格，说明网址、联系人、电话等。

（2）报名时间与方法，含截止日期。

（3）报到时间、地点和要求。

11. 比赛组别设项和要求

用表格的形式详细罗列出具体内容，其中包括：各组别的番号，组别名称，各组舞种设置，年龄段，参赛服装要求等。

12. 相关规定

（1）跨组与兼报的相关规定。

（2）各组选手的相关要求及违规处罚。

（3）各年龄组男女的年龄要求和需出示的有效身份证明。

（4）对无故不参赛的队和个人的处理。

（5）各队赞助单位的广告宣传、队服、绶带、队旗的要求及联系手续。

13. 保险事宜

14. 宾馆住宿预订及相关联系方式

15. 未尽事宜，另行通知

四、秩序册的编制

秩序册是比赛的象征和指南，封面设计应鲜明、美观、有特色，内容简明、准确，突出比赛。同时，可附加精美的舞蹈插图、人物介绍、专项宣传等。在赛前必须将秩序册分发给各代表队及组委会有关人员。

秩序册内容如下：

1. 领导题词、比赛规程及上级主管部门有关指示（包括裁判员守则和运动员纪律）。
2. 组委会及下属各机构名单。
3. 裁判委员会人员名单。
4. 竞赛委员会人员名单。
5. 各代表队人员名单。
6. 赛程表（包括顺序与具体时间）、分组表。
7. 大会活动日程。
8. 插图及宣传广告资料。
9. 比赛场馆各区域分布示意图。
10. 鸣谢。

五、体育舞蹈比赛赛程的编排原则与技巧

（一）编排原则

1. 符合比赛规程和规则，符合国际准则和惯例，突出简便实用性。
2. 有利于公正、公平的竞争。
3. 有利于选手正常参赛并充分发挥技术水平。
4. 有利于裁判执裁、计分等各项比赛工作的顺利实施。
5. 有利于提高比赛精彩度与刺激性，便于观众的观看与欣赏。

（二）赛程表的编制

1. 核实报名单，确定选手背号

赛前认真核实各组别参赛选手对数，并根据秩序册中各代表队前后顺序确定选手背号

（某些比赛为了避嫌，也可将各代表队背号混搭编号），最好是每对选手只安排一个号码通用于各组的比赛，尽量避免出现“月历牌式”的多页背号形式，为编制竞赛表作好准备。

2. 确定轮次与时间

通常有两种编排方案，一种是每天只安排几个组别的初赛至决赛，即一天（或一个单元）全部把某些组别比完，称之为“小循环式”赛程。另一种是将各组初赛至决赛安排在各天内进行，称之为“大循环式”赛程。这两种方法各有利弊，主办方可以根据比赛的规模和参赛人数分别安排。

（1）根据参赛对数确定各组别分组。一般以每组安排18对左右为佳。

（2）根据分组确定赛次和各赛次录取或淘汰对数。各赛次参赛对数一般为决赛6对，半决赛12对，复赛24对，复赛或预赛48对。在某些重要的比赛或是重要的组别中可以安排复活赛（Redance）。

（3）计算比赛分段时间与总时间，制定编排表。一般每组实际比赛时间以及各组轮换用时大约需要2分钟。那么5组5支舞的比赛时间为：$5 \times 2 \times 5 = 50$分钟。

（4）各场次还要预留场地清理、表演、颁奖、休息的时间。

（5）复活赛：为了能够更加准确地分辨选手实力、给失误选手弥补的机会，增加比赛时间跨度、激发选手（低水平）的参赛热情和提高比赛刺激性，世界体育舞蹈联合会组织的系列比赛中经常使用复活赛的方式。

复活赛是指将一个轮次的比赛拆分，将录入人数进行缺席录选，剩余录入名额需从未录选的选手中再经过一轮的比赛，经两次录选来确定入围选手。复活赛可以安插在每个轮次的淘汰赛中（常见的是安排在第一轮预赛之后），如复活赛安插在48进前24名的比赛中，其方法为：把48进24的比赛分两轮进行，先进行一轮48进16的比赛。剩余的32对选手再进行一轮32进8的比赛，经过两轮比赛录选24对选手。这32对选手第二次上场所进行的比赛即为复活赛。

3. 编排赛程表应注意的问题

（1）合理分布大组别于每天的比赛场次中。通常上午的场次先安排人数多、需要多轮次的组别。例如：某组别需进行5轮预赛，则上午、下午各安排2轮，晚上1轮决赛；如下午即安排决赛，则上午3轮，下午2轮即可。

（2）每个场次应考虑兼容多种组别，应保证双项、跨组和兼报的选手有充分的调整时间和换服装的时间，避免仓促上场或误场而造成不必要的损失。例如，可将少儿组、专业组、职业组、壮年组、老年组、业余组等各组别进行交叉编排。

（3）注意将标准舞和拉丁舞交叉编排，避免观众视觉疲劳。如果组别设置中有女子单人、双人或是女子6人组的比赛，且业余青少年参赛选手众多，为减轻检录工作的难度，尽量缩短候场区选手等待比赛的时间，可于每天的上午（或选定某一个时段），集中安排这些组别的比赛。

（4）晚场比赛一般较为精彩，其中包括开幕式和其他一些特殊的活动。但组别安排不能只是参照水平的高低，要将宣传和推动本项目的发展，引领大众的艺术观赏和舞蹈参与意识等因素综合起来进行统筹安排，例如：可适当加入老年人和幼儿（甚或是特殊人群）的组别，尽力展示体育舞蹈参与人群和竞技水平的多边化。还可在赛中和赛末穿插安排表演。总之，晚场的安排要突出“少而精”的特点。

（5）合理分布高水平组别于每天、每晚和每场的比赛中，使比赛错落起伏、高潮迭起。通常将最精彩的比赛放在最后。

（6）组织体育舞蹈比赛一般多安排在周末或节假日的时间内，主办方也需要考虑青少年业余选手就读学校的考勤制度，尽量预留出充裕的返程时间，确保在开课之前返回，以免耽误其正常的学业。

4. 赛程表的发放

先制定好各场次比赛顺序总表，并公示于秩序册或公示栏中。再制定好各场次比赛明细表，包括：轮次（单元）、时间、各组比赛的项目番号、竞赛种类、录选对数、包含舞种、具体所需时间。分别按场次提前发至计分长、检录长、主持人、音响人员以及裁判长等。

六、体育舞蹈比赛组织机构与各部门的任务

（一）组织机构

根据比赛规模，建立相应健全的组织机构。充分发挥机构的作用是顺利完成比赛的前提与保证。比赛规模一般可分大、中、小型三种。

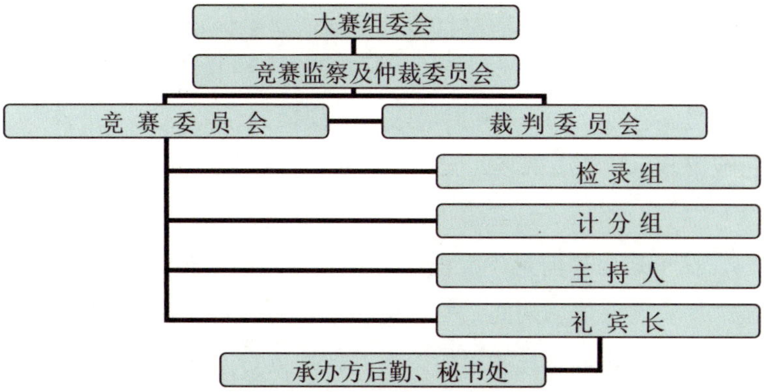

图8-1-1 大型比赛组织机构图

中小型比赛可酌情缩小，按照实用原则因事设组。

（二）各部门工作

1. 组委会

组委会由主办单位上一级领导主管；包括承办单位城市的政府部门领导；并由各方有影响人士和参赛的各队领队及各部门主要负责人组成。可设名誉主任、顾问、主任、执行主任、副主任、秘书长、若干委员。

2. 竞赛监察及仲裁委员会

通常由主办单位项目主要负责人及业内资深、权威人士和技术官员组成。全面负责监察与比赛相关的所有工作，负责处理比赛中各代表队提出的申诉，处理与比赛有关的各类突发事件、各部门人员和选手的违纪违规等问题。

3. 裁判委员会

由裁判长、副裁判长、国际特邀裁判员、国内裁判员等组成。

裁判长职责：负责监督管理裁判员的日常行为和场上执裁。身为赛事裁判工作的指挥者和协调者，应熟悉整个比赛的流程，做到公正、公平，严格遵守裁判准则和职业道德，认真负责地做好裁判员的管理工作。

（1）裁判长工作内容与任务

裁判长必须熟悉国际、国内的体育舞蹈裁判规则和裁判员管理办法细则，通晓比赛相关表格和其他比赛相关文件。

① 赛前

在比赛开始前，确保被任命的所有裁判员能准时到达比赛驻地，如有需要，准备一位合格的替补裁判员。在比赛开始前举行裁判员会议，进行赛前的工作布置，细化比赛规则的实施，安排裁判员顺序番号，强调裁判员行为准则与注意事项，传达比赛日程作息安排等相关事宜，并组织观看选手练习。提出裁判员执裁服装要求：

男性：黑色或墨蓝色西装、正装衬衫、领带、皮鞋；

女性：黑色或墨蓝色裙装或裤装西服、女士衬衫、领巾。

② 赛中

在比赛期间，在正式比赛前至少提前30分钟到达比赛场馆，在每组比赛前至少5分钟确保裁判员在比赛大厅。确保休息期间裁判员待在指定的房间或大厅里独立的区域。比赛中负责指挥、调派裁判员上场执裁的具体工作，参照裁判员行为准则和道德准则观察裁判员的行为，如出现问题则有权暂停比赛并召开临时会议。检查裁判员评分单评判结果并签字确认。尽一切可能避免和阻止参赛选手、教练和观众对裁判员的工作造成干扰。

检查场上各组次中参赛选手的数量，并在超出或不足应到对数时做出必要的应对措施。同时要监督分数，并确认下一轮比赛的晋级选手数量。确保晋级下一轮比赛的选手名单来自于已有的初始号码名单，并在下一轮比赛前将分组安排一同公布。

在第一轮比赛开始前（如果可能的话）或者第一轮比赛期间检查所有参赛选手的比赛服装并确保符合规则，如果发现任何违规，通知该选手遵守规则否则失去下一轮比赛资格。

确保在将结果交给比赛组织方前，只有裁判长和计分员能接触到比赛结果或成绩。

③ 赛后

在比赛结束时，针对裁判员在比赛中的评判情况召开总结会议，并对裁判员的工作做出评估和鉴定，写出书面报告并在7天内发送给上级主管部门。通知比赛组织方在比赛结束后的30天保留原始裁判员打分表以供检查，之后可以销毁。

（2）裁判员工作内容与任务

裁判员应具有良好的职业道德和精良的专业业务能力，获得国际或国内的裁判等级和资格证书，熟悉比赛规程和裁判规则，通晓音乐，具备良好的身体素质，气质、行为、举止高雅。

① 赛前

按照通知要求，准时到达比赛驻地并向裁判长报到，按时参加裁判员赛前会议，认真研究评分细则，观看选手练习。从到达比赛驻地开始，就遵守与比赛选手、教练员和各领队的回避制度。比赛前12小时内不得饮用烈性酒，并注意休息以保证比赛期间充沛的精力。

② 赛中

按照赛前裁判长提出的着装要求，提前30分钟到达赛场，做好赛前准备工作，对各轮次、各组别评判前，要仔细阅读评判单或PDA（电子评分器）所提供的相关数据，做到评判工作准确无误。根据选手临场表现公正、公平、客观地进行评判，不得受之前比赛结果、代表队或俱乐部成员身份、其他裁判员的评判以及选手、教练和其他人观点的影响。评判结果提交前在裁判员签名处或有修改的位置签名。在评判比赛期间，裁判员不得使用比赛秩序册。不得在比赛前或比赛中讨论任何选手的表现。

如果比赛中参赛选手与某裁判员有直系或旁系亲属关系，包括同居对象，或者有私人关系导致该裁判员不适合当场执裁时，应提前向裁判长汇报，依据裁判长决定是否退出该场次比赛的执裁工作。场上执裁中不得嚼口香糖，各裁判员之间保持一定间隔并禁止相互交谈，根据比赛情况，在不影响选手比赛的前提下适当流动执裁位置。

比赛期间不对其他裁判员的评判进行议论，与裁判组外人员接触时不得透露或品评裁判组评判情况。注意保持裁判员的良好形象，不得打扮过分新奇和随意。进入比赛场地后必须关闭手机，休息时勿远离，随时准备上场替换。

③ 赛后

参加裁判总结会议并自我小结。

4. 竞赛委员会

竞委会设竞赛主任一名，通常也称为竞赛长。主要负责竞赛的常规工作。检查下属各部门的工作情况，处理和决定有关比赛的重大问题，是协调组委会、裁判长、检录长、计分长、礼宾长及主持人之间的各项工作，起到穿针引线作用的关键人物。竞赛委员会也是整个比赛赛务工作的核心部门。

（1）竞赛长工作内容与任务

①赛前

负责赛前报到工作全部事宜、主持召开领队、教练员赛前会议、制定比赛赛程表、检查计分组和检录组赛前相关的工作。其中，检查舞蹈比赛场地，确认场地面积和质量。确保已报到队伍准备就绪，以及报名表格的准确性和完整性。确保计分员和计算机团队准备就绪，并检查裁判员和计分人使用的所有表格。确保急救人员在比赛现场。检查灯光并确保光线充足。检查选手更衣室并确保条件舒适。检查裁判员更衣室并确保贵宾们和其他来客有一个独立的休息室可供使用。检查音响系统并确保它有音量控制。指导音响师（“DJ”）选用正确的舞曲，统一各组别音乐节奏和时长。检查裁判员的指定区域并确保他们有舒适的条件来工作。检查所有用于比赛结果和组次分配的展板。分隔检票小组与观众及其他未经允许人员的区域。研究比赛日程安排并确保各组别每轮次比赛的时间间隔不短于20分钟。根据规则决定每轮次中的组数以及每组中的选手数量。如果存在选手安全隐患，限制每组的选手数量。

制定比赛赛程表是一项十分重要的环节。通常需要根据赛前（截至日期内）的报名信息提前制定好赛程表，并置于比赛秩序册中。如果出现赛前与报到后赛程与秩序册不符而需调整，则应迅速重新调整后于比赛前一天通知各领队或于公示栏中张贴公告。

②赛中

是负责连接与处理检录长、主持人、裁判长、计分长、音响组和礼宾长各部门之间的各项工作以及各类问题，确保各部门的工作高效率运转，是比赛幕后较为繁忙与重要的工作内容。

③赛后

召开比赛工作总结会议并上交比赛总结报告。

（2）检录组工作内容与任务

检录工作是整个比赛过程的引导和启动环节，对保证比赛的节奏性、连续性和准确性具有十分重要的意义。可以说，检录工作效率的好坏直接影响着比赛的顺利进行。国际比赛的检录工作通常在选手报到时或赛前一小时就完成了，上场前是没有现场检录的。由于我国的体育舞蹈比赛组别设置繁多、参赛选手年龄和经验各异，目前，赛前现场检录还是不可或缺的一项工作。

①检录长

赛前召集检录组成员，布置检录工作人员分工、检录办法等具体相关事宜，检查检录工作所使用的器材设备。

赛中及时检查检录工作的运行情况，及时处理和解决突发的各类事件和问题。与竞赛长、主持人和裁判长之间建立良好、通畅的联系。

赛后进行工作总结并写出工作总结报告。

②检录员

检录是一项辛苦、繁忙、需认真、细心加耐心的、与参赛选手直接接触的一线工作。要求检录员工作热情、口齿伶俐、发音清晰准确、声音洪亮，同时要求讲究文明礼貌用语、举止高雅，能给予选手亲切感，使之能够愉悦、轻松地上场比赛。

第一次检录可以在赛前30分钟开始，同时核对选手号码簿和检查人数。赛前15分钟再次核对，在带离检录区进入比赛场地前，需对未到选手重复检录三次，如仍然未到则按照弃权处理（可考虑是否将弃权选手号码通知主持人或裁判长）。

（3）计分组工作内容与任务

计分工作是关系到比赛成败的关键一环，其工作特征是时间紧任务重、内容繁多、精密度和保密度强，是与选手、裁判组、主持人、检录组、竞赛长等人的各项工作紧密相关的重要工作。

①计分长

赛前布置和检查计分相关的各项工作、人员和设备，竞赛用品到位情况，成绩公布要求等竞赛准备。尽快制定分组表和各项工作表格，如有国外裁判和选手则需制定外文评分表和成绩公布表。与裁判长商定记录符号，如人工计分则确定最佳人员分组及记算方法。对记分员、跑分员、举分员进行工作培训。

赛中认真检查各项计分工作的顺利进行，保证每组评分表的复核并签字确认。及时解决和处理各类突发事件和问题。与竞赛长、裁判长、检录长、礼宾长及主持人之间保持良好畅通的联系。

赛后及时总结工作并写出报告。

②计分员

计分人员应德才兼备、沉着冷静、思路敏捷、组织纪律性强。德高、快速、精确、高效是计分工作的基本要求。

赛前做好各项准备工作，检查各项设备的正常工作情况，制作各项工作表格。

赛中需提前发出检录表、评分表。检录表要发往检录组、主持人、裁判长和音响组，评分表发往裁判组。及时回收评分表，认真核算比赛成绩并及时公布。公布成绩是选手最关心的工作，也是记分组工作效率的表现，应做到及时、准确、有透明度。严禁和选手、教练、领队接触。不对外议论裁判员打分和记分情况。严格遵守工作纪律。查分必须经计分长同意、经仲裁和竞赛长确认签字，交纳诉讼费后方可核查，只允许查看，不允许抄录或复制。拒绝一切改变竞赛编排的不正当请求。

赛后立即将竞赛成绩发至各单位。整理全部资料留档。

（4）礼宾长工作内容与任务

礼宾长对主办单位来讲是一个比赛的总秘书、大总管角色，是主办方与承办方在总务、后勤方面的直接联系人和负责人。通常承办单位会组建2~6人的后勤工作组，以协助礼宾长做好以下任务：负责赛会的接待、礼仪、膳食、住宿、交通、场地、颁发奖品、广告、宣传、会务、医务、财务开支等有关行政事务。

赛前负责检查布置比赛的场所（比赛场地，贵宾和运动员休息室，比赛进出通道），确保安全、整洁、卫生、舒适；清点验收比赛奖品（奖杯、奖金、奖牌、证书），确保奖品发放万无一失；认真做好开、闭幕式的组织协调工作，确保开、闭幕式热烈、圆满、成功；积极配合竞赛长、裁判长、计分长、检录长、主持人做好与承办方相连接的后勤协调工作，确保比赛畅通无阻、有序进行。

要求礼宾长要：业务能力强、工作认真、作风正派、爱岗敬业、服从指挥；礼貌端庄、迎来送往、善始善终，确保各参赛队伍高兴而来、满意而归。

（5）比赛音乐播放组

音乐是舞蹈的灵魂，音乐播放小组工作的顺利、流畅与否，对整个比赛的进程起着至关重要的作用。音乐播放小组成员一般应在2～3人，其中，至少应有一人熟悉和了解体育舞蹈相关基本知识，例如：各组别比赛的舞种、顺序、术语与记写方法等。

① 赛前

要把比赛所需的所有音乐准备好，例如：运动员入场式的音乐、国歌、比赛的开始曲和嘉宾、裁判员入场音乐、标准舞和拉丁舞全部舞种的标准比赛使用音乐（一张CD盘要包含标准舞或拉丁舞全部五项舞种的标准音乐速度的音乐）、赛间休息时播放的轻音乐、颁奖音乐等。要把音响设备和器材调试好，确保比赛的正常进行。

② 赛中

在各轮的各舞种比赛中，每种舞音乐的伴奏时间最短应不少于1分30秒（一般没必要超过2分钟）。维也纳华尔兹和牛仔舞最少不少于1分钟。如果结束比赛而舞曲没有播放完，音乐应该以渐弱的形式结束（斗牛舞除外）。

③ 音乐

在所有WDSF比赛中，音乐必须与舞蹈相符合，例如拉丁舞不得用迪斯科音乐伴奏。其中，斗牛舞比赛音乐的开始要在运动员做好预备工作后，依从主持人的指令方可开始。

在决赛中，每对选手在1分钟时间内单独演示时（俗称“踩点”）所使用的音乐可以为同一首，也可以是不同的舞曲，需注意分别从音乐的曲首进行播放，以免出现因多对选手合用一首舞曲，舞曲结束而使其中某选手表演中途停止的常见错误。

第二节 体育舞蹈比赛的顺位法的计分方法

一、淘汰赛计分规则

1. 入围条件

计分员将单项舞评分单上各裁判打“√”的记号数量记入预赛、半决赛用的淘汰表，获“√”数列前的选手即是裁判员认可进入下一轮次的选手。计分员统计每对选手获“√”数的多少，按照规定名额确定参加下一轮比赛的选手。

2. 并列的处理办法

当出现入围选手数量超出录取名额而降位录选又不足的情况，即为名次并列。例如：24进12的预赛，出现第十名获25个“√”，第十一名有4对选手同时获得26个“√”。通常有两个方法解决：一是全部进入下一轮，二是并列的选手进行一轮的加赛。通常加赛由一名主要裁判进行单独评判，以避免再次并列的发生。

二、单项舞顺位规则

1. 在各位次上领先获得过半数裁判判定的选手便获得该顺位的名次。（举例如表8-2-1）

表8-2-1

背号	裁判员					顺位						名次
	A	B	C	D	E	1	1-2	1-3	1-4	1-5	1-6	
11	1	5	1	1	2	3	-	-	-	-	-	1
21	2	2	5	4	1	1	3	-	-	-	-	2
31	3	3	3	2	3	-	1	5	-	-	-	3
41	4	4	2	3	4	-	1	2	5	-	-	4
51	5	1	4	5	5	-	1	1	2	5	-	5
61	6	6	6	6	6	-	-	-	-	-	5	6

说明：在（表8-2-1）中11号选手在“第一顺位”获3个第1名，超过裁判半数，为第1名；21号选手在“第二顺位”获3个名次（2. 2. 1）为第2名。以下类同，计分后划去空白位次。

2. 在同一顺位上有两对以上选手获过半数，则按数值多少决定名次，多者名次列前。（举例如表8-2-2）

表8-2-2

背号	裁判员					顺位						名次
	A	B	C	D	E	1	1-2	1-3	1-4	1-5	1-6	
12	1	1	1	4	4	3	-	-	-	-	-	1
22	3	2	2	1	1	2	4	-	-	-	-	2
32	2	5	5	2	2	-	3	-	-	-	-	3
42	4	3	4	5	3	-	-	2	4	-	-	4

续表

52	5	4	3	3	5	–	–	2	3	–	–	5
62	6	6	6	6	6	–	–	–	–	–	5	6

说明：在（表8-2-2）中22号和32号选手都在“第二顺位”上获得过半数。但4＞3所以22号为第2名。同样在“第四顺位”上42号获第4名。

3. 在同一顺位上出现相等数时，则将顺位数相加，用括号表示，积数少名次列前。（举例如表8-2-3、表8-2-4）

表8-2-3

背号	裁判员					顺位						名次
	A	B	C	D	E	1	1-2	1-3	1-4	1-5	1-6	
13	1	1	1	5	5	3	–	–	–	–	–	1
23	2	2	5	1	4	1	3（5）	–	–	–	–	2
33	5	5	2	2	2	–	3（6）	–	–	–	–	3
43	3	3	4	6	1	–	–	3（7）	–	–	–	4
53	4	4	3	3	3	–	–	3（9）	–	–	–	5
63	6	6	6	4	6	–	–	–	1	1	5	6

说明：在（表8-2-3）中23号与33号在“第二顺位”数值相等，但22号顺位积数为2＋2＋1=5，小于33号积分6，名次列前。同样43号7＜9为第四名。如果出现括号内积数相等情况,则降下一位次计算，直到得出名次为止，举例如（表8-2-4）。

表8-2-4

背号	裁判员					顺位						名次
	A	B	C	D	E	1	1-2	1-3	1-4	1-5	1-6	
14	2	1	5	1	1	3	–	–	–	–	–	1
24	1	2	2	5	5	1	3（5）	3（5）	3（5）	5	–	2
34	5	6	1	2	2	1	3（5）	3（5）	3（5）	4	–	3
44	3	3	3	3	6	–	–	4	–	–	–	4
54	4	4	4	6	4	–	–	–	4	–	–	5
64	6	5	6	4	3	–	–	1	2	3	–	6

4. 在第一顺位上所有选手未获过半数，则降下位计算，直至出现过半数为止。（举例如表8-2-5）

表8-2-5

背号	裁判员					顺位						名次
	A	B	C	D	E	1	1-2	1-3	1-4	1-5	1-6	
15	1	1	3	2	3	2	3	–	–	–	–	1
25	6	5	4	1	1	2	2	2	3（6）	–	–	2
35	2	4	1	5	5	1	2	2	3（7）	–	–	3
45	4	2	5	6	2	–	2	2	3（8）	–	–	4
55	5	6	2	3	4	–	1	2	3（9）	–	–	5
65	3	3	6	4	6	–	–	2	3（10）	–	–	6

说明：在（表8-2-5）中15号选手在“第二顺位”获过半数为第1名，其余选手在“第三顺位”未获过半数，降至第四位时出现过半数，但数值相等，则依据规则3决出名次。

三、全能顺位规则

1. 将总分顺位表的单项名次数相加，按合计数的大小，排列选手名次，数小的名次列前。（举例如表8-2-6）

表8-2-6

	桑巴（S）	恰恰（C）	伦巴（R）	斗牛（P）	牛仔（J）	合计	名次
16	1	1	1	1	6	10	2
26	2	2	2	2	1	9	1
36	3	3	4	3	2	15	3
46	4	4	3	4	3	18	4
56	6	5	6	6	4	27	6
66	5	6	5	5	5	26	5

2. 如果名次合计数相等，则看获得顺位次数多少，多的名次列前。（举例如表8-2-7）

表8-2-7

	桑巴（S）	恰恰（C）	伦巴（R）	斗牛（P）	牛仔（J）	合 计	名 次
17	1	1	2	4	1	9	1
27	3	2	1	1	2	9	2
37	2	5	4	5	3	19	3
47	4	3	3	6	6	22	4
57	6	6	5	3	4	24	6
67	5	4	6	2	5	22	5

说明：在（表8-2-7）中17号与27号选手合计数相等，17号有三个第一，27号有两个第一，则17号为第1名。47号和67号选手合计数也相等，比较1～4顺位，47号有三个，67号只有两个，所以47号为第4名。

3. 如果合计数、顺位次数都相等,则看顺位积数多少，少的名次列前。（举例如表8-2-8）

表8-2-8

	华尔（W）	探戈（T）	狐步（F）	快步（Q）	合 计	名 次
18	2	2	2	4	10	1
28	1	1	6	5	13	2
38	6	3	1	3	13	3
48	4	4	4	1	13	4
58	3	5	3	2	13	5
68	5	6	5	6	22	6

说明：在（表8-2-8）中

（1）28. 38. 48. 58号在1～2顺位中并列，其中，只有28号有两次，故为第2名。

（2）38. 48. 58号在1～3顺位中，38号和58号各有3次，但38号积分7，小于58号积分8，故为第3名。

（3）48. 58号在1～4顺位中，48号顺位次为4，58号顺位次为3，则48号为第4名，58号为第5名。

注意：在评出第3名的名次后不可同时下第4名次的结论，应该本着决几比几的继续顺位原则，否则及其容易出错。

4. 如果合计数、顺位次数、顺位积数都相等，则需将相等者的各单项名次顺位全部列出，重新进行综合顺位计算。如又相等，则可用其他方法解决。

其他方法如下，可酌情选用：

（1）参照上一轮淘汰赛入围票数。

（2）裁判长投票决定。

（3）按并列处理。

（4）看主要裁判对其并列选手的评判结果（仅适用于单项决赛的并列处理）。

四、日式记分方法

日式记分法是英式记分的简化，它们都是以奇数评委中过半数评委所判定的名次为依据，用顺位排列的方法确定单项和全能名次。日式计分法较适合教练员快速识别运动成绩时使用，它是教练员临场指挥技能的一个重要标志。其具体方法如下：

1. 将评委给每个选手的名次由小到大顺位排列

2. 在正好过半数，即（n+1）/2处栏目的两侧用红线相切

3. 单项顺位规则

（1）以过半数评委判定顺位数的大小排列名次，小数名次列前。

（2）如两个或两个以上顺位数相等，则看选手在该顺位以上获得几个评委的判定，即位据顺位个数的多少决定名次，多者名次列前。

说明：在（表8-2-9）中选手05号和08号在决定第2名时，05号有4个2，08号有5个2，所以08号是第2名，5号是第3名。

（3）如过半顺位数相同,顺位个数亦相同，则相加顺位数以上数值（称顺位积数），数值小的名次列前

说明：在（表8-2-9）中选手11. 17. 20号顺位数都是4，顺位个数亦相同，则将顺位以上数值相加：

11号是 3＋3＋4＋4=14

17号是2＋4＋4＋4=14

20号是3＋3＋3＋4=13

所以20号选手是第四名。

（4）如顺位数、顺位个数、顺位积数都相同，则降下位计算顺位个数，多者名次列前。

说明：在（表8-2-9）中11号和17号，在决定第5名时，上述三项都相同，降位计算。11号有5个顺位个数，17号有6个顺位个数，所以17号是第5名，11号是第6名。

表8-2-9

背号	A	B	C	D	E	F	G	顺位							名次
01	1	6	1	6	1	6	1	1	1	1	1	6	6	6	1
05	5	1	2	1	3	1	3	1	1	1	2	3	3	5	3
08	2	2	5	2	2	2	4	2	2	2	2	2	4	5	2
11	4	3	6	4	5	3	6	3	3	4	4	5	6	6	6
17	6	4	4	5	4	5	2	2	4	4	4	5	5	6	5
20	3	5	3	3	6	4	5	3	3	3	4	5	5	6	4

（5）如顺位数、顺位个数、顺位积数、降位计算都相同，则将要定的名次数相加，计算平均值。

如决定第二名时有两数相同，则 $\frac{2+3}{2}=2\frac{1}{2}$；如三数相同则 $\frac{2+3+4}{3}=3$；如四数相同则 $\frac{2+3+4+5}{4}=3\frac{1}{2}$，将以上得出的数值带入全能计算法决出名次。

（6）如决定某名次时，名次数未过半数时则降位计算。

4. 全能顺位规则

（1）将各项舞名次数相加，合计数小的名次列前。

（2）如合计数相同,则看决定名次的顺位个数多少，多者列前。

说明：在（表8-2-10）中决定第2名时有5个合计数相同，其中105号选手没有2，108号、117号、120号各有 1个，111号有 2个，所以111号是第2名。决定第3名时105号有3个，108号有1个，120号有2个，所以105号第3名。

（3）如合计数相同，顺位个数相同，则相加顺位数，数少者名次列前。

说明：在（表8-2-10）中决定第4名时，108号和120号在4顺位时，顺位个数相同，都是3个，（117号只有2个）。因此相加4顺位以上数值，108号积数是10，120号积数是9，所以120号是第4名。由于选手108号和117号在决定第 5名时，顺位个数都是4，顺位积数都是15，只能采用综合顺位解决。

表8-2-10

背号	华尔兹（W）	探戈（T）	狐步（F）	快步（Q）	合 计	名 次
101	1	1	2	5	9	1
105	3	3	3	6	15	3
108	2	4	5	4	15	5
111	6	6	1	2	15	2
117	5	5	4	1	15	6
120	4	2	6	3	15	4

（4）在名次合计数相等，顺位个数相等，各顺位积数相等时，应将各单项舞名次由小至大进行综合顺位排列。在过半数栏处用红线划出，如顺位数相等，则重新采用比较顺位个数、顺位积分的方法解决。

选手18号、19号在决定第1名时，18号有12个顺位个数，19号有13个顺位个数，所以19号是第1名，18号是第2名。

选手111号、112号在决定第3. 4名时，111号有14个顺位个数，选手112号有11个顺位个数，所以111号是第3名，112号是第4名。

选手17号、110号在决定第5. 6名时，顺位个数相等，顺位积数17号是38，110号是40，所以17号是第5名，110号是第6名。

表8-2-11

背号					顺		位								名次						
17	1	2	3	3	4	4	4	4	4	4	5	5	5	6	6	6	6	6	6	6	5
18	1	1	1	1	1	2	2	2	2	2	2	2	3	3	4	5	5	5	6	6	2
19	1	1	1	1	1	2	2	2	2	2	2	2	2	3	5	5	5	5	5	5	1
110	1	2	3	4	4	4	4	4	4	5	5	5	5	6	6	6	6	6	6	6	6
111	1	1	1	1	2	2	3	3	3	3	3	3	3	3	4	4	4	5	5	6	3
112	1	1	1	1	3	3	3	3	3	3	3	4	4	4	4	5	5	6	6	6	4

说明：（表8-2-11）是5位评委对4项舞名次评定的综合顺位。

（5）如上述方法仍不能解决，则可用其他方法解决。

注意：日式计分是英式计分的简化，除形式上略有差异外，在记分原则、方法和结果上是完全一致的。

举例（表8-2-12、表8-2-13）说明：

表8-2-12　日式记分法

背号	A	B	C	D	E	F	G				顺		位		名次
10	1	2	1	2	3	3	1	1	1	1	2	2	3	3	2
20	2	1	1	2	3	2	2	1	1	2	2	2	2	3	1

说明：选手10号、20号在决定第1、2名时顺位数相等，都未达到过半数4个1，所以用过半数2来决定名次。结果10号顺位个数是5，20号顺位个位是6，所以20号是第1名,10号是第2名。计算结果同英式计分法一致，见（表8-2-13）。

表8-2-13　英式计分法

背号	A	B	C	D	E	F	G	1	1-2	1-3	1-4	1-5	1-6	名次
10	1	2	1	2	3	3	1	3	5	-	-	-	-	2
20	2	1	1	2	3	2	2	2	6	-	-	-	-	1

第三节　体育舞蹈裁判

一、裁判员评判要素

1. 时值和基本节奏

裁判必须确定选手是否按时值和基本节奏进行表演。“时值”是指每一舞步的时间正好与音乐合拍。“基本节奏”是指舞步在规定时间内完成并且保持舞步之间正确的时间关系。

选手的时值和基本节奏错误时，其该项舞蹈的所得分数必须是最低的。这种错误不能通过其在评判要素第五项的良好表现来弥补。

2. 身体线条

“身体线条”是指两位选手作为一个整体，在运动中身体各部位构成的整体效果，应表现出优美的舞姿。

身体线条分为：

A、手臂线条

B、背部线条

C、肩部线条

D、髋部线条

E、腿部线条

F、颈部和头部线条

G、左侧和右侧线条

3. 舞蹈的风格

裁判必须确定选手是否正确掌握该舞蹈的风格特点，标准舞中，要评估选手动作的升降、倾斜和平衡。只有在掌握良好的控制和平衡情况下，动作幅度越大得分越高。在拉丁舞中，必须评估每种舞蹈典型的髋部动作。

4. 节奏表现力

裁判必须评估选手的舞蹈节奏表现力。这反映出选手对舞蹈节奏的感受、理解与适应能力以及在舞蹈中对音乐主题特性的理解与表现。但如果动作与节奏不符合，也要按违反第一项处理。

5. 步法技巧

裁判必须评估选手正确表现舞步的脚法，如每一步的足着点是脚掌、脚跟或脚趾等，以及脚步移动的控制和表达。

二、裁判员评判要求

1. 评判工作自选手进入比赛位置时开始，只有当音乐停止时方告结束。在整个舞蹈表演过程中，裁判必须不断地给选手打分并在必要时修正分数。

2. 在淘汰赛和决赛中，如果音乐尚未结束而选手停止表演，则其该项舞蹈的分数列最后一位。

3. 裁判必须在规定时间内对选手的表演进行单独评判。考虑任何其他因素，比如选手的名气、以往的表现或在其他舞种中的表现都是不允许的。

4. 裁判无需向选手解释评分结果。在比赛过程中或两轮比赛之间，不允许和任何人讨论参赛选手或他们的表现。

5. 对于所有舞种，选手的时值和基本节奏是裁判打分的首要因素。因此，如果选手重复犯此错误，那么其该项舞蹈的分数列最后一位。

三、裁判员评判技巧

1. 淘汰赛评判技巧

（1）心中有数

裁判员要始终保持清醒的头脑，按照本轮需要录取的对数，快捷而准确的挑选入围选手。多组轮流上场比赛时，原则上可以均分各组录取指标。如遇组与组之间强弱差异明显，可打乱均分概念，采用强组录多弱组录少的非等额录选方法，直至做到与录取总数吻合。但绝不允许超出，否则，本评分单无效。因此，裁判员要经常核对或留意录选状态。

（2）录选的依据与技巧

以评判要素中前两条——时值与节奏和身体线条为主要依据，其他几条可作为辅助。确认后迅速记录选手背号。如果你对是否录选一对选手犹豫，可以在其号码旁标识符号，以便最终综合对比、择优录取。

（3）一动一静

这里的“动”是指对于非游走性拉丁舞舞种的评判时，需要裁判员流动地工作，以便于全面、综合地浏览全场的选手从而做出准确的评判。但是，“动”要有度，不可随意穿行或是东走西窜，毕竟，场上选手是主体。可以呈平行线或同向圆形线路缓慢流动。

而“静”是指在标准舞以及桑巴和斗牛舞评判时，裁判员可以采用固定位置的工作。通常情况下，每一对参赛选手都会近距离从你的视线前经过，你只需对比和判断即可。如果决定录选一对选手但始终没机会看到其背号，责任不在裁判本身，切忌钻入选手群中或是追随选手，以免干扰其他选手的正常发挥。

（4）签字意识

裁判员的评分单是决定选手成绩、复核评分工作的重要凭证。因此上交评分单之前裁判员在签字栏处签字是必须的程序，方式或是在代表本裁判员番号字母下画勾，或是直接签署名字；评分单可以涂改，但涂改处也必须签字，否则，裁判长有权决定本评分单无效。

2. 决赛评判技巧

（1）音乐30秒后下笔

除非场上参赛对数过少，通常情况下，裁判员要仔细对比每对选手的临场表现，做到在比赛音乐开始30秒之后下笔填写评分表。这样，有利于公正、准确地做出评判。

（2）先次后优的顺序

经30秒的全场审视之后，裁判员要在场上先找出后两名选手，第一个下笔的是第六名，其后是第五名。然后，用大量的时间去观察、对比前两名的选手，确认后填写上第一名和第二名。再将剩余的时间留作三、四名的对比工作，即使时间不足，只要一、二、五、六名已顺利排位，基本上能够保证本次评判的准确性和有效性。

（3）不同的依据

五、六名的对比着重于谁更差，可依据时值与节奏、身体线条来做出评判。而一、二名的对比着重于谁更优，依据评判要素的全部内容来慎重、客观地评判。

（4）牌单一体的公开亮分

公开亮分时要气定神闲、庄重自信、注意力高度集中，严格按照主持人的节奏认真完成。切不可牌、单不符，如果出现意外错误要及时与主持人或裁判长沟通、更正，万不可将错就错事后涂改评分单，也就是说，公开亮分之前你的判断和识别（包括签字确认）工作程序已经结束，公开亮分只是公布你的判定结果。

第四节　世界体育舞蹈联合会裁判系统的革新

为了使体育舞蹈项目更加符合奥林匹克运动竞赛项目的要求，增加体育舞蹈比赛结果的公正性、客观性以及透明性，有利于执裁小组有依据、有标准的进行赛事评判，自2010年起，世界体育舞蹈联合会（WDSF）开始针对比赛评分规则进行研发与创新。从最初的2.0版评分规则至2013年新的2.1版评分规则，体育舞蹈联合会运动委员会研发小组科学合理地借鉴了世界花样滑冰比赛的评分体系，制定出了既符合体育舞蹈项目特性、又与奥林匹克运动竞赛要求相契合的评分标准。现已应用于世界体育舞蹈大奖赛、世界锦标赛以及各类洲际体育舞蹈比赛中。

一、体育舞蹈标准舞四大评判要素以及细则

体育舞蹈的四大评判要素：技术质量、音乐的运用、双人配合技能、编舞与展现。这四条评判要素在标准舞与拉丁舞的运用当中略有差异，主要依据各舞系特有的舞蹈技术与风格特点而变化。在标准舞的评判当中，细则如下：

（一）评判要素一：技术质量

技术质量：姿势成绩评定标准

子要素	成绩评定标准		
	高于平均水平－6分	优秀－8分	十分优秀－10分
技术质量：姿势 定义：两位舞者的整体综合姿势及动态姿势——在所有运动中身体及所有其他部位的位置	在静态和运动过程中，都具备均衡的身体结构（头、肩、胸腔、腿和脚）	在进行舞蹈动作和在路线中，保持恰当的姿势并对其产生最小的影响	在制造的移动中逐步的改变两人联系的正确姿势
	动作质量描述 · 一条垂直轴贯穿头、肩和髋的中心 · 对头、肩、胸腔、髋、腿和脚的均衡的身体重量 · 重量保持在脚掌时，上身稍微向上的延伸 · 膝盖稍微屈曲时，腰和肩线与地板线保持平行 · 女士将重量从身体中心向舞伴移动时，呈现向后的曲线及运动中头部的位置 · 男士右下肋骨与女士右下肋骨保持接触 · 保持脖子拉长及肩部下沉 · 仍允许小的补偿性动作（脚或身体用来增强平衡和控制的小移动）或额外可见的张力（通常为较明显的脖子、肩线和身体的肌肉张力）	动作质量描述 · 在运动和实行路线时，始终保持恰当的姿势 · 在基础和复杂的运动中都能确立出一条精确的垂直轴 · 补偿性动作（为了平衡和控制）或额外可见的张力极个别出现 · 肌肉紧实但胸、肩、脖子区域放松 · 女士身体不过于成弓形弯曲。身体通过定位和移动延伸，而非成弓形弯曲 · 倾斜时，身体缩短侧和延长侧都要保持恰当的身长 · 转动、旋转和身体拧转时保持恰当的姿势 · 身体延伸时保持恰当的姿势 · 只有非常微小的扭曲发生	动作质量描述 · 在每个要求的情况下都能确立出一条非常精确的垂直轴 · 一点也不出现扭曲、补偿性移动和额外张力 · 极好的延伸要灵活实现并且不出现可见张力 · 整支舞无扭曲、紧张和过强的压力，始终保持恰当的姿势

技术质量：握持成绩评定标准

子要素	成绩评定标准		
	高于平均水平－6分	优秀－8分	十分优秀－10分
技术质量：握持 定义：舞伴间的连接点，手的握持方式和双人间的运动方式	一种既定的标准化握持来体现摆荡性舞蹈和探戈	用正确分布在脚上的平衡，建立一个共享的中心；利用握持创造每条线上舞步的理想形态	根据每位运动员的高度、深度和宽度，确立恰当的握持；利用握持创造出每个个体运动的理想轮廓；利用握持增强双人动作的有效性
	动作质量描述 · 采用每种握持的正确结构以体现摆荡性舞蹈和探戈的区别和特点 · 手和手臂通常保持在固定位置上，但可以接受微小的扭曲和上下移动 · 手的连接应该在两舞伴间的中间位置	动作质量描述 · 舞蹈中使用适合选手的正确握持结构 · 保持手的位置，即使在做身体动作（拧转、倾斜、延伸等）时仍保持稳定 · 手和手臂通常是与身体动作分离的（比如：打开至PP，要转动身体和髋，但不改变手）	动作质量描述 · 握持结构要非常精确并完美适合这对选手，并在舞蹈中始终保持以创造恰当的轮廓 · 手的位置一直是恰当的 · 手的位置总是很稳定牢固的 · 使用分隔来产生一个在所有阶段的运动中都不紧张的高效握持，并且不影响引带

技术质量：中心成绩评定标准

子要素	成绩评定标准		
	高于平均水平－6分	优秀－8分	十分优秀－10分
技术质量：中心 定义：女士的中心（腹部至髋部）与男士的中心相接触	重力线从头贯穿至脚保持稳定性	平衡性展示是稳定性和能力间的一种活动过程，是有形或无形的；能意识到恒定的重力垂直轴离开垂直位置并能将其恢复	能够展示出对平衡、倾斜和失衡的等级的认知和控制，包括平衡是怎样与其他运动方式相融合的
	动作质量描述 · 保持中心连接，当采用的舞伴位置发生改变时，可以偶尔失去连接 · 对于舞伴位置所要求的连接点通常是恰当的（比如：闭式位右转第一步，两人右侧肋骨相连接，并且女士右髋与男士中心相接触） · 可以允许不紧密的接触但应有一定限度（在双人间几厘米都是很明显的，经常被注意到的）	动作质量描述 · 每个舞步都采用恰当的舞伴位置 · 对于舞伴位置所要求的连接点通常总是恰当的（比如：闭式位右转第一步，两人右侧肋骨相连接，并且女士右髋与男士中心相接触） · 略微不紧密的接触极少发生，且有一定限度（在双人间几厘米都是很明显的，经常被注意到的） · 接触的压力通常正确，不能出现导致握持和连接僵硬的不一致的压力	动作质量描述 · 接触点总是恰当的并完美适应于选手 · 在保持中心时不出现紧张张力 · 不出现不紧密的接触，即使在舞伴位置复杂改变时，并且完美控制接触压力的使用量，使连接灵活灵敏

技术质量：平衡成绩评定标准

子要素	成绩评定标准		
	高于平均水平－6分	优秀－8分	十分优秀－10分
技术质量：平衡 定义：在静态位置和动态运动中，均能保持两位舞者稳定性的条件（保持平衡的能力）	静态：保持重力线从头贯穿至脚 动态：在进行运动时保持恒定的平衡	静态：保持重力线在延长线上，如：反向抑制步；在抵消平衡位置后重建重力线，比如：超越延伸线后、 动态：为产生三维立体的运动效果，运用自然流畅的发力以实现舞蹈的平衡	静态：在涉及动态平衡的移动后，重建重力线 动态：为产生三维立体的运动效果，巧妙运用自然流畅的发力以实现舞蹈的平衡和效果
	动作质量描述 · 双人始终保持正直（无坠落）。除非被舞伴推压或侧倾 · 允许偶尔出现用于调整或补偿身体平衡的额外步伐或发力 · 允许脚踝偶尔的摇晃或颤动（表现为身体或手臂额外的移动）	动作质量描述 · 只有在复杂舞步和路线上，才能出现补偿平衡误差的额外发力作用 · 只有在复杂的运动和舞步中，才能出现脚踝偶尔的摇晃或颤动（表现为身体或手臂额外的移动） · 为保持平衡有时出现补偿性紧张张力（额外的肌肉僵直） · 为保持平衡运用有效的身体调整方式	动作质量描述 · 整支舞舞者一直保持稳定的平衡，包括复杂和快节奏的舞步和组合步伐 · 一直没有紧张的迹象 · 在失衡和抵消平衡时表现出高超的平衡能力

技术质量：足部技巧成绩评定标准

子要素	成绩评定标准		
	高于平均水平－6分	优秀－8分	十分优秀－10分
技术质量：足部技巧（足法和足位） 定义：脚在地板上移动和放置的方式，脚和脚踝的方位和形态	恰当的足法应用以实现足部技巧	恰当的足法应用与升降、脚的压力和转动相结合，以实现足部技巧	恰当的足法应用与相关的冠状面、矢状面和横断面运用相结合，以实现足部技巧
	动作质量描述 · 根据WDSF的技术描述，简单的足法和足位是恰当的（比如：左转第一步，左脚向前稍微向侧；驱动动作中脚跟到脚平伏） · 在表演中展现出一个美感的中等精确度（比如：有些舞步中要求双脚平行，脚上的重量分布及脚升高的水平始终在一个相似高度） · 脚移动时通常沿地板接触，不能抬起或放脚（除了探戈） · 为展现有效的移动应用恰当的脚部压力	动作质量描述 · 根据WDSF的技术描述，所有的足法和足位都是恰当的（比如：羽步第三步，右脚在反身动作位置上向前，由脚尖外缘到脚掌到脚跟） · 在表演中展现出一个美感的高等精准度（比如：有些舞步中要求双脚平行，脚上的重量分布及脚升高的水平始终在一个相似高度） · 脚移动时通常总是沿地板接触，不能抬起或放脚（除了探戈）	动作质量描述 · 简单和复杂的足法、足位都非常精准恰当 · 在表演中展现出一个美感的极高等级的精准度（比如：有些舞步中要求双脚平行，脚上的重量分布及脚升高的水平始终在一个相似高度） · 无论何时都不会出现脚非常规性的抬起或移动 · 当有要求时，脚置于精准的位置上（比如：直立旋转standing spin时）

技术质量：身体动作成绩评定标准

子要素	成绩评定标准		
	高于平均水平－6分	优秀－8分	十分优秀－10分
技术质量：身体动作 定义：做动作时，由上半身和髋产生的独立移动动作	应用身体技巧运动	有效使用生物力学展现身体技巧	应用身体技巧使力量、效果和动作精准度达到最大化
	动作质量描述 · 倾斜和身体拧转被用于大多数所要求的动作中，且通常与个别夸张演绎相协调 · 大多数情况下，可以展示出其延伸能力	动作质量描述 · 倾斜通常能协调地应用于所有动作中，并且恰当的数量和精确度在完成过程中和谐展现 · 通常能根据所跳的动作，使用合适的倾斜类型（比如：狐步羽毛步的第三步使用装饰性倾斜）动作与舞蹈特点相匹配（比如：逐渐平缓的延伸是华尔兹的基本特点）很少出现僵直状态	动作质量描述 · 倾斜能非常协调地应用于所有动作中，并且恰当的数量和精确度在完成过程中和谐展现 · 总是能根据所跳的动作，使用合适的倾斜类型（比如：狐步羽毛步的第三步使用装饰性倾斜）和恰当的延伸 · 展示出其精准和充足的延伸能力。动作与舞蹈特点相匹配。运动时动作的平衡和弹性可见 · 身体拧转被用于大多数所要求的动作中，始终能协调展示出其精准性和充足性

技术质量：驱动动作成绩评定标准

子要素	成绩评定标准		
	高于平均水平－6分	优秀－8分	十分优秀－10分
技术质量：驱动动作 定义：是协调启动身体失衡方面的技巧，要弯曲膝盖和腿	使用上半身、髋和足来产生驱动动作	使用上半身、髋和足来产生向前和向后的驱动动作。使用身体失衡发起向前和向后的驱动动作	最大化地使用上半身、髋、脚及身体逐渐弯曲来创造驱动动作
	动作质量描述 ·大部分驱动动作能实现中等精确程度的重量分布（中等水平指：舞者有时出现从一只脚跳到另一只脚，或者出现重量后仰，在支撑脚上时间过久的情况） ·在简单舞步中能辨识出其摆荡作用的方式（钟摆型），但不能总是坚持使用恰当的加速或减速 ·双人能保持一个良好的上半身姿势，但可能偶尔出现夸张的髋部向前或向后的倾斜	动作质量描述 ·所有驱动动作能至少实现高等精确程度的重量分布（高等水平指：舞者只有极少情况出现从一只脚跳到另一只脚，或者出现重量后仰，在支撑脚上时间过久的情况） ·在简单和复杂舞步中都能辨识出其摆荡作用的方式（钟摆型），而且通常能坚持使用恰当的加速或减速 ·双人能保持一个良好的上半身姿势，只有极个别情况出现夸张的髋部向前或向后的倾斜	动作质量描述 ·所有驱动动作都能实现极致精确程度的重量分布，舞者从不出现从一只脚跳到另一只脚，或者出现重量后仰，在支撑脚上时间过久的情况 ·在简单和复杂舞步中都能辨识出其摆荡作用的方式（钟摆型），而且总是能完美地坚持使用恰当的加速或减速 ·双人能保持一个良好的上半身姿势，并且不出现夸张的髋部倾斜

技术质量：预备动作成绩评定标准

子要素	成绩评定标准		
	高于平均水平－6分	优秀－8分	十分优秀－10分
技术质量：预备动作 定义：在运动中有效地利用冠状面、矢状面和横断面的能力	运用矢状面为驱动动作做准备	运用冠状面和矢状面为驱动动作做准备	利用所有身体部位创造所需的冠状面、矢状面和横断面，为驱动动作做准备
	动作质量描述 ·在运动中能清晰地运用矢状面，但没有有效利用其他面 ·大部分准备动作的双脚平行且移动脚稳固，但是有时出现以下的一些错误： ·转动支撑脚以弥补错误的方向 ·额外的步子来补偿平衡（向侧的小追步） ·移动脚外翻 ·在对抗阶段，大多数情况下身体失重且不受抑制 ·预备步时身体重量通常继续向前投射，但舞者偶尔会出现“坐在”这步上的情况 ·女士有时疏离男士，产生空隙或导致男士由于缺少移动脚的准备而过早向前移动	动作质量描述 ·在运动中能清晰有效地运用冠状面和矢状面，但缺少横断面的运用 ·所有准备动作的双脚平行且移动脚稳固，且极少出现以下的一些错误： ·转动支撑脚以弥补错误的方向 ·额外的步子来补偿平衡（向侧的小追步） ·移动脚外翻 ·在对抗阶段，身体失重且不受抑制 ·预备步时身体重量通常继续向前投射，但舞者极少会出现“坐在”这步上的情况 ·女士很少疏离男士，很少产生空隙或导致男士由于缺少移动脚的准备而过早向前移动 ·在准备下一个拧转时运用预拧（提供拧转的动力）	动作质量描述 ·在所有的动作中适当运用所有面 ·准备动作顺畅无缝，而且支撑脚或移动脚没有失误 ·身体向前投射以产生更强的运动，且继续带动预备步和直接影响所跳舞步的第一步 ·女生完美跟随男士，不出现动作抢先或滞后，并且不导致间隔的产生

技术质量：升降成绩评定标准

子要素	成绩评定标准		
	高于平均水平－6分	优秀－8分	十分优秀－10分
技术质量：升降 定义：使用正确的技巧产生上升和下降的能力	运用恰当的足法顺序产生升降	运用恰当的足法和身体动作的顺序产生升降	将动作的先进发展和足法和身体动作相结合，完成每支舞特有的恰当的升降
	动作质量描述 · 根据WDSF的技术描述，简单舞步的升降是恰当的，但其他更复杂的舞步所需的升降有所欠缺 · 不能一直都实现最大限度的上升和下降 · 脚、腿和身体通常按正确顺序恰当地协调运用（比如：下降时先降脚再降腿，上升时先升腿再升脚）	动作质量描述 · 所有简单舞步和大部分复杂舞步的升降都是恰当的，且可以实现将近80%升降的可能性 · 在所有简单舞步和大部分复杂舞步中，脚、腿和身体间的协调运用恰当、明显（比如：下降时先降脚再降腿，上升时先升腿再升脚） · 不同舞种特有的上升特点通常能明显表现出来（比如：华尔兹中的大幅度升降，狐步和维也纳中的小幅度升降，快步中的急升和急降） · 自由腿准备向后移动的同时，将前一步落跟时，不拉扯向前移动的舞伴或者与舞伴产生间隙	动作质量描述 · 所有舞步的升降都精确恰当，且数量精确，适合选手 · 在所有简单舞步和复杂舞步中，脚、腿和身体间的协调运用精确，顺畅无缝 · 主动调整升降以适应舞蹈和舞步的需要 · 自由腿和前一步的落跟间的协调总是完美合拍的

技术质量：摆荡成绩评定标准

子要素	成绩评定标准		
	高于平均水平－6分	优秀－8分	十分优秀－10分
技术质量：摆荡 定义：运用身体重量，合并准备动作和驱动动作以产生摆荡动作的能力	自由运用腿的摆荡和协调的身体（有限的身体摆荡）实现舞蹈运动	运用身体部位和关节产生摆荡动作	在摆荡性舞蹈中，通过腿和身体动作，将有节奏的、带转动的钟摆式摆荡逐渐增强至最大限度
	动作质量描述 · 摆荡的模式一般是一致的、流畅的（不一致的标志是：在右转第一步时移动犹豫，之后在第二步强行转入） · 摆荡明显但不足以影响改变升降 · 摆荡模式通常恰当但缺乏驱动动作、摆荡步和适当的倾斜 · 偶尔重量在某处后倾或下沉，而非在运动过程中（由于缺少灵活性） · 运动的力量一般是恰当的，但外观上不太稳定，产生低振幅运动，而且在向上摆时缺乏控制	动作质量描述 · 摆荡模式通常是一致的而不单调 · 在大部分摆荡动作中都能发现驱动动作、摆荡步和适当的倾斜 · 通过肌肉活动产生强有力的运动	动作质量描述 · 在稳定性和形态上看，摆荡模式都是一致的 · 在较多行进中，自然顺畅地调整改变身体重量以产生加速，并且能顺畅地用腿部适当的摆荡控制减速 · 每个摆荡动作中，驱动动作、摆荡步和适当的倾斜都完美协调在一起 · 在大量，充足的运动中表现出高运动潜能，且不影响技术功效

技术质量：轴转/轴转动作/连续旋转成绩评定标准

子要素	成绩评定标准		
	高于平均水平－6分	优秀－8分	十分优秀－10分
技术质量：轴转/轴转动作/连续旋转 定义：运用恰当的技巧、速度和乐感完成以上这些动作的能力	完成轴转并能保持腿和舞伴成一直线	完成轴转动作时，将冠状面，矢状面相结合来引领自由腿向前的运动	在轴转中最大化地利用向心力，在轴转动作中最大化地利用离心力
	动作质量描述 · 双人在跳轴转和轴转动作时采用适量的转度且没有较多的扭曲 · 在转动时，偶尔出现脚、膝盖和身体不成直线的螺旋形效果（伴随这个错误的是非常规的划腿和抬脚） · 脚通常和身体一起转动。偶尔出现一些在脚对齐方面的变形 · 大多数情况下能连续行进，但缺少离心力（会有摇晃的效果），重量没有完全在脚上转移且舞伴位置略微扭曲变形 · 运动的空间量没有达到最佳状态	动作质量描述 · 采用适量的转度，只有微小的变形 · 螺旋形效果极少出现，划腿和抬脚很少出现 · 脚通常与身体一起转动 · 运用适量的惯性，且在轴转过程中没有摇晃的效果，舞伴位置保持稳定	特点描述： · 能连续成功地完成动作，且在高效的舞蹈中，即使是在跳高强度、大幅度的动作时，从行进到旋转的过渡也要自然 · 除此之外，还要有良好的能力保持恒定的闭式舞姿，允许在开始转动时出现适当的身体动作（拧转） · 配合恰当的时值，竞技性地将高速的旋转与充足的驱动动作相结合

技术质量：技巧性舞步成绩评定标准

子要素	成绩评定标准		
	高于平均水平－6分	优秀－8分	十分优秀－10分
技术质量：技巧性舞步 定义：完成需要其他技术要求的高难度舞步的能力	能清楚地完成技巧性舞步	与舞伴一共完成技巧性舞步	技巧性动作有意义且与整体前后和谐
	动作质量描述 · 具备以下一个或几个能力，并将其与编舞整合，且不十分影响舞蹈协调性和技术 · 平衡（比如在跳难度高或极限的路线时） · 灵活性/力量（比如在跳高踢腿或占位时） · 爆发力/弹力（比如在跳有力的移动或跳步时） · 结合力（比如在舞伴位置、方向和路线方面的迅速改变） · 舞者单独地完成动作，偶尔与舞伴配合 · 在完成困难动作时有一些紧张压力和额外的发力	动作质量描述 · 与舞伴协调配合完成动作 · 动作熟练且最少紧张 · 动作准备充足，控制力强 · 以良好的身体配合和动作，流畅地退场	动作质量描述 · 具备极好的以下一个或几个能力，并将其与编舞整合，且任何情况下都不影响舞蹈协调性和技术 · 平衡（比如在跳一系列非技术性的转动或旋转时，或者一条复杂的路线时） · 灵活性/力量（比如在跳高踢腿、下叉或占位时） · 爆发力/弹力（比如在跳大跳或跳跃时） · 结合力（比如在舞伴位置、方向和路线方面的迅速改变） · 所有动作都与舞伴配合良好 · 看不到紧张和细小压力

（二）评判要素二：音乐诠释

音乐诠释：时值/拖拽节奏成绩评定标准

子要素	成绩评定标准		
	高于平均水平－6分	优秀－8分	十分优秀－10分
音乐诠释：时值/拖拽节奏 定义：舞者舞步与音乐速率相一致的能力	根据音乐速率和拍号完成步子和舞步	根据音乐速率和拍号精准地完成步子和舞步	根据所有舞蹈的运动和动作确立时值和调节时值
	动作质量描述 · 对于指定音乐，高效地完成简单步子和运动 · 在SHUFFLE TIMING RULE（时值调节规则）范围内确定舞步时值。在更复杂的动作和舞步中允许出现失误 · 表现出舞步的基础时值。	动作质量描述 · 高效地完成所有简单步子和运动，对大部分指定时值的时间合拍精确 · 在SHUFFLE TIMING RULE（时值调节规则）范围内确定舞步时值 · 通过合适的动作和设计恰当表现舞步特点，体现其基础时值（比如：摆荡、突然动作等） · 大部分时间遵循所有的基础时值规则（比如：慢舞步，脱拍时值等）	动作质量描述 · 所有舞步和步子都是高效的、动感的，始终与指定时值合拍精确 · 始终遵循所有的基础时值规则（比如：慢舞步，脱拍时值等） · 调节时值效果明显且充分体现其优势 · 清晰准确的足法和身体动作与指定的时值相一致

音乐诠释：节奏成绩评定标准

子要素	成绩评定标准		
	高于平均水平－6分	优秀－8分	十分优秀－10分
音乐诠释：节奏 定义：舞者舞步与音乐节奏重音相一致的能力	能够运用身体速度和足法表现重、中、弱拍	能够运用身体速度和足法表现重、中、弱拍，曲调的重音和打击乐器的重音	用投入能量水平、身体速度、足法和移动范围准确地表现重、中、弱拍，曲调的重音和打击乐器的重音，以体现舞蹈风格特点
	动作质量描述 · 舞者遵守恰当的节奏重音且将动作与其相结合（比如：华尔兹右转第一步要跳在“1”拍上，而不是“3”或“2”），通常称作“在音乐上舞蹈” · 过半数情况能表现出节奏重音	动作质量描述 · 展现恰当的节奏重音，将舞步的移动、力度控制与音乐节奏重音相结合，使其协调一致 · 通常能表现出节奏重音	动作质量描述 · 展现恰当的节奏重音，将舞步的移动、力度改变与音乐节奏重音相结合，使其协调一致，并使用高水平的的技术力量和效果（与节奏恰当配合） · 不仅在基本步子，而且在整个编舞上，始终能表现出节奏重音

音乐诠释：音乐结构成绩评定标准

子要素	成绩评定标准		
	高于平均水平－6分	优秀 －8 分	十分优秀 －10 分
音乐诠释：音乐结构 定义：舞者根据所有音乐元素（乐句、旋律、乐段、强度等）进行舞蹈的能力	使用足法、腿部动作和造型表现音乐旋律	运用所有舞蹈相关的运动来表现音乐旋律	运用所有舞蹈相关的运动来表现音乐旋律和反向旋律，表现舞蹈风格特点
	动作质量描述 · 大部分情况下，使编舞改动、身体动作（比如：从向左拧转到向右拧转）和动作强度（比如移动量）与节奏强度同步	动作质量描述 · 始终能使编舞改动、身体动作（比如：从向左拧转到向右拧转）和动作强度（比如移动量）与旋律和节奏强度同步 · 用一般的舞蹈动作和运动也能展现出旋律和音乐变化	动作质量描述 · 使编舞改动、身体动作（比如：从向左拧转到向右拧转）和动作强度（比如移动量）与乐句、旋律、乐段和节奏强度的改变相同步 · 运用身体动作制造反向旋律 · 运用身体动作和移动表现旋律和旋律变化

（三）评判要素三：配合技能

配合技能：身体的交流成绩评定标准

子要素	成绩评定标准		
	高于平均水平－6分	优秀 －8分	十分优秀－10 分
配合技能：身体的交流 定义：在两人保持各自重心的情况下，保持并具有协调的身体联系	· 在握持范围内运用身体的活动以及共同的中段重心来引导女伴做出回应 · 在握持范围内以及共同的中段重心下，在男伴的引导中产生正确的身体运动	运用共同的中段重心和身体形态逐步发展到一个新重心的位置	· 将所有舞蹈动作的动势连接 · 运用正确的能量强度并且努力尝试创造一个新的舞蹈动作。如，突然运动
	动作质量描述 · 握持被正确用来转移重心 · 舞蹈时，连接点能够较好地协调身体姿态。手臂不同移动或从身体分离的情况是被允许的，如，旋转动作。 · 能够一起完成倾斜，但偶尔会比舞伴延迟倾斜 · 延伸被用来创造引导/速度/平衡，但是缺少精确性和有效性 · 有时会使用手臂来发起运动	动作质量描述 · 握持被正确地用来转换重心和变换双人位置 · 舞蹈时，连接的手臂（或者其他身体部位）沿着清晰的轨迹运动，仅偶尔会与身体分离 · 舞蹈时，连接手的移动质量一般能够满足身体/移动/线条的需要 · 倾斜由双人创造且质量接近 · 舞蹈时有大量的延伸（允许舞伴间两人自由地运动且没有不自然的引导）	动作质量描述 · 握持被正确地用来引导所有的重量转移和身体动作 · 舞蹈时，连接的手臂（或者其他身体部位）沿着清晰准确的轨迹运动，不论是简单或极度复杂的形态中总能够与身体有很好的协调配合 · 舞蹈时，连接手的移动质量能够精确地充分地满足身体/移动/线条的需要 · 倾斜能够在时间与质量上准确地引导和跟随 · 舞蹈时有大量的延伸（允许舞伴两人间自由地运动且没有不自然的联系）

配合技能：反平衡/平衡/握持/下降成绩评定标准

子要素	成绩评定标准		
	高于平均水平－6分	优秀－8分	十分优秀－10分
配合技能：反平衡/平衡/握持/下降 定义：在运动，姿态和线条连接的运用和协调中，其中一方或者双方都没有在各自重心上	通过运用平衡/反平衡的原则来进行握持/下降	通过运用平衡或者反平衡的原则来创造和控制握持或者下降，保持姿势，稳定性和协调性	通过运用平衡或者反平衡的原则来创造和控制握持或者下降，保持姿势，稳定性和高度协调性，并将此能力与其他部分结合起来
	动作质量描述 · 下降线不明显但有对地板的压力 · 在大部分的握持与下降中的姿态是正确的，但过度地运用肌肉能量而不是平衡和反平衡 · 速度的良好控制被用来放进握持与下降（速度的使用是用来适应下降或者握持） · 从握持或下降的恢复可以被完成，且可以重新获得正常的平衡状态，而不会影响到稳定和协调 · 在平衡的运用中能看到有些沉重笨拙	动作质量描述 · 下降线没有明显下降，不稳定很少发生 · 舞蹈中，在握持或者下降时候的姿势没有扭曲的迹象 · 速度的控制用来加入握持或者下降 · 在没有影响到稳定或者协调性且保持技术动作的连续性的基础上，从握持或下降的恢复可以被完成，且可以重新获得正常的平衡状态 · 握持或者下降能够轻松地完成，且与身体其他的部分和流动有着较好的协调性	动作质量描述 · 轻松地完成下降线，且没有不稳定 · 舞蹈中，姿态在握持与下降中是正确的 · 速度的最大控制用来加入握持或者下降 · 在没有影响到稳定或者协调性且保持技术动作的连续性的基础上，从握持或下降的恢复可以被完成，且可以重新获得正常的平衡状态 · 在实现个人与舞伴最高身体协调性的同时，进行从握持或下降的执行与恢复

配合技能：时间与空间成绩评定标准

子要素	成绩评定标准		
	高于平均水平－6分	优秀－8分	十分优秀－10分
配合技能：时间与空间 定义：舞伴之间空间的管理，在一定时间和距离中，所有身体部分的活动的同时性	在时间与空间中协调脚和腿的活动	在时间与空间中协调身体的活动	最大限度地发挥个人身体运动自如的同时保持时间与空间的协调
	动作质量描述 · 舞伴间的空间较适合舞姿，且有较少的干扰和妨碍 · 脚的位置和腿部动作的同步性在表演时大部分是对的 · 身体的动作大部分在舞伴间是同步的，但在跟随者的身体动作中有些延迟 · 在延伸或形态调整的恢复中，偶尔的姿态调整或协调调整 · 两名舞者通过调整来寻找空间	动作质量描述 · 脚的位置和腿部动作的同步性在表演时是正确的；在少数情况下，一方的脚比另一方要晚 · 身体的动作在舞伴间是同步的，仅有少数出现跟随者身体动作有延迟 · 在延伸的恢复中，舞者回到了一个正确的位置来开始接下来的移动	动作质量描述 · 脚的位置和腿部动作的同步性在表演时是完全正确的；没有一方的脚比另一方晚或者不同位置的情况发生 · 身体的动作在舞伴间是同步的；没有跟随者身体动作延迟的情况发生 · 在延伸的恢复中，舞者回到了一个精准的位置来开始接下来的移动

配合技能：一致性成绩评定标准

子要素	成绩评定标准		
	高于平均水平－6分	优秀－8分	十分优秀－10分
配合技能：一致性 定义：舞者在各种类型位置和连接之间调节和处理变化的能力	在身体联系中一致性配合技术的展示	配合的一致性贯穿整个舞蹈	展示所有配合技能的一致性的同时，与其他舞蹈部分结合
	动作质量描述 · 通过保持旋转，摆荡，延伸等连接来展示出一致性 · 在保持相互的握持和中心交流中展示一致性 · 偶尔在运动中失去连接	动作质量描述 · 旋转，摆荡，延伸等之间的连接被准确地演绎 · 对正常引导和平衡或反平衡中的连接的演绎也没有大的困难	动作质量描述 · 各种不同引导类型间的联系被精确地演绎，允许舞者移动自由 · 始终地保持清晰的交流和联系

（四）评判要素四：编舞与展现

编舞与展现：非语言交流成绩评定标准

子要素	成绩评定标准		
	高于平均水平－6分	优秀－8分	十分优秀－10分
编舞与展现：非语言交流 定义：使用肢体语言与观众和舞伴交流	准确的肢体语言和面部表情	充分利用节奏感	贯穿所有舞蹈中，完成规定动作并展示所有的姿态
	动作质量描述 · 在舞蹈过程中偶尔展现肢体语言的能力（通常是面部表情） · 偶尔夸张的面部表情 · 利用握持夸大肢体动作	动作质量描述 · 展示出在套路中运用姿态（面部和肢体）提高表现力的能力 · 没有夸张的面部表情 · 通过使用身体协调身体的动作来创造与舞伴和观众交流的肢体语言	动作质量描述 · 展示出在套路中面部表情和肢体语言协调的能力 · 肢体语言的选择性和品位性贯穿于舞蹈过程和编排始终 · 将非语言交流完美融合到舞蹈编排中，与观众有交流

编舞与展现：定位与场地应用成绩评定标准

子要素	成绩评定标准		
	高于平均水平－6分	优秀－8分	十分优秀－10分
编舞与展示：定位与场地应用 定于：舞蹈过程中的站位以及选择可利用空间展现	展示出选择适合各自套路演绎空间的能力	根据舞蹈编排，表现舞蹈站位能力，控制自己的舞步避免与其他选手冲撞的能力	根据地板空间和其他选手来选择自己的站位，并适应舞步的变化，避免与其他舞蹈组合相撞，不影响到他们的表现
	动作质量描述 · 在舞蹈过程中，不要与场地边界、评委和其他东西距离太近（小于1米） · 偶尔能避免冲撞，或影响到其他选手	动作质量描述 · 在舞蹈过程中，不要与场地边界、评委和其他东西距离太近（小于1.5米） · 选择方向和位置时要表现出灵活性 · 多数情况下，能避免冲撞 · 选择使观众能看到的位置	动作质量描述 · 展现在舞蹈策略上的灵活性 · 能够做到不与其他选手冲撞，被其他选手冲撞除外 · 展现选择合适空间的能力,进行舞蹈呈现 · 选择有利的位置表现舞蹈

编舞与展现：风格成绩评定标准

子要素	成绩评定标准		
	高于平均水平－6分	优秀－8分	十分优秀－10分
编舞与展现：风格 定义：通过舞步和表情能够表现出舞蹈特色	在技术特点中展示舞蹈套路	传递有所选择的舞蹈特性	能够表现各种舞步
	动作质量描述 · 每个舞蹈中的脚法，节奏，时值特性中展示相一致的动作和姿态 · 偶尔能通过身体移动呈现舞蹈特色	动作质量描述 · 通过舞蹈技术技巧和音乐来呈现舞蹈特色 · 较多使用形态，线条和技术姿态来呈现舞蹈特色	动作质量描述 · 通过结合技巧，动力，音乐盒舞步来呈现舞蹈特色 · 准确清晰地呈现舞蹈特色

编舞与展现：能量运用成绩评定标准

子要素	成绩评定标准		
	高于平均水平－6分	优秀－8分	十分优秀－10分
编舞与展现：能量运用 定义：在舞蹈表现过程中，运用和保持状态的能力	通过舞步、速度和高声，在舞蹈过程中表现高度的活力	通过舞步，速度，力量，灵活性和高声，在舞蹈过程中，始终保持高度的活力	通过舞步，速度，力量，灵活性和高声，始终保持高度活力，且能阴阳顿挫地展示这些能力
	动作质量描述 · 在超过平均速度的状态完成流动性强的动作中（如，快步舞中的快步追），以及在敏捷的完成流动性不大的动作中（如，快步舞中的钟摆步），偶尔会丧失协调性 · 跳舞过程中，以额外超过技术的能量完成舞蹈	动作质量描述 · 大部分时间里，能高速流动舞步过程，并不影响与舞伴的合作 · 在舞蹈过程中，保持活力，确保技术动作不变形 · 有效利用精力，使舞步具有节奏感	动作质量描述 · 在正常表现中，完美掌控能量 · 始终充满活力

编舞与展现：气氛成绩评定标准

子要素	成绩评定标准		
	高于平均水平－6分	优秀－8分	十分优秀－10分
编舞与展现：气氛	在舞者或观众之间创造的舞蹈与气氛的情绪是被加入到姿态中而并非舞蹈	给每个舞蹈创造一个情绪并全心贯注其中	展示出特有的不同的情绪并与动作/姿态的变化关联起来
	动作质量描述 · 使用面部表情多于舞蹈来充当舞蹈的特点	动作质量描述 · 能够吸引观众来分享每支舞蹈的激情与动机 · 以正确的个性展示，来补充舞蹈的不同特性	动作质量描述 · 创建一个能将观众完全沉浸在其中的舞蹈气氛 · 能够使激动，热血沸腾等特点且有动感

◎具体动作与技术参见下表：

· 身体动作的应用 · 刷步 · 反身动作位置 · 追步 · 并步 · 预备转 · 连续旋转 · 交叉 · 体育舞蹈舞步中的肌肉应用能力 · 驱动力 · 延伸 · 足法 · 足位 · 手的握持 · 头的位置 · 跟拖 · 跟转 · 侧引导	· 轴转 · 轴转动作 · 姿势 · 转量 · 升降 · 旋转和转动 · 侧向摆荡 · 脚滚动原则 · 脚尖轴转 · 拧转 · 探戈的身体姿势和身体位置 · 探戈常步 · 探戈的升降 · 探戈跟拖 · 闭式结束和开式结束 · 狐步中的升降和足法 · 快步中不同的三种类型的追步

二、体育舞蹈拉丁舞四大评判要素以及细则

体育舞蹈的四大评判要素：技术质量、音乐诠释、双人配合技术、编舞与展现。这四条评判要素在标准舞与拉丁舞的运用当中略有差异，主要依据各舞系特有的舞蹈技术与风格特点而变化。在拉丁舞的评判当中，细则如下：

（一）评判要素一：技术质量

1. 姿势
2. 握持
3. 平衡
4. 足部动作

5. 拉丁动作
6. 身体动作
7. 准备动作与恢复
8. 连续旋转
9. 绝缘与协调
10. 动力学

技术质量：姿势

子要素	成绩评定标准		
	高于平均水平－6分	优秀－8分	十分优秀－10分
技术质量：姿势 一般动作描述	· 在静态和运动过程中，都具备均衡的身体结构（头、肩、胸腔、臀部、腿和脚）	· 带动整个身体都融合在姿势里，因此使姿态与姿势融合 · 这种融合被运用在相同动力质量中	· 在双人关系的动态运动中能够采取正确的姿势，并能通过最少的努力有意识地展示出空间中过渡姿势

· **姿势：技术定义**

☆ 姿势一般来说可以被定义为是由身体产生的抵消静态或动态情况中重力阻力的位置。

☆ 静态姿势为身体在静态中，并不做任何移动的姿势。动态姿势是一种通过动作联合而产生的循序渐进或同时连续变化的结果。

☆ 一个普通的拉丁静态姿势可以这样描述：贯穿所有拉丁舞系中，这种姿势通常不会改变，而斗牛舞的特殊姿势除外。

☆ 以矢状位为轴，以下几点垂直排列：

① 头（耳朵）的中心。

② 肩膀的中心。

③ 臀部的中心。

④ 这条垂直的线将会被跳舞时的动作与连续身体的步伐带落在不同的空间。而在所有的拉丁舞中，重心应该向脚部内侧保持。

⑤ 在恰恰舞与伦巴舞中的膝盖要保持笔直（超直），其余的舞种除外。

⑥ 肩膀与胸部应该放松同时腹部保持略微收紧。

⑦ 女士：胸腔应该略微向前然后骨盆略微向后。

· **姿势：辨识因素**

一个裁判在评价姿势这个要素时需要注意以下观测点：

☆ 要求运动员个人在起始位置或者中立位置时有身体的垂直线（举例：在多个动作或简单的移动动作之间要有垂直的姿势，例如恰恰舞的锁步动作）。

☆ 动作中或线条的身体扭曲（或身体的任何部位）（举例：在前进抑制步中，脖子非常规的/被破坏的线条）。

☆ 身体中补偿性动作/紧张使动作僵硬或不自然（举例：当进行适当的身体动作时出现的明显紧张/很难保持的姿势）。

技术质量：足部动作

<table>
<tr><th rowspan="2">子要素</th><th colspan="3">成绩评定标准</th></tr>
<tr><th>高于平均水平 - 6分</th><th>优秀 - 8 分</th><th>十分优秀 - 10 分</th></tr>
<tr><td>技术质量：足部动作
一般动作描述</td><td>· 正确运用足部技术</td><td>· 正确运用足部技术连结必要的足部压力以及臀部与身体的动作</td><td>· 通过流动与重心之间的转换控制以及脊柱用法完成步法</td></tr>
</table>

· 足部动作：技术定义

☆ 一个协调的脚步动作应该在审美上看起来舒适同时体现身体机能运用的合理性，允许舞者通过一个正确的“脚部滚动”动作与脚踝和脚之间的力度来保持重心分配与平衡的控制。

☆ 足部动作是指足部与地板连结的部分（有或没有重心）完成步法的过程以及用何种方式放置。

☆ 在WDSF技术描述中，仅仅会提及开始与结束连接的点，而中间的过程不予以描述。

☆ 例如，在伦巴前进走步中，正确的脚步动作在记述中是“脚掌”，但是完整的定义被包含在伦巴前进走步的记述中：

<table>
<tr><th>阶段划分</th><th>组成动作</th><th>足部动作（左脚）</th><th>足部动作（右脚）</th></tr>
<tr><td>准备阶段</td><td>下沉</td><td rowspan="3">脚掌平伏</td><td>脚掌-脚趾-脚趾内沿</td></tr>
<tr><td>1</td><td>反作用力</td><td>脚趾内沿</td></tr>
<tr><td>2</td><td>控制</td><td>脚趾内沿-脚趾-脚掌</td></tr>
<tr><td>3</td><td>推动</td><td>先脚掌后脚趾</td><td rowspan="3">脚掌平伏</td></tr>
<tr><td>4</td><td>延伸</td><td>脚掌内沿到脚趾内沿</td></tr>
<tr><td>5</td><td>恢复</td><td>脚趾内沿</td></tr>
</table>

· 足部动作：辨识因素

一个裁判在评价姿势这个要素时需要注意以下观测点：

☆ 正确性：足部动作在动作关系中是否被正确地跳出，可参考WDSF技术系列书籍（例如在回旋动作中或螺旋转的上升动作中要保持脚后跟与地板的连接）。

☆ 非常规的抬脚/动作：脚步是否正确地穿过地板或抬起并正确地放置（除了一些独特的演绎类型），并且脚步是否在姿势中如同被要求那样能够保持（例如在前进走步转中动力脚保持住它的位置直到完成转动）。

☆ 审美：主力脚与动力脚在脚尖外开转、拧转、延伸和其他的审美等特征动作中的精确性（例如在完成回旋动作时，动力脚在保持位置时，脚尖与脚踝也要同时保持收紧）。

（二）评判要素二：音乐诠释

1. 时值/拖拽节奏
2. 节奏
3. 音乐结构

音乐诠释：时值/拖拽节奏

子要素	成绩评定标准		
	高于平均水平－6分	优秀 －8 分	十分优秀 －10 分
音乐诠释：时值/拖拽节奏一般动作描述	· 在舞蹈步法与形态中展现音乐的速度与节拍的特征	· 能够准确无误地在舞蹈步法与形态中展现音乐的速度与节拍的特征	· 在所有舞蹈移动与动作的关系中展示时值与拖拽节奏

· 时值/拖拽节奏：技术定义

☆ 时值是在完成步法/动作时正确的速度（音乐的速率）运用。每一个步法/动作被认为是一个在该步法上表现了节拍长度的必然时值。

☆ 节拍值是任何步法时值的有关音乐的评估。拖拽节奏规定建立一个可能的节拍值范围给的时值：

☆ a=1/8拍至2/1拍中间的任何节奏点

&=1/4拍至1拍中间的任何节奏点

Number=1/2拍至2拍中间的任何节奏点

· 时值/拖拽节奏：辨识因素

一个裁判在评价姿势这个要素时需要注意以下观测点：

☆ 步法的速度：一对舞者步法的速度应与音乐的节拍相匹配。尽管并不要求所有的步法都准确无误地在节拍上，但舞者的总体时值应该在音乐中有所体现。

☆ 时值的可读性：一个裁判应该有能力去识别舞蹈中动与移动的时值。

☆ 精确度：拖拽节奏中定义，步法与动作中明确地有确定的时值时不要超出合理范围（例如纽约步向右的开始动作应确定在节奏2上跳出）。

音乐诠释：节奏

子要素	成绩评定标准		
	高于平均水平－6分	优秀 －8 分	十分优秀 －10 分
音乐诠释：节拍韵律	· 运用身体速度和脚部动作来表达强、中、弱拍。	· 运用身体速度和脚部动作来表达音乐重拍，敲击重拍，强，中，弱拍。	· 运用能量的不同等级，身体速度，脚部动作和移动幅度来精确地展示音乐重拍，敲击重拍，强，中，弱拍来创造出舞蹈的特点。

· **节奏：技术定义**

☆ 节奏是在同等的时间里对一系列强拍与弱拍的控制，同时变化是强烈的。体育舞蹈主要在这些音乐重音上进行解释说明。每一个重拍（力度）可能是“强”“中等”“弱”。每支舞中基本的节奏是2/4拍或4/4拍，但是有着不同的打击重拍。

☆ 每个音乐型的节拍标志与风格取决于它的重拍。在拉丁中它们分别是：

☆ 桑巴：2拍/节-重音在第二拍-121212

恰恰：4拍/节-重拍在第一拍-1234

伦巴：4拍/节-重拍在第四拍-1234

斗牛：2拍/节-重拍在第一拍-1212

牛仔：4拍/节-重拍在第二拍与第四拍-1234

· **节奏：辨识因素**

一个裁判在评价姿势这个要素时需要注意以下观测点：

☆ 基本节奏：无论一对舞者是否有效地运用时值，都需要正确地展示舞蹈中的基本节奏并在简单的动作中跟随标准的时值。

☆ 重拍与强度的混合：一对舞者有能力在音乐的节奏中将强度与他们的步法相匹配（速度、重拍、间距等）。（例如恰恰舞中前进锁步的最后一步轻捷延长的步法是为了突出下一个1拍）

☆ 协调性：一对舞者有能力在音乐的节奏中，在不失去他们总体协调性的情况下改变强度。

音乐诠释：音乐结构

子要素	成绩评定标准		
	高于平均水平－6分	优秀－8分	十分优秀－10分
音乐诠释：音乐结构	· 使用脚部动作，腿部动作和形态来展示出音乐的旋律。	· 使用所有与动作相关的舞蹈来展示音乐的旋律。	· 使用所有与舞蹈相关的动作来展示音乐不同旋律来表达舞蹈的特点。

（三）配合技能

· **配合技能的定义**

☆ 配合技能是一项标准舞与拉丁舞的规定因素，并以此区别两个舞系各自的风格和区别与其他类型的舞蹈。因此合作能力极为重要并在一对舞者的最终得分中占取了1/4的比重。

☆ 注意以下几点：

① 身体上的舞伴关系

② 视觉上的舞伴关系

③ 舞伴关系中的改变

1. 身体交流
2. 过度平衡/抗衡力的握持/失重
3. 时间与空间的利用
4.连贯性

配合技能: 身体交流

子要素	成绩评定标准		
	高于平均水平 - 6分	优秀 - 8 分	十分优秀 - 10 分
配合技能：身体交流 一般动作描述	· 运用灵活的身体在保留与分享的中心范围内去引导女士做出回应 · 在回应中男士在保留与分享的中心范围内运用右侧身体动作去引带	· 运用共享的中心和身体展现去进一步发展有共同中心的新造型	· 在一个舞蹈中的移动到下一个移动时融合所有的舞蹈动作去进行

·身体交流：技术定义

☆ 通过连接性的引导是在有压力感的原则基础之上的。这种压力依赖于任何明确的时值或完成的速度。压力在连接性引导中可能通过“身体重量”被触发（例如身体的移动对于舞伴来说通常使压力产生在髋关节）或通过“肌紧张”（也就是增加手臂肌肉的收紧进行引带）。

☆ 不同类型的力量运用是与引带方向相关联的，这些方向包括向内、向外和中立。

☆ 在一个很快的速度上，手臂可以先于整个身体进行运动，以获得一个更好的引带平衡，手的握持必须与舞伴的整体身体在同样的速度中进行移动（因此相当慢）。

☆ 为了增加女士身体的速度，男士增加连接上的压力极为重要。女士将通过手臂传导这些压力产生身体速度。

☆ 需要记住的重要一点为通过压力进行引带仅在极短的时间内有效；在引带过后这种引导应该回到中立的状态中。

☆ 改变方向或停止动作应该以相反方向的压力进行引导。

配合技能：过度平衡/抗衡力的握持/失重

子要素	成绩评定标准		
	高于平均水平 - 6分	优秀 - 8 分	十分优秀 - 10 分
配合技能：过度平衡/抗衡力的握持/失重 一般动作描述	· 运用过度平衡/抗衡力产生保留/失重	· 通过运用过度平衡/抗衡力产生保留/失重保持姿势，使稳固并具有一定程度的协调性	· 通过运用过度平衡/抗衡力产生保留/失重保持姿势，使稳固并具有极高程度的协调性，将这种能力与进程中的间歇一体化

·过度平衡/抗衡力的握持/失重：技术定义

☆ 一个过度平衡的握持是指其中一个舞伴没有完全地完成他们自己的脚步并因此形成一种不稳定的平衡或过度平衡的握持或姿势。

☆ 一个抗衡性的握持是两个舞者都没有完成各自的脚步并因此形成一种不稳定的平衡或过度平衡的握持或姿势，并依赖于反作用力形成动态的平衡。

☆ 失重是其中一个舞伴完全失去平衡并完全依赖身体上的连接而产生平衡的握持或姿势。

·过度平衡/抗衡力的握持/失重：辨识因素

一个裁判在评价姿势这个要素时需要注意以下观测点：

☆ 基本平衡：舞者是否没有失误或多余的步伐调整（移动或动作）来产生握持/失重避免失去连接（falling）。

☆ 姿势：舞者是否在线条没有变形的情况下通过保持握持/失重产生正确的/协调的姿势。

☆ 速度：线条完成时的速度。快速进入这种类型的线条是被推荐的，但并不是必要的要求（例如很多演绎要求一种慢速产生的反作用力平衡的造型）。

☆ 恢复：舞者从这类握持/失重恢复到正常的平衡中时是否没有失误、多余的动作或补偿性的移动。

（四）编舞与展现

1. 无语言交流（手势）
2. 定位/地板技术
3. 形象塑造
4. 条件能力
5. 技巧动作

编舞与展现：无语言交流（手势）

子要素	成绩评定标准		
	高于平均水平－6分	优秀－8分	十分优秀－10分
编舞与展现： 无语言交流（手势） 一般动作描述	· 清楚地完成编舞并适当地运用身体和面部展现力	· 将音乐的价值完全体现出来	· 在整个舞蹈中运用了所有被要求的动作与移动去展示所有的舞蹈特点

·无语言交流（手势）：技术定义

☆ 无语言交流在美式拉丁舞的所有舞种中对于形象塑造极为重要。协调的手臂、手、面部张力和交流手势伴随技术间歇是一种应该被进行评价和被奖励的能力，一旦在极高的水平程度中完成。

☆ 要关注选手通过自身手势彼此沟通的能力、关注选手与观众的沟通能力以及关注整个展示中面部表情的沟通能力。

·无语言交流（手势）：辨识因素

一个裁判在评价姿势这个要素时需要注意以下观测点：

☆ 面部展现力的运用：指定舞蹈握持的有限方面（从手势的角度），舞者与观众之间的交流很大程度上是通过面部表现力和该舞种与这对舞者的形象风格。

☆ 手臂与手的运用：身体和头部动作的关联为了突出该舞种与这对舞者的形象风格，这些手势被很好地联结同时协调其他或趋向于协调分散或影响。

☆ 舞蹈前手势的运用：在进入舞池和开始握持时，这对舞者的手势动作和展示的方式。

编舞与展现：形象塑造

子要素	成绩评定标准		
	高于平均水平－6分	优秀－8分	十分优秀－10分
编舞与展现：形象塑造 一般动作描述	·在舞蹈中用技术性的特征展示一套动作	·按照舞蹈既定规则传达舞蹈特征	·具有塑造典型或非典型的动作结构的能力

·形象塑造：技术定义

☆ 每一支舞都包含有技术与舞蹈艺术的特征。

☆ 舞者应该将每支舞蹈依附于通常的动作与风格要求。

☆ 桑巴：弹性动作，行进联结伴随臀部与身体的运动。

恰恰：伸直的腿部、灵活的臀部动作与身体动作。

伦巴：伸直的腿部、髋部动作与身体动作。

斗牛：示威动作、行进与框架。

牛仔：摇摆和跳跃动作。

·形象塑造：辨识因素

一个裁判在评价姿势这个要素时需要注意以下观测点：

☆ 基本动作中的特性动作：一对舞者是否展示了在简单和基本的动作中所要求舞蹈的特性。

☆ 复杂动作中的特性动作：一对舞者是否展示了在复杂和高级的编舞中所要求舞蹈的特性。

◎具体动作与技术参见下表：

· 刷步	· 沃尔塔动作	· 恰恰时间步
· 滑步	· 恰恰中的前进走步	· 恰恰沃尔塔交叉追步（第一种）
· 握持	· 恰恰中的后退走步	· 恰恰沃尔塔交叉追步（第二种）
· 拉丁交叉	· 恰恰和伦巴中的向旁走步	· 伦巴中的瓜帕恰节奏
· 梅林格动作	· 恰恰和伦巴中的前进切克	· 伦巴的库卡洛恰
· 拉丁的旋转和转动	· 恰恰和伦巴中的后退切克	· 斗牛的跺脚
· 螺旋转	· 恰恰和伦巴中的延迟动作	· 斗牛的跟转
· 迈步	· 恰恰和伦巴中的前进且转步	· 斗牛的膝关节提升
· 回旋动作	· 恰恰和伦巴中的后退且转步	· 斗牛行进步
· 身体肌肉动作	· 恰恰和伦巴中的原地走	· 斗牛的身体姿势
· 延迟动作	· 恰恰和伦巴中的原地换重心	· 斗牛的身体拧转
· 足法	· 恰恰和伦巴中的古巴摇摆动作	· 斗牛的西班牙线条和前压弓步线条
· 足位	· 恰恰中的古巴破碎步	· 牛仔的摇滚
· 通用动作	· 恰恰中的向右追步	· 牛仔的追步
· 胯部运动轨迹	· 恰恰中的向左追步	· 牛仔的画圆追步
· 胯部肌肉动作	· 恰恰前进锁步（右左右）	· 牛仔的沃尔塔交叉追步
· 拉丁的姿势	· 恰恰前进锁步（左右左）	· 牛仔的锁步
· 转量	· 恰恰后退锁步（左右左）	· 牛仔的弹跳
· 弹动动作	· 恰恰后退锁步（右左右）	· 牛仔的跳跃动作
· 博达佛歌第一步	· 恰恰画圆追步	· 牛仔的弹踢动作
· 前进走步	· 恰恰扭臀追步	· 牛仔的转动量
· 向旁走步	· 恰恰滑并追步	· 牛仔的跳追步
· 骨盆的弹动动作	· 恰恰叉形追步	· 牛仔的换脚弹踢步
	· 恰恰跑追步/梅林格追步	

三、裁判组成及计分

1. 4个评判要素，共12个裁判，每个评判要素由3个裁判负责 。

2. 每支舞的每一个评判要素的裁判随机选定 。

3. 每一项评分标准的最高分和最低分对最终分都有50%的作用。计算公式：每个分数重复一次，然后各去掉最高分和最低分中的一个，剩下分数总和再除以4。

4. 新的裁判体系适用于12对的半决赛，同时也适用于6～8对的决赛，每位裁判一次仅能评判一个标准 。

5. 为了配合新的评分规则，比赛形式进行了相应调整，即在决赛时，选取3支舞进行单独展示，2支舞进行群舞展示。

思考题

1. 体育舞蹈竞赛组织包括哪几个部分？
2. 如何申办和承办体育舞蹈比赛？
3. 如何制定体育舞蹈比赛规程？
4. 如何制定秩序册？
5. 体育舞蹈比赛赛程的编排原则和技巧有哪些？
6. 如何做好体育舞蹈裁判？裁判员的评判要素、要求和技巧是什么？
7. WDSF2.1版评分规则有哪些客观标准的体现？

推荐网站

[1] 中国体育舞蹈联合会官方网站：http: //www.cdsf.org.cn

[2] 世界体育舞蹈联合会官方网站：http: //www.worlddancesport.org

参考文献

[1] World Dance Sport Federation.WDSF Competition Rules（内部资料）

[2] World Dance Sport Federation.WDSF Grand Slam Organisers’ Guidelines（内部资料）

[3] 国家体育总局职业技能鉴定指导中心.体育舞蹈[M]北京：高等教育出版社，2012.